OCÉANO ATLÁNTICO

0 100 200
Kilómetros

W9-CTO-093

FRANCIA

MAR CANTÁBRICO

• La Coruña   Oviedo •   San Sebastián
              Santander •
                    Bilbao •
         León •   Pamplona •   ANDORRA
              • Burgos
    Valladolid •   ESPAÑA
                              Zaragoza •
                                            • Barcelona
    Salamanca •   • Segovia
         Ávila •
                    • Madrid

PORTUGAL

         Río Tajo   Toledo •
                                        • Valencia
• Lisboa
                                        ISLAS
                                        BALEARES

                    Córdoba •   Alicante •
    Sevilla •   Río Guadalquivir   MAR MEDITERRÁNEO
                         • Granada
              Málaga •   Almería •
    Cádiz •
         Algeciras •
    Estrecho de Gibraltar

ÁFRICA DEL NORTE

ISLAS CANARIAS

0 40 80
Kilómetros

TENERIFE

GRAN CANARIA

ESPAÑOL
en
ESPAÑOL

ESPAÑOL
en
ESPAÑOL

Segunda edición

Nicolas Shumway
Yale University

David Forbes
Los Angeles Mission College
Los Angeles Community College District

HOLT, RINEHART AND WINSTON, INC.
NEW YORK
CHICAGO
SAN FRANCISCO
PHILADELPHIA
MONTREAL
TORONTO
LONDON
SYDNEY
TOKYO

Publisher   Vince Duggan
Executive Editor   Marilyn Pérez-Abreu
Project Editor   Paula Kmetz
Production Manager   Priscilla Taguer
Art Director   Renée Davis
Text Design   Delgado Design, Inc.
Drawings   Denman Hampson
Picture Research   Rona Tuccillo
Composition and Camera Work   EPS Group Inc.

Photo credits appear on page 474.

Library of Congress Cataloging-in-Publication Data

Shumway, Nicolas.
  Español en español.

  Includes index.
  1. Spanish language—Text-books for foreign speakers—
English.   2. Spanish language—Grammar—1950–
I. Forbes, David (Ralph David)   II. Title.
PC4112.S485   1988   468.2'421   87-13402

ISBN

Copyright © 1988, 1984 by Holt, Rinehart and Winston, Inc.

All rights reserved. No part of this publication may be reproduced or
transmitted in any form or by any means, electronic or mechanical, including
photocopy, recording or any information storage and retrieval system,
without permission in writing from the publisher.

Requests for permission to make copies of any part of the work should be
mailed to: Permissions, Holt, Rinehart and Winston, Inc., 111 Fifth Avenue,
New York, New York 10003.

Printed in the United States of America

8 9 0 1 2   039   9 8 7 6 5 4 3 2

Holt, Rinehart and Winston, Inc.

CONTENIDO

Capítulo 2: Los amigos   *19*

Capítulo 3: La vida estudiantil   *37*

Capítulo 8: *Los estudios y el trabajo*   **142**

Capítulo 9: *El comercio*   **164**

Capítulo 10: La rutina diaria   *181*

Capítulo 17: Desafíos del futuro   315

Capítulo 18: Las creencias   331

Capítulo 21: Las comunidades hispanas en los Estados Unidos *384*

Capítulo 22: El amor y el desamor *401*

Capítulo 23: El arte y su mundo   *419*

TO THE INSTRUCTOR

While much changed, the second edition of *Español en Español* is not entirely new. It retains, for example, the proven advantages of all-Spanish instruction. These advantages have received much support in modern research which shows that students acquire language most efficiently in a linguistically enriched environment of "comprehensible input," a term that describes a good direct-method classroom as well as any we know. As was the case in the first edition, the presentation of grammar is carefully sequenced as a means toward communicative, rule-governed creativity, and all grammar points and exercises are presented in largely self-contained segments that allow instructors to modify the sequence to a degree found in few other textbooks.

While preserving the strongest aspects of the first edition, we have also made many significant changes. These changes have been prompted primarily by a desire to make *Español en Español* as flexible as possible. Whether you prefer a structural, communicative, conversational, proficiency-oriented, or cultural emphasis, you will find plenty of materials in *Español en Español* to facilitate your particular approach to teaching and to accommodate the needs and interests of your students. For example, to the highly praised linguistic accuracy of the first edition, we have made a much more thorough integration of topics, grammar, and vocabulary; such integration now allows for the language to be learned in more meaningful contexts than before. In addition, grammar presentations now appear in an easily visualized outline format, explanations are more streamlined, and some of the more arcane items have been simplified or eliminated altogether. We have added many new situational activities which promote creative use of the language and problem-solving skills, often through one-on-one or group interaction. This edition includes new cultural notes and readings which range from humorous parodies of soap operas, folk tales, and television commercials to serious discussions of Hispanic culture. The new edition also offers numerous suggestions for skits, debates, and compositions.

Two ancillaries accompany this edition of *Español en Español*: the workbook and totally revised, self-correcting laboratory manual (*Manual para estudiantes*), and an instructor's manual (*Manual para profesores*). The tapescript of the laboratory manual is available upon request from the publisher.

Since two of our main goals have been variety and flexibility, we would be surprised if many instructors use *everything* in the second edition. Indeed, we expect teachers to select readings and activities, to emphasize some points over others, to teach some grammar sections for active control and others for recognition only. In short, we hope you will customize our book to your particular teaching style and needs. Indeed, we feel that the abundance and variety of *Español en Español, Segunda edición*, comprise two of its strongest points. And, since so many instructors like you provided hundreds of helpful suggestions for improving the first edition, we hope you will share with us your ideas concerning the second.

TO THE STUDENT

We learn languages for many reasons, but the best and the simplest reason to study languages is that other people speak them, write in them, and describe their world with them. In short, we cannot to any great degree understand and appreciate people of other cultures without learning their languages; anything involving people usually involves language. Fluency in other languages opens doors to thousands of experiences the monolingual never know. Indeed, few experiences match the thrill of forming new friendships that several months earlier would have been impossible because of linguistic barriers. People fluent in several languages all tell the same story: if they were monolingual, their lives would be considerably impoverished.

Of the languages available to you as a student, none offers greater possibilities than Spanish. Spanish is the language of Spain and of eighteen Spanish-American nations. Moreover, it is rapidly becoming the second language of the United States. Indeed, if you are contemplating a career in health care, government service, business, law, or any other field where communicating with other people is important, knowing Spanish can be a great asset. To know the Spanish-speaking world is to be captivated by it—by its humanity, its warmth, its vitality, its history, its multiple cultures, its endless variety, its problems, its possibilities. As you study Spanish during the next few months, don't lose sight of this final goal: to experience Hispanic culture to the fullest and thereby enrich your life in ways you never dreamed. Learning another language is not easy, but in the end, the effort you make to learn Spanish will surely be rewarded many times over.

We, the authors, remember with deep pleasure our first contacts with Hispanic culture; we rejoice daily in the many ongoing friendships made possible by our knowledge of Spanish. And in a sense, we envy the experiences you will have as you build your own linguistic bridges towards the Spanish-speaking world and its peoples.

ACKNOWLEDGMENTS

We cannot name all the kind people who helped with the second edition of *Español en Español*, but we must mention a few. We would like to thank Marilyn Pérez-Abreu, Vince Duggan, Sharon Alexander, Renée Davis, Paula Kmetz, Carl Morse, and Janet Gokay from Holt, Rinehart and Winston; Carlyle Carter, who served extremely well as developmental editor; the graduate student teachers at Yale University and UCLA who made numerous helpful suggestions; Ken Kocienda, who helped prepare many of the photographs; Judith Strozer, of the University of Washington, who saved the book from any serious linguistic pitfalls; Roberto González Echevarría of Yale University, who has repeatedly proven that distinguished literary critics can also give unwavering support to language teaching; and the following reviewers who made many helpful comments for improving the original manuscript: Ricardo Arias, Fordham University; Melba Buxbaum, Blackburn College; Ana Fernández, Emory University; Marco-Antonio Loera, Susquehanna University; Claudia Loftis, Bob Jones University; Nila Gutiérrez Marrone, The University of Connecticut; David Oberstar, Indiana University-Purdue University at Fort Wayne; Juan José Pratt, University of California, Los Angeles; William Shuford, Lenoir-Rhyne College; Richard Sigues and Malcom Cunningham, Framingham State College; and Marina Valenzuela-Smith, Antelope Valley College.

N. S.
D. F.

LECCIÓN PRELIMINAR
Primer encuentro

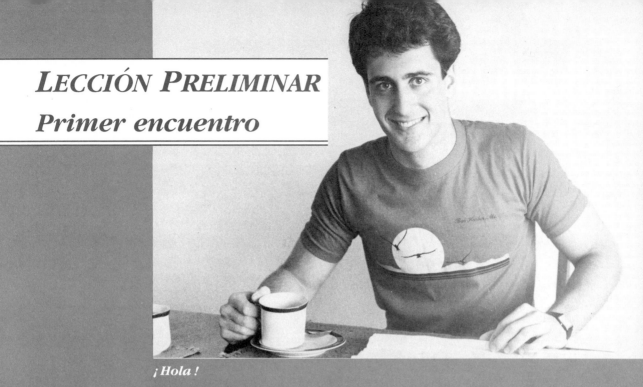

¡Hola!

Saludos

Buenos días, señor.
Buenas tardes, señora.
Buenas noches, señorita.

—(Yo) me llamo señora Flores.
—¿Cómo se llama usted, señor?
—Me llamo Ricardo Contreras.
—Mucho gusto.
—El gusto es mío, señora.

—¿Cómo está usted, señor Contreras?
—(Yo) estoy muy bien gracias. ¿Y usted?
—(Yo) estoy muy bien también, gracias.

¿Cómo está usted? es una **pregunta.**
Estoy muy bien, gracias. es una **respuesta.**

La fecha

—¿Cuál es la fecha de hoy?
—Hoy es el 10 (diez) de septiembre.

0.3

Los números de 1 a 10

951- 3282

37-E

0	cero	4	cuatro	—8	ocho
1	uno	5	cinco	9	nueve
—2	dos	6	seis	10	diez
—3	tres	7	siete		

—¿Cuál es su número de teléfono?
—Mi número de teléfono es: 4-3-6-2-1-7-9

0.4

El alfabeto

a	(a)	h	(hache)	ñ	(eñe)	u	(u)
b	(be grande)	i	(i)	o	(o)	v	(be chica)
c	(ce)	j	(jota)	p	(pe)	w	(doble u)
ch	(che)	k	(ka)	q	(cu)	x	(equis)
d	(de)	l	(ele)	r	(ere)	y	(i griega)
e	(e)	ll	(elle)	rr	(erre)	z	(zeta)
f	(efe)	m	(eme)	s	(ese)		
g	(ge)	n	(ene)	t	(te)		

Las vocales: a, e, i, o, u
Las consonantes: b, c, ch, d, f, g, h, j, etc.
LETRAS MAYÚSCULAS: H, O, X, etc.
letras minúsculas: f, r, o, etc.

—¿Cómo se llama usted, señorita?
—Me llamo Anita Hernández.
—¿Cómo se escribe su nombre?
—Mi nombre se escribe A-n-i-t-a H-e-r-n-a con acento-n-d-e-z.

0.5

Los números de 11 a 20

11	once	16	dieciséis
12	doce	17	diecisiete
13	trece	18	dieciocho
14	catorce	19	diecinueve
15	quince	20	veinte

—¿Cuántos son 9 + 11? (nueve y once)
—9 + 11 = 20 (Nueve y once son veinte.)

Una suma: 7 + 3 = 10 (Siete y tres son diez.)
Una resta: 15 − 7 = 8 (Quince menos siete son ocho.)

0.6

Seis mandatos básicos

Vaya.	Escuche.
Escriba.	Repita.
Venga.	Tome asiento.

CAPÍTULO 1
La clase de español

En la Universidad de Barcelona

1.1

¿Qué es esto?
    Es **un** libro. Es **una** pluma.

1.2

¿**Tiene** usted un lápiz, señorita?
    Sí, (yo) **tengo** un lápiz.

1.3

¿Qué es esto?
    Es un coche. Es **el** coche de Gloria.
    Es una casa. Es **la** casa de **la** señora Martínez.

1.4

Es el libro **de** Anita. Es el presidente **del** club.

1.5

¿Dónde está la profesora de biología?
    La profesora está **delante de** la clase y **al lado de** la pizarra.

EXPOSICIÓN

1.1

¿Qué es esto?
    Es **un** libro. Es **una** pluma.

Es **un** libro. *book*	Es **una** pluma. *pen*
un escritorio. *desk*	**una** silla. *chair*
un cuaderno. *notebook*	**una** ventana. *window*
un papel. *paper*	**una** mochila. *backpack*
un reloj. *clock*	**una** pared. *wall*
un avión. *airplain*	**una** lección. *lesson*
un camión. *TRUCK*	**una** expresión. *expression*
un pupitre. *student desk*	**una** clase. *class*
un sobre.	**una** llave. *key*
un lápiz. *pencil*	**una** luz. *light*

A. El género de los sustantivos y los artículos indefinidos

1. En español un sustantivo (**libro, pluma,** etc.) es masculino o femenino.

2. Un sustantivo que termina en **-o, -l** o **-n** es generalmente masculino. Por ejemplo, **libro, papel** y **avión.**

3. Un sustantivo que termina en **-a, -d, -ción** o **-sión** es generalmente femenino. Por ejemplo, **mesa, pared, lección** y **expresión.**

4. **Un** es un artículo indefinido masculino y se usa con un sustantivo masculino. Por ejemplo, **un libro, un sombrero, un papel, un avión.**

5. **Una** es un artículo indefinido femenino y se usa con un sustantivo femenino. Por ejemplo, **una pluma, una universidad, una lección, una expresión.**

6. Un sustantivo con otra terminación es masculino o femenino. Por ejemplo, **un sobre, una llave, un lápiz, una luz,** etc.

7. **Qué** es una expresión interrogativa ; se refiere a un objeto.

Estudie:

¿**Qué** es esto ?	Es **un** pupitre.
¿Y **qué** es esto ?	Es **otro** pupitre.
¿**Qué** es esto ?	Es **una** ventana.
¿Y **qué** es esto ?	Es **otra** ventana.

B. Otro y otra

1. Se usa **otro** con un sustantivo masculino.

2. Se usa **otra** con un sustantivo femenino.

1. un escritorio
2. un cuaderno
3. un papel
4. un reloj
5. un pupitre
6. un sobre
7. un lápiz
8. una silla
9. una mesa
10. una ventana
11. una puerta
12. una luz
13. una mochila
14. una pared
15. un avión
16. un camión
17. un alumno
18. una alumna

Estudie:

¿Qué **es** esto?	
¿**Es** una mesa o un escritorio?	**Es** una mesa.
¿**Es** un avión o un camión?	**Es** un camión.
¿**Es** un libro?	**No,** no **es** un libro. **Es** un cuaderno.
¿**Es** una lección?	**No,** no **es** una lección. **Es** un ejercicio.

C. *Es* y la negación de un verbo

1. **Es** es un verbo.
2. En una oración negativa, **no** precede al verbo.

Práctica oral

1. El nuevo profesor/la nueva profesora. *Usted es el/la profesor/a. Señale distintos objetos de la clase y pregunte "¿Qué es esto?"*

2. Selección (entre dos). *Pregunte a un compañero o una compañera de clase.*

> EJEMPLO   Estudiante 1:   (*señalando una silla*) ¿ **Es una silla o un libro?**
> Estudiante 2:   **Es una silla.**

Continúe con otros pares de objetos: **escritorio** o **portafolio ; papel** o **reloj ; pupitre** o **llave ; luz** o **lección ; pizarra** o **lápiz ; alumno** o **alumna,** *etc.*

3. **Verdad o mentira.** *¿Es verdad o es mentira* (mentira = falso) *la oración de sus compañeros?*

> MODELO Estudiante 1: (*con una pluma en la mano*) **Es un portafolio. ¿Verdad o mentira?**
> Estudiante 2: **Mentira. Es una pluma.**
> Estudiante 3: (*con una llave en la mano*) **Es una llave. ¿Verdad o mentira?**
> Estudiante 4: **Verdad. Es una llave.**

Continúe así con otros objetos: **mochila, pared, pizarra, sobre, mesa, ventana,** *etc.*

4. **Contradicciones** (entre dos). *Siga el modelo.*

> MODELO Estudiante 1: (*señalando una pluma*) **Es una luz.**
> Estudiante 2: **No es una luz. Es una silla.**

1.2

¿**Tiene** usted un lápiz, señorita?
Sí, (yo) **tengo** un lápiz.

¿**Tienes** (tú) una cartera en tu bolsillo, Roberto?
¿**Tiene** Alejandro un cuaderno en su portafolio?
¿**Tiene** Laura un perro en su casa?

No, (yo) no **tengo** una cartera en mi bolsillo.
Sí, (él) **tiene** un cuaderno en su portafolio.
No, (ella) no **tiene** un perro en su casa. Tiene una gata.

A. *Tengo, tienes* y *tiene*; los pronombres singulares de sujeto

1. **Tengo, tienes** y **tiene** = verbos que indican posesión.
2. **Yo** es un pronombre de primera persona singular.
3. **Usted** y **tú** son pronombres de segunda persona singular.
4. **Él** y **ella** son pronombres de tercera persona singular. **Él** es un pronombre masculino. **Ella** es un pronombre femenino.
5. **Usted** es un pronombre de segunda persona pero se combina con un verbo de tercera persona.

Sinopsis:

yo	+ **tengo**
tú	+ **tienes**
usted	
él	
ella	+ **tiene**
el nombre de una persona	
el nombre de un objeto	

Nota cultural

¿Tú o usted?

Tú y **usted** indican una relación social. **Usted** indica una relación formal. Se usa para indicar respeto y cortesía. **Tú** indica una relación íntima. Se usa entre amigos y miembros de la familia.

Estudie:

Tengo un departamento.	= Yo tengo un departamento (apartamento).
Tienes mi libro.	= Tú tienes mi libro.

Tiene un coche.
$$\begin{cases} = \text{Usted tiene un coche.} \\ = \text{Él tiene un coche.} \\ = \text{Alejandro tiene un coche.} \\ = \text{Laura tiene un coche.} \end{cases}$$

B. Es posible omitir el sujeto del verbo

Estudie:

mi casa, **mi** lápiz, **mi** bolsa, **mi** dirección
tu casa, **tu** lápiz, **tu** bolsa, **tu** dirección
su casa, **su** lápiz, **su** bolsa, **su** dirección

C. Los adjetivos posesivos singulares

1. **Mi** es un adjetivo posesivo de **yo.**
2. **Tu** (*sin acento*) es un adjetivo posesivo de **tú.**
3. **Su** es un adjetivo posesivo de **usted,** de **él,** de **Laura,** etc.

Práctica oral

5. Posesiones. *Describa sus posesiones y las posesiones de sus amigos.*

MODELO Yo / bolsa → **Yo tengo una bolsa.**

1. Yo / coche
2. Alejandro / cuaderno
3. Laura / portafolio
4. Catarina / bolsa
5. Tú / llave
6. Javier / coche
7. Yo / reloj
8. Tú / sobre

6. Preguntas personales. *Conteste las preguntas. Omita el sujeto en la respuesta.*

> MODELO   Estudiante 1:   **¿Tienes un cocodrilo en tu casa?**
>   Estudiante 2:   **No, no tengo un cocodrilo en mi casa.**

1. ¿Tiene (?) una bicicleta?
2. ¿Tienes un portafolio?
3. ¿Qué tiene (?)?
4. ¿Tiene el/la profesor/a una bolsa?
5. ¿Qué tiene Ud. en su mochila?
6. ¿Tiene (?) un gato?
7. ¿Qué tengo en mi portafolio?

7. ¡Investigación! (entre dos).   *Usted es policía y necesita información.*

> EJEMPLO   Estudiante 1:   **¿Tiene usted un revólver en su bolsillo?**
>   Estudiante 2:   **No, no tengo un revólver en mi bolsillo.**

1. ¿Tiene usted su cartilla de identidad?
2. ¿Tiene usted un coche?
3. ¿Quién tiene contactos con la Mafia?
4. ¿Tiene usted dinero en su cartera?
5. ¿Qué tiene usted en su casa?
6. ¿Tiene usted un amigo criminal?
7. ¿Qué tiene usted en su bolsillo?
8. ¿Qué tiene usted en su coche?

8. Inventario de las posesiones de sus amigos (entre dos).   *Pregúntele a un compañero o a una compañera de su clase.*

1. —qué tiene en su bolsillo.
2. —si tiene un amigo en Nueva York.
3. —qué tiene en su portafolio.
4. —si tiene una amiga en México.
5. —si tiene un departamento o una casa.
6. —qué tiene en su dormitorio.
7. —si tiene un perro o un gato.
8. —si tiene un avión, un coche, o una bicicleta.
9. —qué clase de coche tiene (un Chevy, un Ford, un Honda, etc.).

1.3

¿Qué es esto?
     Es un coche. Es **el** coche de Gloria.
     Es una casa. Es **la** casa de **la** señora Martínez.

Es un departamento.	Es **el** departamento de Juana.
Es un gato.	Es **el** gato de José.
Es otro gato.	Es **el otro** gato de José.
Es una dirección.	Es **la** dirección de David.
Es una cartera.	Es **la** cartera de Marta.
Es otra cartera.	Es **la otra** cartera de Marta.

A. Los artículos definidos *el* y *la*

1. **El** es un artículo definido masculino.
2. **La** es un artículo definido femenino.
3. El artículo indefinido (**un** o **una**) es general. El artículo definido (**el** o **la**) es específico.
4. Se usa **otro** y **el otro** con un sustantivo masculino. Se usa **otra** y **la otra** con un sustantivo femenino.[1]

---

[1]**Nota importante.** No se usa **un** o **una** con **otro** y **otra**. *Un otro* es muy incorrecto.

Estudie:

¿ **Quién** es ?
Es Pablo Quevedo.
Es **el** señor Quevedo.
Es **el Sr.** Quevedo.
Es **el** profesor Lavalle.
Es **el** doctor César Torres.
¿ Es **Ud. el** presidente Alfonsín ?

Es Norma Barcia.
Es **la** señorita Barcia.
Es **la Srta.** Barcia.
Es **la** señora Vázquez.
Es **la Sra.** Vázquez.
¿ Es **Ud. la** doctora Méndez ?

Pero:

—Buenos días, Sr. Pérez.
—¿ Cómo está Ud., señorita ?

B.   *Quién,* otros usos del artículo definido y algunas abreviaturas

1. **Quién** es una palabra interrogativa. Se refiere a una persona.
2. El artículo definido, **el** o **la**, precede generalmente a un *título* + *nombre y apellido* excepto en un saludo directo.
3. Abreviaturas:
   Sr. = señor
   Sra. = señora
   Srta. = señorita
   Ud. = usted
4. Las abreviaturas **Sr., Sra.** y **Srta.** se usan sólo en combinación con un nombre o un apellido.

Práctica oral

9.   **Cadena. ¿ Qué es esto ?**

   MODELO   Estudiante 1:   *(señalando una mochila)* ¿ **Qué es esto ?**
   Estudiante 2:   **Es la mochila de Miguel.**

Continúe así con otros objetos: **libro, mochila, cuaderno, bolsa, cartera, dinero, pizarra, dirección, reloj,** etc.

10.   **Fantasías sobre el futuro.**   *Invente un título posible para sus compañeros.*

   EJEMPLOS   →   **Es mi amiga la doctora Tyler.**
   →   **Es mi amigo el presidente Cohen.**

Otros títulos posibles: **senador/a, profesor/a, presidente/a, doctor/a, diputado/a, reverendo/a, director/a, maestro/a,** etc.

1.4 Es el libro **de** Anita. Es el presidente **del** club.

Es el portafolio **de** Amalia.
Rosa es amiga **de** Javier.
Laura tiene el coche **de** Aída.
Tengo la dirección **de** Pablo en mi bolsillo.
Es el departamento **de** la señora Barreras.
Es la casa **del** doctor Menéndez.
Es la oficina **del** profesor Sánchez.

A. *De* para expresar posesión y la contracción *del*

1. Se usa **de** y el nombre de una persona para expresar posesión.
2. **Del** es la contracción de **de** y **el: de + el → del.**

Estudie:

Es mi libro **de** español.
Buenos Aires es la capital **de** la Argentina.
El profesor Méndez es mi profesor **de** arte.
Tengo dos cursos **de** historia y un curso **de** música.

B. Se usa *de* para indicar una categoría.

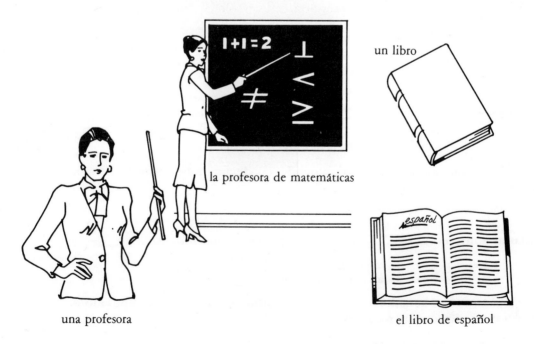

un libro

la profesora de matemáticas

una profesora

el libro de español

Estudie:

¿**Qué** es esto?	Es la pizarra de la clase.
¿**Quién** es él?	Se llama Miguel. Es mi amigo.
¿**De quién** es el anillo?	Es de la señora Espinosa.
¿Tiene Ud. mi anillo?	Sí, tengo su anillo.
¿Tiene mi anillo usted?	Sí, tengo su anillo.

C. Algunas expresiones interrogativas y la estructura de una pregunta

1. **Qué** es una palabra interrogativa para objetos o cosas.

2. **Quién** es una palabra interrogativa para personas.

3. **De quién** es una expresión interrogativa de posesión.

4. La estructura de preguntas con una expresión interrogativa es fácil:

expresión interrogativa + verbo + sujeto

¿ **De quién es el anillo?**
¿ **De dónde eres tú?**

5. La estructura de preguntas sin expresión interrogativa tiene tres posibilidades (*predicado = la parte después del verbo*):

a. verbo + sujeto + predicado: ¿ **Tiene Ud. mi lápiz?**

b. verbo + predicado + sujeto: ¿ **Tiene mi lápiz usted?**

c. sujeto + verbo + predicado: ¿ **Usted tiene mi lápiz?**

Práctica oral

11. Información sobre cosas.

EJEMPLOS   Estudiante 1:   (*señalando una silla*) ¿ **Qué es esto?**
Estudiante 2:   **Es una silla.**

Estudiante 1:   ¿ **De quién es la silla?**
Estudiante 2:   **Es la silla de Adán.**

Continúe así con otros objetos de la clase: **mochila, dinero, ventana, techo, cartera, bolsa, pupitre, mesa, luz, cuaderno, anillo,** etc.

12. Identificaciones (entre dos).   *Preguntas para un compañero o una compañera de clase.*

1.   —(*señale a una persona*) ¿Quién es?

2.   —(*señale un objeto*) ¿Qué es esto?

3.   —(*señale otro objeto*) ¿De quién es esto?

Continúe así con otros objetos y personas de la clase.

1.5

¿**Dónde está** la profesora de biología?
La profesora está **delante de** la clase y **al lado de** la pizarra.

¿**Dónde está** la profesora?	Está **delante de** la clase y **al lado de** la pizarra. *[prepositions / beside / in front]*
¿**Dónde está** la pizarra?	Está **detrás de** la profesora. *[behind]*
¿**Dónde está** la bolsa de la profesora?	Está **encima del** escritorio. *[above]*
¿**Dónde está** la pluma de Raquel?	Está **debajo de** su silla. *[under]*
¿**Dónde está** el dinero de Rosa?	Está **dentro de** su bolsa. *[inside]*
¿**Dónde está** Jorge hoy?	Está **fuera de** la ciudad hoy. *[outside of]*
¿**Dónde está** la silla de Enrique?	Está **junto a** la pared. *[beside / next to]*
¿**Dónde está** Enrique?	Está **entre** Juana y Paula. *[between]*

María **está junto a** Diego.
La tiza **está junto a la** pizarra.
El lápiz **está junto al** libro.

Dónde, el verbo *está*, la contracción *al*, y algunas preposiciones

1. **Dónde** es una palabra interrogativa de localización.
2. **Está** es un verbo de localización.
3. **Al** es la contracción de **a** y **el**: a + el → al
4. **Encima de, delante de, al lado de** y **entre** son preposiciones de localización.

Sinopsis:

```
encima de    ≠  debajo de
delante de   ≠  detrás de
dentro de    ≠  fuera de
        en   =  dentro de, encima de
entre _____ y _____
```

Práctica oral

13.   ¿Dónde está... con relación a... ?   *Estudie las relaciones geográficas y espaciales en la clase de español, y complete las oraciones.*

1. La silla de _____ está _____ la pared.
2. El dinero de _____ está _____ su bolsa.
3. La pared está _____ la pizarra.
4. _____ está entre _____ y _____ .
5. La tiza está _____ la pizarra.
6. _____ está al lado de _____ .
7. La mochila de _____ está debajo de _____ .
8. _____ está detrás de _____ .

14. ¿Dónde está... ? (entre dos). *Hágale preguntas a un/a compañero/a sobre las relaciones geográficas y espaciales en la clase de español.*

EJEMPLOS   Estudiante 1:   **¿Dónde está la ventana con relación a Ana?**

Estudiante 2:   **La ventana está detrás de Ana. Ana está delante de la ventana.**

Estudiante 1:   **¿Dónde está la mochila de Enrique con relación a la silla de Enrique?**

Estudiante 2:   **Está debajo de su silla.**

Pronunciación y ortografía

A. *Pronuncie las palabras a continuación.*

[a]	**casa**	la **casa** de Pa**ca**
[e]	**bebé**	**el** b**ebé** d**e** P**epe**
[i]	**ti**za	la **ti**za de **I**s**i**dora Mor**í**n**i**go
[o]	**co**che	**o**nce **co**ches y d**o**s **co**c**o**s
[u]	l**u**z	**u**n **u**so de **u**na l**u**z

B. *Pronuncie cada grupo de palabras; imite la pronunciación de su profesor/a y conecte las palabras.*

Tengo el ejercicio para hoy.   Es un pupitre.
Tienes una obligación.   Es una camisa.
La profesora tiene una explicación.   Es un papel.
Es un adulto y un hombre.   Es una puerta.

El énfasis silábico y el acento escrito (´)

pro-fe-so-ra
         └→ la **última** sílaba
        └────→ la **penúltima** sílaba

1. Si la última letra de una palabra es una **vocal** (*-a, -e, -i, -o, -u*), **-n** o **-s**, el énfasis está en la **penúltima** sílaba.

cas**a**	*ca*-sa	meno**s**	*me*-nos
cinc**o**	*cin*-co	jove**n**	*jo*-ven
llav**e**	*lla*-ve	ventan**a**	ven-*ta*-na

2. Si la última letra de una palabra es una **consonante**, excepto **n** o **s**, el énfasis está en la **última** sílaba.

pape**l**	pa-*pel*	muje**r**	mu-*jer*
relo**j**	re-*loj*	pare**d**	pa-*red*
profeso**r**	pro-fe-*sor*	genera**l**	ge-ne-*ral*

3. ¿Excepciones? Se indica el énfasis con un **acento escrito** (´).

mamá	lápiz	página
papá	dólar	número
bebé	ítem	título
allí *here*	álbum	lámpara
inglés	cónsul	última
detrás	ángel	sílaba
avión	clímax	énfasis
camión	cráter	público

4. El **acento escrito** es necesario en una **palabra interrogativa**.

use accent in form of ques. only

¿dónde? *where*	¿qué? *what*	¿quién? *whom*
¿cómo? *how*	¿cuál? *which*	¿de quién? *of whom*

5. A veces el acento escrito se usa para distinguir entre dos palabras **homófonas** (palabras que se pronuncian igual). Por ejemplo:

Sí: una respuesta afirmativa

Si: indica una hipótesis

¿Es tu cartera? **Sí**, es mi cartera.

Si Juana no está en clase, es porque está enferma.

La división silábica

1. La **vocal** (*a, e, i, o, u*) es la parte importante y esencial de la sílaba. La vocal es el **núcleo** de la sílaba.

á-re-a: 3 sílabas   o-cé-a-no: 4 sílabas

2. Si una consonante está entre dos vocales, forma sílaba con **la segunda vocal** (*la sílaba número dos*).

se-ño-ri-ta:	4 sílabas
fe-me-ni-no:	4 sílabas
nú-me-ro:	3 sílabas

3. Si una consonante está junto a otra consonante, la división silábica ocurre generalmente entre las dos consonantes.

bol-sa:	2 sílabas
in-ter-no:	3 sílabas
án-gel:	2 sílabas

Excepciones:

Ch, ll y **rr** = **una** consonante

a-pe-lli-do:	4 sílabas
pi-za-rra:	3 sílabas
te-cho:	2 sílabas

Consonante + **r** + **vocal** = **una** sílaba
Consonante + **l** + **vocal** = **una** sílaba

pa-la-bra:	3 sílabas
cla-se:	2 sílabas
pu-pi-tre:	3 sílabas
tri-ple:	2 sílabas

Una división silábica ocurre entre una **s** y otra consonante

trans-por-te:	3 sílabas
ins-cri-be:	3 sílabas

Ejercicios

A. *Divida cada palabra a continuación en sílabas.*

1. inteligente
2. artículo
3. enchufe
4. perro
5. anillo
6. generalmente
7. silla
8. problema
9. trascendente
10. techo
11. pregunta
12. estupendo
13. apartamento
14. público
15. teléfono

B. *Subraye (_____) la sílaba que recibe el énfasis.*

1. lápiz
2. lectura
3. hombre
4. enchufe
5. horror
6. comunidad
7. lámpara
8. mujer
9. computadora
10. fabuloso
11. televisor
12. papel
13. dosis
14. presidente
15. plástico

C. *Escriba un acento si es necesario. La vocal que recibe el énfasis está en negrilla.*

1. t**i**tulo
2. doct**o**r
3. **a**rea
4. l**a**piz
5. franc**e**s
6. comunid**a**d
7. **o**pera
8. beb**e**
9. L**o**pez
10. anim**a**l
11. espec**i**fico
12. par**e**ntesis
13. catedr**a**l
14. ingl**e**s
15. m**u**sica

CREACIÓN

Lectura

En una clase de español

La clase de español está en el salón número 18. La profesora se llama María Pérez. La profesora está delante de la clase. Está detrás del escritorio.

Al principio de la clase

PROFESORA	¿Señora Anderson?
ESTUDIANTE	Presente.
PROFESORA	¿Señor Castillo? ¿David Castillo?
ESTUDIANTE	El señor Castillo no está aquí. Está ausente porque tiene la gripe. Está enfermo.
TODOS	Pobrecito.

Más tarde en la clase

PROFESORA	Sara, ¿qué es esto?
SARA	Es un anillo. Es el anillo de Susana.
PROFESORA	Muy bien. Miguel, ¿qué es esto?
MIGUEL	Es mi mochila.
PROFESORA	¿Qué tiene Ud. en su mochila?
MIGUEL	En mi mochila tengo cinco cuadernos, ocho libros, una caja de lápices, varias plumas, mi cartera, mis llaves, las fotos de mi familia y la genealogía de mi perro.
ADOLFO	¡Uy! Esto no es una mochila. Es un camión.
PROFESORA	¡Adolfo! Más respeto, por favor.
ADOLFO	Perdóneme. Nadie es perfecto.
PROFESORA	Miguel, ¿dónde está Adolfo?
MIGUEL	Está detrás de mí—desafortunadamente.

Una estudiante de Madrid

En contexto

¿Cómo se hace para saludar y decir adiós?

— Buenos días. **¿Qué tal?**
— Buenas tardes. **¿Cómo le va?**
— Buenas noches. ¿Cómo está Ud.?
— Hasta la vista.

— Hasta luego.
— Hasta mañana.
— Hasta pronto.
— Adiós.

¿Qué tal?:
¿Cómo está Ud.?
¿Cómo le va?:
¿Cómo está Ud.?

Situaciones

Situación 1   Ud. está con un amigo. ¿Cómo saluda Ud. al amigo?
Situación 2   Ud. está con una amiga. ¿Cómo dice Ud. "adiós"?
Situación 3   Ud. está con un nuevo alumno. Información que Ud. necesita: ¿cómo está el nuevo alumno? ¿cómo se llama? ¿cuál es su teléfono? ¿cuál es su dirección? ¿qué clases tiene?
Situación 4   ¿Cómo termina Ud. una conversación?
Situación 5   Ud. es el/la profesor/a de la clase. ¿Qué preguntas tiene Ud. para la clase?

Composición

Tema 1   Sus posesiones o las posesiones de un amigo o de una amiga.
Tema 2   Una descripción de la clase de español.

Vocabulario activo

personas

el/la alumno/a	el hombre	el/la presidente	la señorita
el/la amigo/a	la madre	el/la profesor/a	señor (Sr.)
el/la compañero/a	el/la maestro/a	el señor	señora (Sra.)
el/la doctor/a	la mujer	la señora	señorita (Srta.)
el/la estudiante	el padre		

objetos de la clase

el cuaderno	la oración	la pizarra	la silla
el escritorio	la palabra	la pluma	el sobre
el lápiz	el papel	la puerta	el techo
el libro	la pared	el pupitre	la tiza
la luz	el piso	la respuesta	la ventana
la mesa			

cosas personales

el anillo	el camión	el dinero	el portafolio
la bicicleta	la cartera	la dirección	el reloj
la bolsa	la casa	la mochila	el sombrero
el bolsillo	el coche	la motocicleta	el teléfono
la cadena	el cuaderno		

expresiones interrogativas

¿cómo?	¿no?	¿qué?	¿quién?
¿cuál?	¿por qué?	¿qué tal?	¿verdad?
¿dónde?			

conjunciones

o	y

La clase de español

expresiones útiles

adiós	hasta mañana	mucho gusto	pero
hasta luego	hasta la vista	perdóneme	

adjetivos

ausente	fácil	incorrecto, -a	otro, -a
cada	femenino, -a	masculino, -a	presente
correcto, -a			

artículos

el, la	un, una

verbos

es	está	tengo, tienes, tiene

preposiciones

al lado de = junto a	debajo de ≠ encima de	en	para
con ≠ sin	delante de ≠ detrás de	entre	sobre
de	dentro de ≠ fuera de		

pronombres

yo	él	ella	usted
tú			

posesivos

mi	tu	su

Dos amigas

2.1
¿Dónde **está** Ud.?
(Yo) **estoy al lado de** Pilar.

2.2
¿Cómo está Felisa?
Está **enferma.**

2.3
¿**Es** usted rico?
No, (yo) no **soy** rico, pero **soy** feliz.

2.4
¿De qué nacionalidad es Ud.?
Soy **cubana.**

2.5
¿**De qué** es la mesa?   La mesa es **de** madera.
¿**De quién** es la guitarra? La guitarra es **de** Juana.
¿**De dónde** es Marisela?   Marisela es **de** Bolivia.

2.6
El reloj **que** está en la mesa es de oro.
La mujer **que** está en la foto es de Bolivia.

2.7
¿**Cuántos años tiene** tu abuelo?
Mi abuelo **tiene setenta y ocho años.**

EXPOSICIÓN

2.1

¿Dónde **está** Ud.?
    (Yo) **estoy al lado de** Pilar.

Ana está *a la izquierda de* Jorge.
Ana está *a la derecha de* Isabel.
Ana está *en medio de* la clase.
Ana está *lejos de* su casa.

La casa de Ana está *cerca de* un río.
El libro está *encima de* la mesa.
El lápiz está *dentro del* libro.
Roberto está *fuera de* clase.

¿Dónde **está** usted, Sr. Soto?
¿Dónde **estás** tú, Juan?
¿Dónde **estoy** yo?
¿Dónde **está** tu reloj?
¿Dónde **está** Elena?
¿**Está** Javier en clase hoy?
¿Dónde **está** Segovia?
¿Quién **está detrás de ti**?
¿**Está** el verbo **antes del** sujeto?

(Yo) **estoy a la izquierda de** Ana.
Estoy en medio de la clase.
(Tú) **estás a la derecha de** Ana.
Está sobre la mesa.
Está cerca de Raúl y **lejos de** Ana.
No, **está fuera de** la ciudad.
Está cerca de Madrid.
Adolfo **está detrás de mí.**
No, el verbo **está después del** sujeto.

A. El verbo *estar*

> *1.* **Estoy, estás** y **está** son formas del verbo **estar.**
> *2.* **Estar** es el infinitivo de **estoy, estás** y **está.** Un verbo se identifica por el infinitivo.
> *3.* **Estar** indica localización.
> *4.* **Mí** y **ti** se usan después de muchas preposiciones.

Sinopsis:

formas del verbo *estar*
yo + **estoy**
tú + **estás**
él, ella, usted, *etc.* + **está**

Estudie:

¿Dónde está el libro de Juan?	Está **en** la mesa. (*en = sobre*)
¿Dónde está el reloj?	Está **en** la pared. (*en = colgado de*)
¿Dónde está tu cartera?	Está **en** mi bolsillo. (*en = dentro de*)
¿Dónde está tu cuaderno?	Está **en** la mesa. (*en = encima de*)

B. La preposición *en* tiene varios significados.

Sinopsis:

> en = dentro de, colgado de
> encima de = sobre, en
> a la izquierda de ≠ a la derecha de
> en medio de ≠ a un extremo de
> lejos de ≠ cerca de
> antes de ≠ después de

Práctica oral

1. Relaciones geográficas y espaciales. *Invente oraciones.*

> MODELO   Juan / ventana. → **Juan está a la izquierda de la ventana.**

1. pizarra / escritorio	5. sujeto / verbo
2. estudiante 1 / estudiante 2	6. edificio 1 / edificio 2
3. Nueva York / Los Ángeles	7. cuaderno / mochila
4. puerta / ventana	8. mesa / la clase

2. **¿Dónde está Ud.?** (entre compañeros). *Explíquele a un compañero o a una compañera dónde está Ud., dónde está él/ella y dónde están otras personas. Use la tabla para formar sus oraciones.*

EJEMPLO **Yo estoy lejos de la ventana y cerca de la puerta.**

Yo	cerca de / lejos de	(nombre de un lugar)
Tú	a la izquierda de	(nombre de un objeto)
(nombre de una persona)	a la derecha de	(nombre de una persona)
(nombre de una cosa)	en medio de	
(nombre de un lugar)	detrás de / delante de	
(nombre de una ciudad)	a un extremo de	
	junto a	
	al lado de	

2.2 ¿Cómo está Felisa?
    Está **enferma.**

Federico está sano; Isabel está enferma.

La ventana está abierta; la puerta está cerrada.

Marisa está de pie; Jorge está sentado.

¡Qué sucia está la camisa de Don Tremendón! ¡Qué limpia está la camisa de Miguel!

Héctor está triste; Susana está alegre.

Roberto está de buen humor; Alicia está de mal humor.

¿Está **sano** Federico?	No, está **enfermo.**
¿Estás **nerviosa,** Juana?	No, estoy **tranquila.**
¿Está **cerrado** el libro?	No, el libro está **abierto.**
¿Está **abierta** la puerta?	No, la puerta está **cerrada.**
¿Está **sentada** Marisa?	No, Marisa está **de pie.**
¡Qué **sucio** está el coche!	¡Qué **limpia** está la casa!
¿Por qué estás **triste,** Miguel?	No estoy **triste;** estoy **alegre.**
¿Estás **de mal humor** hoy?	No, estoy **de buen humor.**

Concordancia de adjetivos

1. **Cerrado, nerviosa, abierto,** etc. son adjetivos. Un adjetivo describe un sustantivo.
2. Un adjetivo que termina en **-o** es variable; tiene una forma masculina y otra forma femenina.
3. La forma masculina termina en **-o.** Se usa para describir un sustantivo masculino. Por ejemplo:

   El libro está cerrad**o.**   Miguel está enferm**o.**

4. La forma femenina termina en **-a.** Se usa para describir un sustantivo femenino. Por ejemplo:

   Ana está content**a.**   La casa está suci**a.**

5. Un adjetivo que termina en **-e** es generalmente invariable; se combina con sustantivos masculinos y femeninos. Por ejemplo:

   Mi per*r*o está trist**e.**   Mi ga*ta* está alegr**e.**

Práctica oral

3. **Descripciones.**

   EJEMPLO   yo / de buen humor o de mal humor   →   **Estoy de buen humor.**

   1. la pizarra / sucia o limpia
   2. mi papá / presente o ausente
   3. mi compañero/a de cuarto / sano/a o enfermo/a
   4. el/la profesor/a / de buen humor o de mal humor
   5. mi mochila / cerrada o abierta
   6. (nombre de una alumna) / nerviosa o contenta
   7. (nombre de un alumno) / sentado o de pie
   8. ? / nervioso o tranquilo

4. **Situaciones.**   *Describa cómo está la gente en las situaciones indicadas.*

   EJEMPLO   Miguel está en el hospital.   →   **Miguel está enfermo.**

   1. María está en un examen y no está preparada.
   2. Raúl está con el padre de su novia por primera vez.
   3. Ana está en una fiesta fabulosa.
   4. Tú estás en una clase muy interesante.
   5. Su profesor/a tiene alumnos muy buenos.
   6. Yo tengo mucho dinero en mi bolsillo.

5. **Preguntas personales** (entre dos).   *Pregúntele a un/a compañero/a de clase.*

   1. —quién está enfermo hoy
   2. —quién está ausente hoy
   3. —quién está presente hoy
   4. —si él/ella está triste
   5. —si está contento/a cuando tiene dinero
   6. —quién está loco
   7. —quién está impaciente
   8. —si su cuarto está limpio
   9. —quién está nervioso
   10. —si está de buen o mal humor

2.3 ¿**Es** usted rico?
No, (yo) no **soy** rico, pero **soy** feliz.

morena   alto   bella (hermosa)   feo   guapo

rubia   bajo   viejo   joven

¿Cómo **es** Felisa?	**Es inteligente** y **simpática.**
¿Cómo **es** Aníbal?	**Es honesto,** pero **antipático.**
¿**Es morena** y **alta** tu madre?	No, mi madre **es baja** y **rubia.**
Tú **eres rico,** ¿verdad?	No, (yo) no **soy rico. Soy pobre.**
¿Quién **es bruto** y **perezoso?**	**Soy perezoso,** pero no **soy bruto.**
Yo **soy guapo, brillante, elegante, sensual...**	Sí, pero usted no **es modesto.**
¿Cómo **es** tu universidad?	**Es grande;** no **es pequeña.**
¿Cómo **es** tu clase de sociología?	**Es interesante;** no **es aburrida.**

A.   El verbo *ser*

1. **Soy, eres** y **es** = formas del verbo **ser.**
2. **Ser** es el infinitivo del verbo.

Sinopsis:

el verbo *ser*
yo + **soy**
tú + **eres**
usted, él, ella, *etc.* + **es**

B. Comparación de *ser* y *estar*

1. **Ser** conecta un sujeto con un sustantivo o un pronombre.
    Mi padre **es** policía.
    ¿Quién **eres** tú?
    Yo **soy** estudiante.
2. **Ser** se combina con un adjetivo que indica una característica inherente.
    Miguel **es** moreno.
    La casa **es** pequeña.
    Juana **es** inteligente.
3. **Estar** indica localización.
    ¿Dónde **está** tu casa?
    Ricardo **está** entre Susana y Javier.
    ¿Quién **está** detrás de ti?
4. **Estar** se combina con un adjetivo que indica una condición variable o el resultado de un cambio (*cambio = transición*).

Compare:

características		*condiciones*	
¿Cómo es Jorge?		¿Cómo está Jorge?	
Jorge es joven.		Jorge está bien.	
es moreno.	es inteligente.	está sano.	está animado.
es guapo.	es rico.	está cansado.	está preparado.
es cortés.	es generoso.	está tranquilo.	está furioso.
es simpático.	es liberal.	está contento.	está nervioso.

¿Cómo es la habitación de David?	¿Cómo está la habitación de David?
Es pequeña.	Está abierta.
Es vieja.	Está desordenada.
Es sencilla.	Está sucia.
Es rectangular.	No está limpia.
Es fatal.	No está ordenada.

Nota. **Liberal, regular** y **fatal** son masculinos y femeninos; son invariables.

Práctica oral

6. **¿Ser o estar?** *Conteste las preguntas de sus compañeros.*

    MODELOS Estudiante 1: **¿Tu madre? ¿Enferma?**
             Estudiante 2: **No, mi madre no está enferma.**

             Estudiante 3: **¿Tu amigo Ricardo? ¿Rico?**
             Estudiante 4: **Sí, mi amigo Ricardo es rico.**

    1. ¿Yo? ¿Nervioso/a?   2. ¿El salón de clase? ¿Moderno?   3. ¿Tu cuarto? ¿Limpio?
    4. ¿Tu mochila? ¿Llena?   5. ¿Tu universidad? ¿Grande?   6. ¿Tu padre? ¿Generoso?
    7. ¿La puerta? ¿Abierta?   8. ¿(nombre de un/a estudiante)? ¿Ausente?   9. ¿(nombre de un político)? ¿Inteligente?   10. ¿(nombre de una actriz)? ¿Bonita?

7. Biografías y autobiografías. *Invente pequeñas biografías y autobiografías con* **ser** *o* **estar** *y los adjetivos que están en la lista.*

1. Yo soy...
2. Yo estoy...

3. (*nombre de una persona*) es...
4. (*nombre de una persona*) está...

joven	liberal	modesto
sano	cansado	de buen humor
guapo	contento	furioso
simpático	conservador	enfermo
tranquilo	fatal	de mal humor
rico	inteligente	?

8. Retratos personales (entre dos). *Describa a un compañero o a una compañera; use los adjetivos de la* Práctica 7 *como guía.*

EJEMPLOS   →   **Generalmente tú eres feliz, pero hoy estás triste.**
        →   **No estás enferma hoy. Estás sana.**
        →   **Generalmente eres simpática, pero hoy estás de mal humor.**

2.4   ¿De qué nacionalidad es Ud.?
Soy **cubana.**

¿Qué es Ud.?	Soy **médico.**
¿Qué es tu hermana?	Mi hermana es **abogada.**
¿Es Ud. **mexicana**?	No, no soy **mexicana.** Soy **argentina.**
¿Es **católico** tu papá?	No, mi papá es **judío.**
¿Es **republicana** tu mamá?	No, pero mi papá es **republicano.**
¿Quién es **biólogo**?	Mi profesor de biología es **biólogo.**
¿Es **psicóloga** tu hermana?	No, mi hermana es **ingeniera**; mi tío es **psicólogo.**

A. Categorías de nacionalidad, religión, afiliación política y profesión

1. Se usa **ser** con una categoría.
2. Los sustantivos y adjetivos de categoría que terminan en **-o** tienen una forma masculina y femenina: **abogado/abogada**; **judío/judía.**

Estudie:

Mi padre es **artista.**	Mi madre es **artista** también.
Carlos es **budista.**	Amalia es **budista** también.
Andrés es **socialista.**	Irma es **economista.**

Teodoro es **demócrata.**
Mi padre es **protestante.**
Raúl es **policía.**

Su madre también es **demócrata.**
Su familia no es **protestante.**
Ana Luisa es **policía** también.

B. Las terminaciones *-ista, -ócrata* y *-ante*

1. Los adjetivos sustantivos que terminan en **-ista, -ócrata** y **-ante** son masculinos y femeninos.

2. **Policía** también es masculino y femenino: **un policía, una policía.**

Estudie:

Pierre es **francés.**
Roger es **inglés.**
Javier es **español.**
Ludwig es **alemán.**
John es **canadiense.**
Steve es **estadounidense.**

Marie es **francesa.**
Pamela es **inglesa.**
Graciela es **española.**
Mi abuela es **alemana.**
Martha es **canadiense.**
Patty es **estadounidense.**

C. Concordancia con adjetivos de nacionalidad

1. Si un adjetivo de nacionalidad termina en consonante, su forma femenina termina en **-a**; note que la forma femenina no necesita acento: **alemán/alemana ; inglés/ inglesa ; francés/francesa ; japonés/japonesa.**

2. La terminación **-ense** es invariable: **un canadiense** y **una canadiense.**

3. Se usa la letra minúscula con un adjetivo de nacionalidad, religión o afiliación política.

Estudie:

Mi tío es químico.
Alfredo es protestante.
Mi madre es cantante.

Mi tío es **un** químico **famoso.**
Alfredo es **un** protestante **liberal.**
Mi madre es **una** cantante **fabulosa.**

D. Omisión del artículo indefinido y la posición del adjetivo descriptivo

1. Generalmente no se usa un artículo definido entre **ser** y una categoría que no está modificada: **Soy médico. Sara es protestante.**

2. Generalmente se usa un artículo indefinido con una categoría modificada: **Luis Miguel es un católico devoto.**

3. Un adjetivo descriptivo (**bonito, liberal, famoso,** etc.) casi siempre está después del sustantivo que modifica.

Práctica oral

9. ¿De qué nacionalidad es? *Ud. es un/a agente de inmigración. Determine la nacionalidad de las personas a continuación.*

> MODELO Iván / ruso o francés
> Estudiante 1: **¿Es Iván ruso o francés?**
> Estudiante 2: **Iván es ruso.**

1. Pierre / español o francés
2. Gerhard / mexicano o alemán
3. Marie / canadiense o brasileña
4. Juanita / colombiana o china
5. Pietro / italiano o irlandés
6. el Sr. López / cubano o checo
7. la Sra. Tamagawa / japonesa o rusa
8. Heather Jones / estadounidense o chilena

10. Religión y política. *Identifique la religión o la afiliación política de la gente a continuación.*

> EJEMPLO el senador Dole → **El senador Dole es republicano.**

1. el Papa en Roma
2. Jerry Falwell
3. la Primera Dama
4. William F. Buckley
5. Jane Fonda
6. tu padre
7. el senador Kennedy
8. ?

11. Biografías y autobiografías. (entre dos o en pequeños grupos). *Describa a un/a amigo/a (o a un/a enemigo/a). Use las preguntas a continuación como guía.*

1. ¿Cómo es físicamente? (*alto, bajo, delgado, gordo, moreno, rubio, grande, pequeño, viejo, joven, guapo, feo, etc.*)
2. ¿Qué temperamento tiene? (*lógico, bruto, simpático, antipático, trabajador, perezoso, generoso, tacaño, pasivo, activo, arrogante, modesto, cortés, maleducado, etc.*)
3. ¿Qué profesión tiene? (*abogado, comerciante, carpintero, electricista, ingeniero, político, científico, médico, profesor, enfermero, obrero, etc.*)
4. ¿Qué religión tiene? (*ateo, cristiano, judío, mahometano, católico, protestante, budista, agnóstico, etc.*)
5. ¿Qué orientación política tiene? (*demócrata, republicano, socialista, comunista, liberal, conservador, anarquista, independentista, etc.*)

Nota cultural

La amistad

La **amistad** es muy importante en la sociedad hispana. En un país hispano, frecuentemente las relaciones entre amigos son más importantes que las relaciones oficiales del gobierno. Según Jorge Luis Borges, un autor argentino muy famoso, la amistad es la máxima virtud hispana. Ser parte de una amistad latina es una rica experiencia humana. Es una experiencia que Ud. **tendrá** posiblemente, gracias a su comprensión del español.

amistad: la relación entre amigos
tendrá: el futuro de *tener*

Los animales también son buenos amigos.

2.5	¿**De qué** es la mesa?	La mesa es **de** madera.
	¿**De quién** es la guitarra?	La guitarra es **de** Juana.
	¿**De dónde** es Marisela?	Marisela es **de** Bolivia.

¿**De qué** es su camisa?	Mi camisa es **de** algodón.
¿**De qué** es su suéter?	Mi suéter es **de** lana.
¿**De qué** es la bolsa de Ana?	Su bolsa es **de** cuero.
¿**De qué** es tu reloj?	Mi reloj es **de** oro.
¿**De quién** es el perro?	Es **de** mi hija.
¿**De quién** es la casa?	Es **del** Sr. Jiménez.
¿**De dónde** eres?	Soy **de** Buenos Aires.
¿**De dónde** es tu papá?	Es **de** España.

Usos de *de*

1. ¿ **De qué es...** ? = ¿ De qué sustancia es... ?

2. ¿ **De quién es...** ? = ¿ Quién es el posesor de... ?

3. ¿ **De dónde es...** ? = ¿ Cuál es el origen de... ?

4. Generalmente se usa **ser** con **de** para indicar:

   a.   Origen: ¿ **De dónde eres tú** ? **Soy de Bolivia.**

   b.   Posesión: ¿ **De quién es el coche** ? **El coche es de mi papá.**

   c.   Sustancia (*composición material*): ¿ **De qué es tu cartera** ? **Es de cuero.**

Práctica oral

12. Preguntas para respuestas. *Invente una pregunta para la respuesta. Siga el modelo.*

> MODELO   Luis es de México.   →   **¿ De dónde es Luis ?**

1. Mi pantalón es de algodón.
2. El pupitre es de madera.
3. La bolsa es de Bianca.
4. Héctor es de Buenos Aires.

5. El anillo es de oro.
6. El sobre es de papel.
7. Alicia es de Madrid.
8. El suéter es de Francisco.

13. Preguntas personales (entre dos).   *Use la tabla para inventar preguntas para un compañero o una compañera de clase.*

¿De dónde es	tu madre ?		¿De quién es	la mesa ?
	(nombre de otra persona) ?		¿De qué es	la tiza ?
	tu familia ?			la pizarra ?
eres	tú ?			tu reloj ?
soy	yo ?			(otro objeto) ?

2.6

El reloj **que** está en la mesa es de oro.
La mujer **que** está en la foto es de Bolivia.

La mesa está a la izquierda de David.
La mesa es de metal.

= La mesa **que** está a la izquierda de David es de metal.

Laura tiene un hermano.
Su hermano es psicólogo.

= Laura tiene un hermano **que** es psicólogo.

El edificio **que** está en el bulevar Lincoln tiene 18 pisos.
Tengo un amigo **que** es ingeniero.
Lucrecia **dice que** yo soy simpático. Yo estoy de acuerdo.
Gumersinda **dice que** ella es una estudiante brillante. No estamos de acuerdo.

El pronombre relativo *que* y el verbo *dice*

1. **Que** (sin acento) es un pronombre relativo. Un pronombre relativo se usa para combinar dos oraciones.

2. **Que** se refiere a personas, objetos y lugares.

3. **Dice que** = informa que, reporta que.

Práctica oral

14. Termine la oración.   *Usando las frases como punto de partida, haga una oración verdadera.*

> EJEMPLO   La chica que está sentada a mi lado...
> →   **La chica que está sentada a mi lado se llama Ana.**

1. El coche que yo tengo...
2. El libro que está en la mesa...
3. La camisa que es de mi amigo...
4. La persona que está junto a la pizarra...

5. La chica que está ausente y enferma...
6. El hombre que está cerca de la ventana...
7. La pluma que Ud. tiene...

15. Oraciones largas y profundas para un/a compañero/a de clase (entre dos).   *Use la tabla para formar oraciones.*

1. La chica que está... tiene un... que es fabuloso.
2. El muchacho que se llama... está al lado de una persona que...
3. El hombre que está al lado de... tiene un sombrero que...
4. La mujer morena que es de... tiene un hijo que...
5. ¿De dónde es la señora que está junto a... y tiene...?

16. ¿Qué dice la gente?   *Ud. es un/a reportero/a. Hágale una pregunta a un/a compañero/a de clase y después informe a la clase con* (**El nombre de la persona) dice que...** .

EJEMPLO   Usted: **Laura, ¿cómo es tu papá?**
              Laura: **Mi papá es alto, moreno y muy guapo.**
              Usted: **Laura dice que su papá es alto, moreno y muy guapo.**

Comience sus preguntas con **¿De qué es... ¿De dónde es... ¿De quién es... ¿Quién es... ¿Cómo es... ¿Cómo está... ¿De qué nacionalidad es... ¿Qué profesión tiene... ¿Dónde está... ¿Qué... ¿Cuál...** , etc.

2.7   **¿Cuántos años tiene** tu abuelo?
            Mi abuelo **tiene setenta y ocho años.**

Más números y la edad

1. Los números del 20 al 29 se escriben con una sola palabra. Note el uso del acento en **veintidós, veintitrés** y **veintiséis.**

20	veinte	24	veinticuatro	27	veintisiete
21	veintiuno	25	veinticinco	28	veintiocho
22	veintidós	26	veintiséis	29	veintinueve
23	veintitrés				

2. Excepto los números que terminan en cero, los números del 31 al 99 se escriben con tres palabras.

30	treinta	50	cincuenta	70	setenta	90	noventa
31	treinta y uno	51	cincuenta y uno	71	setenta y uno	91	noventa y uno
32	treinta y dos	52	cincuenta y dos	72	setenta y dos	92	noventa y dos
	etc.		etc.		etc.		etc.
40	cuarenta	60	sesenta	80	ochenta	100	cien
41	cuarenta y uno	61	sesenta y uno	81	ochenta y uno		
42	cuarenta y dos	62	sesenta y dos	82	ochenta y dos		
	etc.		etc.		etc.		

3. Se usa **tener** para indicar la edad.

¿Cuántos años **tienes**?   **Tengo** veintidós años.
¿Cuántos años **tiene** tu padre?   **Tiene** cincuenta y dos años.
¿Cuántos años **tiene** tu profesor? La pregunta es indiscreta.

Práctica oral

17. El/la telefonista. *En el mundo hispano, los números de teléfono se dicen frecuentemente en combinación. Imagínese que Ud. es un/a telefonista ; lea los números de teléfono para un cliente.*

MODELO   782-5491   →   **siete ochenta y dos, cincuenta y cuatro, noventa y uno**

1.	562-4143	4.	981-9294	7.	224-7281
2.	624-3198	5.	373-4375	8.	337-2856
3.	493-2135	6.	826-1061	9.	226-1420

18. La edad (entre dos).   *Pregúntele a un/a compañero/a de clase.*

1. —cuántos años tiene
2. —cuántos años tiene su papá
3. —cuántos años tiene su mamá

4. —cuántos años tiene su coche
5. —cuántos años tiene su amigo
6. —cuántos años tiene ?

Ahora, informe a la clase sobre su compañero/a usando **dice que:**

EJEMPLO   **Adriana dice que su compañera de cuarto tiene dieciocho años.**

Pronunciación y ortografía

A.   *Escuche la pronunciación de cada grupo de vocales.*

[ai]	Jaime	Jaime es de Jamaica.
[au]	autor	Mauricio es autor.
[ei]	seis	Tengo veintiséis peines.
[eu]	Europa	Eusebio está en Europa.
[oi]	estoico	Hoy estoy estoico.
[ia]	piano	el piano de Cecilia
[ie]	Diego	Diego está bien.
[io]	patio	Mario está en medio del patio.
[iu]	viuda	una viuda de la ciudad
[ua]	cuatro	Cuarenta y cuatro peruanas están en el cuarto.
[ue]	puerta	la puerta de Manuela
[ui]	Luisa	Luisa es de Suiza.
[uo]	cuota	una cuota de virtuosas

Ai, au, ei, uo, etc. son **diptongos.**
A, e y **o** son vocales fuertes.
I y **u** son vocales débiles.

Un diptongo es una combinación de una **vocal fuerte** (*a, e, o*) con una **vocal débil** (*i, u*) o una combinación de dos vocales débiles.

En la división silábica, un **diptongo** es el núcleo de **una** sílaba. Por ejemplo:

seis	= 1 sílaba	Die-go	= 2 sílabas
au-tor	= 2 sílabas	pa-tio	= 2 sílabas
Jai-me	= 2 sílabas	viu-da	= 2 sílabas
Eu-ro-pa	= 3 sílabas	die-ci-séis	= 3 sílabas

Dos vocales fuertes forman dos sílabas. Por ejemplo:

á-re-a	= 3 sílabas	o-cé-a-no	= 4 sílabas
a-e-ro-puer-to	= 5 sílabas	po-e-ta	= 3 sílabas

B. *Pronuncie las palabras a continuación.*

escritorio	es-cri-to-rio	agencia	a-gen-cia
portafolio	por-ta-fo-lio	democracia	de-mo-cra-cia
ejercicio	e-jer-ci-cio		

Io es un diptongo. Un diptongo se considera como **una** vocal fuerte en la división silábica. No se usa acento escrito en palabras como *escritorio, portafolio* y *ejercicio* porque el énfasis ya está en la penúltima sílaba.

Compare:

Gloria	Glo-ria	María	Ma-rí-a	país	pa-ís
agencia	a-gen-cia	compañía	com-pa-ñí-a	gentío	gen-tí-o
baile	bai-le	Laura	Lau-ra	Raúl	Ra-úl
radio	ra-dio				

Con un acento escrito, una vocal débil (1) se convierte en vocal fuerte, (2) es núcleo de sílaba, y (3) recibe el énfasis.

Nota. Cuando es necesario un acento escrito en un diptongo, se escribe el acento sobre la vocal fuerte: *dieciséis, veintiséis, etc.*

Ejercicios

A. *Divida cada palabra a continuación en sílabas.*

1. calendario
2. italiano
3. dirección
4. palacio
5. ausente
6. siete
7. nueve
8. cuaderno
9. geografía
10. bien
11. gracias
12. museo
13. respuesta
14. edificio
15. diez

B. *Escriba un acento si es necesario. La vocal que recibe el énfasis está en negrilla.*

1. ba**u**l
2. M**a**rio
3. tambi**e**n
4. **a**gua
5. cami**o**n
6. ma**i**z
7. Mar**i**a
8. d**i**a
9. r**i**o
10. viol**i**n
11. filosof**i**a
12. televisi**o**n
13. abreviat**u**ra
14. diecis**e**is
15. peri**o**dico

CREACIÓN

Lectura

Retrato de un amigo

Tengo un amigo que es maravilloso. Es de España y se llama Sebastián Vallejo. Es alto, moreno, guapo y muy buen atleta. Es estudiante en la **misma** universidad que yo, pero (obviamente) no está en la clase de español porque el español es su **lengua** nativa. Es muy simpático y tiene muchos amigos y amigas.

Sebastián tiene ideas muy diferentes de **las mías.** Es de una familia muy católica y muy conservadora. Sebastián, **en cambio,** es liberal. En política, Sebastián dice que es socialista, pero tengo la impresión de que su socialismo no es muy radical. En religión, Sebastián también es católico, pero no es muy estricto. Dice que yo, como protestante, soy más estricta que él.

Sebastián es estudiante de medicina. Siempre está muy preparado para sus clases porque es un estudiante muy diligente. Tengo la impresión de que está contento en los Estados Unidos y con el sistema universitario de aquí. Pero también tengo la impresión de que tiene mucha nostalgia por España. Sebastián es un amigo **formidable.**

mismo: *same*

lengua: idioma
las mías: mis ideas
en cambio: en contraste

formidable: estupendo

Preguntas

1. ¿De dónde es Sebastián? 2. ¿Cómo es Sebastián físicamente? 3. ¿Es popular Sebastián? 4. ¿Cómo es la familia de Sebastián? 5. ¿Es Sebastián como su familia? ¿Por qué no? 6. ¿Qué estudia Sebastián? 7. ¿Está totalmente contento Sebastián en los Estados Unidos? 8. ¿Quién narra el retrato de Sebastián—un hombre o una mujer?

En contexto

¿Cómo se hace para presentar a un amigo o a una amiga?

—**Quisiera** presentar a mi amiga Cristina. Es una amiga chilena que está aquí en un programa de intercambio **estudiantil.**
—Mucho **gusto.** José Gambaro a sus órdenes.
—El gusto es mío.

quisiera: *I would like*
estudiantil: de estudiantes
gusto: placer

—Quisiera presentar al Sr. Bustamante. Es un amigo de la familia que está aquí de visita.
—**Encantada.** Marisela López **para servirle.**
—**Igualmente.**

encantada: mucho gusto
para servirle: a sus órdenes
igualmente: también

Situaciones

Situación 1 Ud. está con una nueva alumna. Información que Ud. necesita: ¿De dónde es? ¿De qué religión es? ¿Qué afiliación política tiene? ¿Qué profesión tiene su madre? ¿Qué profesión tiene su padre? ¿Qué profesión tiene ella? ¿De qué es estudiante? ¿Cuál es su concentración?

Situación 2 Informe a un/a amigo/a sobre la nueva alumna de la *Situación 1*. Comience sus frases con **(El nombre de la persona) dice que...**.

Situación 3 Ud. tiene una nueva amiga. Describa a su amiga. Información para la clase: ¿Es inteligente o bruta? ¿Alta o baja? ¿Rica o pobre? ¿Perezosa o trabajadora? ¿Interesante o aburrida? ¿Cortés o maleducada? ¿Gorda o flaca? ¿Morena o rubia? ¿Simpática o antipática? ¿De qué nacionalidad es? ¿Qué profesión tiene? ¿Es estudiante? ¿De qué?

Situación 4 Ud. tiene un amigo que tiene un examen hoy. Describa la condición emocional de su amigo. ¿Está nervioso o tranquilo? ¿Bien preparado o mal preparado? ¿Triste o contento? ¿Animado o cansado?

Composición

Tema 1 Escriba una composición sobre su amigo o amiga ideal. Use la *Lectura* sobre Sebastián como modelo.

Tema 2 Ud. es estudiante de un país hispano. (Es una fantasía.) Escriba una composición sobre un/a estudiante norteamericano/a típico/a.

Vocabulario activo

pronombres

él	tú	usted (Ud.)	yo
ella			

condiciones y características

abierto, -a ≠ cerrado, -a	enfermo, -a ≠ sano, -a	interesante ≠	simpático, -a ≠
alto, -a ≠ bajo, -a	feliz ≠ triste	aburrido -a	antipático, -a
cansado, -a	flaco, -a ≠ gordo, -a	moreno, -a ≠ rubio, -a	trabajador, -a ≠
contento, -a ≠ triste	fuerte ≠ débil	rico, -a ≠ pobre	perezoso, -a
cortés ≠ maleducado, -a	grande ≠ pequeño, -a	sentado, -a ≠ de pie	viejo, -a ≠ joven
de buen humor ≠	guapo, -a ≠ feo, -a		
de mal humor	inteligente ≠ bruto, -a		

profesiones y oficios

el/la abogado/a	el/la contador/a	el/la maestro/a	el/la psicólogo/a
el ama de casa	el/la enfermero/a	el/la médico/a	el/la químico/a
el/la comerciante	el/la ingeniero/a	el/la ministro/a	el/la vendedor/a

preferencias religiosas y políticas

agnóstico, -a	comunista	judío, -a	republicano, -a
anarquista	conservador, -a	liberal	socialista
ateo, -a	cristiano, -a	mahometano, -a	
católico, -a	demócrata	protestante	

 Los amigos

materiales

el algodón	la madera	el oro	la plata
el cuero	el metal	el plástico	el poliéster
la lana			

expresiones interrogativas

¿cómo?	¿de dónde?	¿de qué?	¿de quién?
¿cuántos años...?			

preposiciones

a la derecha de ≠ a la izquierda de	cerca de ≠ lejos de	con ≠ sin	en medio de ≠ a un extremo de

CAPÍTULO 3
La vida estudiantil

La Universidad Nacional Autónoma de México

3.1	El abrigo es azul. **Los** abrigos **son** azul**es**.
3.2	¿Cómo **están** ustedes? (Nosotros) estamos contentos pero cansados. ¿Cómo **son** tus compañeros? (Ellos) **son** simpáticos y divertidos.
3.3	¿**Tienen** Uds. revistas sobre la moda? Sí, **tenemos** los últimos números de *GQ* y *Mademoiselle*.
3.4	**Mi** pantalón es azul marino. **Mis** medias son grises.
3.5	Mi clase de ciencias políticas es **muy** interesante.
3.6	Para nosotros, los zapatos americanos son **más** fuertes **que** los zapatos extranjeros.
3.7	**Los países más poblados de** la América Latina son México y Brasil.
3.8	¿Qué hora es?

EXPOSICIÓN

3.1

El abrigo es azul. **Los** abrig**os son** azul**es.**

La ropa — el sombrero — la corbata — el abrigo — el vestido — el traje — las medias — los zapatos — el gorro — la camisa — el saco — la blusa — el cinturón — el pantalón — los calcetines — la falda — la chaqueta

¿**De qué** color es el zapato?	¿**De qué** color **son los** zapato**s**?
El zapato es negro.	**Los** zapato**s son** negro**s.**
La blusa es rosada.	**Las** blusa**s son** rosada**s.**
La falda es anaranjada.	**Las** falda**s son** anaranjada**s.**
La corbata es roja.	**Las** corbata**s son** roja**s.**
El abrigo es azul.	**Los** abrigo**s son** azul**es.**
El pantalón es blanco.	**Los** pantalon**es son** blanco**s.**
La pared es gris.	**Las** pared**es son** gris**es.**
El calcetín es amarillo.	**Los** calcetin**es son** amarillo**s.**

A. Pluralización de adjetivos y sustantivos

1. Un sustantivo plural requiere un adjetivo plural:

> **zapato negro** → **zapatos negros**
> **falda blanca** → **faldas blancas**

2. El plural de un sustantivo o adjetivo terminado en vocal se forma con **-s:**

> **abrigo** → **abrigos**   **corbata** → **corbatas**
> **rojo** → **rojos**

3. El plural de un sustantivo o adjetivo terminado en consonante se forma con **-es:**

> **reloj** → **relojes**   **azul** → **azules**
> **gris** → **grises**

4. **Los** es el plural de **el. Las** es el plural de **la. Son** es el plural de **es.**

Estudie:

El examen es fácil.	Los **exámenes** son fáciles.
El joven es inteligente.	Los **jóvenes** son inteligentes.
El cinturón es negro.	Los **cinturones** son negros.
El calcetín es blanco.	Los **calcetines** son blancos.
La modista es feliz.	Las modistas son **felices.**
La luz es amarilla.	Las **luces** son amarillas.

B. Acentuación y cambios ortográficos en las formas plurales

1. La forma plural de **joven** y **examen** requiere un acento escrito para conservar el énfasis original:

joven → **jóvenes**   **examen** → **exámenes**

2. Una palabra terminada en **-n** o **-s** con un acento escrito sobre la última sílaba no necesita acento en plural:

expresión	→	**expresiones**	**cinturón** → **cinturones**
dirección	→	**direcciones**	**alemán** → **alemanes**
francés	→	**franceses**	**japonés** → **japoneses**

3. El plural de una palabra terminada en **-z** se forma con **-ces:**

luz → **luces**   **feliz** → **felices**   **lápiz** → **lápices**

Práctica oral

1. ¿Cómo se forma el plural de...? *Don Tremendón tiene un problema visual; para él, todo está en duplicado. ¿Qué dice?*

MODELO El examen es fácil. → **Los exámenes son fáciles.**

1. El calcetín es verde. 2. El chico es francés. 3. El joven es feliz. 4. El inglés es alto y elegante. 5. El pantalón es gris. 6. La joven es interesante. 7. El abrigo es azul. 8. El cinturón es negro. 9. El examen es difícil. 10. La blusa es blanca. 11. El gorro es amarillo.

2. Curiosidad (entre dos). *Pregúntele a un/a compañero/a el color de la ropa de sus compañeros. Use la tabla como guía.*

¿De qué color es...?	la falda de	los zapatos de
¿De qué color son...?	el saco de	las medias de
	el pantalón de	el cinturón de
	la chaqueta de	los calcetines de
	el abrigo de	la corbata de
	el vestido de	la camisa de

3. Informe. *Ahora informe a la clase sobre las respuestas de su compañera/o de la* Práctica *anterior. Comience sus frases con* **(El nombre de la persona) dice que... .**

EJEMPLOS **Maga dice que el abrigo de Raúl es blanco.**
Ricardo dice que sus calcetines son grises.

3.2

¿Cómo **están** ustedes? (Nosotros) **estamos** contentos pero
cansados.
¿Cómo **son** tus compañeros? (Ellos) **son** simpáticos y divertidos

Yo estoy bien y tú estás bien.	= **Nosotros estamos** bien.
Ud. está alegre y ella está alegre.	= **Ustedes están** alegres.
Ricardo está nervioso y Luis está nervioso.	= **Ellos están** nerviosos.
Marta está cansada y Sara está cansada.	= **Ellas están** cansadas.
Señores, ¿cómo **están** Uds.?	**Estamos** bien pero cansados.
Chicos, ¿cómo **estáis** vosotros?	**Estamos** felices y contentos.

La conjugación completa de *estar* y los pronombres sujetos plurales

1. **Nosotros/as, vosotros/as, ustedes, ellos** y **ellas** son pronombres plurales. Se refieren a un grupo de personas.

2. En España, **vosotros** es el plural de **tú** y **ustedes** es el plural de **usted.**

3. En Hispanoamérica, **ustedes** es el plural de **usted** y de **tú. Vosotros** no es común en la lengua oral de Hispanoamérica. La abreviatura de **ustedes** es **Uds.**

4. Se usan las formas masculinas (**nosotros, vosotros** y **ellos**) si el grupo es masculino o mixto. Se usan las formas femeninas (**nosotras, vosotras** y **ellas**) si el grupo es totalmente femenino.

Sinopsis:

estar		
	singular	*plural*
primera persona	yo **estoy**	nosotros/as **estamos**
segunda persona familiar	tú **estás**	vosotros/as **estáis** (España)
		ustedes **están** (Hispanoamérica)
segunda persona formal	usted **está**	ustedes **están**
tercera persona	él **está**	ellos **están**
	ella **está**	ellas **están**

Estudie:

¿De qué nacionalidad **son** Uds.?	(Nosotros) **somos** peruanos.
¿Cómo **son** Javier y Manolo?	(Ellos) **son** altos y morenos.
¿Cómo **son** Sara y Ana?	(Ellas) **son** bajas y rubias.
¿De qué color **son** los puntos en la camisa de Javier?	**Son** azules.
¿De dónde **sois** vosotras?	(Nosotras) **somos** de Bogotá.

Sinopsis:

ser	
yo **soy**	nosotros/nosotras **somos**
tú **eres**	vosotros/vosotras **sois**
Ud./él/ella **es**	Uds./ellos/ellas **son**

Práctica oral

4. Cambio de sujetos. *¿Cómo está la gente a continuación?*

> MODELO El profesor está cansado. (nosotros) → **Nosotros estamos cansados.**

> 1. El alumno está feliz.
>   (los chicos, tú, el Sr. López, ellas, Javier y yo, Juan y Jorge)
> 2. Los doctores están ocupados.
>   (yo, la profesora, nosotros, nosotras, las chicas, María y Sara)

5. ¿Qué está de moda? (entre dos). *Ud. es experto/a sobre la moda. ¿Qué está y qué no está de moda?*

> MODELO el algodón o el nylon → **El algodón está de moda.**

> 1. las camisas de poliéster o de seda
> 2. los calcetines amarillos o negros
> 3. las corbatas con rayas o puntos
> 4. los cinturones rojos o verdes
> 5. las camisetas blancas o rosadas
> 6. los colores oscuros o claros
> 7. las mochilas o las bolsas
> 8. los coches grandes o pequeños
> 9. los chicos flacos o gordos
> 10. las personas jóvenes o mayores
> 11. el español o el francés
> 12. los trajes o los sacos sport

6. Cambio de sujetos. *Elena describe a varias personas. ¿Qué dice?*

> Graciela es alta.
> (yo, ellas, mis amigas, tú, vosotras, la novia de Juan, mi hermano y yo)

7. Describa a la gente (entre dos). *Complete las oraciones de forma creativa. Las palabras entre paréntesis son posibilidades.*

> 1. Mis hermanos... (*antipático, alto, guapo, inteligente, horrible*)
> 2. Nosotros... (*trabajador, liberal, simpático, bueno, bello*)
> 3. Mis amigos y yo... (*generoso, serio, brillante, fabuloso, elegante*)
> 4. Los alumnos de... (*horrible, fatal, feo, perezoso, bruto, desastroso*)

8. Informe. *Ahora, informe a la clase sobre las descripciones de la* Práctica *anterior. Use* **(El nombre de la persona) dice que...** *en su informe. Por ejemplo:* **Ana dice que sus hermanos son fatales.**

3.3 ¿**Tienen** Uds. revistas sobre la moda?
Sí, **tenemos** los últimos números de *GQ* y *Mademoiselle*.

¿**Tienes** mucha ropa?	No, **tengo** poca ropa.
¿**Tiene** Ud. un vestido azul?	**Tengo** varios vestidos azules.
¿**Tienen** Uds. una computadora *Apple*?	No, **tenemos** una *IBM*.
¿Qué **tenéis** vosotros en el ropero?	**Tenemos** ropa—y nada más.
¡Qué linda ropa **tienen** tus hijas!	Es cierto. **Tienen** ropa muy bonita.

Tener es un verbo de posesión. Es irregular.

Sinopsis:

tener	
tengo	tenemos
tienes	tenéis
tiene	tienen

Práctica oral

9. Competencia entre consumidores. *¿Quién tiene más cosas?*

MODELO   Miguel / gato amarillo   →   **Miguel tiene un gato amarillo.**

1. Los alumnos / un traje oscuro
2. Nosotros / pantalones de cuero
3. Mi amiga Laura / un coche alemán
4. Yo / amigos generosos y simpáticos
5. La profesora / excelentes alumnos
6. Mi familia / perro perezoso
7. Yo / estéreo bueno
8. Mi compañero / computadora
9. Tú / un saco sport de lana
10. Mis amigos y yo / mucho dinero

10. Entrevista (entre dos).   *Pregúntele a un/a compañero/a de clase si tiene*

EJEMPLOS   un coche o una moto
¿Tienes un coche o una moto?   →   **Tengo un coche y una moto.**

1. un estéreo o un televisor
2. una computadora o una calculadora
3. una bicicleta o una moto
4. una blusa de seda o de algodón
5. un amigo en México o en Perú
6. blue jeans o pantalones de lana
7. una casa o un departamento
8. un saco de cuero o de seda

11. Informe.   *Ahora, informe a la clase sobre las posesiones fabulosas de su amigo/a. Use* (**El nombre de la persona) dice que...** *en su informe.*

EJEMPLO   **Ana dice que tiene una bolsa Gucci, un reloj Cartier y una blusa de París. También dice que tiene una motocicleta italiana y...**

3.4 **Mi** pantalón es azul marino. **Mis** medias son grises.

¿Dónde están **mis** medias?
¿Dónde está la ropa de Raúl?

Berta y Jaime están en casa con **su** padre.
Isabel y Luz tienen **su** clase de química hoy.
¿Tienen interés en la moda **vuestros** hijos?

Tus medias están en la lavandería.
Su traje está en el ropero, y **sus** medias están en el cajón. **Sus** zapatos están debajo de la cama.
También están con **sus** hermanos.

Isabel y Luz tienen todas **sus** clases difíciles hoy.
Depende. **Nuestro** hijo mayor está obsesionado por la moda masculina. **Nuestros** dos hijos que están en medio tienen interés en la ropa *punk*. Y **nuestra** hija menor, que es muy pequeña, no tiene interés en la moda para nada.

A. Los adjetivos posesivos

1. Los adjetivos **mi, tu** y **su** concuerdan en número con los sustantivos que modifican.
2. Los adjetivos posesivos **nuestro, nuestra, nuestros, nuestras, vuestro, vuestra, vuestros** y **vuestras** concuerdan en número y en género con los sustantivos que modifican.
3. **Su** y **sus** tienen muchas equivalencias:

su amigo =
- el amigo de usted
- el amigo de él
- el amigo de ella
- el amigo de ustedes
- el amigo de ellos
- el amigo de ellas

sus amigos =
- los amigos de usted
- los amigos de él
- los amigos de ella
- los amigos de ustedes
- los amigos de ellos
- los amigos de ellas

Sinopsis:

mi, mis	**nuestro, nuestra, nuestros, nuestras**
tu, tus	**vuestro, vuestra, vuestros, vuestras**
su, sus	**su, sus**

Algunos estudiantes de primaria

Estudie:

La dirección **de Ricardo** está en la agenda **de Cecilia**.

El departamento **de los Pérez** está cerca de la casa **de mis amigas**.

La dirección **de él** está en la agenda **de ella**.

El departamento **de ellos** está cerca de la casa **de ellas**.

B.   Cuando *su* y *sus* son ambiguos, se usa *de él, de ella, de ellos*, etc. para clarificar el significado.

Práctica oral

12.   ¿Dónde está... ?   *Preguntas para un compañero o una compañera de clase*

        MODELO   tu cartera

             Estudiante 1:   **¿Dónde está tu cartera?**

             Estudiante 2:   **Mi cartera está en mi bolsillo.**

1. tu mochila
2. tu libro de español
3. tus zapatos
4. la computadora de...
5. las medias de...

6. el restaurante favorito de...
7. los amigos de Uds.
8. nuestra pizarra
9. la oficina del/de la profesor/a
10. el pupitre de... y...

13. **Cuestiones de gusto** (entre dos). *Describa el gusto de gente famosa (y no famosa).*

EJEMPLO los pantalones de Bozo el Payaso
Estudiante 1: **¿Cómo son los pantalones de Bozo el Payaso?**
Estudiante 2: **Los pantalones de Bozo el Payaso son rojos y tienen puntos morados y amarillos. Son de poliéster y son de un gusto horrible.**

1. las chaquetas de Tom Cruise
2. los vestidos de Lucille Ball
3. la ropa de la Primera Dama
4. las corbatas de tu papá
5. mi pantalón

6. los trajes del presidente
7. la moda de los alumnos de ?
8. tus zapatos
9. la camisa de ?
10. mis medias

3.5 Mi clase de ciencias políticas es **muy** interesante.

¿Cómo es tu clase de biología?
¿Es difícil tu clase de sociología?
¿Es pequeña tu clase de matemáticas?
¿Es fácil el cálculo?
¿Es aburrido tu curso de arte?
¿Cómo es el director del coro?
¿Cómo son tus clases de música?

Es **muy** interesante.
Sí, es **bastante** difícil.
No, es **algo** pequeña.
No, es **demasiado** difícil.
No, **no** es **nada** aburrido.
Es **poco** competente.
Son **tan** fascinantes.

Adverbios de intensificación

1. **Muy, bastante, algo, poco, demasiado, tan** y **no... nada** son adverbios de intensificación.
2. Un adverbio modifica un verbo, un adjetivo u otro adverbio. Los adverbios de arriba modifican adjetivos.
3. Un adverbio tiene una sola forma; es invariable.

Sinopsis:

demasiado =	excesivamente
muy =	extremadamente
bastante =	suficientemente
algo =	más o menos
poco =	insuficientemente
no... nada =	inexistente
tan =	intensamente, muy muy

Práctica oral

14. La vida y sus problemas. *Explique a un/a estudiante de otra universidad cómo son las clases de Ud. (Si Ud. no tiene las clases a continuación, use su imaginación.)*

MODELO   curso de arte   →   **Mi curso de arte es bastante interesante.**

1. curso de química orgánica
2. curso de psicología
3. curso de matemáticas
4. curso de literatura inglesa
5. curso de historia de Europa

6. curso de música
7. curso de filosofía
8. clases de piano
9. curso de física
10. curso de ciencias políticas

15. Discusión sobre la calidad (entre dos).   *Describa la calidad de diferentes miembros de los grupos; use todos los intensificadores (**no... nada, muy, poco, algo, bastante, demasiado** y **tan**) con cada grupo.*

EJEMPLO   mis cursos

Mi curso de química no es nada fácil, mi curso de sociología es algo aburrido, mi curso de matemáticas es bastante fácil, mi curso de inglés es demasiado difícil, y mi curso de español es tan divertido.

Algunos grupos posibles:

los actores	los coches	los restaurantes
las actrices	la ropa de distintas tiendas	mis profesores
las universidades	mi ropa	

16. Informe.   *Ahora, con* **(El nombre de la persona) dice que...**, *informe a la clase sobre la información de la* Práctica *anterior.*

EJEMPLO   **Rafael dice que su pantalón es muy elegante. Dice que su camisa es demasiado bonita. Dice que sus zapatos son bastante lindos, y que él está muy a la moda, y que no tiene igual en todo el universo.**

3.6   Para nosotros, los zapatos americanos son **más** fuertes **que** los zapatos extranjeros.

¿Es barata la ropa de Sears?

Relativamente. Es **más barata que** la ropa de Bloomingdale's, pero es **más cara que** la ropa de K-Mart.

¿Son **menos caras** las camisas americanas **que** las camisas extranjeras?

Depende. A veces las camisas americanas son **tan caras como** las camisas extranjeras.

¿Cómo es tu curso de química?

Es **un poco más difícil que** mi curso de biología, y es **mucho más interesante que** mi curso de sociología.

A. Comparaciones de adjetivos

1. **Más... que, menos... que** y **tan... como** se usan en comparaciones de adjetivos.

2. Después de **que** o **como** en una comparación se usa un pronombre sujeto (*yo, tú, nosotras, etc.*) o un sustantivo.

3. Se usa **mucho, poco** y **un poco** para intensificar **menos** y **más.**

Sinopsis:

> **más** + adjetivo + **que:** comparativo de superioridad
> **menos** + adjetivo + **que:** comparativo de inferioridad
> **tan** + adjetivo + **como:** comparativo de igualdad

Estudie:

El poliéster es muy bueno.

Los pantalones aquí son bastante buenos.

¿Es malo tu profesor de química?

Las notas D y F son **peores que** la nota C, ¿verdad?

Mi hermano Luis tiene treinta años y yo tengo veinte.

Los profesores tienen más años que los estudiantes.

Sí, pero en mi opinión, el algodón es **mejor que** el poliéster.

Sí, pero en mi opinión, las camisas son **mejores que** los pantalones.

No, pero es **peor que** mi profesor del semestre pasado.

Sí, pero para mí, las notas no son muy importantes.

Luis es **mayor que** yo; yo soy **menor que** él.

Los profesores son **mayores que** los estudiantes; los estudiantes son **menores que** los profesores.

B. Comparaciones irregulares

1. **Mejor que** es la comparación que corresponde a **bueno** y **buena.** Su forma plural es **mejores que.**

2. **Peor que** es la comparación que corresponde a **malo** y **mala.** Su forma plural es **peores que.**

3. **Mayor que** = *que tiene más años.* **Menor que** = *que tiene menos años.* Sus formas plurales son **mayores que** y **menores que.**

Práctica oral

17. Comparaciones con gente famosa. *¿Cómo se compara la gente a continuación?*

MODELO   nosotros / inteligente / Goofy   →   **Somos más inteligentes que Goofy.**

1. yo / alto / Bill Walton
2. Woody Allen / macho / Joe Morris
3. Tom Cruise / guapo / Sylvester Stallone
4. Bob Hope / viejo / Johnny Carson
5. Sally Field / buena actriz / Cher
6. nosotros / inteligente / Einstein
7. Joan Rivers / simpática / Jane Fonda
8. ? / ? / ?

18. **Opiniones.** *Describa sus opiniones sobre los grandes temas a continuación.*

>   MODELO   el poliéster y el algodón
>   →   **El algodón es mejor que el poliéster.**
>   →   **El poliéster es peor que el algodón.**

1. los coches americanos y europeos
2. la ropa americana y rusa
3. los vinos californianos y franceses
4. el fútbol americano y europeo
5. los abogados y los médicos
6. mis amigos y tus amigos
7. mi gato y el gato de ?
8. nuestro/a profesor/a y ?

19. **Más opiniones trascendentales.** *En su opinión, ¿son iguales o no?*

>   MODELO   vino español / bueno / vino francés
>   →   **El vino español es (no es) tan bueno como el vino francés.**

1. mis amigos / generoso / tus amigos
2. nuestra clase / avanzado / la otra clase
3. el tren / rápido / el coche
4. los coches japoneses / caro / los coches americanos
5. la ropa americana / bonito / la ropa francesa
6. los actores americanos / bueno / los actores ingleses
7. el fútbol americano / peligroso / el fútbol europeo

20. **Entrevista** (entre dos). *Pregúntele a un/a compañero/a de clase.*

1. —si su ropa es tan cara como la ropa de ?
2. —si sus amigos son más ricos o más pobres que él/ella
3. —si su ropa está más de moda que la ropa de sus padres
4. —si él/ella es más inteligente que ?
5. —si su curso de ? es tan interesante como su curso de ?
6. —si los zapatos americanos son más fuertes que los zapatos brasileños
7. —si los alumnos de (*nombre de otra universidad*) son tan trabajadores como Uds.

Invente más preguntas para su compañero/a sobre comparaciones.

21. **Reportaje.** *Informe a la clase sobre las opiniones de su compañero/a.*

>   EJEMPLO   **Hugo dice que sus amigos son más ricos que él.**

Nota cultural

Conciencia de la moda

En el mundo hispano, generalmente, la gente usa ropa que está de acuerdo con su trabajo, su profesión o su estatus social. Por ejemplo, la ropa de un banquero o de un ejecutivo es muy tradicional; casi siempre usa un traje oscuro, con camisa blanca y corbata. Igualmente, una abogada o una ejecutiva casi siempre usa un vestido conservador.

Por lo tanto, para muchos hispanos es inaceptable la imagen de un ejecutivo norteamericano que está sentado con los **pies** sobre el escritorio, sin saco y sin corbata. **Tampoco** es aceptable la imagen de un turista norteamericano que usa ropa de **campesino.** Para el turista, la ropa de campesino es pintoresca, una manifestación de "color local." **En cambio,** para muchos hispanos, la ropa de campesino sugiere una clase social que no es la clase social del turista.

por lo tanto: consecuentemente
pies: *feet*
tampoco: *nor*
campesino: *peasant*
en cambio: en contraste

Femenina y con gran glamour es la moda internacional de hoy

3.7   Los países más poblados de la América Latina son México y Brasil.

¿Cuál es **el país más grande de** la América del Sur?

¿Cuál es **la ciudad más poblada de** la América Latina?

¿Cuáles son **los ríos más largos de** Latinoamérica?

¿Cuáles son **las montañas más altas de** Sudamérica?

El país más grande de la América del Sur es Brasil.

La ciudad más poblada de la América Latina es México, D.F. (*D.F. = Distrito Federal*).

Los ríos más largos de Latinoamérica son el Amazonas y el Paraná.

Los Andes son **las montañas más altas de** Sudamérica.

A.   El superlativo regular

1. El superlativo regular de adjetivos se forma con

> un artículo definido + un sustantivo + **más/menos** + un adjetivo

2. Ejemplos:

el río más grande
la ciudad menos bonita

los centros más importantes
las montañas menos accesibles

La vida estudiantil

Estudie:

En una escuela mexicana, ¿cuál es **la mejor nota**?	**La mejor nota** en México es un diez.
En los Estados Unidos, ¿cuáles son **las mejores notas**?	**Las mejores notas** en los Estados Unidos son A y A-menos.
En una escuela mexicana ¿cuál es **la peor nota**?	**La peor nota** en México es un cero.
¿Quiénes son **los peores estudiantes** de la clase de español?	No tenemos malos estudiantes en la clase de español.
¿Quién es **la hija mayor** de tu familia?	Yo soy **la hija mayor** de mi familia.
¿Cómo se llaman **los dos hijos menores** de tu familia?	**Los dos hijos menores** son Maga y Beto.

B. Los superlativos irregulares

1. Los superlativos con **mejor, peor, mejores** y **peores** preceden al sustantivo que modifican:

el mejor vestido	**los mejores zapatos**
la peor nota	**las peores notas**

2. Los superlativos con **mayor, menor, mayores** y **menores** están después del sustantivo que modifican:

el hijo mayor	**los alumnos mayores**
la hija menor	**las alumnas menores**

Estudie:

Mis zapatos son **los más caros** de la tienda.
Mi perro es **el menos inteligente** y **el más simpático** del mundo.
De todos los países del mundo, la Argentina es uno de **los más fértiles**.
Los vinos chilenos y argentinos son **los mejores** de Hispanoamérica.
Yo soy **la mayor** de la familia. Mi hermano es **el menor**.

C. En el superlativo, el sustantivo se omite con frecuencia.

Práctica oral

22.   Un poco de geografía.   *Conteste las preguntas; consulte los mapas al principio y al final del libro.*

1. ¿Cuál es el país más grande del Caribe?
2. ¿Cuál es el país hispano más grande de Norteamérica?
3. ¿Cuál es el país más pequeño de Centroamérica?
4. ¿Cuál es el río más largo de Sudamérica?
5. ¿Cuál es el país más largo de Sudamérica?
6. ¿Cuál es el país hispano más grande de Sudamérica?
7. ¿Cuál es el país más pequeño de Sudamérica?
8. ¿Cuál es el río más largo de España?

23. Más opiniones.   *Complete las oraciones.*

1. El mejor actor del mundo es...
2. Los alumnos más brillantes del universo son...
3. Mi curso más difícil es...
4. El hombre más guapo del cosmos entero es...
5. La mujer más bella de mi experiencia limitada es...
6. El mejor restaurante de nuestra ciudad es...
7. El estado más grande de nuestro país es...
8. Mi hermano mayor (menor) se llama...
9. Los peores libros de mi experiencia son...

24. Opiniones (entre dos).   *Con un/a compañero/a de clase, haga una encuesta (encuesta = investigación de opiniones) sobre las categorías a continuación.*

EJEMPLO   un profesor
→   **Nuestro profesor de español es el más divino, el más inteligente y el menos antipático de la universidad.**

1. un actor   inteligente, brillante, tonto
2. una actriz   guapo, feo
3. un/a cantante   popular, repelente
4. un coche   competente, incompetente
5. un hombre   delicioso, horrible, repugnante
6. un vino   grande, pequeño
7. un país   difícil, fácil
8. una ciudad   simpático, antipático
9. una universidad   elegante, refinado
10. un curso   caro, barato

25. Reportaje.   *Ahora, con* **(El nombre de la persona) dice que...** *, informe a la clase sobre las opiniones de su compañero/a.*

EJEMPLO   **Rodolfo dice que la cantante más popular del momento es... .**

3.8	¿Qué hora es?

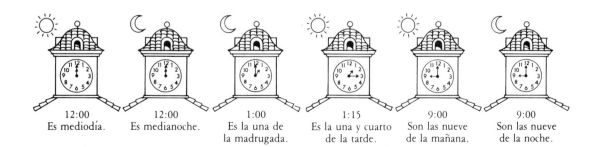

12:00	12:00	1:00	1:15	9:00	9:00
Es mediodía.	Es medianoche.	Es la una de la madrugada.	Es la una y cuarto de la tarde.	Son las nueve de la mañana.	Son las nueve de la noche.

¿Qué hora es?

Es la una.	**Son las diez.**
Es mediodía.	**Son las nueve y media.**
Es medianoche.	**Son las siete y cuarto** en punto.
Es la una y cinco en punto.	**Son las diez menos cuarto.**
Es la una menos veinte.	**Son las once de la mañana.**
Es la una de la tarde.	Es muy temprano. **Son las siete y**
Es muy tarde. **Es la una de la**	**media de la noche.**
madrugada.	

A. La hora

1. **Es** se usa con **la una, mediodía** y **medianoche.**

2. **Son** se usa con las otras expresiones de la hora.

Estudie:

¿Cuándo es tu clase de español?	Es **por la mañana.**
¿Cuándo es tu clase de geología?	Es **por la tarde.**
¿Cuándo es tu clase de danza?	Es **por la noche.**
¿A qué hora es tu clase de inglés?	Es **a la una** en punto.
¿A qué hora es tu clase de música?	Es **al** mediodía.
¿A qué hora es tu clase de arte?	Es **a las dos y media.**
¿A qué hora **comienza** la clase, y a	**Comienza** a la una y **termina** a las
qué hora **termina**?	dos.

B. Expresiones que se usan con la hora

1. **Por la mañana, por la tarde** y **por la noche** se usan cuando no se menciona una hora específica.

2. **A** se usa en la pregunta **¿A qué hora...** y en la respuesta **Es a las...** para indicar la hora de un evento.

3. **Comienza** y **termina** son verbos que frecuentemente se usan con la hora.

Práctica oral

26. La rutina diaria. *Explíquele a un/a amigo/a dónde está Ud. a ciertas horas.*

EJEMPLO 9:30 A.M.

Estudiante 1: **¿Dónde está Ud. a las nueve y media de la mañana?**

Estudiante 2: **A las nueve y media de la mañana estoy en mi clase de danza moderna.**

1. 7:00 A.M.	3. 9:10 A.M.	5. 12:00 A.M.	7. 2:22 P.M.	9. 10:41 P.M.
2. 8:15 A.M.	4. 10:30 A.M.	6. 12:45 P.M.	8. 7:05 P.M.	10. 3:35 A.M.

27. Entrevista (entre dos). *Pregúntele a un/a compañero/a de clase.*

1. —qué hora es
2. —a qué hora comienza la clase de español
3. —a qué hora termina la clase
4. —a qué hora está en casa por la noche

5. —a qué hora es su clase más difícil
6. —a qué hora está en el laboratorio
   de lenguas
7. —dónde está por la noche

8. —dónde está por la tarde
9. —con quién está por la mañana
10. —qué clases tiene por la tarde
11. —a qué hora es su clase más fácil

Pronunciación y ortografía

A. *Con muy pocas excepciones, la pronunciación de la letra* **s** *es* [**s**]. *Escuche y repita las palabras a continuación.*

posible	presente	Isabel	lesión	Rosa	discusión
niños	libros	visión	Susana	confusión	
presidente	ilusión	expresión	sesión	esposo	

B. *Escuche la pronunciación de* **ce** *y de* **ci** *en las palabras a continuación.*

cerrado	concepto	difícil	excelente	gracias	negación
cero	ciencia	fácil	cerca	situación	
francés	cinco	ceremonia	cepillo	emoción	

Escuche la pronunciación de **z** *en las palabras a continuación.*

vez	luz	zapato	zona	lanza
influenza	Venezuela	lápiz	cerveza	pizarra

En toda Hispanoamérica y en partes de España, la pronunciación de la letra **z** *y de la* **c** *en combinaciones* **ce** *y* **ci** *es* [**s**]. *En muchas partes de España es* [**θ**]. *Repita las palabras de arriba y ponga atención especial a la pronunciación de* **ce, ci** *y* **z**.

C. *Escuche la pronunciación de* **t** *en las palabras a continuación.*

hasta	estudiante	patio	piñata	tal
techo	pregunta	bestial	cuestión	celestial

Para la pronunciación de la **t** *en español, la punta de la lengua siempre está directamente detrás de los dientes frontales. También se pronuncia sin "aspiración." Escuche la explicación de su profesor/a del fenómeno llamado "aspiración." Repita correctamente las palabras de arriba.*

D. *La ortografía del sonido* [**k**].

[ka] se escribe **ca** como en **loca**
[ko] se escribe **co** como en **coco**
[ku] se escribe **cu** como en **cucaracha**
[ke] se escribe **que** como en **qué** o en **queso**
[ki] se escribe **qui** como en **quién** o en **química**

CREACIÓN

Lectura

Cursos, opiniones y problemas

El profesor Pérez tiene alumnos interesantes y variados. Casi todos sus alumnos son simpáticos, pero otros (muy pocos, gracias a Dios) son algo antipáticos. Algunos son diligentes, pero otros son un poco perezosos. El profesor Pérez está muy preocupado por los alumnos perezosos.

¿Qué opiniones tienen los estudiantes sobre la clase de español? Para Joan, la clase es interesante y totalmente necesaria porque su novio, Mario, es de Chile. **Según** Joan, Mario es guapo, inteligente y casi (pero no totalmente) perfecto. Según los otros estudiantes, Joan no es totalmente objetiva.

¿Qué opinión tienen los estudiantes sobre los cursos de la universidad? Depende del curso, de los profesores y de los intereses de cada individuo. Manolo, por ejemplo tiene ambiciones de ser el hombre más rico del universo. **Por lo tanto,** para él los cursos de economía y de estadística son los más importantes y fascinantes de la universidad.

En cambio, Claudio tiene interés en las lenguas y en la literatura. En su vida, el arte y la **belleza** tienen mucha importancia. Según Claudio, Manolo es un bárbaro materialista, un **salvaje** auténtico. Según Manolo, Claudio es poco práctico y exquisito. Manolo y Claudio no tienen mucho en común.

según: en la opinión de
por lo tanto: consecuentemente
en cambio: en contraste
belleza: *beauty*
salvaje: una persona primitiva y no civilizada

Preguntas

1. ¿Son simpáticos todos los alumnos del profesor Pérez? 2. ¿Por qué alumnos está preocupado el profesor Pérez? 3. Según Joan, ¿cómo es Mario? ¿Es totalmente objetiva Joan? 4. ¿Cuáles son los intereses de Manolo? ¿Y de Claudio? 5. Para usted, ¿quién es más interesante, Manolo o Claudio? ¿Por qué?

En contexto

¿Cómo se hace para comentar un curso?

— ¿**Qué tal** tu curso de química?
— Las **conferencias** son buenas.
— El laboratorio requiere demasiado tiempo.
— Los libros son muy caros.
— La profesora es demasiado **exigente.**

¿qué tal...?:
¿cómo es?
conferencia:
lecture
exigente:
demanding

— ¿Cómo es tu curso de filosofía?

— Los temas son muy interesantes, pero las **lecturas** son un poco **secas.**

— Las discusiones son fascinantes porque los otros estudiantes son muy inteligentes.

lectura:
reading
seco: *dry*

~~~~~~~~~~~~~~~~~~~~~~~~

— ¿Cómo son los exámenes?

— Son **duros** pero **justos.**

— ¿Son **largos** o **cortos**?

— Generalmente son largos.

duro: difícil
justo: *fair*
largo:
extenso
corto: nada
extenso

Situaciones

Situación 1 Seleccione una foto para un/a compañero/a de clase. Su compañero/a describe la foto y especula sobre la persona (o las personas) en la foto. *Por ejemplo*: ¿Cómo es su casa? ¿Qué coche tiene? ¿Qué otras cosas tiene? ¿Está de moda? ¿Por qué? ¿Es la persona más elegante (o menos elegante) del mundo? ¿Por qué?

Situación 2 Ud. está en una entrevista con un/a estudiante extranjero/a. Ud. tiene interés en la vida estudiantil en el país del otro estudiante. ¿Cuáles son sus preguntas? Comience las preguntas con: ¿De dónde... ¿De quién... ¿Qué curso... ¿Qué cursos... ¿Cómo es... ¿De qué color... ¿A qué hora... ¿Cuándo...

Situación 3 Ud. es un/a estudiante chileno/a: ¿Cuáles son sus preguntas para sus compañeros norteamericanos sobre los Estados Unidos? *Temas*: las montañas más altas, el estado más grande, el estado más pequeño, el río más largo, la ciudad más poblada, qué país está al sur, qué país está al norte, la lengua oficial, otras lenguas, etc.

Situación 4 Ud. es un/a estudiante español/a y tiene interés en la moda (masculina o femenina) norteamericana. Información que Ud. necesita: ¿Qué telas están de moda? ¿Qué tiendas tienen buena ropa? ¿Qué marcas están de moda? ¿Qué colores se usan y qué colores no se usan?

Composición

Tema 1 Escriba una larga descripción sobre sus compañeros en la clase de español—su ropa, sus opiniones, sus problemas, sus preocupaciones, sus intereses, sus cursos favoritos, etc. Use la *Lectura* como punto de partida.

Tema 2 Escriba un artículo corto sobre la geografía de los Estados Unidos—sus montañas más altas, sus ciudades más (o menos) importantes, sus ríos más largos, sus estados más interesantes, etc.

Vocabulario activo

colores

amarillo, -a	blanco, -a	morado, -a	rojo, -a
anaranjado, -a	claro, -a	negro, -a	rosado, -a
azul	gris	oscuro, -a	verde

adverbios de intensificación

algo	demasiado	no... nada	tan
bastante	muy	poco	

ropa

el abrigo	la corbata	el pantalón	el traje
la blusa	la chaqueta	el saco	el uniforme
el calcetín	la falda	la sandalia	el vestido
la camiseta	el gorro	el sombrero	el zapato
el cinturón	la media		

telas

el acrílico	la lana	el poliéster	la seda
el algodón	el nylon		

materias

el álgebra	las ciencias políticas	la historia	la psicología
la astronomía	la contabilidad	la lingüística	la química
la biología	la filosofía	la literatura	la química orgánica
el cálculo	la física	la música	la sociología
las ciencias económicas	la geografía		

otros sustantivos

el bebé	la escuela	el/la modista	el río
la calidad	el estado	la nota	la ropa
el color	el horario	el país	la tela
el/la consumidor/a	la madrugada	el punto	la tienda
el/la chico/a	la marca	la raya	la vida
la entrevista	la moda		

otros adjetivos

barato, -a	corto, -a	escrito, -a	ocupado, -a
bello, -a	divertido, -a	extranjero, -a	peligroso, -a
caro, -a	duro, -a	lindo, -a	poblado, -a
común	entero, -a	mundial	último, -a

verbos

comienza	termina

expresiones útiles

algunos/algunas	consecuentemente	nunca	temprano
allí	entonces	quizás	

CAPÍTULO 4
Los lugares y sus actividades

En el Parque del Buen Retiro de Madrid

4.1 ¿Dónde **trabajan** Uds.?
 Nosotros **trabajamos** en casa.

4.2 ¿Qué día es hoy?
 Hoy es **lunes.**

4.3 Jorge es inteligente.
Jorge habla inteligente**mente.**

4.4 Tenemos **tantas** chicas **como** chicos en nuestra clase.

4.5 **Este** restaurante, **ese** hotel y **aquellas** tiendas están en el centro.

4.6 ¿Qué **hay** en la plaza?
 Hay fuentes, bancas, árboles, flores y gente.

4.7 Rubén tiene **diez mil quinientos un** dólares ($10.501) en el banco.

4.8 ¿Cuáles son los meses del año?

EXPOSICIÓN

4.1

¿Dónde **trabajan** Uds.?
　Nosotros **trabajamos** en casa.

¿Dónde **trabaja** Ud.?   (Yo) **trabajo** en una oficina.
Paco, tú **trabajas** en el centro,   No, **trabajo** en los suburbios.
　¿verdad?
¿**Trabajan** Uds. en un museo?   No, **trabajamos** en una biblioteca.
¿**Trabajáis** en el laboratorio?   No, **trabajamos** en el hospital.

A. Los verbos regulares de la primera conjugación

1. **Trabajar** es un verbo regular de la primera conjugación. Los infinitivos de la primera conjugación terminan en **-ar.**

2. Cada verbo regular tiene dos partes: una raíz y una desinencia (*desinencia = terminación*). La raíz de **trabajar** es **trabaj-.** La desinencia de **trabajar** es **-ar.**

3. Las desinencias de un verbo conjugado siempre corresponden en persona y en número al sujeto del verbo.

4. Todo verbo regular de la primera conjugación usa las mismas desinencias.

Sinopsis:

trabajar		
sujeto	*raíz*	*desinencia*
yo	**trabaj-**	**-o**
tú	**trabaj-**	**-as**
Ud., ella, él, Juan, *etc.*	**trabaj-**	**-a**
nosotros/nosotras	**trabaj-**	**-amos**
vosotros/vosotras	**trabaj-**	**-áis**
Uds., ellos, ellas, las chicas, *etc.*	**trabaj-**	**-an**

Estudie:

Tomamos el tren en la estación de trenes; **tomamos** el autobús en la terminal.
Generalmente, **estudiamos** en la biblioteca, pero a veces **conversamos.**
Hablo con mis padres por teléfono dos veces por semana.
Siempre **llego** a clase temprano y tú **llegas** a la hora. Pocos estudiantes **llegan** tarde.

Nado en la piscina que está en el gimnasio. ¿Dónde **nadas** tú?

¿Dónde **compráis** vuestra ropa? Nosotros **compramos** ropa en el centro.

A veces **escucho** música cuando **estudio.** Es imposible **escuchar** música en la
biblioteca.

María trabaja en un hospital.   El tren llega a la estación a las nueve y media.

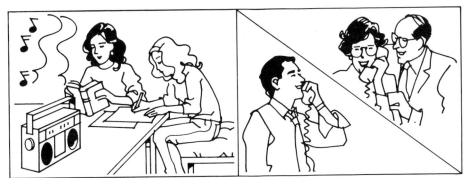

Luisa y Teresa escuchan música cuando   Luis habla con sus padres por teléfono.
estudian en casa.

**B.   Casi el noventa por ciento (*90%*) de los verbos en español terminan
en *-ar* y se conjugan como *trabajar*. (*¡Qué fácil!*)**

Sinopsis:

tomar	*estudiar*	*hablar*	*necesitar*	*comprar*
tomo	estudio	hablo	necesito	compro
tomas	estudias	hablas	necesitas	compras
toma	estudia	habla	necesita	compra
tomamos	estudiamos	hablamos	necesitamos	compramos
tomáis	estudiáis	habláis	necesitáis	compráis
toman	estudian	hablan	necesitan	compran

Los lugares y sus actividades

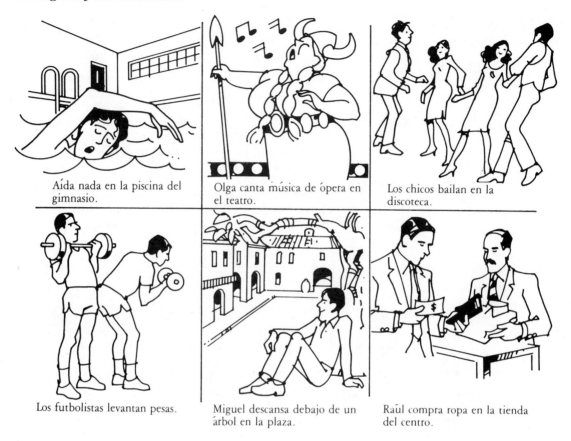

Aída nada en la piscina del gimnasio.

Olga canta música de ópera en el teatro.

Los chicos bailan en la discoteca.

Los futbolistas levantan pesas.

Miguel descansa debajo de un árbol en la plaza.

Raúl compra ropa en la tienda del centro.

Práctica oral

1. ¿Poco, bastante, mucho o demasiado? *¿Con qué frecuencia participa Ud. en las actividades a continuación?*

MODELO   conversar con mis amigos   →   **Yo converso mucho con mis amigos.**

1. cantar en público
2. escuchar música *rock*
3. bailar en una discoteca
4. meditar sobre los misterios de la vida

5. estudiar con mis amigos
6. trabajar en la biblioteca
7. hablar por teléfono
8. nadar en la piscina

2. ¿Qué actividades? *Dos compañeros de cuarto describen sus actividades en distintos lugares.*

MODELO   en el parque / caminar o trabajar   →   **En el parque caminamos.**

1. en la biblioteca / estudiar o charlar con los amigos
2. en la piscina / nadar o estudiar
3. en el supermercado / comprar comida o trabajar
4. en la discoteca / bailar o escuchar música

5. en el gimnasio / levantar pesas o descansar
6. en el baño / cantar o hablar por teléfono
7. en la casa / descansar o meditar sobre el significado cósmico del amor

3. Reportaje. *Describa las actividades de Ud. y sus compañeros. Use la tabla para formar oraciones originales.*

yo	escuchar	siempre
tú	cantar	poco/mucho/demasiado
(nombre de un	nadar	tarde/temprano
compañero)	bailar	antes/después de clase
(nombre de una amiga)	estudiar	hasta medianoche
nosotros/as	trabajar	en el baño
vosotros/as	llegar a clase	en mi coche
(dos compañeros)	necesitar el amor	en el laboratorio de lenguas
(varias compañeras)	tomar Coca-Cola	en el gimnasio
(los alumnos de una	descansar	en la piscina
universidad rival)	conversar	en una discoteca
	hablar con...	en la biblioteca
	meditar sobre...	en casa

4. Confesiones (entre dos). *Pregúntele a un/a compañero/a de clase con qué frecuencia participa en las siguientes actividades.*

EJEMPLO   mirar televisión → **¿Miras televisión poco o demasiado?**

1. escuchar música decadente
2. exagerar tus virtudes
3. fumar cigarrillos
4. tomar vino

5. conversar sobre química orgánica
6. nadar desnudo/a a medianoche
7. trabajar bien
8. hablar inglés en la clase

4.2   ¿Qué día es hoy?
Hoy es **lunes.**

junio						
lunes	**martes**	**miércoles**	**jueves**	**viernes**	**sábado**	**domingo**
			1	**2**	**3**	**4**
5	**6**	**7**	**8**	**9**	**10**	**11**
12	**13**	**14**	**15**	**16**	**17**	**18**
19	**20**	**21**	**22**	**23**	**24**	**25**
26	**27**	**28**	**29**	**30**		

¿Cuáles son los días de la semana?

Los días de la semana son: **lunes,
martes, miércoles, jueves,
viernes, sábado** y **domingo.**

¿Qué día es hoy?
¿Qué día es mañana?

Hoy es **miércoles.**
Mañana es **jueves.**

A. No se usa *el* después de *hoy es* o *mañana es.*

Los lugares y sus actividades

Estudie:

¿Cuál es tu día favorito?	**El** domingo es mi día favorito.
¿Cuál es tu día más ocupado?	**El** lunes es mi día más ocupado.
¿Cuándo es la próxima reunión?	La próxima reunión es **el** martes.
¿Cuándo es la fiesta de Ana?	La fiesta de Ana es **el** sábado.
¿Qué día es el examen final?	Es **el** jueves por la mañana.
¿Estudias los sábados?	Sí, estudio **los** sábados pero no estudio **los** domingos.
¿Qué días están Juana y Hortensia fuera de la ciudad?	Están fuera de la ciudad **los** sábados y **los** domingos.
¿Hasta qué hora trabajan Uds. **los** viernes?	Trabajamos **los** viernes hasta las seis y media de la tarde.

B. El uso de *el* y *los* con los días de la semana y las formas plurales

1. Se usa **el** cuando se refiere a un día en general:

El domingo es un día libre (*libre = sin trabajo*).

2. Se usa **el** cuando se refiere a un evento específico que ocurre una vez:

El próximo partido de fútbol es **el** sábado.

3. Se usa **los** cuando se refiere a un evento habitual:

Trabajo **los** martes y **los** jueves.

4. **Sábado** y **domingo** tienen una forma singular y plural:

el sábado → los sábados   **el domingo → los domingos**
el lunes → los lunes   **el jueves → los jueves**

Práctica oral

5. Eventos importantes.   *¿Cuándo es...?*

MODELO   la fiesta de Carlos / lunes
→   **La fiesta de Carlos es el próximo lunes.**

1. el baile de nuestra clase / sábado
2. la boda de Marta / domingo
3. el examen final / martes
4. el concierto / viernes
5. la reunión / miércoles
6. el simposio / fin de semana

6. Información esencial.   *Complete las oraciones de una forma creativa.*

MODELO   yo trabajo...   →   **Yo trabajo los lunes y los jueves.**

1. nosotros estudiamos...
2. el/la profesor/a enseña...
3. Miguel estudia...
4. compro comida...
5. mis amigos están cansados...
6. hablamos español...

7. Entrevista (entre dos).   *Pregúntele a un/a compañero/a de clase.*

1. —qué clases tiene los lunes
2. —qué clases tiene los martes
3. —dónde está los fines de semana
4. —qué días está con sus amigos
5. —qué día es el próximo examen
6. —qué día es la próxima fiesta
7. —qué días trabaja
8. —qué días estudia

4.3 Jorge es inteligente
Jorge habla inteligente**mente**.

Carlos canta **bien**.
Pablo habla **rápido**.
Mario es un chico lógico.
La conversación está animada.
Silvia es una estudiante atenta.
Gregorio es muy cortés.
¿Cómo maneja Javier?
¿Cómo es Marta?
¿Cómo son los malos alumnos?
¿Es difícil el examen?

Edgardo canta **mal**.
Enrique habla **despacio**.
Explica las cosas **lógicamente**.
Los amigos hablan **animadamente**.
Silvia saluda **atentamente**.
Gregorio contesta **cortésmente**.
Maneja **muy cuidadosamente**.
Es **demasiado** obsesiva.
Son **poco** diligentes.
Sí, es **tan** difícil.

A. Los adverbios y la intensificación de adverbios

1. Las palabras en negrilla son adverbios. Un adverbio modifica un verbo (**Canto bien.**), otro adverbio (**muy bien, muy mal**) o un adjetivo (**demasiado obsesiva, poco diligente, tan difícil**).

2. **Bien, mal, rápido, despacio, muy, demasiado, poco, bastante** y **tan** son adverbios sencillos; no terminan en **-mente**.

3. Otros adverbios son derivados de un adjetivo. Para formar un adverbio de un adjetivo, se agrega **-mente** a *la forma femenina* del adjetivo. Si el adjetivo tiene acento, el adverbio conserva el acento.

Sinopsis:

adjetivo	*adverbio*	*adjetivo*	*adverbio*
claro	→ **claramente**	feliz	→ **felizmente**
lógico	→ **lógicamente**	cortés	→ **cortésmente**
atento	→ **atentamente**	fácil	→ **fácilmente**
frecuente	→ **frecuentemente**	difícil	→ **difícilmente**

Estudie:

Juan Carlos canta bien.
Yo canto muy mal.
¿Habla rápidamente Ana?

Yo trabajo mucho y tú trabajas mucho
  también.

Javier canta **mejor que** él.
Don Tremendón canta **peor que** Ud.
Sí, pero tú hablas **tan** rápidamente
  como ella.
Yo trabajo **tanto como** tú.

Los lugares y sus actividades

B. Más comparaciones

> *1.* **Mejor que** es el comparativo de **bien.** Como adverbio, es invariable.
> *2.* **Peor que** es el comparativo de **mal.** Como adverbio, es invariable.
> *3.* **Tan... como** se usa en una comparación de igualdad de adverbios y adjetivos.
> *4.* **Tanto como** se usa en una comparación de igualdad de verbos.

Práctica oral

8. **¿Cómo?** *Describa la conducta de la gente a continuación.*

> MODELO   Javier está alegre. Habla...   →   **Habla alegremente.**

1. Miguel es lógico. Explica...
2. Ana está triste. Camina...
3. Somos inteligentes. Conversamos...
4. María está alegre. Canta...
5. Soy atento/a. Saludo...
6. Eres cuidadosa. Manejas...
7. Sois brillantes. Habláis...

9. **Comparaciones.** *Complete las oraciones de una forma creativa.*

> EJEMPLOS   Yo canto...   →   **Yo canto tan bien como tú.**
> →   **Yo canto peor que Plácido Domingo.**
> →   **Yo canto mejor que Don Tremendón.**
> →   **Yo canto tanto como Uds.**

1. Nosotros trabajamos...
2. Nuestra clase contesta...
3. Mis compañeros nadan...
4. Uds. cantan...
5. Tú trabajas...
6. Vosotros estudiáis...
7. Yo manejo...

4.4   Tenemos **tantas** chicas **como** chicos en nuestra clase.

Buenos Aires tiene **más** teatros **que** muchas ciudades norteamericanas.
Las ciudades pequeñas tienen **menos** parques **que** las ciudades grandes.
Mi barrio tiene **más de** cien familias nuevas.
Hay menos de diez personas en la reunión.

No gano **tanto** dinero **como** tú.
Ud. toma **tanta** cerveza **como** yo.
Algunos profesores tienen **tantos** libros **como** la biblioteca pública.
Ellos trabajan **tantas** horas **como** nosotros.
Nuestra piscina no es **tan** grande **como** la piscina municipal.
Esos chicos de primer año nadan **tan** bien **como** los alumnos mayores.

La comparación cuantitativa

1. Las palabras en negrilla son expresiones comparativas de cantidad.

2. Se usa **más... que** y **menos... que** para comparaciones desiguales.

3. Se usa **más de** y **menos de** delante de números.

4. Se usa **tanto... como, tanta... como, tantos... como** y **tantas... como** para comparaciones iguales de sustantivos. La forma de **tanto** concuerda en número y en género con el sustantivo modificado.

5. Se usa **tan... como** para comparaciones iguales de adjetivos y adverbios.

Sinopsis:

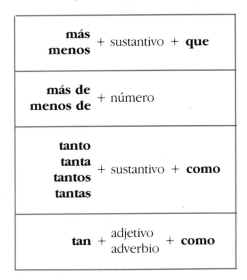

más / **menos** + sustantivo + **que**	
más de / **menos de** + número	
tanto / **tanta** / **tantos** / **tantas** + sustantivo + **como**	
tan + adjetivo / adverbio + **como**	

Práctica oral

10. Comparaciones. *Con la información, invente una oración comparativa.*

EJEMPLO Miguel tiene dos coches. Andrés tiene dos también.
→ **Miguel tiene tantos coches como Andrés.**

1. Marta tiene cinco cursos. Ana tiene cinco cursos también.
2. Miguel gana cincuenta dólares por semana. Luis gana cincuenta también.
3. Nuestro profesor tiene veinte alumnos. El profesor de francés tiene dieciocho.
4. Ernesto toma tres cafés por día. Roberto toma dos.
5. Yo trabajo veinte horas por semana. Mi esposa trabaja cuarenta.
6. Nuestra ciudad tiene tres parques. Tu ciudad tiene tres parques también.

11. Más comparaciones (entre dos). *Pregúntele a un/a compañero/a de clase.*

1. —si es tan inteligente como ?
2. —si tiene tanto dinero como ?
3. —si toma tanta cerveza como ?
4. —si trabaja tantas horas como ?
5. —si estudia tanto tiempo como ?
6. —si tiene tantos amigos como ?
7. —si compra tanta ropa como ?
8. —si usa tanto perfume como ?

Ahora, con (**El nombre de la persona**) *dice que...* , *informe a la clase sobre las comparaciones arriba mencionadas.*

4.5

Este restaurante, **ese** hotel y **aquellas** tiendas están en el centro.

Este edificio que está aquí al lado de nosotros es el laboratorio.
Ese edificio que está allí en frente es el gimnasio.
Aquel edificio que está allá en la otra cuadra es el auditorio.

Las oficinas de mi padre están aquí en **esta** esquina.
Nuestros mejores amigos tienen su casa en **esa** calle allí.
Hay un parque muy lindo allá en **aquella** zona.

A. Los adjetivos demostrativos

1. Las palabras en negrilla son adjetivos demostrativos.
2. Los adjetivos demostrativos en español marcan tres grados de distancia:
   a. **Este, esta, estos** y **estas** se usan para señalar objetos que están cerca del hablante (*hablante = la persona que habla*).
   b. **Ese, esa, esos** y **esas** se usan para señalar objetos que están relativamente lejos del hablante.
   c. **Aquel, aquella, aquellos** y **aquellas** se usan para señalar objetos que están muy lejos del hablante.

Sinopsis:

masculino		femenino	
singular	*plural*	*singular*	*plural*
este	estos	esta	estas
ese	esos	esa	esas
aquel	aquellos	aquella	aquellas

Estudie:

Estas camisas son más bonitas que **ésas.**
Esos alumnos son más inteligentes que **aquéllos.**
Aquel coche es más caro que **éste.**

B. Los pronombres demostrativos

1. Los adjetivos demostrativos funcionan como pronombres demostrativos cuando se usan sin sustantivo.
2. Los pronombres demostrativos llevan acento en la sílaba enfatizada.

¿Qué es **esto**?   Es mi nueva computadora.
¿Qué es **eso**?   Es mi nueva cama de agua.
Según Margarita, tienes mucho dinero, una casa enorme y un novio espléndido.   **Eso** es cierto, gracias a Dios.

Según Don Tremendón Uds. son parásitos sociales que no trabajan y no estudian.   ¡**Aquello** es una calumnia y una mentira horrible—cosa típica de Don Tremendón!

C. Los pronombres demostrativos neutros

1. **Esto, eso** y **aquello** se refieren a cosas no identificadas o ideas abstractas.
2. **Esto, eso** y **aquello** no se combinan con sustantivos.

Práctica oral

12. Nombres y posesiones. *Explíquele a un alumno nuevo los nombres o la pertenencia (pertenencia = quién es el posesor) de personas, objetos y edificios.*

EJEMPLOS   alumnos
→ **Este alumno se llama Miguel, esa alumna se llama Ana y aquel alumno se llama Alejandro.**
mochilas
→ **Esta mochila es de Luisa, esa mochila es de Sandra y aquella mochila es de la profesora.**

1. libros
2. pupitres
3. edificios
4. calles
5. cuadernos
6. sillas
7. estudiantes
8. blusas

13. Comparaciones. *Termine las oraciones con un pronombre demostrativo.*

MODELO   este edificio es tan moderno
→ **Este edificio es tan moderno como aquél.**

1. esos alumnos estudian tanto
2. esa computadora funciona tan bien
3. aquellos hoteles son tan caros
4. esta oficina está más cerca
5. este restaurante es mejor
6. aquellos alumnos trabajan menos
7. este tenor canta peor
8. aquel teatro es más grande

14. Comparaciones originales. *Use los elementos para formar oraciones originales.*

EJEMPLO   estos... son...   →   **Estos zapatos son más lindos que aquéllos.**

1. este... funciona...
2. estos... estudian...
3. aquella... canta...
4. aquel... es...
5. esas... están...
6. ese... habla...
7. esos... son...
8. esta... trabaja...

4.6 ¿Qué **hay** en la plaza?
Hay fuentes, bancas, árboles, flores y gente.

1. la calle

2. la esquina

3. el parque

4. las flores

5. el árbol

6. el lago

7. la montaña

8. la fuente

9. la carretera

Hay un hombre en la calle.

Hay una flor en el florero.

¿**Cuántos** exámenes **hay** este semestre?
¿**Cuántos** árboles **hay** en la calle?
¿**Cuántas** violetas **hay** en tu jardín?

Hay hombres en la calle.
Hay unos hombres en el centro.
Hay varios hombres en la plaza.
Hay cincuenta hombres en la casa.
Hay flores en el florero.
Hay unas flores en la mesa.
Hay algunas rosas en el jardín.
Hay bastantes flores en tu dormitorio.
Hay pocos exámenes durante el semestre.
No hay muchos árboles en la calle.
No hay demasiadas violetas allí.

A. Usos de *hay*

1. **Hay** es una expresión verbal que se combina con sustantivos singulares y plurales. Tiene dos significados.

   a. Localización: **Hay** un dinosaurio en el museo.

   b. Existencia: **Hay** un examen mañana a las diez y media.

2. **Unos/unas, varios/varias, algunos/algunas, poco/a/os/as, demasiado/a/
os/as** y **bastante/s** son expresiones de cantidad no específica. **¿ Cuántos ?** y
¿ cuántas ? son palabras interrogativas de cantidad.

Compare:

Hay un lago en las montañas.	**El** lago **está** en las montañas.
Hay una estación de gasolina en la carretera.	**La** estación de gasolina **está** en la esquina.
Hay estatuas en el museo.	**Las** estatuas **están** en ese salón.
Hay tres árboles enfermos allí.	**Estos** árboles **están** enfermos.
Hay muchas niñas en el patio.	**Esas** niñas **están** en el patio.
Hay algunas casas en la esquina.	**Nuestra** casa **está** en la esquina.
Hay pocos profesores en el auditorio.	**Mi** profesor **está** en el auditorio.
No hay mucha vegetación en el desierto.	**La** vegetación más abundante **está** en el valle.

B. Comparación de *hay* y *estar*

1. **Hay** y **no hay** se combinan con sustantivos sin artículo, con artículos indefinidos
y con expresiones de cantidad:

> **Hay agua** en el piso.
> **No hay perros** en la calle.
> **Hay un** chico en la clase que tiene padres mexicanos.
> **Hay pocos** hombres en mi vida.
> **Hay tres** coches en el garage.

2. **Estar** se combina con artículos definidos, adjetivos posesivos y adjetivos
demostrativos:

> **El** lago **está** cerca de la ciudad ; **las** montañas **están** más lejos.
> **Mi** casa **está** en los suburbios. ¿ Dónde **está tu** casa ?
> **Estos** dormitorios **están** en medio del campus.

Práctica oral

15. Complejidades de la vida. *Dos estudiantes conversan sobre los excesos y las insuficiencias
de su vida en particular y del mundo en general. Complete sus frases con expresiones de cantidad
como* **pocos, suficientes, bastantes, demasiados,** *etc.*

> EJEMPLOS dinero en mi bolsillo
> → **Hay poco dinero en mi bolsillo.**
> → **No hay bastante dinero en mi bolsillo.**

1. chicos en la clase de español
2. gente inteligente en Washington
3. tarea en esta clase
4. médicos en el mundo
5. abogados en nuestra sociedad
6. fiestas en esta universidad
7. música en los ascensores
8. gente bruta en...
9. problemas en mi vida amorosa
10. personas lindas en...

16. Informe. *Con* **(El nombre de la persona) dice que...**, *informe a la clase sobre las opiniones de arriba.*

EJEMPLO **Mario dice que hay demasiada música en los ascensores y en los supermercados también.**

17. ¿ Hay o estar ? *Miguel tiene visita y está describiendo dónde vive. Sus descripciones requieren* **hay** *o una forma de* **estar.** *¿Qué dice?*

1. mucha agua en las fuentes
2. edificios altos en el centro
3. la calle principal
4. la ciudad más cerca
5. un café en esa esquina

6. el hotel más elegante
7. aquellas montañas
8. demasiados bares
9. nuestro restaurante favorito
10. tres hospitales

4.7 Rubén tiene **diez mil quinientos un** dólares ($10.501) en el banco.

TEATRO BARCELONA
Tel. 318 94 97
6.30 TARDE-10.45 NOCHE
Gran acontecimiento teatral
NURIA ESPERT
en
"DOÑA ROSITA LA SOLTERA"
de
Federico García Lorca
Ultimo día, 7 de abril, por compromisos internacionales.

ESPECIAL DE BARBERIA
CORTE DE PELO Y ESTILO
Reg. $6.00
$1.00 CON CUPON
OFERTA VALIDA DE LUNES A MIERCOLES, 10 AM - 8:30 PM.
OFERTA CADUCA 9-30-87
DIA Y NOCHE SABADO 9-5:30

100	→ cien
100 hombres	→ cien hombres
100 mujeres	→ cien mujeres
123 dólares	→ ciento veintitrés dólares
200 alumnos	→ doscientos alumnos
200 alumnas	→ doscientas alumnas
300	→ trescientos/trescientas
400	→ cuatrocientos/cuatrocientas
500	→ quinientos/quinientas
600	→ seiscientos/seiscientas
700	→ setecientos/setecientas
800	→ ochocientos/ochocientas
900	→ novecientos/novecientas
1.000	→ mil
24.000	→ veinticuatro mil
1.000.000	→ un millón
13.000.000	→ trece millones
4.000.000.000	→ cuatro mil millones

1	→	uno/una
1 hombre	→	un hombre
1 mujer	→	una mujer
21 residentes	→	veintiún residentes
21 páginas	→	veintiuna páginas
1.341 habitantes	→	mil trescientos cuarenta y un habitantes
2.451 chicas	→	dos mil cuatrocientas cincuenta y una chicas
4.000.000 dólares	→	cuatro millones de dólares
15.522.491 pesos	→	quince millones, quinientos veintidós mil, cuatrocientos noventa y un pesos
1.651.782.731 libras	→	mil seiscientos cincuenta y un millones, setecientos ochenta y dos mil, setecientas treinta y una libras

Los números mayores de noventa y nueve y su concordancia

1. **Cien** significa **100. Ciento** se usa en combinación con otros números:
   ciento uno, ciento noventa y nueve, etc.
2. Los números entre **doscientos** y **novecientos** tienen una forma masculina y otra femenina:
   trescientos/trescientas   setecientos/setecientas, etc.
3. **Mil** es invariable: **mil, dos mil, trece mil,** etc.
4. **Miles** se usa para indicar un número impreciso:
   miles de personas, miles y miles de dólares, etc.
5. Se usa punto **(.)** y no coma **(,)** en números mayores de 999:
   492.243 pesos
   Una excepción común—los años:
   1492   1810   2000
6. Se usa **de** con **millón** y **millones:**
   un millón de pesetas   diez millones de dólares
7. Se usa **un** delante de un sustantivo masculino y **una** delante de un sustantivo femenino:
   mil cuatrocientos cincuenta y un hombres
   mil cuatrocientas cincuenta y una mujeres
8. No hay unidades mayores de un millón:
   13.000.000.000.000 → trece millones de millones

Práctica oral

18.   Cantidades.   *Conteste las preguntas según las indicaciones.*

1.   ¿Cuántos alumnos hay en la Universidad Nacional Autónoma de México? (100.000)
2.   ¿Cuántas páginas hay en este libro? (???)   3.   ¿Cuántos estudiantes hay en tu universidad? (???)   4.   ¿Cuántos kilómetros hay entre Ciudad Juárez y Monterrey? (1.194)
5.   ¿Cuántas millas hay entre San Francisco y Los Ángeles? (421)   6.   ¿Cuántos dólares tienes en el banco? (???)   7.   ¿Cuántos dólares tienen los Rockefeller en el banco? (???)
8.   ¿Cuántos argentinos hay en la Argentina? (28.000.000).

Fondues   *Restaurant Suizo*

Hebert Gallet
piano

DOMINGO
ABIERTO MEDIODIA   Belgrano 3276
PRECIOS   Res. 38523
DE BAJA TEMPORADA   Mar del Plata

Nota cultural

La tertulia

En los países hispanos, la vida en la calle y en los lugares públicos como parques y plazas es mucho más intensa que en los Estados Unidos. Cada ciudad tiene una plaza central. En frente de esa plaza, casi siempre hay dos edificios esenciales: una **iglesia** y el **palacio municipal** que representan las grandes instituciones de la sociedad.

Pero al lado de esos grandes edificios solemnes, hay pequeños restaurantes, bares y tabernas que a veces tienen también una importancia institucional. La gente pasa mucho tiempo en esos lugares. Hablan de todo: de la política, del arte, del amor, de los amigos, etc. A veces la **misma** gente se reúne en los mismos lugares durante muchos años para conversar.

Esas conversaciones habituales se llaman "tertulias" y en algunos casos adquieren una importancia histórica y literaria. Grandes políticos, grandes escritores, grandes artistas—todos en algún momento participan en una tertulia. Obviamente la vida institucional que **tiene lugar** en los grandes edificios es muy importante. Pero no menos importante es la vida de las tertulias.

iglesia: templo, edificio eclesiástico
palacio municipal: edificio para el gobierno municipal

misma: idéntica

tener lugar: ocurrir

4.8   ¿Cuáles son los meses del año?

enero	febrero	marzo	abril	mayo	junio
D L M M J V S	D L M M J V S	D L M M J V S	D L M M J V S	D L M M J V S	D L M M J V S
1 2 3 4 5 6	1 2 3	1 2 3	1 2 3 4 5 6 7	1 2 3 4 5	1 2
7 8 9 10 11 12 13	4 5 6 7 8 9 10	4 5 6 7 8 9 10	8 9 10 11 12 13 14	6 7 8 9 10 11 12	3 4 5 6 7 8 9
14 15 16 17 18 19 20	11 12 13 14 15 16 17	11 12 13 14 15 16 17	15 16 17 18 19 20 21	13 14 15 16 17 18 19	10 11 12 13 14 15 16
21 22 23 24 25 26 27	18 19 20 21 22 23 24	18 19 20 21 22 23 24	22 23 24 25 26 27 28	20 21 22 23 24 25 26	17 18 19 20 21 22 23
28 29 30 31	25 26 27 28	25 26 27 28 29 30 31	29 30	27 28 29 30 31	24 25 26 27 28 29 30

julio	agosto	septiembre	octubre	noviembre	diciembre
D L M M J V S	D L M M J V S	D L M M J V S	D L M M J V S	D L M M J V S	D L M M J V S
1 2 3 4 5 6 7	1 2 3 4	1	1 2 3 4 5 6	1 2 3	1
8 9 10 11 12 13 14	5 6 7 8 9 10 11	2 3 4 5 6 7 8	7 8 9 10 11 12 13	4 5 6 7 8 9 10	2 3 4 5 6 7 8
15 16 17 18 19 20 21	12 13 14 15 16 17 18	9 10 11 12 13 14 15	14 15 16 17 18 19 20	11 12 13 14 15 16 17	9 10 11 12 13 14 15
22 23 24 25 26 27 28	19 20 21 22 23 24 25	16 17 18 19 20 21 22	21 22 23 24 25 26 27	18 19 20 21 22 23 24	16 17 18 19 20 21 22
29 30 31	26 27 28 29 30 31	23 24 25 26 27 28 29	28 29 30 31	25 26 27 28 29 30	23 24 25 26 27 28 29
		30			30 31

1990

Los meses del año son:

enero	**julio**
febrero	**agosto**
marzo	**septiembre (setiembre)**
abril	**octubre**
mayo	**noviembre**
junio	**diciembre**

¿Cuántos meses hay en el año?   Hay doce meses en el año.

¿Cuántos días hay en un año?   Depende. En un año regular hay trescientos sesenta y cinco días; en un año bisiesto hay trescientos sesenta y seis días.

¿Cuáles son las estaciones del año?   Las cuatro estaciones son: **la primavera, el verano, el otoño y el invierno.**

¿Cuáles son los meses del verano?   Los meses del verano son junio, julio y agosto.

¿Cuáles son los meses del invierno?   Los meses del invierno son diciembre, enero y febrero.

¿Cuál es la fecha de hoy?   Es **el primero** de octubre.

¿Cuál es la fecha del Día de los Novios?   Es **el catorce** de febrero.

25/X/1979 = el veinticinco de octubre de mil novecientos setenta y nueve
4/VII/1776 = el cuatro de julio de mil setecientos setenta y seis
1/XI/1517 = el primero de noviembre de mil quinientos diecisiete

Los meses y la fecha

1. En español los meses y las estaciones se escriben con minúscula:
febrero, mayo, septiembre, diciembre, etc.

2. Se usa **el primero** para el primer día del mes. Se usa el número cardinal (**el siete, el catorce, el treinta y uno,** etc.) para los otros días.

3. En la abreviatura, el día precede al mes y el mes se indica con número romano:
25/XII/88.

Práctica oral

19. Días festivos. *Ud. está con un/a estudiante extranjero/a que no comprende los días festivos de su país. Identifique las fechas de estos días festivos.*

1. el Día de los Novios
2. el Día de la Independencia
3. el Día de Acción de Gracias
4. Navidad
5. el Día de los Muertos
6. el Día de Martin Luther King
7. el Día de la Madre
8. el Día del Trabajador
9. Año Nuevo
10. el cumpleaños de Ud.

20. Entrevista (entre dos).   *Pregúntele a un/a compañero/a de clase.*

1. —cuándo es su cumpleaños
2. —cuándo es el cumpleaños de su mejor amigo/a
3. —cuándo comienzan las vacaciones de invierno
4. —cuándo comienzan las clases del próximo semestre
5. —qué día es el examen final
6. —cuál es la fecha y año en este momento

Pronunciación y ortografía

A. *La letra [d] se pronuncia de dos formas en español: una **d** oclusiva [d] y una **d** fricativa [d]. Para la pronunciación de la **d** oclusiva, la punta de la lengua está en contacto directo con los dientes frontales. Este sonido ocurre al principio de una frase y después de una pausa. También ocurre después de las letras **l** y **n**. Escuche y pronuncie las frases a continuación.*

¿De quién es la falda amarilla?
Daniel tiene un diez en su examen.

Esa falda es de Yolanda Meléndez.
El día está lindo.

B. *La **d** fricativa [d] ocurre en todas las otras posiciones de la letra [d]. Para pronunciar la **d** fricativa, la lengua está en casi la misma posición que para la **d** oclusiva, pero la punta de la lengua no llega a los dientes frontales. Escuche y pronuncie las frases a continuación.*

Soy de los Estados Unidos.
Tengo diez cuadernos verdes.

Adriana es de Madrid.
Mi vida es demasiado complicada.

C. *En las frases a continuación, identifique cuáles son las **d** oclusivas, y cuáles son las **d** fricativas. Después, lea las frases en voz alta con buena pronunciación.*

¿De dónde es Alfredo?
¿Dónde están Yolanda y Diego?
¿Cuándo tienes tu cita con el médico?

¿Es los Estados Unidos más grande que el Ecuador?
¿Es verdad que el español es difícil?

Alfredo es del estado de Colorado.
Están al lado del edificio verde.
Tengo mi cita con el médico el día dos de diciembre.

Sí, los Estados Unidos es más grande que el Ecuador.
No, no es verdad. Estudiar español es una gran oportunidad.

CREACIÓN

Lectura

*El acueducto
de Segovia*

Segovia: una ciudad encantadora

Segovia es una pequeña ciudad que está más o menos a una hora y media de Madrid por automóvil. Está al otro lado de una famosa **cordillera** de montañas que se llama la Sierra de Guadarrama. También es posible llegar a Segovia por tren, pero el viaje por tren es más largo.

La ciudad de Segovia es muy vieja, y su historia tiene varias **etapas.** La primera etapa es la época ibérica. Los iberos son los primeros españoles, y su presencia en Segovia tiene raíces en la era precristiana. La segunda etapa histórica es el período de los romanos. La época romana dura varios siglos, desde ochenta años antes de Jesucristo hasta el fin del imperio romano. Hay en Segovia un famoso acueducto que es una construcción de los romanos. El acueducto ya tiene casi dos mil años, pero está muy bien conservado. Todavía **lleva** agua.

La tercera etapa en la historia de Segovia es la ocupación de los moros que dura más o menos **desde** el siglo VIII (ocho) **hasta** el siglo XI (once). En nuestros días, no hay mucha evidencia de la época de los moros en Segovia, pero en el sur de España, en ciudades como Sevilla y Granada, la influencia islámica es muy notable.

La época cristiana en Segovia comienza más o menos en 1020. Hay muchas hermosas iglesias en Segovia, y varias de ellas son de los primeros años de la

cordillera:
un grupo de
montañas

etapa: período

llevar:
transportar
desde: *from*
hasta: *until*

época cristiana. Una de las más famosas es La Iglesia de San Esteban, que es del siglo XII (doce). Otro edificio impresionante de Segovia es el Alcázar, un palacio que está encima de una colina no muy lejos del centro. Las torres del Alcázar son visibles desde muy lejos de la ciudad. **Al pie** de la colina hay un pequeño lago donde se **refleja** la imagen del Alcázar.

al pie: al comienzo
reflejar: repetir una imagen

Los segovianos (la gente de Segovia) son famosos por su hospitalidad, su cortesía y su buena comida. Durante la semana, la gente trabaja, pero los fines de semana, sobre todo los sábados por la noche, casi todo el mundo llega al centro para caminar por las calles y saludar a sus amigos. Muchos entran en los pequeños restaurantes y tabernas que abundan en el centro. Toman un **trago** y conversan con sus amigos. Y, como en todos los países, hablan de los amigos que no están presentes—quién tiene novio, quién necesita novia, quién tiene demasiadas novias, qué pasa con los jóvenes, qué pasa con los viejos, etc. También hablan de la política, del trabajo, de los estudios y de la vida en general.

trago: por ejemplo, una copa de vino, una cerveza, un refresco o un martini

A medianoche, hay gente **todavía** cerca de la plaza central; algunos toman **mientras** otros conversan o cantan. A las tres de la madrugada, todo el mundo está en casa, pero las calles no tienen el aspecto de abandonadas. Las torres de las iglesias, la magnífica catedral gótica que está en frente de la plaza, el Alcázar, el acueducto romano—todo afirma que el espíritu de la vieja España y de los españoles de todos los siglos siempre está presente.

todavía: *still*
mientras: al mismo tiempo

Preguntas

1. ¿Dónde está Segovia? 2. ¿Cómo se llaman las montañas que separan Segovia de Madrid? 3. ¿Cuáles son las cuatro etapas principales de la historia de Segovia? 4. ¿Qué significa la palabra "segoviano"? 5. ¿Dónde están los segovianos los sábados por la noche? 6. ¿Qué toman en las tabernas? 7. ¿Sobre qué hablan en las tabernas? 8. ¿Qué pasa a medianoche? 9. ¿Qué pasa a las tres de la madrugada? 10. ¿Por qué tenemos la impresión de que las calles de Segovia nunca están totalmente abandonadas?

En contexto

¿Cómo se hace para describir una localización?

— ¿Dónde está Ciudad Juárez?
— Está al **norte** de Chihuahua y al **sur** de El Paso. Está al **oeste** de Waco y al **este** de Tucson.
— ¿Dónde está Tijuana?
— Está al **noroeste** de Hermosillo y al **sureste** de Los Ángeles.
— ¿Dónde está Cuba?
— Está al **noreste** de Nicaragua y al **suroeste** de la Florida.

— ¿A qué distancia está Nueva York de Boston?
— Está a unas ciento cincuenta **millas.**

milla: medida inglesa para distancias

— ¿A qué distancia está Buenos Aires de La Plata?
— Está a sesenta **kilómetros.**
— ¿A cuántas horas está Madrid de Nueva York por avión?
— Está a unas ocho horas.

kilómetro:
medida
internacional
para distancias

Situaciones

Situación 1   Ud. está con una amiga de otra universidad. Hágale preguntas sobre la vida estudiantil en su universidad. Información que Ud. desea: ¿Qué días de la semana tienen clases? ¿Qué clases son? ¿A qué hora son las clases? ¿Dónde está su universidad? ¿En el campo? ¿En el centro de una gran ciudad? ¿Dónde están los estudiantes los fines de semana? ¿Cuándo estudian? ¿Cuántas horas por día estudian? ¿Estudian más durante la semana o los fines de semana? ¿Cuándo hay fiestas? ¿Qué toman en las fiestas? ¿Bailan en las fiestas o sólo conversan? ¿A qué hora terminan las fiestas?

Situación 2   Invente una parodia de la vida estudiantil en una universidad rival. Use las preguntas de la *Situación 1* como punto de partida.

Situación 3   Veinte preguntas sobre un punto del mapa. Usando los mapas que están al principio y al final de este libro, seleccione un país o una ciudad del mundo hispano. Después conteste las preguntas de sus compañeros de clase con *sí* o *no*. Use la sección *¿Cómo se hace...?* para formular sus preguntas. Cuando alguien adivina (*adivinar = to guess*) la respuesta, esa persona selecciona un lugar. Preguntas posibles: *¿Está en Latinoamérica o España? ¿Está al norte o al sur de Venezuela? ¿Está al suroeste o al noroeste de Buenos Aires? ¿Está cerca de la costa o está en el centro del país?*

Situación 4   Ud. está en casa con sus padres. Sus padres tienen preguntas sobre sus actividades en una semana típica. Describa una semana típica en su vida.

Composición

Tema 1   Escriba una composición sobre su ciudad natal. Use la *Lectura* como punto de partida.

Tema 2   Escriba una parodia de una ciudad que Ud. no admira.

Vocabulario activo

los meses del año

enero	abril	julio	octubre
febrero	mayo	agosto	noviembre
marzo	junio	septiembre	diciembre

los días de la semana

lunes	miércoles	viernes	domingo
martes	jueves	sábado	

las estaciones

la primavera	el verano	el otoño	el invierno

Los lugares y sus actividades

otras expresiones de tiempo

el año	hoy	pasado mañana	la semana
el día	mañana	próximo, -a	el siglo
el fin de semana	el mes		

verbos

bailar	desear	llegar	practicar
caminar	estudiar	manejar	separar
cantar	fumar	nadar	tomar
comprar	ganar	necesitar	trabajar
charlar	hablar		

lugares y edificios

el ascensor	la colina	el jardín zoológico	el supermercado
el auditorio	la cuadra	el lago	la taberna
el barrio	el desierto	el mar	el teatro
la calle	la discoteca	el museo	el templo
el campo	la esquina	el palacio municipal	la terminal
la carretera	el gimnasio	la plaza	la torre
la catedral	la iglesia	el restaurante	el valle
la ciudad	el jardín		

otros sustantivos

el amor	el cumpleaños	la mitad	el/la novio/a
el árbol	la fiesta	la Navidad	el/la perro/a
el baile	la flor	el/la niño/a	las vacaciones
el concierto	el mes		

adjetivos

atento, -a	cuidadoso, -a	malo, -a → peor	poco, -a
bastante	demasiado, -a	mucho, -a	próximo, -a
bueno, -a → mejor	espléndido, -a	muerto, -a	tanto, -a
cortés	lógico, -a	nuevo, -a	

adverbios

aprisa	bien	despacio	muy
bastante	demasiado	mal	poco

expresiones útiles

alguien	durante	mientras	unos, -as
algún, alguno, -a	enfrente de	tanto, -a, -os, -as	ya
desde	hasta	todavía	

expresiones interrogativas

a cuántas horas	cada cuándo	cuánto, -a	cuántos, -as
a qué distancia			

los puntos cardinales

al noreste de	al sureste de	este	oeste
al noroeste de	al suroeste de	norte	sur

CAPÍTULO 5
La comida

Un café estudiantil en Caracas, Venezuela

5.1

¿Cuándo **come** Ud.?
    Como cuando **tengo hambre.**

5.2

¿Dónde **pones** el tenedor cuando **pones** la mesa?
    Pongo el tenedor al lado del plato cuando
        pongo la mesa.

5.3

¿**Adónde va** Ud. ahora? **Voy** a casa.
¿De dónde **viene** Ud.? **Vengo** de la playa.

5.4

¿**Sabes manejar**?
    Sí, pero no **debo manejar** ahora porque
        estoy cansada.

5.5

¿Qué tiempo **hace** hoy?
    Hace buen tiempo hoy.

5.6

Tengo un mensaje para **ti,** Luisa.
    ¿Para **mí**? ¡Qué bien!

5.7

¿**Vas a estar** en clase mañana?
    No, no **voy a estar** en clase porque **voy a ir**
        a la playa.

EXPOSICIÓN

5.1

¿Cuándo **come** Ud.?
Como cuando **tengo hambre**.

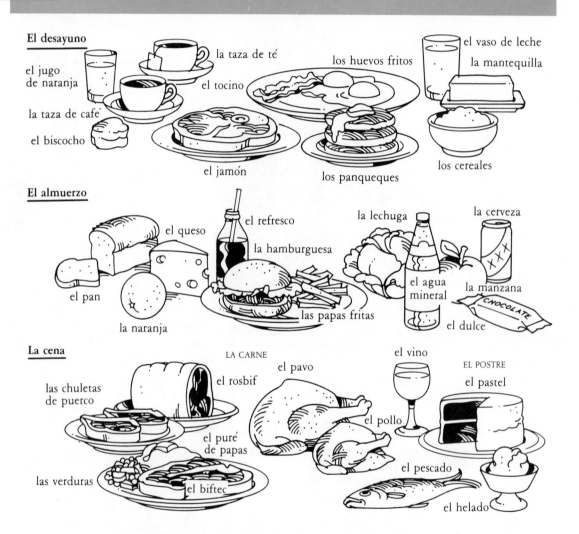

El desayuno

el jugo de naranja
la taza de té
el tocino
la taza de café
el biscocho
el jamón
los huevos fritos
los panqueques
el vaso de leche
la mantequilla
los cereales

El almuerzo

el queso
el refresco
la hamburguesa
la lechuga
la cerveza
el pan
la naranja
las papas fritas
el agua mineral
la manzana
el dulce

La cena

LA CARNE
las chuletas de puerco
el rosbif
el pavo
el puré de papas
el pollo
las verduras
el biftec
el pescado
el vino
EL POSTRE
el pastel
el helado

¿**Comes** tú mucho?

¿**Come** Ud. carne?

¿**Comen** Uds. pollo o pescado los viernes?

¿Qué **coméis** vosotros para el almuerzo?

¡Ay, sí! Yo **como** demasiado.

No, no **como** carne; soy vegetariana.

Comemos pescado los viernes.

Comemos arroz con pollo con verduras.

Aprendemos los términos para la comida en el mundo hispano.
Bebo café con el desayuno y un refresco con el almuerzo.
Raúl **come** mucho porque **corre** diez millas por día.
Mi madre **cree** que los libros no son necesarios para cocinar bien.

A. Los verbos regulares de la segunda conjugación

1. **Comer** es un verbo regular de la segunda conjugación. Los infinitivos de la segunda conjugación terminan en **-er**.
2. Otros verbos comunes de la segunda conjugación son **aprender, beber, comprender, correr, creer** y **leer**.

Formación:

sujeto	*raíz*	*desinencia*	*comer*
yo	**com-**	**-o**	como
tú	**com-**	**-es**	comes
Ud., él, ella	**com-**	**-e**	come
nosotros/nosotras	**com-**	**-emos**	comemos
vosotros/vosotras	**com-**	**-éis**	coméis
Uds., ellos, ellas	**com-**	**-en**	comen

Sinopsis:

aprender	*beber*	*comer*	*comprender*	*creer*	*leer*
aprendo	bebo	como	comprendo	creo	leo
aprendes	bebes	comes	comprendes	crees	lees
aprende	bebe	come	comprende	cree	lee
aprendemos	bebemos	comemos	comprendemos	creemos	leemos
aprendéis	bebéis	coméis	comprendéis	creéis	leéis
aprenden	beben	comen	comprenden	creen	leen

Estudie:

¿Cuándo comes? — Como cuando **tengo hambre.**
¿Por qué llora el niño? — Llora porque **tiene mucha hambre.**
¿Cuándo bebes cerveza? — Bebo cerveza cuando **tengo sed.**
¿Deseas una cerveza ahora? — No, porque **tengo poca sed.**

B. Expresiones con *hambre* y *sed*

1. **Tener** se usa con **hambre** y **sed**.
2. Se usan adjetivos (**mucha, poca, demasiada,** etc.) con **hambre** y **sed**.

Práctica oral

1. ¿Qué come la gente?

MODELO   Jorge / pan tostado   →   **Jorge come pan tostado.**

1. Ana / jamón con queso
2. nosotros / naranjas
3. esos hombres / bistec
4. tú / huevos
5. vosotros / ensalada
6. yo / un helado
7. Roberto y yo / cereales
8. Toni / un sandwich
9. nosotros / galletas
10. tú / verduras
11. el conejo / lechuga
12. los ratones / queso

2. ¿Qué bebe la gente?

MODELO   Micaela / con el desayuno
Estudiante 1:   **¿Qué bebe Micaela con el desayuno?**
Estudiante 2:   **Micaela bebe café con leche con el desayuno.**

1. mi mejor amigo / a medianoche
2. los estudiantes de... / por la noche
3. los españoles / con el almuerzo
4. nosotros / con un sandwich
5. su profesor/a / con la cena
6. tú / a mediodía
7. los italianos / con pizza
8. Don Tremendón / siempre

3. Entrevista (entre dos).   *Pregúntele a un/a compañero/a de clase qué come y qué bebe durante el día. Use la tabla para formular sus preguntas y sus respuestas.*

1. ¿Qué come Ud. para el desayuno?
2. ¿Qué come Ud. para el almuerzo?
3. ¿Qué come Ud. para la cena?
4. ¿Qué bebe Ud. con la cena?
5. ¿Qué bebe Ud. con el almuerzo?
6. ¿Qué bebe Ud. con el desayuno?

huevos fritos	una ensalada mixta	rosbif
jugo de naranja	un agua mineral	papas fritas
jamón	cereales con leche	un sandwich de?
pan tostado	un refresco	una hamburguesa
café con leche	queso	verduras
leche fría	té con limón	un bistec
sopa de tomate	una ensalada de frutas	pescado
chuletas de puerco	un helado	pavo
un bistec	un dulce	pollo frito
puré de papas	sopa de frijol	ponche

4. Informe.   *Ahora, con* (**El nombre de la persona**) **dice que...**, *informe a la clase sobre los gustos culinarios de su compañero/a de la* Práctica 3.

5. La comida en momentos especiales (entre dos).   *Pregúntele a un/a compañero/a de clase qué prepara (o qué cocina) para los distintos tipos de comidas.*

EJEMPLOS   —si hace mucho calor
Estudiante 1:   **¿Qué prepara Ud. si tiene poca hambre?**
Estudiante 2:   **Preparo una ensalada de frutas.**

—si tiene invitados que desea impresionar
Estudiante 1:   **¿Qué cocina Ud. si tiene invitados que desea impresionar?**
Estudiante 2:   **Cocino un arroz con pollo.**

1. —si vienen amigos a su casa
2. —si viene la madre de su novio/a
3. —si tiene sed
4. —cuando tiene hambre a medianoche

5. —para una fiesta de fin de año
6. —para el Día de Acción de Gracias
7. —para el Día de las Madres
8. —si los niños de su barrio tienen hambre y vienen a comer

5.2   ¿Dónde **pones** el tenedor cuando **pones** la mesa?
Pongo el tenedor al lado del plato cuando **pongo** la mesa.

¿Dónde **pone** Ud. el vaso?   **Pongo** el vaso detrás del plato.
¿**Trae** Ud. el vino para la cena?   Sí, con todo gusto **traigo** el vino.
¿Qué **ve** Ud. en la mesa?   **Veo** una servilleta sucia.
¿**Sabes** dónde están los platos?   No, pero **sé** que no están aquí.
¿Qué **haces** para la fiesta?   **Hago** un pastel de manzana.

A. Hacer, poner, traer, saber y ver

1. **Hacer, poner, traer, saber** y **ver** son verbos de la segunda conjugación que son irregulares en la primera persona singular.

2. Las otras formas son regulares.

Sinopsis:

hacer	*poner*	*traer*	*saber*	*ver*
hago	**pongo**	**traigo**	**sé**	**veo**
haces	pones	traes	sabes	ves
hace	pone	trae	sabe	ve
hacemos	ponemos	traemos	sabemos	vemos
hacéis	ponéis	traéis	sabéis	veis
hacen	ponen	traen	saben	ven

Nota. **Veis** no necesita un acento escrito porque es una sola sílaba.

La comida

Estudie:

¿Qué **hace** tu amigo cuando come?   Lee el periódico.

¿Qué **haces** hoy?   Trabajo todo el día.

¿Que **hacéis** en la biblioteca?   Leemos y conversamos.

¿Quién **hace** ese ruido?   Mi hermanito **hace** ese ruido.

¿Quiénes **hacen** esos pasteles?   Mis tías **hacen** esos pasteles para Navidad.

B. El verbo *hacer* tiene dos significados principales:

1. ¿Qué hace Juan?   =   *¿Cuál es la actividad de Juan?*

2. ¿Quién hace coches?   =   *¿Quién fabrica coches?*

Práctica oral

6. ¿Cómo se pone la mesa? *Ud. tiene que explicar a su profesor/a cómo se pone una mesa.*

MODELO   el tenedor
Estudiante 1:   **¿Dónde pones el tenedor?**
Estudiante 2:   **Pongo el tenedor entre el plato y la taza.**

1. el platillo	4. el vaso	7. la copa
2. el cuchillo	5. el plato	8. los cubiertos
3. la servilleta	6. la cuchara	9. la taza

7. Otras costumbres. *Ahora, describa cómo otra gente pone la mesa. Use sujetos como:* **mi madre, mi compañero/a de cuarto y yo, Gumersinda,** *etc.*

8. ¿Cómo se organiza una fiesta? *Ud. y algunos de sus amigos desean organizar una fiesta. Use la tabla para explicar quién trae qué.*

COSTILLAS DE PUERCO AL LIMON

PLATILLO - COMIDA

Ingredientes:
1 1/2 kilo de costillas de puerco
1/4 taza de jugo de limón
1/4 taza de vinagre
1/4 taza de salsa de soya
1 taza de salsa de tomate
1 cucharadita de sal
1/2 cucharadita de pimienta
1 cucharadita de sal de ajo
1/4 taza de vino tinto
1/2 taza de miel de abeja

Manera de hacerse:

   Se combinan todos los ingredientes excepto la miel. Se vierte la salsa sobre las costillitas y se marinan durante dos horas. Se colocan en un refractario rectangular y se vierte la miel encima de las costillitas. Se hornea a 200 grados durante 1 1/2 horas. También se puede usar para pollo.

EJEMPLO   los refrescos
Estudiante 1:   **¿Quién trae los refrescos?**
Estudiante 2:   **Yo traigo los refrescos.**

1. las galletas	7. la carne	13. el queso
2. el jamón	8. la ensalada	14. la cerveza
3. las servilletas	9. el helado	15. el ponche
4. los cubiertos	10. los vasos	16. las frutas
5. el postre	11. los discos	17. el aperitivo
6. el vino	12. el pan	18. la mantequilla

Respuestas posibles: **yo, nosotros, mis amigos y yo, el profesor, la profesora, los miembros del club, Gumersinda, etc.**

9. Entrevista (entre dos). *Pregúntele a un/a compañero/a de clase qué hace en las situaciones a continuación.*

EJEMPLO en un restaurante

Estudiante 1: **¿Qué haces en un restaurante?**

Estudiante 2: **Como y bebo en un restaurante.**

1. en una piscina
2. en la biblioteca
3. en un bar
4. en una discoteca

5. en la cafetería
6. en una taberna
7. en un club vegetariano
8. en la casa de Don Tremendón

5.3

¿Adónde va Ud. ahora? **Voy** a casa.
¿De dónde viene Ud.? **Vengo** de la playa.

¿Adónde vas tú?
¿Cómo **va** Marisa al centro?
¿Van Uds. en coche o a pie?
¿Vais a Nueva York en tren o en avión?

(Yo) **voy** a un café.
Creo que **va** en taxi.
Vamos a pie.
Vamos en autobús.

A. El verbo *ir*

1. El infinitivo de los verbos de arriba es **ir**; es un verbo de movimiento, y es muy irregular.
2. **Adónde** es una palabra interrogativa que se usa mucho con **ir.**

Sinopsis:

ir	
voy	vamos
vas	vais
va	van

Estudie:

¿Cómo **viene** Ud. a la universidad?
¿Por qué siempre **vienes** tarde?
¿De dónde **viene** esa chica alta?
¿Venís vosotros a mi casa esta noche?

Vengo en moto.
Estás equivocado. **Vengo** a la hora.
Rafael dice que **viene** de Chile.
No, pero **venimos** mañana.

B. El verbo *venir*

1. **Venir** es el contrario de **ir.**
2. **De dónde** es una expresión interrogativa que se usa mucho con **venir.**

La comida

Sinopsis:

venir	
vengo	venimos
vienes	venís
viene	vienen

Compare:

Estoy en Madrid, pero **voy** con frecuencia **a** Barcelona.
Raúl **estudia en** Berkeley; mañana **viene a** mi casa.

C. *A* y *en* con nombres de lugar

1. Se usa **a** entre **ir, venir** y otros verbos de movimiento y un nombre de lugar:

Voy a Málaga.	**Venimos a** clase todos los días.
Vamos al campo.	¿Cuándo **vienes a** casa?

2. Entre verbos que no son de movimiento y un nombre de lugar se usa **en:**

Estamos en la playa.	**Comemos en** ese restaurante.
Nada en la piscina.	**Estoy en** Madrid.

Práctica oral

10. Medios de transporte. *Ud. está en una conversación con un extranjero. Explíquele a esa persona cómo van Ud. y sus amigos a distintos puntos en la región.*

MODELO a la playa / en coche o en avión → **Vamos a la playa en coche.**

1. al centro / a pie o en moto
2. al parque / en bicicleta o en tren
3. a la iglesia / en autobús o a pie
4. a España / en coche o en avión
5. a un picnic / a pie o en avión
6. a clase / a pie o en helicóptero
7. al teatro / en metro o en barco
8. a una isla / en moto o en barco
9. al garage / a pie o en submarino
10. al cine / en avión o en taxi

11. Retratos y autorretratos. *Explique adónde van Ud. y los otros sujetos a continuación a las horas indicadas.*

MODELO Miguel / a medianoche → **Miguel va a casa a medianoche.**

1. yo / a las tres de la tarde
2. nosotros / temprano los sábados
3. mis amigos y yo / tarde los viernes
4. tú / cuando tienes hambre
5. mi madre / cuando necesita comida
6. estudiante 1 / después de clase
7. toda la clase / al mediodía
8. vosotros / los fines de semana
9. estudiante 2 / los sábados
10. yo / cuando necesito dinero

12. Una fiesta. *Ud. y unos amigos hacen planes para una fiesta. Describa quién viene a su fiesta; describa también con qué (o con quién) viene.*

> MODELO   María / botella de vino   →   **María viene con una botella de vino.**

1. Pablo y Miguel / muchos discos
2. yo / dulces de crema
3. tú / el amor de tu vida
4. nosotros / servilletas
5. la profesora / refrescos
6. vosotros / un amigo extranjero
7. Marisa / una ensalada verde
8. Edgardo y Rubén / Gumersinda

13. Entrevista (entre dos).   *Ud. está en la casa de un/a amigo/a. Invente preguntas para su amigo/a. Use la tabla para formar las preguntas.*

1. ¿Adónde vas después de clase?
   antes de comer?
   después de estudiar?
   a mediodía?
   los fines de semana?
   los domingos?
2. ¿Quién viene a la universidad hoy?
   ¿Quiénes vienen a medianoche?
   los fines de semana?
   los viernes por la noche?
   los sábados por la mañana?
3. ¿Cómo vas a Nueva York?
   al teatro?
   al laboratorio?
   a Europa?
   a otro planeta?
   a la playa?
4. ¿Quién viene a clase en taxi?
   en moto?
   a caballo?
   en bicicleta?
   en un coche morado y amarillo?

Nota cultural

¿A qué hora comemos?

En España y en muchos países de Hispanoamérica el horario típico de las comidas no es igual que en los Estados Unidos. El desayuno, que generalmente consiste en café con leche, pan tostado o pan dulce, es temprano por la mañana. La gente trabaja hasta la una de la tarde. El almuerzo no es hasta las dos de la tarde, y es una comida grande, con varios aperitivos, un plato principal de carne, pollo o pescado, papas o arroz, una ensalada y un **postre.**

Después de un almuerzo tan grande, la gente obviamente necesita descansar un poco. El descanso es la famosa siesta que dura más o menos una hora. Casi todo el mundo está de acuerdo: la siesta es una **costumbre** muy civilizada. A las cuatro de la tarde la gente regresa a su trabajo. Trabajan a veces hasta las siete o las ocho de la noche.

La cena no es hasta las nueve o las diez de la noche y **por lo general** consiste en un plato **ligero** de huevos, pescado o sopa. La gente generalmente trabaja tantas horas como los norteamericanos. Pero su horario es distinto—y quizás más humano—que nuestro horario.

postre: un plato dulce que se come al final de una comida

costumbre: hábito o práctica social

por lo general: generalmente
ligero: contrario de pesado, *light*

5.4

¿Sabes manejar?
Sí, pero no **debo manejar** ahora porque estoy cansada.

¿Por qué **es necesario estudiar**?	**Es necesario estudiar para aprender.**
¿Es posible aprender sin estudiar?	Quizás para algunas personas, pero yo **necesito estudiar** mucho **para sacar** notas aceptables.
¿Qué **deseáis comprar**?	**Deseamos comprar** carne y papas.
¿Tienes que comer ahora?	Sí, **tengo que comer antes de practicar** el fútbol.
¿Corres **antes** o **después de comer**?	Corro **antes de comer**. No es posible correr **después de comer**.
¿Qué **debemos comer para ser** fuertes y sanos?	**Deben comer** granos enteros, leche y muchas legumbres.
¿Sabes hacer tamales?	Sí, **sé hacer** comida mexicana, pero no **sé lavar** platos.
¿Es bueno tomar mucho alcohol?	No, (el) **tomar** demasiado es malo para la salud. (El) **fumar** también es un vicio.

Algunos usos del infinitivo

1. El infinitivo se combina frecuentemente con **ser + adjetivo**:
Es importante comer bien. **Es posible tomar** demasiado.

2. El infinitivo se combina frecuentemente con expresiones como **necesitar, desear, deber, saber** y **tener que**:
Guillermo **necesita trabajar**. (*necesitar = tener necesidad*)
Deseamos estar en casa. (*desear = tener un deseo*)
Debes ser más atento. (*deber = tener una obligación*)
No **sé manejar**. (*saber = tener la capacidad*)
Tienes que escuchar más. (*tener que = tener una obligación inescapable; **tener que** es más fuerte que **deber***)

3. El infinitivo se usa después de preposiciones:
antes de llegar, después de comer, sin comer

4. El infinitivo después de **para** indica el propósito o el objetivo del verbo:
Estudio **para sacar** buenas notas.
Corremos **para estar** en buena forma.

5. El infinitivo funciona a veces como el sujeto de una oración; en estos casos es posible usar **el** antes del infinitivo.
Nadar (*El nadar*) es un buen ejercicio.
Fumar (*El fumar*) es malo para la salud.

Práctica oral

14. Opiniones. *¿Qué opina Ud. sobre las actividades a continuación? Invente oraciones originales usando elementos de la tabla.*

MODELO   comer demasiado   →   **Es imposible comer demasiado.**

A	**B**
(No) Es bueno / malo	beber vino en clase
(No) Está bien / mal	traer discos a una fiesta
Es posible / imposible	bailar en la carretera
Es (poco) necesario	manejar después de beber mucho
Es legal / ilegal	beber café después de medianoche
(No) Es peligroso	correr diez millas por día
(No) Está permitido	comer pasteles y dulces todo el día

15. Motivos y propósitos. *Como Ud. comprende muy bien la psicología humana, identifique una motivación posible para las acciones indicadas.*

MODELO   Marisela estudia...   →   **Marisela estudia para sacar buenas notas.**

1. Miguel va al gimnasio...
2. Yo voy a la biblioteca...
3. Corremos todos los días...
4. Venimos a clase...
5. ? va al centro...
6. ? y ? escuchan...
7. Compro una nueva pluma...
8. Trabajas como un mulo...

a. para hacer la tarea
b. para comprender la explicación
c. para beber jugo de frutas
d. para sacar buenas notas
e. para ser el/la mejor alumno/a
f. para estar en buena forma
g. para estar con los amigos
h. para meditar sobre el amor

16. Entrevista (entre dos).   *Pregúntele a un/a compañero/a de clase.*

1. —qué es necesario para comer bien
2. —qué tiene que hacer para sacar buenas notas
3. —si va a la playa para nadar o tomar sol
4. —qué hace después de beber mucho
5. —si come antes de correr o si corre antes de comer
6. —qué vehículos sabe manejar
7. —qué platos sabe preparar
8. —cuándo cree que es bueno comer demasiado
9. —si viene a clase para aprender o para estar con sus amigos
10. —qué compra para hacer una fiesta

● CONSULTA GRATIS
● BALANCEADAS DIETAS QUE ASEGURAN UNA PERDIDA DE PESO DE 2-4 LIBRAS POR SEMANA

ADELGAZAR

PLAN 1   - Con medicamentos
PLAN 2   - 850 calorías
PLAN 3   - 800 calorías-plan combinación
PLAN 4   - 500 calorías, semejante a Optifast

● REEMBOLSO EN LOS CASOS QUE EL SEGURO CUBRE

5.5	¿Qué tiempo **hace** hoy? **Hace** buen tiempo hoy.

Está despejado.   Hace sol.   Hace frío.   Hace viento.

Hace calor.   Está nublado.   Está lloviendo.   Está nevando.

¿**Qué tiempo hace** en el invierno?	**Hace frío** en el invierno.
¿**Qué tiempo hace** en el desierto?	Por lo general, **hace calor.**
¿**Hace frío** en el Ecuador?	No, pero **hace fresco** a veces.
¿En qué mes **hace viento**?	**Hace mucho viento** en marzo.
¿**Hace mucho sol** hoy?	No, **hace poco sol** hoy.
¿**Está nublado** hoy?	No, hoy el cielo **está despejado.**
¿De qué color **está** el cielo?	**Está** muy azul.
¿**Está seco** o **húmedo** hoy?	**Está** muy **húmedo.**
¿**Tienes frío**?	¡**Estás loco**! **Tengo mucho calor.**
¿Qué tiene el perro?	El pobre animal **tiene frío.**

Por lo general **llueve** mucho durante este mes, pero no **está lloviendo** ahora.
Generalmente, no **nieva** durante este mes, pero **está nevando** ahora.

Algunas expresiones meteorológicas

1. **Hace** se combina con sustantivos como **sol, viento, calor, frío, fresco** y **tiempo** para hablar del tiempo.
2. Se usan adjetivos como **mucho, poco, bastante** y **demasiado** para modificar sustantivos como **sol, frío** y **viento.**
3. **Está** se combina con adjetivos como **nublado, húmedo, seco, azul** y **despejado** para hablar del tiempo.
4. Se usa **tener** con **frío** y **calor** cuando el sujeto es una persona o un animal.
5. Se usan **llueve** y **nieva** para indicar el tiempo usual o habitual. Se usan **está lloviendo** y **está nevando** para describir el tiempo en este momento.

> **El tiempo**
> Hoy: parcialmente nublado y frío.
> Máxima, 15°; mínima, 7°. Ayer: Máx.,
> 16°6; Mín., 10°5. Mañana: nublado y frío.
> Más información en la pagina 4, Secc. 2a.

Práctica oral

17. **¿Qué tiempo hace?** *En el hemisferio sur, las estaciones están al revés que en los Estados Unidos. Ud. está con un amigo argentino que no comprende los distintos climas y estaciones del hemisferio norte. Use la tabla para describir el tiempo de su país.*

EJEMPLO **En Arizona en el mes de julio hace mucho calor.**

En Canadá	en el mes de julio	(no) hace calor / frío
En el Polo Norte	durante la primavera	hace fresco
En California del Sur	en el mes de enero	(no) llueve mucho
En Seattle, Washington	durante el otoño	hace mucho sol
En la Florida	en septiembre	(no) nieva demasiado
En Nueva Inglaterra	durante el invierno	está despejado / nublado
En Chicago	durante el verano	está húmedo / seco
En nuestra ciudad	en este momento	está lloviendo / nevando

18. **Entrevista** (entre dos). *Use la tabla en la* Práctica *anterior para formular una pregunta para un/a compañero/a de clase.*

EJEMPLO　Estudiante 1:　**¿Qué tiempo hace en Chicago durante el invierno?**
　　　　　　Estudiante 2:　**Hace frío, nieva mucho y hace mucho viento.**

19. **Fantasías.** *Use las frases dadas para crear una tremenda fantasía.*

EJEMPLO　Estoy en Alaska...
　→　**Estoy en Alaska: nieva mucho en Alaska, pero no está nevando ahora. El cielo está despejado y azul. Hace frío, pero no tengo frío porque estoy en un iglú con mi amigo favorito. Estamos muy contentos y no tenemos frío porque él está muy cerca de mí.**

1. Estoy en medio del desierto...
2. Estoy en el parque en invierno...
3. Estoy en los Andes con...
4. Mi mejor amigo/a y yo estamos en las montañas en el verano...
5. Mi perro y yo estamos en la playa a las tres de la tarde...

5.6
Tengo un mensaje para **ti**, Luisa.
¿Para **mí**? ¡Qué bien!

Esta sopa es para **ti**, Susana.
Estas papas son para **Ud.**, señora.
¿Es de Juan esa botella de vino?
¿Para quién es este pastel?
¿Es la cena para **vosotros**?
¿Para quiénes son esos cubiertos?

¿Para **mí**? ¡Qué bien! Tengo hambre.
No, no son para **mí**; son para **ella**.
Sí, es de **él**.
Es para **Uds.** ¡Feliz aniversario!
Sí, es para **nosotros**.
Son para **ellos**.

Esta bicicleta es para **mí**. Es **mi** bicicleta.

A. Los pronombres después de preposiciones

1. Se usa **mí, ti, Ud., él, ella, nosotros/as, vosotros/as, Uds., ellos** y **ellas** después de muchas preposiciones (**a, de, en, para, sin,** etc.).

2. Excepto **mí** y **ti**, estos pronombres son iguales que los pronombres sujetos.

3. **Mí** con acento se usa después de una preposición. **Mi** sin acento es un adjetivo posesivo:

La ensalada es para **mí**. Es **mi** ensalada.

Estudie:

¿Quién va de vacaciones **contigo**?
¿Quiénes van al cine **con Ud.**?
¿Van **con Uds.** los niños?

Mi esposa va **conmigo**.
Mis hijos van **conmigo**.
Sí, van **con nosotros**.

Éste es un secreto **entre tú** y **yo**.
Todos tenemos que hacer la tarea, **incluso tú** y **yo**.
Todo el mundo come demasiado, **excepto tú** y **yo**.

B. Excepciones

1. **Conmigo** y **contigo** se usan en lugar de **con + mí** y **con + ti**.

2. **Entre, incluso** y **excepto** se combinan con **yo** y **tú**.

Práctica oral

20. Illusiones de grandeza. *Ud. es una de las personas más ricas del mundo. ¿Cómo distribuye Ud. sus posesiones?*

EJEMPLOS   el petróleo de México   →   **El petróleo de México es para mí.**
                                       →   **El petróleo de México es para ti.**

1. ese Ferrari que está en la calle
2. todo el té de China
3. esa bolsa Gucci
4. los desiertos de Africa

5. las minas del Brasil
6. la General Motors
7. la Estatua de la Libertad
8. la ropa de Don Tremendón

21. **Un viaje** (entre dos). *La clase desea organizar un viaje. Ud. y un/a compañero/a tienen los únicos coches y tienen que decidir quién viaja con quién.*

> EJEMPLO   El profesor   →   **El profesor va conmigo.**

1. tu perro
2. Don Tremendón
3. Tom Cruise
4. Meryl Streep
5. ?
6. ? y ?

22. **Reglas** (entre dos). *Explique quién está incluido o excluido de las actividades a continuación.*

> EJEMPLOS   hacer la tarea
> →   **Todos tienen que hacer la tarea incluso yo.**
> →   **Todos tienen que hacer la tarea excepto tú, yo y dos o tres privilegiados como nosotros.**

1. comer a mediodía
2. correr cinco millas al día
3. beber tres litros de agua
4. contribuir a la pensión para profesores de español
5. ir al laboratorio de lenguas
6. estudiar día y noche
7. comer mucha proteína
8. preparar pasteles, galletas y golosinas para la clase

5.7   ¿**Vas a estar** en clase mañana?
No, no **voy a estar** en clase porque **voy a ir** a la playa.

¿Cuándo **vas a comer**?
¿Cuándo **van** Uds. **a estar** en Madrid?
¿Cuándo **vamos a regresar**?
¿Qué **va** Ud. **a hacer** esta noche?

Voy a comer dentro de unos minutos.
Vamos a estar allí el mes entrante.
Vamos a regresar la semana que viene.
Voy a estudiar esta noche.

Ir a + infinitivo

1. **Ir a** + **infinitivo** describe un evento futuro.
2. En esta construcción, sólo **ir** se conjuga. El **infinitivo** es invariable.
3. NOTA: A veces se usa el presente simple para eventos futuros:
> Vamos esta tarde. = Vamos a ir esta tarde.
> Almorzamos mañana a la una. = Vamos a almorzar mañana a la una.
> Regreso a casa la semana próxima. = Voy a regresar a casa la semana próxima.

Práctica oral

23. **Planes para un viaje.** *Un chico de Segovia va a hacer un viaje y tiene que explicar a su mamá qué va a hacer. ¿Qué dice?*

> MODELO   mañana / estar con un amigo   →   **Mañana voy a estar con un amigo.**

1. pasado mañana / tomar el tren
2. la tarde del domingo / llegar a Madrid
3. esa noche / estar con un amigo
4. el martes / ver una ópera en el teatro nacional
5. el miércoles / viajar a Málaga
6. el día siguiente / ir a la playa
7. el viernes / descansar en la playa
8. el sábado / regresar a casa cansado pero contento

24. Profecías. *Ud. es profeta. Invente profecías sobre sus compañeros de clase. Use la tabla como guía.*

EJEMPLO   **Dentro de dos años (nombre) va a estar casada con un millonario.**

esta noche	yo	visitar...
pasado mañana	tú	ser un/a...
la semana próxima	estudiante 1	ser presidente de...
el mes entrante	estudiante 2	tener siete hijos
el año que viene	(dos personas)	viajar a otro planeta
dentro de dos años	el/la profesor/a	comprender el amor
en cincuenta años	??? y yo	hablar diez lenguas

25. Ambiciones (entre dos). *Describa sus ambiciones para un/a compañero/a de clase. Comience sus oraciones con frases como* **El año que viene voy a estar en... , En dos años voy a ser un/a... En el año 1995 voy a tener... ,** *etc.*

26. Informe. *Ahora informe a la clase sobre las ambiciones de su compañero/a.*

Pronunciación y ortografía

A. *Las letras* **b** *y* **v** *tienen exactamente la misma pronunciación. Hay dos pronunciaciones asociadas con esas letras: una* **b** **oclusiva** *o* [b], *y una* **b** **fricativa** *o* [ƀ]. *La* **b** **oclusiva** *ocurre al principio de una frase y después de una pausa. Se pronuncia igual que la* **b** *en inglés. Escuche y repita las frases a continuación.*

Venezuela es un país próspero.   ¿Vas tú a la fiesta con nosotros?
Venimos más tarde.   Víctor es un excelente amigo
¿Vienes conmigo?   de Teresa.

B. *La* **b** *oclusiva también ocurre después del sonido* [m]. *Note que la letra* **n** *se pronuncia* [m] *antes de* **b** *o* **v**. *Escuche y repita las palabras a continuación.*

también	en vano	Juan viene	en Venezuela
invierno	invitación	un vaso	conversación

C. *En todos los otros casos, la pronunciación de* **b** *y de* **v** *es* [ƀ], *es decir, una* **b** **fricativa.** *Para pronunciar la* **b** *fricativa, los labios no están totalmente cerrados. Escuche y repita las palabras a continuación.*

Yo voy al centro el viernes.   Abel viene a beber vino.
Los labios no están totalmente   Tengo mucho trabajo.
    cerrados.   Yo bebo vino del vaso.

D. *En el ejercicio a continuación, identifique cuáles de las letras* **b** *y* **v** *son oclusivas y cuáles son fricativas. Después, lea las frases en voz alta con buena pronunciación.*

¿Viene Beatriz a la boda?

No, no viene porque está con su abuela.

¿Vosotros tenéis una invitación al baile?

Sí, pero no vamos.

¿Adónde vas con tu abuelo?

Vamos a Sevilla para ver al barbero.

¿Vas a la fiesta con Víctor?

Sí, pero no voy a beber vino como él.

¿Bebe mucho Víctor?

No, no bebe mucho, pero bebe más que yo.

CREACIÓN

Lectura

En un restaurante

En la calle

ANA ¡Qué bonito restaurante! Allí está el menú en la ventana. Vamos a ver si la comida es muy cara.

LUIS **Parecen** muy razonables los precios. Y **además,** la selección es buena.

En el restaurante

MOZO Muy buenos días, señores. Aquí está el menú. Si tienen alguna pregunta, estoy **a la orden.**

ANA Muchas gracias. ¿Qué recomienda Ud.?

MOZO El pollo a la portuguesa está muy bueno. También está buena la **merluza.**

LUIS ¿Qué viene con esos platos?

MOZO Papas fritas, o si Ud. prefiere, puré de papas. Si desean sopa o ensalada, eso viene **aparte.**

LUIS ¿Qué ensaladas hay?

MOZO Hay ensalada mixta con lechuga, tomate y cebolla. También hay **ensalada rusa** de papas y mayonesa.

ANA ¿Y las sopas?

MOZO Tenemos crema de **zanahoria** y un excelente **consomé** de pollo con legumbres.

ANA Bueno, yo **quiero** la crema de zanahoria y la merluza con puré de papas y una ensalada mixta.

LUIS Y yo quiero el arroz con pollo, el consomé y una porción de ensalada rusa.

parecer: tener la apariencia de

además: también

a la orden: a su disposición

merluza: un pescado

aparte: extra, por separado

ensalada rusa: ensalada fría de papas y mayonesa

zanahoria: una legumbre larga y anaranjada

consomé: una sopa clara

quiero: deseo

La comida

Un puesto de dulces y nueces

MOZO	¿Y para beber?
ANA	Yo sólo quiero agua.
LUIS	Y para mí, una cerveza.

Un poco después

MOZO	¿Qué tal la comida?
ANA	Excelente. ¿Hay postre?
MOZO	¡ **Cómo no**! Hay **flan** y un pastel delicioso de **fresas** con crema.
ANA	Bueno, yo quiero el flan, por favor.
LUIS	Y yo, ese pastel sabroso de fresas.
MOZO	¿No desean café?
LUIS	Sí, por favor. Un café con leche y azúcar.
ANA	Y para mí, la **cuenta**. Hoy **me toca a mí**.

cómo no: *sí* enfático
flan: un postre de leche, huevo y azúcar
fresa: una fruta roja y pequeña
cuenta: un papel que indica el precio
me toca a mí: es mi turno

Preguntas

1. ¿Dónde están Ana y Luis cuando ven el menú? 2. ¿Cómo son los precios y la selección? 3. ¿Qué recomienda el mozo? 4. ¿Qué incluye el pollo a la portuguesa y la merluza? 5. ¿Qué no incluye? 6. ¿Qué ensaladas hay y cómo son? 7. ¿Qué sopas hay? 8. ¿Qué deciden beber Ana y Luis? 9. ¿Qué postre comen? 10. ¿Quién paga la cuenta?

En contexto

¿Cómo se hace para pedir comida en un restaurante?

— **Quisiera** ver un menú.

— ¿Cuál es el plato del día?

— ¿Qué incluye el menú del día?

— Quisiera un... con... y un... para beber.

— Quiero un bistec **a la parrilla**.

— Quisiera medio pollo **al horno**.

— Quisiera una porción de carne **estofada**.

quisiera: *I would like*

a la parrilla: *grilled*

al horno: *roasted*

estofada: *stewed*

• • • • • • • • • • • • • • • • • • • •

— ¿Cómo quiere la carne—bien **cocida**, medio **cocida** o poco **cocida**?

— ¿Está incluido el servicio, o hay que dejar **propina**?

— La cuenta, por favor.

cocida: *cooked*

propina: *tip*

Situaciones

Situación 1　Ud. está con una amiga de Bolivia y desea saber el horario de sus comidas y sus platos favoritos. Comience sus preguntas con frases como *¿A qué hora comen Uds...., ¿Qué comen Uds. para..., ¿Qué bebe Ud. con..., ¿Qué plato preparan Uds. para un día especial?* etc. Un compañero/a de clase es la amiga boliviana.

Situación 2　Invierta los roles de la *Situación* anterior. Ahora la amiga boliviana desea saber sobre el horario y los platos del país de Ud.

Situación 3　Ud. y unos amigos van a organizar una fiesta con comida.
Use la tabla para su preparación:

¿Dónde van a hacer la fiesta	si hace frío?
	si hace calor?
¿Qué ropa van a usar	si llueve?
	si nieva?
	si está nublado?
¿Qué comida van a necesitar	si hacen la fiesta en la playa?
	si hacen la fiesta en la casa de un amigo?
¿Cómo van a ir a la fiesta	si rentan un hotel elegantísimo?
	si van al teatro o al cine después?

Situación 4　Con dos o tres compañeros, prepare un corto mini-teatro sobre una comida en un restaurante. Un estudiante debe hacer el papel (*papel = rol*) del mozo, y los otros dos deben hacer el papel de los clientes. Use la *Lectura* y *¿Cómo se hace...* como punto de partida.

Composición

Tema 1　Escriba una composición sobre la comida en su casa (o residencia estudiantil). Información posible: ¿Qué comen en su casa a distintos momentos del día? ¿Qué comida preparan para días especiales? ¿Qué comida no comen nunca, y por qué? ¿Qué ingredientes hay en cada plato? Etc.

Tema 2　Escriba una obra de teatro, seria o paródica, sobre una visita a un restaurante.

Vocabulario activo

la comida

el aperitivo	la ensalada	la mantequilla	el postre
el arroz	el frijol	la manzana	el puerco
el azúcar	la fruta	la naranja	el queso
el bistec	la galleta	el pan	el rosbif
la carne	la golosina	las papas fritas	la sopa
la cena	el helado	el pastel	el tocino
los cereales	el huevo	el pavo	el tomate
la crema	el jamón	el pescado	la verdura
la chuleta	la lechuga	el pollo	la zanahoria
el dulce	la legumbre		

las bebidas

el agua	el coctel	la limonada	la soda
el agua mineral	el jugo	el ponche	el té
el café	la leche	el refresco	el vino
la cerveza			

la mesa

la botella	el cuchillo	el plato	la taza
la copa	la cuenta	la propina	el tenedor
los cubiertos	el menú	la servilleta	el vaso
la cuchara			

otros sustantivos

el almuerzo	el desayuno	el litro	el ruido
el bar	el descanso	el/la mozo/a	la salud
la cocina	el gusto	la parrilla	la siesta
el/la cocinero/a	el hambre	el precio	la taberna

verbos

aprender	creer	leer	traer
beber	deber	pagar	vender
cocinar	dejar	poner	venir
comer	desear	preparar	ver
comprender	hacer	saber	viajar
correr	ir		

adjetivos

caliente	dulce	frío, -a	rico, -a
cocido, -a	favorito, -a	frito, -a	único, -a

medios de transporte

a pie	el barco	el helicóptero	la motocicleta
el autobús	la bicicleta	el metro	el taxi
el avión	el coche	la moto	el tren

expresiones de futuridad

dentro de	esta noche	más tarde	próximo, -a
entrante	esta tarde	pasado mañana	que viene
esta mañana	más adelante		

expresiones meteorológicas

el clima	está nevando	hace fresco	hace viento
está despejado	está nublado	hace frío	llueve
está húmedo	hace buen tiempo	hace sol	nieva
está lloviendo	hace calor		

expresiones útiles

además	estar al revés	tener calor	tener hambre
aparte	estar equivocado, -a	tener frío	tener sed
¡ay!	por lo general		

CAPÍTULO 6
Las diversiones

Un joven gimnasta español

| 6.1 | ¿Dónde **viven** Uds.? |
| | **Vivimos** en la avenida Colón, cerca del Teatro Payró. |

| 6.2 | Nosotros **volvemos** hoy. |
| | Ellos **vuelven** pasado mañana. |

| 6.3 | ¿**Juega** (al) fútbol su hermano? |
| | No, pero **toca** trompeta en la banda. |

| 6.4 | Tengo un hijo en **sexto** grado. |
| | No es un chico **grande**, pero es un **gran** chico. |

| 6.5 | **Se** ve buen teatro en Madrid. |
| | No **se** debe fumar en el auditorio. |

| 6.6 | ¿A qué hora **comienza** la función? |
| | **Pienso** que **comienza** a las cinco y media. |

| 6.7 | ¿Quieres comprar **algo**? |
| | No, **no** quiero comprar **nada**. |

EXPOSICIÓN

6.1

¿Dónde **viven** Uds.?
Vivimos en la avenida Colón, cerca del Teatro Payró.

¿**Vives** en el centro?
¿Dónde **vive** Juan?
¿**Viven** Uds. en el campo?
¿Para qué **viven** tus primos?
¿**Vivís** en Madrid?

No, **vivo** en un suburbio.
Vive al lado del teatro municipal.
No, **vivimos** cerca de la playa.
Viven para ver fútbol.
No, **vivimos** en Salamanca.

La taquilla no está abierta. ¿A qué hora **abre**?
Mi padre **escribe** el número de las butacas en su agenda.
Subimos al balcón porque se escucha mejor allí arriba. (*subir* ≠ *bajar*)

A. Los verbos regulares de la tercera conjugación

1. Los infinitivos de los verbos de la tercera conjugación terminan en **-ir.**

2. Las desinencias de la segunda y la tercera conjugaciones son iguales excepto en las formas de *nosotros* y de *vosotros*. Compare: **comemos / vivimos; coméis / vivís.**

Sinopsis:

sujeto	desinencia	*vivir*	*abrir*	*escribir*	*subir*
yo	**-o**	vivo	abro	escribo	subo
tú	**-es**	vives	abres	escribes	subes
Ud./él/ella	**-e**	vive	abre	escribe	sube
nosotros/nosotras	**-imos**	vivimos	abrimos	escribimos	subimos
vosotros/vosotras	**-ís**	vivís	abrís	escribís	subís
Uds./ellos/ellas	**-en**	viven	abren	escriben	suben

Estudie:

¿**Asistes a** todos los ensayos de tu banda?
¿A qué hora **sales del** ensayo?

¡Cómo no! Si no **asisto a** los ensayos, nunca aprendo la música.
Salgo del ensayo a eso de las seis de la tarde.

B. *Salir de* y *asistir a*

1. Cuando **asistir** se combina con un sustantivo, **a** precede al sustantivo. Note que **asistir a** significa **estar en.**

2. Cuando **salir** se combina con un sustantivo de lugar, **de** precede al sustantivo.

3. La primera persona singular de **salir** es **salgo.** Todas las otras formas son regulares: **salgo,** sales, sale, salimos, salís, salen.

Práctica oral

1. ¿Dónde vive la gente? *Conteste las preguntas según el modelo.*

> MODELO ¿Ana? ¿En el campo o en la ciudad? → **Ana vive en el campo.**

1. ¿Tú? ¿En tu residencia o en el teatro?
2. ¿Uds.? ¿En una casa particular o en un departamento?
3. ¿Yo? ¿En una gran ciudad o en un pueblito chiquito?
4. ¿Tu mejor amiga? ¿Sola o con sus padres?
5. ¿Los millonarios? ¿En mansiones o en casas humildes?
6. ¿Los jugadores de fútbol? ¿En un hotel o en un departamento?
7. ¿Tus mejores amigos? ¿Cerca del gimnasio o cerca de las canchas de tenis?
8. ¿Gumersinda? ¿En la luna o debajo de un árbol?

2. Entrevista (entre dos). *Pregúntele a un/a compañero/a de clase.*

1. —quién(es) vive(n) en las montañas, en el campo, cerca de un parque, cerca de un cine, cerca de un teatro, cerca de una cancha de tenis, etc.
2. —quién(es) asiste(n) a ensayos teatrales, a ensayos de orquesta, etc.
3. —quién(es) escribe(n) en la pizarra, novelas trágicas, poesía sentimental, composiciones interminables, obras de teatro, crítica de música, etc.
4. —qué hace cuando sale de clase, del trabajo, del gimnasio, de casa por la mañana, de su ensayo de música o de teatro, etc.
5. —con quién sale para ir al cine, para ver teatro, para escuchar música, para bailar, para hablar de temas grandes y profundos, para hablar de cosas triviales pero interesantes, etc.

3. Reportaje. *Ahora, con* **dice que,** *informe a la clase sobre las respuestas de su compañero/a.*

6.2 Nosotros **volvemos** hoy.
Ellos **vuelven** pasado mañana.

¿**Recuerdas** tus líneas favoritas de esa película de May West?

¿No **recuerdan** Uds. el himno de la universidad?

¿A qué hora **vuelven** Uds. del ensayo?

¿Cuándo **vuelves** del cine?

¿Cuántas horas **duermes** por día?

¿**Dormís** a veces cuando vais al teatro?

Sí, **recuerdo** esas líneas porque son inolvidables.

Recordamos la melodía, pero no **recordamos** la letra. (*recordar = tener memoria de*)

Volvemos a eso de las cinco.

Vuelvo temprano. (*volver = regresar*)

Duermo ocho horas por día.

Depende. Si la obra es buena, no **dormimos** nunca.

A. Los verbos con el cambio de raíz *o → ue*

1. Muchos verbos en español tienen un cambio de raíz en las formas que no corresponden a **nosotros** y a **vosotros.**

2. El cambio de raíz ocurre en la última vocal de la raíz.

3. Las desinencias de estos verbos son regulares; sólo la raíz cambia.

4. Los verbos con cambios de raíz se citan en el diccionario con el cambio entre paréntesis; por ejemplo, **dormir (ue).**

Sinopsis:

recordar (ue)		*volver (ue)*		*dormir (ue)*	
recuerdo	recordamos	vuelvo	volvemos	duermo	dormimos
recuerdas	recordáis	vuelves	volvéis	duermes	dormís
recuerda	recuerdan	vuelve	vuelven	duerme	duermen

Estudie:

Yo **almuerzo** solo los miércoles; mis amigos y yo **almorzamos** juntos los domingos. (*almorzar = comer a mediodía*)

Las entradas **cuestan** ocho australes cada una. (*¿Cuánto cuesta? = ¿Cuál es el precio?*)

Los alumnos **encuentran** muchos libros útiles en la biblioteca municipal. (*encontrar = hallar; encontrar ≠ perder*)

Muchas personas **mueren** en accidentes de coche. (*morir ≠ vivir*)

Vuelvo mañana a las seis de la tarde; **devuelvo** los libros la semana próxima. (*volver = regresar en persona; devolver = regresar un objeto*)

Mamá, ¿**puedo** ir a la casa de Paco?	No, no **puedes** porque tienes que estudiar. ¿Comprendes?
¿**Pueden** Uds. cenar conmigo hoy?	No, hoy no **podemos** porque tenemos otro compromiso. (*poder = tener permiso o tener la capacidad*)

B. Otros verbos con el cambio de raíz *o → ue*

1. **Almorzar, costar, encontrar, morir** y **poder** también tienen el cambio de raíz *o → ue.*

2. **Poder + infinitivo** se usa para pedir permiso.

Las diversiones

Práctica oral

4. **¿ Cuánto cuesta ?** *Ud. quiere saber el precio de varios artículos. Otro/a estudiante puede contestar sus preguntas.*

> MODELO   una buena camisa de algodón
> > Estudiante 1:   **¿ Cuánto cuesta una buena camisa de algodón ?**
> > Estudiante 2:   **Creo que cuesta unos veinticinco dólares.**

1. una entrada a un partido de béisbol
2. un estéreo completo
3. una novela barata y escandalosa
4. un disco compacto
5. un video de una película popular
6. una grabadora
7. un televisor a colores
8. los videos en blanco

5. **Mini-teatro.** *Suponga que Ud. tiene que pedir permiso a un policía, a su madre, a una profesora o a alguna otra persona para hacer algo. Use la tabla como guía. (Recuerde que las preguntas originales siempre son las más interesantes.)*

> EJEMPLO   Estudiante 1:   **Profesor, ¿ puedo tomar el examen más tarde ?**
> > Estudiante 2:   **Claro que no. Ud. no puede tomar el examen más tarde.**
> > **Tiene que tomar el examen hoy como todo el mundo.**
> > **¿ Comprende ?**

Profesor	¿ puedo	ir al cine ?
Profesora	¿ podemos	ver una telenovela ?
Sr. Policía	¿ dónde puedo	tomar el examen otro
(un/a compañero/a)	¿ dónde podemos	día ?
Papá		usar su coche ?
Mamá		usar su tarjeta de crédito ?
Sr./Sra. (apellido)		comer comida mexicana ?
		ver películas extranjeras ?
		dormir todo el día ?
		salir con Gumersinda y
		Don Tremendón ?
		escuchar un disco de
		música *rock* ?

6. **Entrevista** (entre dos). *Use la tabla para formular preguntas para un/a compañero/a de clase.*

1. —a qué hora (*con quién, qué*) almuerza
2. —a qué hora (*cuántas horas, dónde*) duerme
3. —si duerme en el cine (*en la clase de ?, en el cine, en la ópera, etc.*)
4. —a qué hora vuelve a casa (*a clase, al laboratorio, etc.*)
5. —cuánto cuesta/n una computadora (*un almuerzo, un coche, las camisas de seda, las motocicletas grandes, etc.*)
6. —si recuerda la diferencia entre *ser* y *estar* (*el primer día de clase, el nombre de su primer amor, dónde está su coche, etc.*)
7. —cuántas millas puede correr (*nadar*)

Ahora, formule preguntas sobre otras personas.

> EJEMPLO   **¿ Cuántas horas duerme por día su compañera de cuarto ?**

6.3

¿**Juega** (al) fútbol su hermano?
No, pero **toca** trompeta en la banda.

Los juegos y los deportes

los naipes (las cartas)   el ajedrez   las damas

el baloncesto

el equipo

el entrenador

el fútbol

el boliche

la jugadora

¿**Juega** Ud. (al) baloncesto?

¿**Juegas** bien (al) tenis?

¿Dónde **jugáis** (al) ajedrez?
¿Cuántos jugadores **juegan** en un
equipo de béisbol?
¿Dónde **juegan** los niños cuando
hace mal tiempo?

No, ya no **juego** porque es un
deporte para jóvenes.
Sí, **juego** bien si el otro jugador no es
muy bueno.
Jugamos en el parque.
Hay nueve jugadores en un equipo de
béisbol.
Juegan en casa o en el gimnasio
cuando hace mal tiempo.

A.   El verbo *jugar*

1. **Jugar** es el único verbo español que tiene el cambio de raíz **u → ue.**
2. **Jugar** se combina con nombres de juegos.
3. A veces se usa **a + artículo definido** entre **jugar** y el nombre del juego.

Sinopsis:

jugar (ue)	
juego	jugamos
juegas	jugáis
juega	juegan

Estudie:

La música

la partitura

El conjunto

el tamborista

el coro

el director

los tambores   la cantante   el guitarrista   los parlantes

¿**Toca** en la orquesta tu hermano?   No, pero **toca** en un conjunto *rock*.
¿Qué instrumento **tocas**?   **Toco** el piano y la guitarra.
¿Qué clase de música **tocan** Uds.?   Sólo **tocamos** música clásica.

¿Qué disco vas a **poner**? Voy a **poner** un disco de jazz.
¿Qué música **pones** cuando lees? No **pongo** música cuando leo.
¿Por qué no **pones** el estéreo? No **pongo** el estéreo después de
medianoche.

B. *Tocar* y *poner*

1. **Tocar** se combina con instrumentos musicales y tipos de música.
2. **Poner** se combina con discos, cintas y aparatos eléctricos.

Práctica oral

7. ¿Qué juega la gente? *Haga una oración completa con la información a continuación.*

MODELO mi madre / el fútbol o las cartas → **Mi madre juega a las cartas.**

1. Mi mejor amiga / el boliche o el fútbol
2. Los chicos de secundaria / el baloncesto o el dominó
3. Mis abuelos / el bridge o el vóleibol
4. Yo / el golf o el tenis
5. Nosotros en la primavera / el béisbol o el fútbol
6. Vosotros cuando hace frío / el croquet o las damas
7. Tú cuando estás en casa / la pelota o el ajedrez

8. Entrevista (entre dos). *Pregúntele a un/a compañero/a de clase.*

1. —qué deporte juega en el invierno
2. —si esquía en el verano
3. —cuál es su juego favorito
4. —cuántos jugadores hay en un equipo de béisbol (*de fútbol, de bridge*)
5. —si juega a los naipes (a las cartas)
6. —con quién juega al boliche
7. —dónde juega al baloncesto
8. —con quién desea jugar...

9. Opiniones. *Conteste las preguntas; use la lista a continuación como guía.*

el acordeón	el arpa	la guitarra	el violín
el clarinete	la mandolina	la viola	la armónica
el oboe	el piano	el banjo	la trompeta
el tambor	el trombón	el órgano	los cimbales
el violonchelo	el violón	el saxofón	el corno

1. ¿Qué instrumento tocas?
2. ¿Qué instrumento escuchas?
3. ¿Qué instrumentos son necesarios para tu música favorita?
4. ¿Qué instrumentos se usan en una banda militar?
5. ¿Qué instrumento tocan los ángeles?
6. ¿Qué instrumentos tocan tus mejores amigos/as?
7. ¿Qué instrumentos se usan en un cuarteto de cuerdas?

10. Entrevista (entre dos). *Pregúntele a un/a compañero/a de clase.*

1. —qué disco pone para trabajar
2. —qué música escucha cuando lee
3. —si canta/escucha música folklórica
4. —si escucha música de teatro musical
5. —cuándo pone el radio
6. —si pone el radio cuando maneja
7. —qué música escucha cuando corre
8. —qué música pone para bailar

Nota cultural

La música en el mundo hispano

No hay nada más interesante ni más agradable en la cultura hispana que su música. Por un lado, los países hispanos forman parte de la gran tradición musical de occidente; la música de compositores famosos como Tomás de Victoria (España, 1549–1611), Isaac Albéniz (España, 1860–1909), Manuel de Falla (España, 1876–1946), Carlos Chávez (México, 1899–) y Alberto Ginastera (Argentina, 1916–1983) se escucha en los mejores auditorios del mundo.

Por otro lado, la música popular de los países hispanos también es muy famosa. El flamenco, el tango, la samba y la salsa son distintos tipos de música popular que tienen aficionados en todas partes. **Hoy día** los jóvenes hispanos escuchan muchos tipos de música, incluso música *rock* de Inglaterra y de los Estados Unidos.

Algunos críticos consideran la popularidad del *rock* como una forma de "imperialismo cultural." **Sin embargo, aunque** la música extranjera en el mundo hispano es muy popular, nunca puede **reemplazar** la música nacional porque cada nueva generación combina elementos extranjeros con elementos tradicionales para hacer una música **propia.**

La música es una lengua universal; no es de ningún país específico. Es cierto que la música *rock* tiene aficionados en todo el mundo hispano, pero también es cierto que la música popular en todo país (incluso los Estados Unidos) es una combinación de muchos elementos, algunos locales y algunos extranjeros. En otras palabras, es igual que la música en todos los siglos: es un fenómeno que trasciende a las **fronteras** nacionales.

hoy día: en estos días
sin embargo: *however*
aunque: *although*
reemplazar: tomar el lugar de
propia: personal; no de otra persona
frontera: línea que separa dos países

6.4

Tengo un hijo en **sexto** grado.
No es un chico **grande,** pero es un **gran** chico.

Estoy en el **tercer** asiento de la **sexta** fila del teatro.
Enero es el **primer** mes del año y mayo es el **quinto.**
Hay nueve entradas en béisbol. En este momento estamos en la **séptima.**
Hay cuatro períodos en el fútbol americano. Ahora estamos en el **tercero.**
El español es la **tercera** lengua que estudio. Pero no va a ser la última.
Yo vivo en el **cuarto** piso; mi hermana y su esposo viven en el **octavo.**
¿Quién está sentado en el **noveno** asiento de la **séptima** fila?
Felipe II (**segundo**) e Isabel I (**primera**) son contemporáneos.
Las **tres primeras** lecciones son fáciles.

A. Los números ordinales

1. Los números ordinales en español concuerdan en número y género con el sustantivo que modifican.

2. Se usa **primer** y **tercer** antes de un sustantivo masculino singular.

3. El número cardinal precede al número ordinal:
las **dos primeras** lecciones.

4. Los números ordinales después de **décimo** se usan poco.

Sinopsis:

1ᵉʳ, 1º, 1ª primer, primero, primera	6º, 6ª sexto, sexta
2º, 2ª segundo, segunda	7º, 7ª séptimo, séptima
3ᵉʳ, 3º, 3ª tercer, tercero, tercera	8º, 8ª octavo, octava
4º, 4ª cuarto, cuarta	9º, 9ª noveno, novena
5º, 5ª quinto, quinta	10º, 10ª décimo, décima

Estudie:

Carlos es un **buen** alumno.

Sofía es una **buena** directora.
Mi tío Paco es un **mal** novelista.
Ésa es una **mala** película.

Enrique también es un alumno **bueno.**

Sí, pero es una pianista **mala.**
Sí, pero no es un hombre **malo.**
En cambio, la otra en el mismo cine es una película **buena.**

B. Posición de *bueno, malo* y sus formas

1. Los adjetivos **buen, buena, buenos, buenas, mal, mala, malos** y **malas** se usan con frecuencia delante del sustantivo.

2. **Buen** y **mal** se usan delante de un sustantivo masculino singular. **Malo** y **bueno** se usan después de un sustantivo masculino singular.

3. La posición de **bueno, malo** y sus formas no cambia el significado.

Estudie:

El Hotel del Prado es un hotel **grande.**
No tenemos una casa muy **grande.**
¿De quién son esos zapatos **grandes**?

Tengo que comprar dos maletas **grandes.**
El río Amazonas es el más **largo** de Sud América.

El presidente es un **gran** hombre.
Gabriela Mistral es una **gran** mujer.
Cervantes siempre figura en las listas de **grandes** escritores.
Hay muchas **grandes** personas en la historia del país.
Las reuniones demasiado **largas** no son interesantes.

C. Usos de *grande, largo* y sus formas

una gran mujer   una mujer grande

1. Cuando **gran** o **grandes** se usan delante de un sustantivo, significan **noble** o **eminente.**

2. **Gran** se usa delante de sustantivos singulares, femeninos o masculinos.

3. Cuando **grande** o **grandes** se usan después de un sustantivo, significan **enorme** o **inmenso.** Es decir, se refieren al tamaño en general.

4. **Largo** y sus formas se refieren a la extensión, y no al tamaño en general.

Práctica oral

11. Reacciones. *Describa sus reacciones a las situaciones con una forma de* **bueno** *o* **malo.**

EJEMPLO   Javier estudia todos los días. / alumno   →   **Es un buen alumno.**

1. Ana actúa muy bien. / actriz
2. Saúl pinta muy bien. / pintor
3. Enrique actúa muy bien. / actor
4. Mis hermanas escriben mal. / escritoras

5. Mi hermano maneja mal. / chofer
6. Lisa y Jorge bailan bien. / bailarines
7. Mi tío escribe mal. / novelista
8. Gumersinda y su hermano Don Tremendón cantan mal. / cantantes

12. Mini-teatro. *Ud. es un/a acomodador/a en un teatro y tiene que explicar a la gente dónde están los asientos.*

MODELO   6ª 10º   →   **Ud. está en la sexta fila y en el décimo asiento.**

1. 10ª 4º
2. 8ª 3ᵉʳ

3. 2ª 5º
4. 1ª 8º

5. 6ª 1ᵉʳ
6. 7ª 2º

7. 9ª 10º
8. 3ª 7º

13. ¿Gran o grande? *¿Qué necesitan Uds. en estas situaciones?*

MODELOS   para un viaje largo / maleta   →   **Necesitamos una maleta grande.**
para cantar una ópera / cantante   →   **Necesitamos una gran cantante.**

1. para aprender mucho / profesor
2. para guardar la casa / perro
3. para ganar una guerra / general
4. para transportar a mucha gente / avión

5. para muchos apuntes / cuaderno
6. para actuar en Broadway / actriz
7. para las clases populares / auditorio
8. para subir las maletas al avión / trabajadores

6.5

Se ve buen teatro en Madrid.
No **se** debe fumar en el auditorio.

Se habla español en la clase de español; **no se habla** inglés nunca.
¿Dónde **se puede** bailar toda la noche?
¿Cómo **se va** al cine? ¿**Se va** en tren o **se va** en coche?
No **se debe** fumar en los ascensores.
Desde aquí **se ve** toda la escena.
¿Dónde **se encuentra** el Teatro Juárez?
Se venden entradas en la boletería.
¿Dónde **se encuentran** los mejores asientos?
Se ven muy buenas obras de teatro en Madrid.

El *se* impersonal

1. **Se** en las oraciones anteriores señala que el sujeto es una persona (o un grupo de personas) no-especificada.

2. Con **se** y un sustantivo plural, a veces el verbo está en plural también:
     Se compran entradas en aquella taquilla.

3. Las oraciones en el cuadro son más o menos equivalentes:

Se vende comida aquí. =	**Alguien vende** comida aquí. **Uno vende** comida aquí. **La gente vende** comida aquí. **Venden** comida aquí.

Práctica oral

14. Transformaciones.   *Haga una oración equivalente con* **se.**

> MODELO   Venden entradas en la taquilla.   →   **Se venden entradas en la taquilla.**

1. Hablan español en México.
2. Bailan tango en la Argentina.
3. La gente ve buena ópera en Madrid.
4. Uno come muy bien en Puerto Rico.
5. Uno escucha buena música folklórica en aquel club.
6. Venden libros sobre cine en aquella librería.

15. Los encantos de la ciudad.   *Ud. es un/a agente de viajes y tiene que explicar a un grupo de turistas cuáles son los sitios más interesantes de su ciudad.*

> MODELO   comer buena comida china en...
> →   **Se come buena comida china en el barrio chino.**

1. comer buena comida mexicana en...
2. hablar español en...
3. vender buenos zapatos en...
4. ver buenas películas en...
5. escuchar música *rock* en...
6. bailar hasta la madrugada en...
7. ver teatro aceptable en...
8. comprar entradas en...

16. **Opiniones** (entre dos). *Pregúntele a un/a compañero/a de clase.*

1. —dónde se vive mejor en los Estados Unidos (*en el mundo entero*)
2. —dónde se vende/n ropa para hombres (*ropa barata, entradas de teatro, dinosaurios de plástico, buenos coches usados, fotos de actores y actrices*)
3. —en qué profesión se gana (*mucho, poco, demasiado, suficiente*) dinero
4. —en qué profesión se trabaja mucho (*para el bien de la sociedad, solamente para el bien de la compañía, sólo para ganar dinero*)
5. —dónde se encuentran libros serios (*hombres guapos, mujeres lindas, tiendas de ropa, supermercados sin música*)

6.6

¿A qué hora **comienza** la función?
Pienso que **comienza** a las cinco y media.

¿Cuándo se **cierra** la taquilla?	Se **cierra** cuando la obra **comienza.**
¿A qué hora **cierra** el banco?	**Cierra** a las tres y media.
¿**Cierran** Uds. los libros durante los exámenes?	Claro que **cerramos** los libros durante los exámenes.
¿**Quieres** (tú) ir al cine con nosotros?	Claro que **quiero** ir con Uds.
¿Qué **quiere** Ud. hacer esta noche?	**Quiero** ir al circo.
¿Qué **quieren** Uds. en esta vida?	**Queremos** amor y dinero.
¿Qué **queréis** (vosotros) hacer esta noche?	**Queremos** ver una obra de teatro.
¿Por qué **prefieres** el cine al teatro?	**Prefiero** el cine porque tiene más posibilidades técnicas.
¿Qué juego **prefieren** ustedes, el fútbol o el fútbol americano?	**Preferimos** nuestro fútbol, por supuesto.
¿**Queréis** venir conmigo o **preferís** estudiar?	**Preferimos** estudiar porque hay un examen mañana.

A.   Los verbos con el cambio de raíz *e → ie*

1. Los verbos de esta sección tienen el cambio de raíz **e → ie.**
2. Igual que el cambio **u → ue,** el cambio **e → ie** ocurre sólo en la última sílaba de la raíz en todas las formas que no corresponden a *nosotros* o a *vosotros.*
3. Las desinencias de estos verbos son regulares.

Sinopsis:

cerrar (ie)		*querer (ie)*		*preferir (ie)*	
cierro	cerramos	quiero	queremos	prefiero	preferimos
cierras	cerráis	quieres	queréis	prefieres	preferís
cierra	cierran	quiere	quieren	prefiere	prefieren

Estudie:

La función **comienza** a las ocho y media en punto.

Yo **riego** mis plantas una vez por semana. (*regar = echar agua*)

El espectáculo **empieza** a las once. (*empezar = comenzar*)

Siempre **pienso** en cosas grandes y profundas. (*pensar = actividad mental*)

Yo no **entiendo** la popularidad de esa película. (*entender = comprender*)

Las películas de ese director siempre **pierden** dinero. (*perder ≠ ganar*)

¿Por qué no **enciendes** un cigarrillo?	Por que no **quiero** fumar más. (*encender ≠ apagar*)
¿Cuándo **mienten** Uds.?	No **mentimos.** Somos honestos. (*mentir = no decir la verdad*)
¿Qué **piensan** Uds. **hacer** esta noche?	Yo **pienso estudiar,** pero Enrique **piensa ir** a una fiesta. (*pensar + infinitivo = tener planes*)
¿Qué **quiere decir** "pensar"? ¿Qué **quiere decir** "comenzar"?	"Pensar" es una actividad mental. "Comenzar" significa "empezar." (*querer decir = significar*)

B. Otros verbos con el cambio de raíz *e → ie*

1. **Empezar, comenzar, pensar, cerrar, encender, entender, perder** y **mentir** son verbos comunes con este cambio de raíz.

2. **Pensar + infinitivo** significa *tener planes*; **querer decir** significa *significar*.

Práctica oral

17. Sustituciones. *Cambie la oración según los sujetos que están entre paréntesis.*

Los actores cierran la puerta cuando quieren hablar con tranquilidad.
(yo, tú, ellos, Juan y yo, mi madre, Margarita y Josefina, vosotros)

18. Planes para la noche. *Algunos estudiantes describen sus planes para la noche. ¿Qué dicen?*

MODELO   yo / ir a la playa   →   **Yo pienso ir a la playa.**

1. Miguel / ir al partido
2. Nosotros / ir a un restaurante
3. Tú / pasar la noche con nosotros
4. Mi compañero de cuarto / rentar un video
5. Vosotros / ir a un club de jazz
6. Pablo / ver una película de Sylvester Stallone
7. Teresa y Luis / escuchar música y ver televisión
8. Micaela / bailar en una discoteca con su novio

19. Entrevista (entre dos). *Pregúntele a un/a compañero/a de clase sobre sus planes para el fin de semana. Use las sugerencias para formar sus propias preguntas.*

1. —si quiere hacer alpinismo
2. —si quiere ir a Colorado para esquiar
3. —si prefiere ver cine o televisión
4. —a qué países piensa viajar
5. —si quiere comprar entradas para algún espectáculo
6. —si quiere un nuevo estéreo
7. —qué deportes prefiere ver
8. —qué coche piensa comprar
9. —si prefiere ópera o teatro
10. —si quiere pasar tiempo con sus amigos

20. Reportaje. *Ahora, informe a la clase con* **dice que** *sobre su entrevista.*

21. College Bowl (entre dos). *Ud. y un/a compañero/a de clase quieren definir los términos a continuación.*

> MODELO   pensar / es una actividad...
>
> Estudiante 1:   **¿Qué quiere decir pensar?**
> Estudiante 2:   **Pensar es una actividad mental.**

1. casa / un lugar donde...
2. teléfono / un aparato que se usa para...
3. piscina / un lugar para...
4. ópera / un espectáculo donde...

5. cine / un lugar para...
6. ciudad / un lugar donde...
7. concierto / una reunión donde...
8. auditorio / un lugar donde...

INSTITUTO NACIONAL DE CINEMATOGRAFIA
LIMA 319 (Código Postal 1073) Cap. Fed.

BOLETO OFICIALIZADO
DECRETO Nº 2226/85

2493928

Sala
Código   G. SPLENDID
Precio   022101
         ₳ 2,00
Fecha   7 JUN 1986

J

TALON PARA EL ESPECTADOR

6.7   ¿Quieres comprar **algo**?
No, **no** quiero comprar **nada.**

¿Necesitas **algo** en el centro? — No, **no** necesito **nada,** gracias.
¿Hay **alguien** interesante en ese show? — No, **no** hay **nadie** interesante.
¿Tienes **algunos** amigos en Hollywood? — No, **no** tengo **ningún** amigo allí.
¿Tienes **algunas** entradas extras? — No, **no** tengo **ninguna** entrada extra.
¿Se venden videos en **alguna parte**? — No, **no** se venden videos en **ninguna parte.**
¿Vas a **alguna parte** el martes? — No, **no** voy a **ninguna parte** el martes.
¿A veces compras asientos baratos? — No, **no** compro **nunca** entradas baratas.
¿Siempre vas a la ópera solo? — No, **no** voy **jamás** a la ópera solo.
¿Quieres ver cine **o** televisión? — **No** quiero ver **ni** cine **ni** televisión.
¿Vas a ser actor **o** director? — **No** voy a ser **ni** actor **ni** director.

A. Las expresiones indefinidas y negativas

1. Las palabras en negrilla en la primera columna son expresiones indefinidas.
2. Las palabras en negrilla en la segunda columna son expresiones negativas que corresponden a las expresiones indefinidas de la primera columna.
3. Siempre se usa **no** antes del verbo cuando hay una expresión negativa después del verbo.

Sinopsis:

expresiones indefinidas	expresiones negativas
algo – *something*	nada – *nothing*
alguien – *somebody*	nadie – *nobody*
algún – *some*	ningún – *none*
alguna – *someone*	ninguna – *noone*
algunos	ningún, ninguno
algunas	ninguna
alguna parte – *somewhere*	ninguna parte – *nowhere*
siempre – *always*	nunca, jamás – *never*
a veces – *sometimes*	nunca, jamás – *never*
o... o	ni... ni

Compare:

¿Hay **algunos** músicos en el teatro? — No, no hay **ninguno.**
¿Tienes primos en Europa? — No, **ninguno** de mis primos está allí.
¿Cuál de esas películas quieres ver? — No quiero ver **ninguna** de ellas.
¿Vas a comprar **algunas** entradas? — No, no voy a comprar **ninguna.**

B. *Ninguno* y *ninguna*

1. **Ninguno** y **ninguna** funcionan como pronombres; es decir, toman el lugar de un sustantivo.
2. Las formas plurales (*ningunos* y *ningunas*) son muy infrecuentes.

Compare:

Yo juego al baloncesto; mi hermano juega al baloncesto **también.**
No juego al béisbol; mi novia **no** juega al béisbol **tampoco.**

C. *También* y *tampoco*

1. Se usa **también** para reafirmar una cosa afirmada anteriormente; es igual que **igualmente.** Se usa después de una frase afirmativa:
Margarita va al partido; Miguel va **también.**
2. Se usa **tampoco** para negar una cosa negada anteriormente. Se usa después de una frase negativa:
Nicolás no va al partido; yo **no** voy **tampoco.**

Estudie:

> **Nada** explica por qué esos jóvenes siempre llegan tarde a los ensayos.
> **Nadie** piensa en cosas serias durante una fiesta.
> **Ningún** estudiante piensa asistir a clase los sábados.
> **Ninguna** de mis amigas juega al fútbol.
> **Nunca** como carne. **Tampoco** como pollo.
> **Jamás** pienso regresar a ese restaurante.
> **Ni** Juan **ni** José prefieren la música clásica a la música moderna.
> **No** viene **nadie** aquí **nunca.**
> **Nadie** quiere comprar **nada** aquí.

D. Negaciones simples y múltiples

> *1.* **No** se omite cuando una expresión negativa precede al verbo.
>
> *2.* Las expresiones negativas se combinan con otras expresiones negativas.

Práctica oral

22.   Un tremendo pesimista.   *Don Tremendón, el hermano de Gumersinda, es una persona tremendamente negativa. ¿Cómo contesta las preguntas a continuación?*

> MODELO   ¿Viene alguien a la fiesta?   →   **No, no viene nadie a la fiesta.**

1. ¿Hay alguien importante aquí?
2. ¿Siempre funciona el tocadiscos?
3. ¿Son interesantes a veces los programas de televisión?
4. ¿Hay algunos buenos restaurantes en esta ciudad?
5. ¿Hay alguien interesante en las películas de Brian de Palma?
6. ¿Hay algo bello en alguna parte de este estado?
7. ¿Hay algunos políticos honestos?
8. ¿Quieres hablar con alguien?

23.   Gente sana y cuerda.   *Algunas personas hacen cosas tontas, pero los amigos de Josefina nunca hacen nada tonto. ¿Cómo contesta Josefina las preguntas a continuación?*

> MODELO   leer novelas sentimentales
>
> Estudiante 1:   **¿Leen novelas sentimentales algunos/as de sus amigos/as?**
>
> Estudiante 2:   **No, ninguno/a de mis amigos/as lee novelas sentimentales.**

1. tocar jazz a las siete de la mañana
2. tomar el sol a medianoche
3. bailar en la biblioteca
4. beber alcohol antes de manejar
5. hacer alpinismo en Kansas
6. esquiar en verano
7. poner un disco de ópera para bailar

24.   Opiniones y confesiones.   *Use* **a veces, siempre, nunca** *o* **jamás** *para formular opiniones y confesiones.*

> MODELO   ver películas X con mi madre   →   **Nunca veo películas X con mi madre.**

1. sacar buenas notas
2. jugar al bridge
3. ir a la ópera con mi tía
4. bailar la noche entera
5. cantar canciones patrióticas
6. salir con motociclistas
7. ver películas sobre vampiros
8. comprar ropa de...

25. **¡Qué buen imitador!** *Pepito adora a su hermano Miguel, y siempre hace las mismas cosas que hace su hermano. Describa su conducta.*

> MODELOS   Miguel baila tango. → **Pepito baila tango también.**
>   Miguel no fuma. → **Pepito no fuma tampoco.**

1. Miguel juega al béisbol.
2. Miguel canta en el baño.
3. Miguel no come demasiado.
4. Miguel actúa en el teatro estudiantil.
5. Miguel no conversa en la biblioteca.
6. Miguel no llega a clase sin preparar.
7. Miguel no esquía en julio.

26. **Entrevista** (entre dos).   *Pregúntele a un/a compañero/a de clase*

1. —si a veces escucha música. ¿Qué música? ¿De qué grupos? ¿De qué compositores?
2. —si hay alguien interesante en su clase de…. ¿Quién es? ¿Cómo es?
3. —si algunos de sus amigos están casados. ¿Quiénes son? ¿Cuántos años tienen? ¿Tienen hijos? ¿Cuántos?
4. —si trabaja en alguna parte. ¿Qué hace? ¿Hay algo interesante en su trabajo? ¿Qué es? ¿Por qué es interesante?
5. —si tiene algún interés en particular. ¿Qué interés es?
6. —si quiere algo especial para su próximo cumpleaños. ¿Qué es?

Pronunciación y ortografía

A. *El sonido de las letras* **j, g** + **e** *y* **g** + **i** *es* **[x].** *Este sonido no existe en inglés, pero es muy fácil de pronunciar porque es una* **k fricativa** *o* **[k̸].** *Imite bien el modelo de su profesor/a.*

jugar	juego	jugo	José	Juana	jefe	pájaro	ja, ja, ja
gente	gimnasio	general	legible	gema	ginecología	ángel	

> *Algunos nombres conservan una ortografía arcaica; en tales palabras la letra* **x** *se pronuncia como* **[x].** *Por ejemplo:* **México, Texas** *y* **Oaxaca.** *A veces tales palabras se escriben con ortografía moderna:* **Méjico, Tejas** *y* **Oajaca.**

B. *En los verbos que terminan en* **-ger,** *se cambia la* **g** *por* **j** *para conservar el sonido original en algunas combinaciones.*

¿Quién recoge los platos después de cenar?	Yo **recojo** los platos después de la cena. (*recoger = coleccionar, reunir*)
¿Escoges tú las fechas de tus vacaciones?	No, yo no **escojo** las fechas de mis vacaciones. (*escoger = seleccionar*)

Sinopsis:

> recoger: **recojo,** recoges, recoge, recogemos, recogéis, recogen
> escoger: **escojo,** escoges, escoge, escogemos, escogéis, escogen

CREACIÓN

Lectura

*Nunca es demasiado
temprano
para aprender
a jugar al fútbol.*

La religión de fútbol

Cuando se dice "fútbol" en un país hispano, no se refiere al fútbol norteamericano que es una derivación del rugby inglés ; se refiere al fútbol auténtico que se juega con una pelota **redonda** que se toca casi exclusivamente con los pies o la cabeza. Ese fútbol en Europa y en Latinoamérica es casi una religión. Los estadios son las catedrales de esa religión, los jugadores son sus santos, los partidos son sus rituales y los **hinchas** son sus devotos. Los periódicos están llenos de información sobre el fútbol y hay gente que puede hablar horas enteras sobre estadísticas, jugadores, tácticas, entrenadores, etc. con un fervor que **parece** religioso. Y una discusión entre hinchas de distintos equipos puede llegar a la violencia.

redonda:
esférica

hincha:
aficionado

parecer:
tener la
apariencia de

¿Cuál es el resultado de tanto fervor y tanta devoción? En casi **cualquier** momento de cualquier barrio de cualquier ciudad de Latinoamérica, hay niños en la calle que juegan al fútbol, y durante un partido importante, todos los hinchas, si no están en el estadio, están **pegados** a su televisor o a su radio. Gracias a ese fervor, tres países latinoamericanos—la Argentina, Brasil y México—siempre pueden **mandar** un equipo nacional para competir en la Copa Mundial, el espectáculo deportivo más grande del mundo. La Copa Mundial es un auténtico **torneo** internacional porque se incluyen equipos de casi todos los países del mundo. Pero hay un país muy grande y muy importante que nunca compite en la Copa Mundial: los Estados Unidos. ¿Por qué?

cualquier: *any*
pegados: muy cerca
mandar: *to send*
torneo: competencia deportiva con varios equipos

Preguntas

1. ¿Cómo se llama popularmente en los Estados Unidos el fútbol que se juega en Europa y en Latinoamérica? 2. ¿Juega Ud. al fútbol? ¿A cuál? 3. ¿Qué deporte en los Estados Unidos inspira mucho interés? 4. ¿De qué deporte(s) es Ud. hincha? 5. ¿Existe una ‹‹copa mundial›› para el béisbol? 6. ¿Por qué no se juega al fútbol tanto en los Estados Unidos como en otras partes del mundo? 7. ¿Piensa Ud. que los Estados Unidos debe participar en la ‹‹copa mundial›› del fútbol? ¿Por qué?

En contexto

¿Cómo se hace para hablar por teléfono?

SRA. LÓPEZ	Hola.
LUIS	Buenos días, señora. Habla Luis.
SRA. LÓPEZ	Ah, buenos días, Luis. **¿Cómo te va?**
LUIS	Muy bien, gracias. **¿Se encuentra** Ana?
SRA. LÓPEZ	No sé. Voy a ver. Un momentito.

¿Cómo te va?: ¿Cómo estás?
se encuentra: está
tardar en: tomar tiempo en
de nuevo: otra vez
de nada: *you're welcome*

Un momento después

SRA. LÓPEZ	Hola, Luis. Ana no está en este momento pero no **tarda en** volver. ¿Puedes llamar **de nuevo** dentro de media hora?
LUIS	¡Cómo no! Y muchas gracias.
SRA. LÓPEZ	**De nada.** Hasta luego.

Las diversiones

RECEPCIONISTA	Aló.
TERESA	¿Hablo con la Juguetería Guido?
RECEPCIONISTA	Sí. ¿Quién habla?
TERESA	Habla Teresa Méndez. ¿Se encuentra Miguel Labardini?
RECEPCIONISTA	Un momento, por favor. Voy a ver. **No cuelgue. (No corte).**

no cuelgue: *don't hang up*
no corte: no cuelgue
recado: mensaje
de vuelta: otra vez
más adelante: más tarde
no hay de qué: de nada

Un momento después

RECEPCIONISTA	No se encuentra en este momento. No llega hasta las 14 horas. ¿Quiere Ud. dejar algún **recado**?
TERESA	No, gracias. Puedo llamar **de vuelta más adelante.** Muchas gracias.
RECEPCIONISTA	**No hay de qué.**

Situaciones

Situación 1 Ud. es paraguayo y quiere saber las preferencias musicales de los jóvenes norteamericanos de diferentes regiones del país. Ud. puede hacer preguntas acerca de los conciertos que prefieren (de *rock*, de jazz, de música clásica, de música folklórica), de las estaciones de radio que prefieren escuchar, de los programas de televisión que prefieren ver, de las películas que quieren ver, de cuánto cuestan las entradas, etc.

Situación 2 Ud. tiene que hacer una llamada telefónica a la casa de un amigo. Contesta su madre. Su amigo no está y Ud. quiere dejar un recado. (Un/a compañero/a de clase puede hacer el papel de la madre.) ¿Qué dicen Uds.? Use *¿Cómo se hace para hablar por teléfono?* como punto de partida.

Situación 3 Ud. tiene que hacer una llamada a un teatro porque quiere saber si hay entradas, cuánto cuestan, dónde se encuentran los asientos, si se ve bien el escenario, si se escucha bien desde esos asientos, si los asientos están juntos, cuánto dura el espectáculo, etc.

Situación 4 Ud. quiere saber algo acerca del deporte favorito de un/a amigo/a. ¿Cuál es? ¿Dónde y en qué época del año se juega? ¿Cuántos jugadores hay en un equipo? ¿Hay entrenador? ¿Quiénes son los mejores jugadores de ese juego? ¿Cuándo es el próximo partido? ¿Se puede ver por televisión? ¿Cuánto cuestan las entradas?

Composición

Tema 1 Escriba una composición sobre su fin de semana ideal. ¿Adónde va Ud.? ¿Qué hace Ud. allí? ¿Qué come? ¿Qué espectáculos ve? ¿Qué juegos ve? ¿Qué deportes juega? ¿Con quién va Ud.? Etc.

Tema 2 Escriba una composición sobre las diversiones que ofrece su universidad para un/a estudiante extranjero/a. ¿Qué hacen los estudiantes cuando no estudian? Describa los deportes, las fiestas, los espectáculos, los bailes, etc.

Vocabulario activo

juegos y deportes

el ajedrez	la cancha	el equipo	el partido
el alpinismo	el croquet	el estadio	la pelota
el baloncesto	las damas	la gimnasia	el período
el béisbol	el deporte	el golf	el tenis
el boliche	el dominó	el juego	el torneo
el bridge	el/la entrenador/a	los naipes (las cartas)	el vóleibol

espectáculos

el/la aficionado/a	el circo	la fila	la taquilla
el asiento	la comedia	la función	la telenovela
el balcón	la crítica	la película	la temporada
la boletería	la entrada	el programa	el video
el boleto	el escenario	el público	

la música

la banda	el/la compositor/a	el ensayo	la sinfonía
la canción	el concierto	la grabadora	la orquesta sinfónica
el/la cantante	el conjunto	la obra	el tambor
la cinta	el disco	la orquesta	

otros sustantivos

el aparato	la estadística	el/la músico/a	el tamaño
el/la bailarín/a	el/la jugador/a	el permiso	la tarjeta
la escuela primaria	la juguetería	el/la radio	el viaje
la escuela secundaria	la llamada	el recado	

verbos

abrir	empezar (ie)	mentir (ie)	recordar (ue)
asistir	encender (ie)	morir (ue)	salir
cerrar (ie)	encontrar (ue)	pensar (ie)	subir
comenzar (ie)	entender (ie)	perder (ie)	tocar
costar (ue)	escribir	poder (ue)	vivir
devolver (ue)	jugar (ue)	preferir (ie)	volver (ue)
dormir (ue)	llamar	querer (ie)	

adjetivos

agradable	extranjero, -a	junto, -a	supuesto, -a
chiquito, -a	insatisfecho	redondo, -a	tonto/a
deportivo, -a			

expresiones útiles

acerca de	aunque	de nuevo	no cuelgue
aló	¡cómo no!	en otras palabras	no hay de qué
allá	de nada	no corte	

CAPÍTULO 7
La casa

El interior de una casa en Mallorca

7.1
¿Con qué barres **el piso**?
    Lo barro con una escoba.

7.2
¿**En** qué piensas?
    Pienso **en** la nueva casa que quiero comprar.

7.3
Veo un sofá fabuloso en la vidriera.
Veo **a la chica** que vende muebles.

7.4
¿**Conoces** a Marta?
    No **sé** quién es. Yo no **conozco** a Marta.

7.5
¿Recuerdas a tu maestra de primer año?
    Sí, **la** recuerdo muy bien.

7.6
¿Conoce Ud. a Juan y a María?
    Lo conozco **a él**, pero no **la** conozco **a ella**.

7.7
La casa **incluye** una sala, un comedor, tres
    dormitorios y dos baños.
¿Qué **oye** Ud.? No **oigo** más que el ruido de una
    aspiradora.

EXPOSICIÓN

7.1

¿Con qué barres **el piso**?
Lo barro con una escoba.

Las actividades de la casa

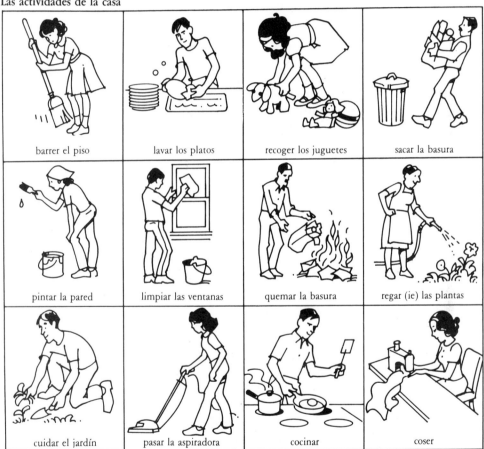

barrer el piso	lavar los platos	recoger los juguetes	sacar la basura
pintar la pared	limpiar las ventanas	quemar la basura	regar (ie) las plantas
cuidar el jardín	pasar la aspiradora	cocinar	coser

¿Con qué limpias **la ventana**? — **La** limpio con un trapo.

¿Quién lava **los platos** en tu casa? — Depende del día. Hoy mi hermano **los** lava.

¿Quién pinta **las paredes**? — **Las** pintamos todos nosotros.

¿Dónde dejas **el coche**? — **Lo** dejo en el garage.

¿Quién saca **la basura**? — **La** saco yo.

¿Dónde guardas **la comida**? — **La** guardo en el refrigerador.

¿Recogen los niños **sus juguetes**? — No, los adultos **los** recogen.

A. Los complementos directos y sus pronombres

1. Las palabras en negrilla en las oraciones de arriba son complementos directos. El complemento directo recibe la acción del verbo; es decir, contesta la pregunta **¿Verbo + qué?** Por ejemplo:

Yo tengo **dos libros.**   =   ¿Yo **tengo qué**? **Dos libros.** (**dos libros** es el complemento directo de **tengo**)

Marisela mira **las fotos.**   =   ¿Marisela **mira qué**? **Las fotos.** (**las fotos** es el complemento directo de **mira**)

2. **Lo, la, los** y **las** en la segunda columna son pronombres que toman el lugar de los complementos directos de la primera columna.

3. Los pronombres del complemento directo preceden al verbo y concuerdan con el sustantivo que reemplazan:

Barro **el piso.** → **Lo** barro.
Limpio **la sala.** → **La** limpio.
Recogemos **los juguetes.** → **Los** recogemos.
Guardo **las tazas.** → **Las** guardo.

Estudie:

¿Quieres comprar ese refrigerador?   Sí, quiero comprar**lo.**
                                      Sí, **lo** quiero comprar.

¿Vas a limpiar la cocina?   Sí, voy a limpiar**la.**
                                      Sí, **la** voy a limpiar.

¿Cuándo debo quemar esos papeles?   Debes quemar**los** ahora mismo.
                                      Los debes quemar ahora mismo.

¿Puedo lavar las ventanas?   No, no puedes lavar**las** ahora.
                                      No, no **las** puedes lavar ahora.

B. Los complementos pronominales con infinitivos

1. Es posible agregar (*agregar = combinar con*) un complemento pronominal a un infinitivo para formar una sola palabra.

2. También es posible poner el complemento pronominal antes del verbo conjugado.

Práctica oral

1. **¿De quién son los deberes de la casa?**   *Explique quién hace las cosas en su casa.*

MODELO   ¿Quién lava los platos?   →   **Yo los lavo.**

1. ¿Quién limpia el baño?
2. ¿Quién recoge la ropa sucia?
3. ¿Quién barre los pisos?
4. ¿Quién quema la basura?

5. ¿Quién arregla la sala?
6. ¿Quién saca la basura?
7. ¿Quién riega las plantas?
8. ¿Quién cuida el jardín?

La casa

Los muebles

la cama

el espejo

el armario

el sillón

la estufa

el cuadro

el dormitorio

el baño

el pasillo

la cocina

el vestíbulo

la sala

el comedor

2. ¿En qué cuarto se hacen las cosas? *Conteste las preguntas con un complemento pronominal.*

MODELO ¿Guardas tu champú en la cocina o en el baño? → **Lo guardo en el baño.**

1. ¿Guardas tu coche en el garage o en el refrigerador?
2. ¿Preparas la comida en el baño o en la cocina?
3. ¿Barres el piso con una escoba o con un rifle?
4. ¿Limpias las ventanas con un trapo o con un cuchillo?
5. ¿Lavas platos en el dormitorio o en el lavabo?
6. ¿Pintas las paredes con una brocha o con un trapo?
7. ¿Quemas la basura en el patio o en el comedor?
8. ¿Dejas tu bicicleta en la calle o en la sala?

3. La nueva casa. *Ud. y algunos compañeros de clase van a alquilar (alquilar = rentar) una casa y tienen que decidir quién va a hacer qué.*

> MODELO ¿Quién va a limpiar el refrigerador?
> → *(Nombre de un/a estudiante)* **va a limpiarlo.**

1. ¿Quién va a pagar el depósito?
2. ¿Quién va a cuidar el jardín?
3. ¿Quién va a cortar el césped?
4. ¿Quién va a colgar los cuadros?
5. ¿Quién va a pasar la aspiradora en la sala?
6. ¿Quién va a traer los muebles?
7. ¿Quién va a lustrar los pisos?
8. ¿Quién va a conectar la luz?
9. ¿Quién va a instalar la estufa?
10. ¿Quién va a limpiar el baño y la cocina?

7.2

¿**En** qué piensas?
Pienso **en** la nueva casa que quiero comprar.

¿Con qué **sueñas**?	**Sueño con** mi casa ideal.
¿Por dónde se **entra en** tu casa ideal?	Se **entra en** la casa por un jardín.
¿**En** qué **consisten** los muebles de tu casa ideal?	**Consisten en** una cama de agua y un piano de cola.
¿**En** qué **piensas** ahora?	**Pienso en** el examen de mañana. La realidad es dura, y no puedo **soñar con** mi casa ideal todo el tiempo.
¿Qué **piensas de** mi casa ideal?	**Pienso que** es una maravilla, pero no puedo **pensar en** eso ahora porque también tengo un examen mañana.

A. Verbos que requieren una preposición antes de un sustantivo

1. **Soñar con, entrar en, consistir en** y **pensar en** requieren una preposición antes de un sustantivo.
2. Otros verbos similares son **ir a, salir de** y **asistir a.**
3. Pensar en, pensar de y pensar que:
   a. **Pensar en** significa **considerar** o **tener en mente:**
      Pienso mucho **en** mi familia.
   b. **Pensar de** significa **tener una opinión:**
      ¿Qué **piensas de** mi nuevo sillón?
   c. **Pensar que** se usa con un verbo:
      Pienso que tu nuevo sillón es muy lindo y cómodo.

Sinopsis:

asistir a ir a consistir en entrar en	+ un sustantivo	pensar en, de salir de soñar (ue) con	+ un sustantivo

127

Capítulo 7

Estudie:

¿Dónde **escuchas** el estéreo?	Lo **escucho** en la sala.
¿Qué **escuchas** cuando limpias la casa?	**Escucho** música alegre.
¿Cómo **pagas** esos muebles?	Los **pago** con la ayuda del banco.
¿Quién **paga** el seguro contra robos?	Lo **pagamos** entre todos.
¿Qué **buscas**?	**Busco** la escoba para barrer el piso.
¿Qué vas a **buscar** en el centro?	Quiero **buscar** un cuadro para la sala.
¿Qué **miras**?	**Miro** esos pájaros en el jardín.
¿Por qué los **miras**?	Los **miro** porque son divertidos.
¿Dónde **esperas** el autobús?	Lo **espero** allí enfrente de la casa.
¿Qué **esperas** de la vida?	**Espero** tener una casa y una familia.

B. Algunos verbos que no requieren una preposición antes de un sustantivo

1. A diferencia de sus equivalentes en inglés, **buscar, escuchar, esperar, mirar** y **pagar** no necesitan preposición antes de un sustantivo.

2. Estos verbos tampoco usan una preposición con complementos pronominales. Compare:

   Quiero **pagar la cuenta.** → Quiero **pagarla.**
   Vamos a **escuchar el disco.** → Vamos a **escucharlo.**

3. **Esperar** tiene dos significados: 1) *permanecer en un lugar donde se cree que alguien o algo va a venir;* 2) *ver el futuro con optimismo.*

Práctica oral

4. **Su casa ideal.** *Conteste las preguntas a continuación sobre su casa ideal.*

   1. ¿En qué consiste su casa *(mansión, palacio, departamento, piso, condominio)* ideal?

dormitorios	comedor	estudio
sala	baños	piscina
vestíbulo	jardín	balcón
cocina	garage	

   2. ¿En qué cuarto piensa Ud. poner la ropa *(el televisor, el sofá, la cama de agua, los sillones, la estufa, la mesa, los platos y cubiertos, la computadora, el escritorio, los muebles para los niños)*?

   3. ¿Cómo va Ud. a pagar la casa *(los muebles, la piscina, el piso)*?

      con un préstamo de banco   con el dinero que espera ganar en la lotería
      con un préstamo de sus padres

   4. ¿Con quién espera Ud. compartir su casa *(condominio, palacio, etc.)*?

con sus amigas	con su compañero/a	con su perro
con su marido	con sus padres	con su gato
con su esposa	con sus hijos	

   5. En su casa *(palacio, castillo, etc.)*, ¿por dónde se entra en el garage *(la cocina, la sala, el vestíbulo, el baño, el dormitorio de los chicos, el comedor, el estudio, etc.)*?

5. Confesiones (entre dos).   *Conteste las preguntas con respuestas, si no verdaderas, por lo menos interesantes.*

1. ¿En qué consiste tu dieta?
2. ¿En qué piensas cuando estás solo/a?
3. ¿Qué piensas del presidente actual? (*actual = de este momento*)
4. ¿Con quién (qué) sueñas con mucha frecuencia?
5. ¿Quién paga la comida en tu departamento?
6. ¿A qué hora sales de casa para llegar a tu primera clase?
7. ¿Adónde vas los fines de semana?
8. ¿En qué piensas cuando entras en la clase de español?
9. ¿Asistes a todas las sesiones de todas tus clases, sin falta?
10. ¿Siempre pagas tus deudas a tiempo?

6. Chismes.   *Ahora, repita las preguntas de la* Práctica *anterior, pero con otros sujetos.*

EJEMPLOS → **¿En qué consiste la dieta de Gumersinda?**
→ **¿Quién paga las deudas de X?**

7. Entrevista (entre dos).   *Pregúntele a un/a compañero/a de clase.*

1. ¿Qué busca en la cocina (*en el comedor, en la sala, en el vestíbulo, en el garage, en el dormitorio, etc.*)?
2. ¿Qué mira en la sala (*en la calle, en la playa, en la televisión, en el gimnasio, etc.*)?
3. ¿Qué espera de la vida (*en el futuro, en su vida amorosa, de sus padres, de su mejor amigo/a, etc.*)?
4. ¿Quién paga la luz (*la comida, la luz, el gas, el alquiler, el seguro, etc.*)?

7.3   Veo un sofá fabuloso en la vidriera.
Veo **a la chica** que vende muebles.

Recordamos la dirección de la casa de nuestros amigos.	También recordamos **a nuestros amigos.**
Julia encuentra sus libros en el vestíbulo.	Julia encuentra **a sus amigas** en el comedor.
Pablo lleva el televisor a su cuarto.	Pablo lleva **a Pepito** a su cuarto.
Marisela busca sus llaves en el gabinete.	Marisela busca **a Rafael** en el jardín.
Esperamos la nueva cama que va a llegar esta tarde.	Esperamos **a los hombres** que van a traer el sofá.
¿Qué buscas?	Busco un sillón para la sala.
¿A quién buscas?	Busco **a mi compañera de cuarto.**
¿Qué miras?	Miro un programa de televisión.
¿A quiénes miras?	Miro **a aquellos carpinteros.**

La *a* personal

1. Después de todos los verbos, se usa **a** antes de un complemento directo que indica una persona o un grupo de personas.

2. Se usa **a quién** y **a quiénes** en la pregunta si **quién** o **quiénes** es el complemento directo del verbo.

Práctica oral

8. ¿Qué se ve? *Ud. está en la casa de Javier. Describa la escena ; incluya una* **a** *personal si es necesario.*

1. La madre de Javier busca (*una escoba, Juanito, su marido, el perro, un trapo, la señora que limpia*).
2. Javier escucha (*la radio, su papá, los comentarios de su hermanito, los pájaros*).
3. Su hermanito no comprende (*nada, cómo funciona el radio, la señora que limpia, los adultos, las grandes palabras de Javier, nadie*).

9. Preguntas. *Invente una pregunta con* **qué, quién, quiénes, a quién** *o* **a quiénes** *para las respuestas a continuación.*

EJEMPLOS   Isabel mira a Roberto. → **¿Quién mira a Roberto?**

     → **¿A quién mira Isabel?**

1. Ricardo mira televisión.
2. Ana limpia las ventanas.
3. Javier busca a su hermano.
4. Esperamos a Miguel y a Juan.
5. Jorge barre el piso.
6. Beti quiere a Javier.
7. Javier adora a Beti.
8. Donaldo escucha a sus amigos.
9. No comprendemos a Gumersinda.
10. Papá lava platos en la cocina.

Nota cultural

Sirvientes, mucamas y criadas

En los Estados Unidos no podemos concebir la vida sin los muchos aparatos que tenemos para mantener la casa: lavaplatos, aspiradoras, lavadoras y secadoras de ropa, cortadoras eléctricas de césped, compactadoras y cosas **por el estilo.** Incluso, es común escuchar en España y en Latinoamérica que la cultura norteamericana está obsesionada por los "gadgets."

En el mundo hispano los gadgets no son tan comunes como en los Estados Unidos, en parte porque la gente que tiene dinero para gadgets también tiene suficiente dinero para emplear a una sirvienta. (Se dice "mucama" o "criada" en algunos países.) **Aun** una familia de recursos modestos puede tener empleadas en la casa porque la **mano de obra** cuesta relativamente poco. En cambio, los gadgets, **por lo general,** son mucho más caros que en los Estados Unidos.

por el estilo: de este tipo
aun: *even*
mano de obra: trabajo manual
por lo general: generalmente

7.4

¿**Conoces** a Marta?
   No **sé** quién es. Yo no **conozco** a Marta.

¿Quién **conoce** al nuevo jefe?   Yo lo **conozco** bastante bien.
¿**Conoces** México bien?   Sólo **conozco** la capital.
¿**Conocen** Uds. a los García?   No, no los **conocemos.** ¿Quiénes son?
¿Qué países **conocéis**?   **Conocemos** toda Sudamérica.

Ud. no va a **reconocer** a Susana; está más bonita ahora que nunca.
No **reconozco** tu voz cuando hablas por teléfono.
Nunca **traduzco** del inglés cuando hablo español.

A. *Conocer, reconocer* y *traducir*

1. Los verbos terminados en **-cer** y **-cir** muchas veces usan la desinencia **-zco** en la primera persona singular. Las otras formas son regulares.
2. **Hacer** y **decir** son excepciones a esta regla:
   hago, haces, hace, etc.; **digo,** dices, dice, etc.

Sinopsis:

conocer		*reconocer*		*traducir*	
conozco	conocemos	reconozco	reconocemos	traduzco	traducimos
conoces	conocéis	reconoces	reconocéis	traduces	traducís
conoce	conocen	reconoce	reconocen	traduce	traducen

B. *Saber* versus *conocer*

1. **Saber** se combina con preguntas incrustadas y con **si.** Por ejemplo:
   ¿**Sabes** dónde se consiguen muebles usados?
   ¿**Saben** Uds. cuánto cuesta aquella casa que está en la esquina?
   No **sabemos** si Pepito está en su cuarto.
   Nadie **sabe** si la criada viene hoy o mañana.
2. **Saber** se combina con infinitivos. En estos casos no es necesario decir **cómo.** Por ejemplo:
   Nadie **sabe** coser ahora como antes.
   No **sé** llegar a tu casa.
3. **Saber** se combina con **que.** Por ejemplo:
   Mamá está procupada porque **sabe que** Pepito está en la cocina.
   Sé que una alfombra de lana dura más que una alfombra de algodón.
4. **Conocer** se combina con personas y lugares. Por ejemplo:
   No conozco a Ricardo pero **conozco** bien a su hermano Héctor.
   Todavía no **conocemos** Buenos Aires.

5. **Conocer** indica un conocimiento superficial y general. **Saber** es el resultado de aprender o de memorizar. Compare:

Lisa **sabe** el poema.	= *Lisa puede recitar el poema de memoria.*
Juan **conoce** el poema.	= *Juan sabe cómo es el poema y lo reconoce cuando lo escucha.*
Javier **sabe** esa sonata.	= *Javier sabe tocar la sonata.*
Marina **conoce** esa sonata.	= *Marina sabe cómo es la sonata y la reconoce cuando la escucha.*

Práctica oral

10. ¿Saber o conocer? *Ud. y algunos de sus amigos tienen un nuevo departamento. ¿Qué saben y qué conocen Uds. en su nuevo barrio?*

1. Yo... (*dónde está el supermercado, a la vecina de enfrente, el horario de los autobuses, el teléfono del dueño*).
2. Raúl no... (*el nombre de la otra calle, a la nueva criada, el Parque San Carlos, si mis padres vienen esta noche*).
3. Tú no... (*pintar paredes y limpiar baños bien, al hijo del dueño, dónde está el correo más cercano, a mi hermano que viene a ayudar, si la aspiradora funciona*).
4. Tú y yo... (*que la calle es tranquila, al chico que viene a reparar el lavaplatos, el barrio nuevo, dónde está la aspiradora, que es la hora para dejar de trabajar*).

11. Entrevista (entre dos). *Pregúntele a un/a compañero/a de clase.*

1. —qué barrios conoce
2. —a qué personas quiere conocer
3. —qué receta sabe de memoria
4. —si sabe cocinar y coser
5. —si conoce a un carpintero
6. —si sabe barrer y limpiar
7. —si conoce una casa con piscina y cancha de tenis
8. —cuál es la casa más bonita que conoce

7.5

¿Recuerdas a tu maestra de primer año?
Sí, **la** recuerdo muy bien.

¿Recuerdas a **tu abuelo**?	¡Cómo no! **Lo** recuerdo muy bien.
¿Conoces a **Aída**?	Sí. Claro que **la** conozco. Es mi tía.
¿Dónde busca Jorge a **su tío**?	**Lo** busca en el jardín.
¿Dónde hay que esperar a **la médica**?	Debemos esperar**la** en la sala.
¿Cuándo vas a ver a **Josefina**?	Pienso ver**la** mañana en su nuevo condominio.

A. Los complementos directos pronominales para personas en tercera persona

1. **Lo, la, los** y **las** se refieren a objetos (ver 7.1) y a personas en tercera persona singular y plural.
2. Todos los complementos pronominales se pueden agregar a un infinitivo.

Estudie:

¿No **me** reconoce?	No, chiquito, no **te** reconozco.
	No, señor, no **lo** reconozco. ¿Es Ud. el médico?
	No, señora, no **la** reconozco. ¿Es Ud. la madre de Beatriz?
¿No **nos** reconoce?	No, no **los** reconozco. ¿Son Uds. los señores Beltrán?
	No, no **las** reconozco. ¿Son Uds. las hijas del Dr. Martínez?
	No, no **os** reconozco. ¿Sois los niños del Colegio Cervantes?
¿Cuándo quieres ver**me**?	Quiero ver**te** mañana si es posible.
¿Dónde vas a esperar**nos**?	Voy a esperar**los** en el Café Prado.
Doctor, ¿puedo ver**lo** mañana?	No, pero puede ver**me** el viernes.

B.   Los otros complementos directos pronominales para personas

1. **Me, te, nos** y **os** son complementos directos pronominales que siempre se refieren a personas.
2. **Lo** reemplaza **usted** masculino y **él.** **La** reemplaza **usted** femenino y **ella.**
3. **Los** reemplaza **ustedes** masculino y **ellos. Las** reemplaza **ustedes** femenino y **ellas.**

Sinopsis:

pronombre sujeto	*complemento directo*
yo	→ me
tú	→ te
usted (*m.*) él	→ lo
usted (*f.*) ella	→ la
nosotros/nosotras	→ nos
vosotros/vosotras	→ os
ustedes (*m.*) ellos	→ los
ustedes (*f.*) ellas	→ las

Práctica oral

12. La nueva casa. *Miguel y Jorge quieren celebrar su nuevo departamento con una fiesta. Lidia quiere saber quiénes van a ser los invitados. ¿Qué pregunta ella y qué contestan ellos?*

MODELO a los Martínez
Estudiante 1: **¿Van a invitar a los Martínez?**
Estudiante 2: **Sí, vamos a invitarlos.**

1. a mi hermano
2. a Rosa y Teresa
3. —me
4. —nos
5. a la Señora Delgado
6. a Aída y Jacinto
7. a Horacio y Manuel
8. a Pedro y a mí

13. Visitas y llamadas. *Describa su calendario social contestando las preguntas.*

1. ¿Quién te visita los fines de semana?
2. ¿Cada cuándo te llaman tus padres?
3. ¿Quién te conoce mejor, tu papá o tu mamá?
4. ¿Cada cuándo llamas a tus padres?
5. ¿Cada cuándo llamas a tu mejor amiga?
6. ¿Sabes el número de teléfono de tu novio/a de memoria?
7. ¿Ves a tus amigos más durante la semana o los fines de semana?
8. ¿Nos invitas a tu próxima fiesta?
9. ¿Me llamas por teléfono un día de éstos?
10. ¿Vas a ver a... pronto?

14. Opiniones sobre gente y cosas (entre dos). *Ahora es el gran momento en que Ud. puede expresar sus opiniones sobre varios temas candentes. Con un/a compañero/a de clase, use la tabla para formular preguntas y respuestas.*

EJEMPLO los jugadores del fútbol / respeto porque...
Estudiante 1: **¿Qué piensas de los jugadores de fútbol?**
Estudiante 2: **Los respeto porque son más grandes que yo.**

¿Qué piensas de...

1. los mecánicos?
2. el transporte público?
3. las casas victorianas?
4. las estufas eléctricas?
5. las camas de agua?
6. los plomeros?
7. las alfombras persas?
8. los cuadros abstractos?
9. la universidad???
10. las flores de plástico?
11. los muebles modernos?
12. la música en los ascensores?
13. ???

a. necesito porque...
b. quiero porque...
c. respeto porque...
d. detesto porque...
e. adoro porque...
f. odio porque...
g. admiro porque...
h. busco porque...
i. escucho porque...
j. temo porque...

15. Reportaje. *Ahora, con* **dice que,** *informe a la clase sobre las grandes conclusiones de su entrevista.*

7.6	¿Conoce Ud. a Juan y a María? **Lo** conozco **a él,** pero no **la** conozco **a ella.**

¿Ve Ud. **mi nuevo sillón**?	Sí, **lo** veo.
¿Ve Ud. **a Pepe que está en el sillón**?	Sí, **lo** veo **a él.**
¿**Me** ve Ud.?	Sí, **lo** veo **a Ud.**
¿Reconoce Ud. **mi nueva casa**?	Sí, **la** reconozco.
¿**Me** reconoce Ud. **a mí**?	Sí, **la** reconozco **a Ud.,** señora.
¿Reconoce Ud. **a mi hija**?	Sí, **la** reconozco **a ella.**
¿Recuerda Ud. **esos árboles**?	Sí, **los** recuerdo.
¿Recuerda Ud. **a nuestros vecinos**?	Sí, **los** recuerdo **a ellos.**
¿**Nos** recuerda Ud. **a nosotros**?	Sí, **los** recuerdo **a ustedes.**
¿Quieres **aquellas sillas**?	Sí, **las** quiero.
¿Quieres **a Ana y a Luisa**?	Sí, **las** quiero **a ellas.**
¿**Nos** quieres **a nosotras**?	Sí, **las** quiero **a ustedes.**
¿**Me** quieres **a mí** o **lo** quieres **a él**?	**Te** quiero **a ti.**
¿**Nos** quieres **a nosotros** o **los** quieres **a ellos**?	**Os** quiero **a vosotros.**

Frases de clarificación y de énfasis para el complemento directo

1. Cuando un pronombre simple como **lo, la, los** y **las** resulta ambiguo, se puede agregar **a Ud., a ella, a él, a Uds., a ellos** o **a ellas** para clarificarlo (o enfatizarlo).

2. **A mí, a ti, a nosotros, a nosotras, a vosotros** y **a vosotras** también se usan para énfasis y clarificación.

3. El pronombre simple (**me, te, nos, os, lo, los, la, las**) es obligatorio. La frase de clarificación no se usa sin el pronombre simple.

Práctica oral

16. ¿A quién? *Complete las oraciones con frases de clarificación o de énfasis. En algunos casos hay dos posibilidades.*

> MODELO   Lo conocemos...   →   **Lo conocemos a Ud.**
> →   **Lo conocemos a él.**

1. Ella me quiere...
2. Los alumnos nos escuchan...
3. Los veo...
4. Te escucho...

5. La buscamos...
6. Gaby os espera...
7. Los alumnos las adoran...
8. Mi padre nos llama...

17. Hablando con énfasis. *Conteste las preguntas de forma enfática.*

> MODELO   ¿Quiere Beti a Sebastián?   →   **Sí, lo quiere a él.**

1. ¿Espera Susana a Ana?
2. ¿Nos odia Gumersinda?
3. ¿Te adora tu papá?
4. ¿Admiras a...?

5. ¿Me saludas a mí o a Enrique?
6. ¿Buscas a Antonio o a Beti?
7. ¿Respetamos más a (una mujer) o a (un hombre)?

18. La telenovela. *Suponga que algunos miembros de la clase de español forman parte de una telenovela. Describa quién quiere a quién, quién no quiere a quién, y por qué.*

> EJEMPLO **Pablo quiere a María, pero ella no lo quiere a él porque tiene muebles de un gusto horrible. Cristina quiere a Miguel, pero Miguel no la quiere a ella porque no tiene una casa en Beverly Hills. Francisco...** *etc.*

Sinopsis:

pronombre simple	*frase de clarificación o de énfasis*	*ejemplo*
me ⟶	a mí	Olga **me** mira **a mí.**
te ⟶	a ti	Olga **te** mira **a ti.**
nos ⟶	a nosotros /a nosotras	Olga **nos** mira **a nosotros.** Olga **nos** mira **a nosotras.**
os ⟶	a vosotros /a vosotras	Olga **os** mira **a vosotros.** Olga **os** mira **a vosotras.**
lo ⟶	{ a él a Ud. (*m.*)	Olga **lo** mira **a él.** Olga **lo** mira **a Ud.**
la ⟶	{ a ella a Ud. (*f.*)	Olga **la** mira **a ella.** Olga **la** mira **a Ud.**
los ⟶	{ a ellos a Uds. (*m.*)	Olga **los** mira **a ellos.** Olga **los** mira **a Uds.**
las ⟶	{ a ellas a Uds. (*f.*)	Olga **las** mira **a ellas.** Olga **las** mira **a Uds.**

7.7

La casa **incluye** una sala, un comedor, tres dormitorios y dos baños. ¿Qué **oye** Ud.? No **oigo** más que el ruido de una aspiradora.

Cuando Uds. hacen una fiesta, ¿**incluyen** a todos sus amigos?
¿Se **incluye** el servicio de mucama en el alquiler?

No, no los **incluimos** a todos porque la casa es muy pequeña.
No, no se **incluye.**

¿Me **incluyes** en tus planes para el verano?

Claro que te **incluyo.** ¿Qué son las vacaciones si no estás tú?

El plomero dice que no **concluye** su trabajo hasta mañana. (*concluir = terminar*)
El jardín **contribuye** mucho a la casa.
Las casas que se **construyen** de ladrillo resisten a los incendios.
A veces una tormenta fuerte **destruye** las casas y otros edificios.

¿**Oyes** los pájaros en el jardín?

Sí, **los oigo.** ¡Qué bonito! ¿No?

¿**Oyen** Uds. mi estéreo?

Sí, **lo oímos** demasiado bien.

¿Se **oye** mucho ruido de la calle en tu departamento?

Depende. Si no hay mucho tráfico, no se **oye** casi nada.

Los verbos terminados en *-uir* y el verbo *oír*

1. Los verbos terminados en **-uir** sustituyen **-y-** por **-i-** en las formas que no corresponden a *nosotros* y a *vosotros*.

2. Verbos comunes de este tipo son **concluir, contribuir, construir, destruir, disminuir, incluir, influir, instruir** y **sustituir.**

3. **Oír** se conjuga como los verbos terminados en **-uir** excepto en la primera persona singular y plural. Compare:

incluyo / oigo   incluimos / oímos.

Sinopsis:

concluir		*destruir*		*oír*	
concluyo	concluimos	destruyo	destruimos	oigo	oímos
concluyes	concluís	destruyes	destruís	oyes	oís
concluye	concluyen	destruye	destruyen	oye	oyen

Práctica oral

19.   La lista de invitados.   *Ud. va a hacer una cena enorme y elegantísima. ¿A quiénes incluye y a quiénes excluye?*

MODELO   su hermanito Pepito   →   **Incluyo / excluyo a mi hermanito Pepito.**

1. sus padres
2. su vecina favorita
3. Don Tremendón
4. el presidente de la universidad

5. su profesor/a de...
6. alguien para lavar platos
7. los amigos que van a ayudar
8. Gumersinda y sus mil gatos

20.   La cena de la Primera Dama.   *Usando* **incluir** *y* **excluir,** *imagínese quiénes son los invitados—y no invitados—de la Primera Dama en una enorme cena de estado.*

EJEMPLO   **La Primera Dama incluye a... porque es republicano. Excluye a... porque es enemigo de su esposo. Incluye a... porque tiene mucho dinero...** *etc.*

21. **¿Qué oyes?** *¿Qué (a quién) oyes en distintas partes de tu casa?*

> MODELO   el cuarto de servicio / la lavadora de ropa o el lavaplatos
>   Estudiante 1:   **¿Qué oyes en el cuarto de servicio?**
>   Estudiante 2:   **Oigo la lavadora de ropa en el cuarto de servicio.**

1. la sala / el televisor o el lavaplatos
2. el dormitorio / los niños que duermen o la secadora de pelo
3. el baño / papá que canta o los pájaros que juegan en los árboles
4. el jardín / el cortacésped o el televisor
5. la cocina / el lavaplatos o la aspiradora
6. el estudio / la computadora o la tostadora
7. la piscina / los chicos que nadan o la secadora de ropa

22. **Entrevista** (entre dos). *Pregúntele a un/a compañero/a de clase.*

1. —qué oye por la mañana
2. —si incluye noticias amorosas en las cartas que escribe a sus padres
3. —quién (o qué) influye mucho en su vida
4. —a qué obra de caridad contribuye
5. —a qué hora concluye la clase
6. —si construye muebles (o alguna otra cosa)
7. —si su alquiler incluye gas y luz
8. —qué oye en este momento

Pronunciación y ortografía

A. *La letra* **r** *cuando está entre vocales representa el sonido* **[r]**; *este sonido se llama una* **vibrante simple.** *Imite la pronunciación de la* **r** *cuando está entre vocales en las palabras a continuación.*

> ahora   cero   cara   para   ópera   María

> Quiero ir a la feria con Aurelio.
> Queremos estudiar el vocabulario ahora.
> ¿Quieres escuchar un aria de ópera?

B. *Cuando la letra* **r** *está después de una consonante, también es una vibrante simple. Escuche y repita.*

frío	tres	droga	cuatro	previene
drama	entre	detrás	promesa	palabra
gracias	libro	creo	pronto	primo

C. *Muchas veces los hablantes nativos del inglés confunden los sonidos de la* **r** *y de la* **d** *cuando estas letras se encuentran entre vocales. Repase la pronunciación de* **d** *que se encuentra en el* Capítulo 4. *Esta confusión puede tener consecuencias muy graves. Compare y repita las palabras a continuación.*

cedo/cero	dudo/duro	mido/miro	modo/moro
seda/sera	todo/toro	todos/toros	oda/hora

CREACIÓN

En una cocina en Orizaba, Veracruz

La casa tradicional hispana

Aunque muchas de las casas modernas en el mundo hispano son muy similares a las casas modernas de todos los países del siglo XX, todavía se conservan en cada país hispano algunos ejemplos de las casas tradicionales. La casa tradicional está detrás de altos **muros.** Si se pasa por la calle delante de una casa tradicional, no se puede ver nada interesante excepto el muro, las ventanas, y la puerta. Si la casa es de dos pisos, tiene probablemente balcones de donde se puede mirar la calle. Por fuera la casa tradicional es poco atractiva, pero por dentro, puede ser **hermosa.**

Cuando uno entra en una casa tradicional, se encuentra inmediatamente en un vestíbulo de donde se pasa a un patio. El patio es un espacio abierto, sin techo. En medio del patio hay por lo general una fuente o una pequeña escultura. Alrededor de la fuente, hay flores, árboles y toda clase de plantas.

Casi todos los cuartos tienen una **vista** del patio—una vista reservada solamente para la gente de la casa. Si se quiere leer en el jardín del patio, o tomar sol, es posible hacerlo totalmente en privado. En la calle, la vida puede ser muy agitada, pero en el interior de la casa, con su hermoso patio y el murmullo del agua de la fuente, todo es paz y tranquilidad.

muro: una barrera alta alrededor de una casa antigua o de una ciudad
hermoso: muy bonito

vista: perspectiva

Las casas modernas del mundo hispano son similares a las casas de otras naciones de Europa y Norteamérica. Las nuevas casas son más prácticas en algunos sentidos, pero hay muchas personas que recuerdan las casas tradicionales y las prefieren a las casas modernas porque están lejos del ruido y de los problemas del mundo. Sueñan con la tranquilidad de la vida tradicional que la casa típica simboliza.

Preguntas

1. Si uno está en la calle, ¿qué puede ver de una casa tradicional? 2. ¿Cómo se llama el primer cuarto que uno ve cuando entra en una casa tradicional? 3. ¿Qué hay en medio del patio? 4. ¿Qué hay alrededor de la fuente? 5. ¿Qué se puede hacer en el patio? 6. ¿Cuáles son algunas de las diferencias entre el patio de la casa tradicional hispana y el *front yard* de las casas en los Estados Unidos? 7. ¿Por qué prefiere mucha gente las casas tradicionales a las casas modernas?

En contexto

55—VENTA DE CASAS

TECAMACHALCO 1a. sección, moderna, una planta, 3 recámaras, salón juegos, $75.000,000. Consorcio de Inmuebles, 557-91-11, ... 294-01-88.

TICOMAN residencial, moderna, 4 recámaras. 2 y medio baños, 3 autos, $24.000,000. Consorcio de Inmuebles, 557-91-11, 294-01-88.

TLALPAN lindísima, 5 recámaras, jardín, 4 coches cubiertos. $130.000,000 683-16-48.

TLALPAN, casa sola, una planta, jardín, teléfono. $35 millones. 573-48-02, 655-26-17.

VIADUCTO PIEDAD. Residencia 4 recámaras, 2½ baños, cocina equipada, teléfono, cochera 4 autos. $40.000,000. 553-50-84, 373-26-11. Previa cita.

¿Cómo se hace para alquilar un departamento?
(una conversación telefónica)

AGENTE	Buenos días. **Inmobiliaria** Hernández.
JUAN	Buenos días. Tengo unas preguntas sobre un departamento que Uds. tienen en la Calle Once. ¿Puede Ud. ayudarme?
AGENTE	Cómo no. ¿Qué quiere saber?
JUAN	¿Cuánto es el **alquiler** por mes?
AGENTE	Son 2.500 pesos por mes más luz y teléfono. El gas, la **calefacción,** el agua **caliente** y el aire acondicionado están incluidos.
JUAN	¿Es necesario dejar un depósito?
AGENTE	Sí, es necesario pagar el alquiler del primer mes y otros 2.500 pesos de depósito para ocupar el departamento, todo **por adelantado.** Devolvemos el depósito cuando Ud. desocupe el departamento.
JUAN	¿Cuántos cuartos tiene?
AGENTE	Tiene sala, cocina, comedor, baño y dos dormitorios. También hay un pequeño cuarto de servicio.
JUAN	¿Está **amueblado**?
AGENTE	La cocina viene con refrigerador y estufa. También tenemos algunos muebles a la disposición de los **inquilinos,** pero cuestan extra.
JUAN	¿Hay servicio de limpieza?
AGENTE	Sí, pero nosotros no trabajamos con eso. Sin embargo, con todo gusto, puedo ponerlo a Ud. en contacto con las señoras que **hacen la limpieza** en el edificio.
JUAN	¿Cuándo puedo ver el departamento?
AGENTE	En cualquier momento. Siempre estamos aquí a sus órdenes.

inmobilaria: *real-estate agency*

alquiler: renta
calefacción: ≠ aire acondicionado
caliente: ≠ frío
por adelantado: *in advance*

amueblado: con muebles
inquilino: persona que alquila

hacer la limpieza: limpiar

La casa

Situaciones

Situación 1 Ud. quiere saber cómo es una casa típica en España. Información que Ud. quiere: cuántos cuartos tiene, cuáles son, si hay jardín, si hay piscina, si hay garage, qué muebles hay en cada cuarto, etc. Un/a compañero/a de España puede hacer el papel de la otra persona.

Situación 2 Invierta los papeles de la *Situación* anterior. Ahora un/español/a quiere saber cómo es una casa típica de su región.

Situación 3 Seleccione un equipo de tres o cuatro estudiantes que pueden ser sus compañeros de casa y después, como grupo, decidan quién va a hacer qué para cuidar la casa y el jardín. Por ejemplo, quién va a limpiar, quién va a cocinar, quién va a sacar la basura, quién va a cuidar el jardín, quién va a barrer los pisos, quién va a pasar la aspiradora, quién va a comprar la comida, quién va a lavar los platos, etc.

Situación 4 Ud. quiere alquilar un departamento y llama a una inmobilaria para preguntar qué departamentos tienen y cuáles son las condiciones para ocupar el departamento. Otro/a estudiante puede hacer el papel del/de la agente. Use la sección *¿Cómo se hace...* como guía.

Composición

Tema 1 Escriba una descripción de una casa vieja que Ud. conoce. Puede ser una casa victoriana o una casa colonial. Use la *Lectura* de este capítulo como guía.

Tema 2 Escriba una descripción de su casa y de la distribución de trabajo que hay en su casa. Por ejemplo, quién limpia los baños, quién saca la basura, quién trabaja en la cocina, quién corta el césped, quién compra la comida, quién barre los pisos, quién lava los platos, quién lava la ropa, etc.

Vocabulario activo

la casa y sus cuartos

el balcón	el cuarto	el pasillo	la sala
el baño	el dormitorio	el rincón	la terraza
el clóset	el estudio	el ropero	el vestíbulo
el comedor	el garage (garaje)		

las cosas de la casa

el aire acondicionado	el césped	el ladrillo	la renta
la alfombra	la cortadora	la lámpara	la secadora
el alquiler	el cuadro	el lavabo	el seguro
la aspiradora	la deuda	la lavadora	el sillón
la basura	la escoba	el lavaplatos	el sofá
la brocha	la estufa	los muebles	la tostadora
la calefacción	el gabinete	el refrigerador	el trapo
la cama	el gas		

actividades de la casa

alquilar	cortar	instalar	pintar
arreglar	coser	lavar	quemar
barrer	cuidar	limpiar	recoger
colgar (ue)	guardar	lustrar	reparar

otros verbos

ayudar	construir	incluir	sacar
buscar	contribuir	influir	soñar (ue)
compartir	destruir	instruir	sustituir
concebir (i)	emplear	mirar	traducir
concluir	escuchar	oír	ver
conocer	esperar	pagar	
conseguir (i)	excluir	reconocer	

otros sustantivos

la ayuda	el deber	la limpieza	el sueño
el barrio	el estilo	la propiedad	la voz
el condominio	la falta	el robo	

adjetivos

actual	antiguo, -a	cómodo, -a	relacionado, -a
afortunado, -a	apasionado, -a	preocupado, -a	suave
amueblado, -a	cercano, -a	propio, -a	verdadero, -a

expresiones útiles

alrededor de	contra	los demás	sin falta
aún	inmediatamente		

CAPÍTULO 8
Los estudios y el trabajo

El verdulero del barrio

8.1	**Aprendemos a** hablar español.
8.2	¿Qué **pides** en una florería? **Pido** flores en una florería.
8.3	El jefe **me** explica el formulario. El jefe de Raúl **le** da un aumento.
8.4	¿**Me** hablas **a mí** o **le** hablas **a él**? **Le** hablo **a usted,** señor.
8.5	**Tengo ganas de** hablar con el jefe sobre mi salario.
8.6	¿Qué **está haciendo** Ud. en este momento? En este momento, **estoy preparando** un informe para mi supervisor.

EXPOSICIÓN

8.1

Aprendemos a hablar español.

El negocio

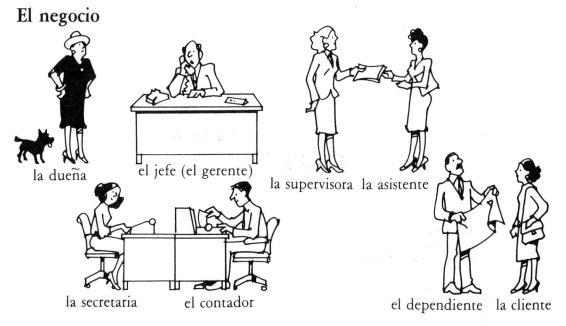

la dueña el jefe (el gerente) la supervisora la asistente

la secretaria el contador el dependiente la cliente

Nadie **aprende a** trabajar sin esfuerzo.
Poco a poco **comenzamos a** comprender cómo funciona el negocio.
Poco a poco **empiezo a** cumplir con los deberes de mi nuevo empleo.
Nuestro jefe nos **enseña a** respetar a los clientes.
También nos **ayuda a** sacar cuentas.
Creo que **voy a** recibir un aumento de salario dentro de poco.
Un compañero de trabajo nos **invita a** tomar un trago esta noche.
¿**Vienes a** tomar un trago con nosotros?

¿Por qué **dejas de** fumar?

Quiero **dejar de** fumar porque nadie en mi compañía fuma.

¿A qué hora **terminan de** trabajar Uds.?

Terminamos de trabajar a las ocho.

¿**Tratas de** hablar español con tus clientes hispanos?

Depende. Si están dispuestos, **trato de** hablar español con ellos.

¿**En** qué **consiste** aprender tu carrera?

Consiste en estudiar y practicar.

¿**En** qué **insiste** tu jefe?	**Insiste en** atender bien a los clientes.
¿Qué **tienes que** hacer ahora?	**Tengo que** cobrar un cheque.
¿Qué **hay que** hacer para impresionar al jefe?	**Hay que** trabajar y trabajar bien.

A. Verbos que requieren una preposición o *que* antes de un infinitivo

1. **Aprender, ayudar, comenzar (ie), empezar (ie), enseñar, invitar, ir** y **venir** requieren **a** cuando se combinan con un infinitivo.
2. **Dejar, terminar** y **tratar** requieren **de** cuando se combinan con un infinitivo.
3. **Consistir** e **insistir** requieren **en** cuando se combinan con un infinitivo.
4. **Tener** y **hay** requieren **que** cuando se combinan con un infinitivo.

Sinopsis: **Verbos que requieren una partícula antes de un infinitivo**

aprender a	dejar de	consistir en	tener que
ayudar a	terminar de	insistir en	hay que
comenzar a (ie)	tratar de	*entrar en*	
empezar a (ie)	*salir de (un lugar)*		
enseñar a	*pensar de*		
invitar a	*depender de*		
ir a			
venir a			
asistir a			
~~querer a~~			
salir a (bailar)			

Estudie:

> **Necesitamos hablar** con el dependiente.
> Luis **desea depositar** un cheque en su cuenta de ahorros.
> Elena y yo **esperamos ser** banqueros.
> Pablo **piensa poner** un negocio en esa esquina.
> **Queremos trabajar** horas extras.
> Mi padre **sabe hacer** muebles muy lindos.
> **Debes devolver** ese sofá a la tienda porque tiene un defecto.
> No **podemos ir** a la carnicería ahora.
> El jefe **suele llegar** temprano. (**soler + infinitivo** = *generalmente*)
> Ellos siempre **deciden gastar** demasiado.
> Yo **prefiero ser** gerente. No **quiero ser** empleado toda la vida.

B. Algunos verbos que se combinan directamente con el infinitivo, sin preposición o *que*

1. **Necesitar, desear, esperar, pensar, querer, saber, deber, poder, soler, decidir** y **preferir** no requieren una partícula cuando se combinan con un infinitivo.
2. Con todos estos verbos, sólo el primero de los verbos se conjuga.

Sinopsis: Verbos que se combinan directamente con el infinitivo

desear	deber	decidir
esperar	poder (ue)	preferir (ie)
necesitar	querer (ie)	
pensar (ie)	saber	
	soler (ue)	

Práctica oral

1. El trabajo de Ana. *Ana describe su trabajo. ¿Qué partículas usa en su descripción?*

Comienzo _____ trabajar a las ocho de la mañana. Mi trabajo consiste _____ ayudar a los clientes _____ encontrar los productos que buscan. Mi compañero Francisco me enseña _____ hacer las cosas que no comprendo. En mi trabajo tengo _____ tratar bien a los clientes aunque no los quiero. Siempre trato _____ ser simpática con todo el mundo, pero con algunos clientes hay _____ tener mucha paciencia. Termino _____ trabajar a las cinco de la tarde. Casi siempre algunos de mis compañeros me invitan _____ tomar un trago. Siempre acepto, pero insisto _____ no tomar demasiado porque tengo _____ manejar a casa después.

2. ¿Cómo es su trabajo? *Use las frases a continuación para describir su trabajo (real o imaginario).*

EJEMPLO **A las nueve solemos abrir el negocio.**

A las nueve	comenzamos...	abrir el negocio
A las diez	vamos...	depositar los cheques
Al mediodía	tratamos...	tomar café
A las cinco	insistimos...	cobrar los cheques
Los lunes	tenemos...	vender mercancía
Los viernes	podemos...	ir al banco
Dos veces por año	queremos...	recibir un ascenso
Una vez por año	solemos...	recibir un aumento
En el futuro	dejamos...	trabajar tarde
Nunca	hay...	sacar cuentas

3. Entrevista (entre dos). *Pregúntele a un/a compañero/a de clase sobre su trabajo.*

1. —a qué hora comienza a trabajar
2. —en qué consiste su trabajo
3. —cuánto dinero suele ganar
4. —cuándo va a ser jefe/a de la compañía
5. —si trata de ahorrar dinero
6. —si su jefe lo/la invita a cenar
7. —cuándo empieza a perder la paciencia
8. —si tiene que atender a muchos clientes
9. —a qué hora deja de trabajar

4. Reportaje. *Informe a la clase sobre el trabajo de su compañero/a.*

8.2 ¿Qué **pides** en una florería?
Pido flores en una florería.

¿Qué **pide** Ud. en una librería?

¿Dónde se **pide** información sobre coches?

¿Qué **pides** en una farmacia?

¿Qué **pedís** vosotros en una carnicería?

¿Se **sirve** buena comida en ese restaurante?

¿Para qué **sirve** un cheque?

¿**Repiten** Uds. las preguntas?

Pido libros en una librería.

Se **pide** esa información en una agencia de automóviles.

Pido medicamentos para mi hermana.

Pedimos carne en una carnicería.

Sí, se **sirve** tan buena comida allí que todo el mundo **repite.**

Sirve para sacar dinero del banco.

No. No las **repetimos.**

A. Los verbos con el cambio de raíz *e → i*

1. **Repetir, pedir** y **servir** tienen un cambio de raíz de **e → i** en las formas que no corresponden a *nosotros* y *vosotros*.
2. **Servir** también quiere decir **funcionar:**
   Un banco sirve para prestar dinero. Ese radio no sirve.
3. Todos los verbos con el cambio de raíz **e → i** son de la tercera conjugación (verbos que terminan en **-ir**).

Sinopsis:

pedir (i)		*repetir (i)*		*servir (i)*	
pido	pedimos	repito	repetimos	sirvo	servimos
pides	pedís	repites	repetís	sirves	servís
pide	piden	repite	repiten	sirve	sirven

el lechero   el carnicero   la agente de viajes   la panadera   la dependiente   el peluquero

Estudie:

¿Me **sigues** al banco? Sí, te **sigo** en mi coche.

¿Dónde **consigue** Ud. esos pasteles? Los **consigo** en esa pastelería.

¿Por qué **ríes** tanto? **Río** porque pago pocos impuestos.

¿Por qué **sonríen** Uds.? **Sonreímos** porque vamos a cobrar un cheque.

¿Siempre **dices** la verdad? **Digo** toda la verdad y nada menos que toda la verdad.

¿Qué **dicen** Uds. del gerente? **Decimos** que es un buen tipo porque nos paga bien.

B. Los verbos terminados en *-guir, -eír* y el verbo *decir*

1. Estos verbos también tienen el cambio de raíz **e → i.**
2. La primera persona singular de los verbos terminados en **-guir** pierde la **-u-: Consigo,** consigues, consigue, etc.
3. Los verbos terminados en **-eír** necesitan un acento escrito para indicar el énfasis sobre la **-i-: Río, ríes, ríe,** etc.
4. La primera persona singular de **decir** es **digo.** Las otras formas son regulares pero con el cambio de raíz **e → i.**

Sinopsis:

seguir (i)		reír (i)		decir (i)	
sigo	seguimos	río	reímos	digo	decimos
sigues	seguís	ríes	reís	dices	decís
sigue	siguen	ríe	ríen	dice	dicen

Los estudios y el trabajo

Práctica oral

5. El buen empleado. *¿Qué hace un buen empleado?*

> MODELO cuando habla su jefe / no reír
> Estudiante 1: **¿Qué hace un buen empleado cuando habla su jefe?**
> Estudiante 2: **Un buen empleado no ríe cuando habla su jefe.**

1. cuando quiere aprender algo / seguir las instrucciones del manual
2. cuando necesita ayuda / pedir ayuda a un/a compañero/a
3. cuando saluda a los clientes / sonreír
4. cuando escucha un chisme sobre un compañero inocente / no repetirlo
5. cuando su jefe dice un chiste / reír como loco
6. cuando un cliente no está satisfecho / decir "Lo siento mucho."
7. cuando recibe un cheque / ir al banco
8. cuando pasa Gumersinda / cerrar las puertas

6. El mal empleado. *Ahora, usando las preguntas de la práctica anterior, describa de forma creativa la conducta de un mal empleado.*

> EJEMPLO Estudiante 1: **¿Qué hace el mal empleado cuando habla su jefe?**
> Estudiante 2: **El mal empleado dice chistes y ríe como loco.**

7. ¿En qué lugar? *Roberto tiene poco tiempo en su ciudad y Ud. tiene que explicarle en qué negocios se consiguen ciertas cosas. Use la segunda columna como guía.*

> EJEMPLO Estudiante 1: **¿Dónde se consigue buena carne?**
> Estudiante 2: **Se consigue buena carne en la carnicería Morelos.**

1. ¿Dónde se consigue buena carne? | a. en la farmacia...
2. ¿Dónde consiguen Uds. cuadernos? | b. en la lechería...
3. ¿Dónde pides pan? | c. en la librería...
4. ¿Dónde conseguís libros? | d. en la pastelería...
5. ¿Dónde se ríe mucho? | e. en la panadería...
6. ¿Dónde se sirven pasteles? | f. en el restaurante...
7. ¿Dónde se piden flores? | g. en la peluquería...
8. ¿Dónde consiguen Uds. leche fresca? | h. en la papelería...
9. ¿Dónde hay un buen peluquero? | i. en la carnicería...
10. ¿Dónde consigues medicamentos? | j. en la librería...
| | k. en el teatro...

8. Entrevista (entre dos). *Pregúntele a un/a compañero/a de clase*

1. —cuándo sonríe
2. —si ríe cuando trabaja
3. —qué comida se sirve en Wendy's
4. —cuándo no dice la verdad
5. —qué pide en un restaurante
6. —si repite los secretos de sus amigos
7. —dónde se consigue mucho dinero
8. —si sigue alguna telenovela
9. —por qué sonríe

Nota cultural

Preparación para una carrera

El sistema educativo en una gran parte del mundo hispano consiste **por lo general** en cuatro **etapas:** la primera es la primaria que es de seis años; la segunda es la secundaria que es de tres años; la tercera es la preparatoria que también es de tres años, y la cuarta es la universidad que puede ser de cuatro a seis años **según** la carrera seleccionada.

En el sistema hispano, los cursos que nosotros asociamos con el *liberal arts education* (lengua, historia, filosofía, literatura, ciencias básicas, matemáticas, etc.) son cursos de secundaria y preparatoria, y no de universidad. Cuando los estudiantes terminan la preparatoria, reciben el bachillerato. **Aunque** los chicos en ese momento tienen solamente dieciocho años, se supone que ya están preparados para estudios especializados.

Por lo tanto, en la universidad los estudiantes no tienen *majors*, ni tampoco tienen requisitos de educación general. **Más bien,** siguen carreras. En otras palabras, comienzan a estudiar medicina, filosofía y letras, leyes, arquitectura, administración de empresas, etc., en el primer año de universidad. Eso significa que en muchos países hispanos no hay escuelas profesionales ni estudios **de posgrado** como en los Estados Unidos. La preparación para la carrera comienza en el primer año de universidad. La educación general, el *BA* para nosotros, es cosa de la secundaria y la preparatoria.

por lo general: generalmente
etapa: período, paso
según: dependiendo de

aunque: *although*

por lo tanto: consecuentemente
más bien: *rather*
de posgrado: después de la graduación

Una profesora de química

8.3	El jefe **me** explica el formulario. El jefe de Raúl **le** da un aumento.

El carnicero vende carne **a mi mamá.**	El carnicero **le** vende carne.
El panadero vende pan **a sus clientes.**	El panadero **les** vende pan.
La compañía manda cheques **a sus empleados** por correo.	La compañía **les** manda cheques por correo.
¿Quién **te** paga tus estudios?	Mi hermano **me** paga los estudios.
¿Quién **les** enseña las instrucciones?	La jefa **nos** enseña todo.
¿Quiénes **os** prestan dinero?	Los banqueros **nos** prestan dinero.
¿Quieres prestar**me** cinco dólares?	No puedo prestar**te** nada ahora.

A. Los complementos indirectos pronominales

1. Las palabras en negrilla son complementos indirectos. **Me, te, le, nos, os** y **les** son complementos indirectos pronominales.

2. El complemento indirecto es la persona o cosa que recibe el complemento directo. Por ejemplo:

El panadero vende pan a Miguel.

¿Qué vende el panadero? Pan.
(*"Pan" es el complemento directo.*)
¿Quién recibe el pan? Miguel.
(*"Miguel" es el complemento indirecto.*)

3. Los pronombres del complemento directo y del complemento indirecto son iguales excepto en la tercera persona.

4. Los pronombres del complemento indirecto pueden estar antes del verbo conjugado o pueden agregarse directamente a un infinitivo.

Sinopsis:

complementos directos pronominales		complementos indirectos pronominales	
me	nos	me	nos
te	os	te	os
lo, la	los, las	le	les[1]

---

[1]En algunas partes del mundo hispano, sobre todo en España, se usa **le** y **les** como complementos directos. Para un estudiante principiante, es mejor no confundirlos.

Estudie:

¿Quién me **da** cinco dólares?

¿Qué le **das** a tu hijo para su cumpleaños?

¿A qué caridad **dan** Uds. dinero?

Te **doy** tres; no tengo más.

Casi siempre le **doy** ropa. Mi esposa le **da** libros.

Siempre **damos** a la Cruz Roja.

B. El verbo *dar*

1. **Dar** se usa mucho con complementos indirectos.

2. La primera persona singular de **dar** es **doy;** las otras formas son regulares.

Sinopsis:

dar	
doy	damos
das	dais
da	dan

Estudie:

¿Qué te **parece** el jefe?

¿Qué os **parecen** vuestros salarios?

¿Qué les **parece** Don Tremendón?

Me **parece** justo.

Nos **parecen** muy bajos.

Nos **parece** que es una persona escandalosa.

C. El verbo *parecer*

1. **Parecer** se usa mucho con el complemento indirecto.

2. Se usa en lugar de *pensar que* o *tener la impresión de que.*

Sinopsis:

¿Qué te parece mi salario?	= *¿Qué piensas de mi salario?*
Me parece muy alto.	= *Pienso que es muy alto.*
¿Qué les parecen esos chicos?	= *¿Qué piensan Uds. de esos chicos?*
Nos parecen muy divertidos.	= *Pensamos que son muy divertidos.*

Práctica oral

9. El cumpleaños de la supervisora. *Es el cumpleaños de la supervisora. ¿Qué regalos le dan sus empleados?*

> MODELO   María / flores   →   **María le da flores.**

1. yo / un pastel de chocolate
2. el dueño / entradas al teatro
3. sus secretarias / un plato decorado
4. el recepcionista y yo / un disco
5. la telefonista / una novela apasionada
6. tú / un nuevo suéter
7. Gumersinda / flores de plástico

10. Regalos de Navidad. *El Sr. Paredes es gerente de una gran compañía. ¿Qué regalos tiene para su familia y sus empleados para Navidad?*

> MODELO   a su papá / una corbata   →   **Va a darle una corbata.**

1. a su esposa / un vestido de seda
2. a su abuela / unas flores
3. a sus hijos / entradas al teatro
4. a sus clientes / un descuento
5. a su abogado / una agenda
6. a sus empleados / un día libre
7. a los chicos del barrio / dulces de chocolate

11. ¿Quién te (les) hace eso? *Conteste las preguntas.*

> EJEMPLO   ¿Quién te trae flores?   →   **El florista me trae flores.**

1. ¿Quién te vende carne?
2. ¿Quién te manda dulces y bombones?
3. ¿Quiénes te dan exámenes?
4. ¿Quiénes te dan dinero?
5. ¿Quién les cobra los cheques?
6. ¿Quién les sirve comida?
7. ¿Quiénes les prestan apuntes?
8. ¿Quién les trae cartas?

12. Entrevista (entre dos). *Use la tabla para formular preguntas para un/a compañero/a de clase.*

1. ¿Qué te parece... (*esta universidad, la universidad X, la vida social de aquí, la música en los ascensores, la comida china, tu jefe/a, la comida del restaurante X, nuestro equipo de fútbol, la vida romántica de Gumersinda, etc.*)?
2. ¿Qué te parecen... (*los chicos de esta universidad, los empleados de la biblioteca, los salarios de los profesores, las flores de plástico, los quesos extranjeros, los amores de Don Tremendón, etc.*)?

8.4   ¿**Me** hablas **a mí** o **le** hablas **a él**?
Le hablo **a usted,** señor.

¿Vas a mandar**le** un paquete **a tu padre**?

¿**Le** presta Ud. dinero **a Gumersinda**?

¿Pueden Uds. dar**me** el informe mañana?

Sí, voy a mandar**le** un paquete **a él**.

No, nunca **le** presto dinero **a ella**.

Sí, con todo gusto **le** damos **a Ud.** el informe mañana.

¿**Les** presta Ud. dinero **a sus vecinos**?

¿Va Ud. a dar**nos** las llaves **a nosotros**?

¿Vas a explicar**les** las reglas a las nuevas empleadas?

¿**A quién le** vas a mostrar esas fotos?

¿**Me** hablas **a mí** o **le** hablas **a él**?

¿**A quién** va Ud. a prestar**le** el dinero? ¿**A mí** o **a ella**?

¿**Nos** escribe Juan a veces?

¿No quieres decir**nos** el secreto **a nosotros**?

No, no **les** presto nada **a ellos**.

No. Voy a dar**les** las llaves a **ellos**.

No, no es necesario explicar**les** las reglas **a ellas,** porque ya las saben.

Les muestro estas fotos sólo **a mis mejores amigos.**

Te hablo **a ti.**

Le presto el dinero **a Ud.**

Juan **te** escribe **a ti**, pero nunca **me** escribe **a mí.**

Sí, **a vosotros os** digo el secreto, pero **a ellos** no **les** digo nada.

Frases de clarificación y de énfasis para complementos indirectos

1. Cuando el significado de los pronombres simples, **le** o **les,** es ambiguo, es posible clarificarlo con **a Uds., a él, a ella, a Uds., a ellos** o **a ellas.**

2. Muchas veces se usa un sustantivo para clarificar **le** o **les:**

> **Les** digo todo **a mis padres.**
> Voy a preguntar**le** algo **a Roberto.**

3. Se usan **a mí, a ti, a nosotros, a nosotras, a vosotros** y **a vosotras** para clarificar y enfatizar los pronombres simples **me, te, nos** y **os.**

4. El pronombre simple es obligatorio. Las frases de clarificación y de énfasis son opcionales.

Sinopsis:

los complementos indirectos pronominales		
pronombre simple	*frase de clarificación o énfasis*	*ejemplo*
me ⟶	a mí	Ana **me** trae la ropa **a mí.**
te ⟶	a ti	Ana **te** trae la ropa **a ti.**
nos ⟶	a nosotros / a nosotras	Ana **nos** trae la ropa **a nosotros.**
os ⟶	a vosotros / a vosotras	Ana **os** trae la ropa **a vosotros.**
le ⟶	a Ud. a él a ella	Ana **le** trae la ropa **a Ud.** Ana **le** trae la ropa **a él.** Ana **le** trae la ropa **a ella.**
les ⟶	a Uds. a ellos a ellas	Ana **les** trae la ropa **a Uds.** Ana **les** trae la ropa **a ellos.** Ana **les** trae la ropa **a ellas.**

Práctica oral

13. ¿Cómo van a ayudar a Laura? *Laura va a hacer un viaje y necesita ayuda.*

> MODELO   comprar los pasajes   →   **Yo le compro los pasajes.**

1. hacer las maletas
2. devolver los libros a la biblioteca
3. guardar la correspondencia
4. cuidar los gatos
5. cancelar el diario

6. prestar mi coche
7. dar un mapa
8. regar las plantas
9. buscar los pasajes
10. llamar un taxi

14. En la tienda con Aída. *Aída, una amiga de José, trabaja en una tienda. José quiere describirnos qué vende Aída y a quién. ¿Qué dice?*

> MODELO   un suéter a Ricardo   →   **Aída le vende un suéter a Ricardo.**

1. una camisa a Ignacio
2. un pantalón a ti
3. medias a nosotros
4. vestidos a las chicas
5. aretes a Margarita

6. botas a Isabel y a María
7. un abrigo a mí
8. un brazalete a vosotros
9. un zapato viejo a Don Tremendón
10. perfume muy fuerte a Gumersinda

15. Ambigüedades. *Describa sus actividades y las actividades de otra gente con precisión. En algunos casos hay varias posibilidades.*

> MODELO   Le vendo mis libros usados...
> →   **Le vendo mis libros usados a Juan.**
> →   **Le vendo mis libros usados a Ud.**
> →   **Le vendo mis libros usados a ella.** *(etc.)*

1. Le doy las gracias...
2. Le presto mi coche...
3. Voy a regalarles un perro...
4. Queremos mandarles un regalo...
5. Le regalo dulces y bombones...

6. Les doy la mano...
7. Le describo la computadora...
8. Me regalan un televisor...
9. Le van a dar un aumento...
10. Le doy un masaje...

16. Regalos (entre dos). *Pregúntele a un/a compañero/a de clase qué va a regalarles a distintas personas para distintas ocasiones.*

> MODELO   Cristófero / Navidad
> Estudiante 1:   **¿Qué vas a regalarle a Cristófero para Navidad?**
> Estudiante 2:   **Voy a regalarle un reloj (a Cristófero).**

1. mamá / cumpleaños
2. profesor/a / el último día de clase
3. novio/a / el Día de los Novios
4. padres / aniversario
5. mi abuelo y mi abuela / bodas de oro

6. hermanos menores / cumpleaños
7. los chicos del barrio / el Día de los Muertos
8. nosotros / nuestra graduación
9. mí / todos los días

8.5   **Tengo ganas de** hablar con el jefe sobre mi salario.

Roberto tiene suerte.

Raúl tiene miedo.

Ana tiene prisa.

Aída tiene éxito.

Rafael tiene sueño.

Tengo (mucho) **calor** en la oficina. Voy a poner el aire acondicionado.
Tengo (bastante) **frío** porque está encendido el aire acondicionado.
Tenemos (mucho) **sueño.** Queremos dormir.
Tenemos (mucha) **sed.** ¿Nos traes un poco de agua?
Ricardo **tiene** (mucho) **miedo** cuando ve películas de Drácula.
También **tiene miedo de** estar en casa solo las noches de plenilunio.
Mi jefe siempre cree que **tiene razón.** Cree que nunca está equivocado.
Tenemos (mucha) **prisa** porque no queremos llegar tarde.
David **tiene éxito** porque trabaja mucho. Nunca fracasa.
Lulú gana cuando juega al póker porque **tiene** (mucha) **suerte.**
Yo, en cambio, nunca gano porque **tengo mala suerte.**
Los empleados **tienen ganas de** tomar un día libre.

A.   **Algunos modismos con *tener***

1. Los modismos de arriba (*modismo = expresión idiomática*) consisten en **tener + sustantivo;** se usan con mucha frecuencia.

2. **Tener ganas de + infinitivo** = *querer, desear*

3. **Tener miedo de + infinitivo** = *creer que uno está en peligro, temer*

Estudie:

> Las películas de Drácula me **dan miedo**.
> El calor me **da sed**.
> Hacer mucho ejercicio me **da hambre**.
> Esos vientos del norte me **dan frío**.
> Mi esposa no puede tomar esa medicina porque le **da sueño**.
> El sol de invierno no nos **da** (mucho) **calor**.
> Este anillo me **da suerte**.
> Un gato negro y el número trece **dan mala suerte**.

B. ***Dar* se combina con muchos de los mismos sustantivos que se usan con *tener* para indicar un cambio o una consecuencia.**

Práctica oral

17. Consecuencias. *Complete las oraciones de la sección A con una consecuencia lógica de la sección B.*

> MODELO   Cuando hace calor...   →   **Cuando hace calor, tengo sed.**

A

1. Cuando hago ejercicio...
2. Durante el invierno...
3. Cuando necesito dormir...
4. Cuando juego al póker...
5. Cuando tengo que llegar a un sitio y ya es tarde...
6. Cuando estoy solo/a a medianoche en una calle oscura...
7. Defiendo mi opinión cuando...
8. Cuando hace mucho sol...
9. Cuando tengo hambre...
10. Gano la lotería cuando...

B

miedo	sueño	razón
ganas de...	miedo	éxito
frío	miedo de...	suerte
calor	prisa	mala suerte
sed		

18. Reacciones (entre dos).   *Pregúntele a un/a compañero/a de clase sobre sus reacciones.*

> MODELO   el viento
> Estudiante 1:   **¿Qué te da el viento?**
> Estudiante 2:   **(El viento) me da frío.**

1. una película aburrida
2. un monstruo de otro planeta
3. una tormenta
4. tu clase de aeróbica
5. el número trece
6. el olor de un buen bistec

19. Entrevista (entre dos).   *Pregúntele a un/a compañero/a de clase.*

1. —cuándo tiene frío
2. —cuándo tiene miedo
3. —cuándo tiene sed
4. —cuándo tiene hambre
5. —qué le da buena/mala suerte
6. —qué hace cuando tiene sueño
7. —qué hace cuando tiene ganas de insultar a su jefe
8. —quién en su vida siempre tiene razón

8.6	¿Qué **está haciendo** Ud. en este momento? En este momento, **estoy preparando** un informe para mi supervisor.

¿Qué **está haciendo** Ud.?

¿Qué **estás haciendo**?

¿Qué **está haciendo** Pepito?

¿Qué **están haciendo** los dependientes?

¿Cuándo vas a llamar al gerente?

Estoy escribiendo a máquina.

Estoy terminando una carta.

Está jugando con la computadora.

Uno **está oyendo** las quejas de un cliente insatisfecho y el otro **está leyendo** un informe.

Estoy llamándolo ahora mismo.

A. El presente progresivo

1. El presente progresivo consiste en una forma de **estar** y un **gerundio.** Se usa para indicar una acción que está en progreso.

2. La desinencia del gerundio de los infinitivos terminados en **-ar** es **-ando**:

hablar → hablando ; pensar → pensando.

3. La desinencia del gerundio de los infinitivos terminados en **-er** e **-ir** es **-iendo**:

volver → volviendo ; subir → subiendo.

4. Si la raíz de un verbo en **-er** o **-ir** termina en una vocal, la desinencia del gerundio es **-yendo:**

traer → trayendo ; leer → leyendo

construir → construyendo ; oír → oyendo.

5. Un complemento pronominal puede estar antes del verbo conjugado, o combinado con el gerundio ; si se agrega el pronombre al gerundio, se pone acento para conservar el énfasis original:

Adolfo está buscándo**me.** = Adolfo **me** está buscando.

Estamos escuchándo**te.** = **Te** estamos escuchando.

Estudie:

Creo qué estás **pidiendo** un aumento demasiado alto. No puedo darte tanto.

Ese chico no está **diciendo** la verdad ; está **mintiendo.**

Estamos **siguiendo** tu ejemplo y **repitiendo** tus palabras sabias y hermosas.

¡Cómo ronca ese señor! No sé si está **durmiendo** o **muriendo.**

B. Cambios de raíz en el gerundio

1. Los infinitivos terminados en **-ir** que tienen cambios de raíz en el presente también tienen un cambio de raíz en el gerundio.

2. Si hay dos vocales en el cambio de raíz en el presente, el cambio en el gerundio consiste en la primera vocal de ese cambio:

mentir (ie) **ie → i:** m**i**ntiendo   *morir (ue)* **ue → u:** m**u**riendo

sentir (ie) **ie → i:** s**i**ntiendo   *dormir (ue)* **ue → u:** d**u**rmiendo

3. Si hay una sola vocal en el cambio de raíz en el presente, se conserva el mismo cambio en el gerundio:

decir (i): **di**ciendo   *pedir (i):* **pi**diendo   *seguir (i):* **si**guiendo

Compare:

Marisa llega el año que viene.

Vamos a ver televisión esta noche.

Estoy fumando menos ahora que antes.

Estamos aprendiendo mucho.

Marisa está llegando en este momento.

Estamos viendo televisión ahora.

Fumar es malo para la salud. Quiero dejar **de fumar.**

Aprender es interesante. Después **de aprender** una palabra, quiero usarla inmediatamente.

C. Algunos usos (y limitaciones) del gerundio

1. El gerundio en español, a diferencia del inglés, se usa casi exclusivamente para indicar eventos en progreso.

2. Se usa el presente simple o **ir + infinitivo** para indicar planes futuros (*ver* §5.7).

3. Se usa el infinitivo como sujeto y como objeto de preposiciones. *Nunca* se usa el gerundio en estos casos.

Práctica oral

20. En el trabajo. *Ud. es supervisor/a y tiene que explicarle a su jefe qué están haciendo las personas que trabajan bajo su supervisión.*

MODELO   Sra. Méndez / trabajar con la computadora
→   **La Sra. Méndez está trabajando con la computadora.**

1. Miguel / pedirle información a una clienta
2. Esos chicos / sacar copias Xerox
3. Isabel / atender a un cliente
4. Yo / enseñarle algo a un nuevo empleado
5. Sr. López / leer un informe
6. Jorge / escribir a máquina
7. Jorge y Martín / traer café
8. Gumersinda / dormir debajo de una mesa
9. Don Tremendón / mentir acerca de su vida amorosa

21. Un jefe mandón (*mandón = dominante*). *Su jefe quiere saber qué pasa con ciertas tareas en la oficina.*

MODELO   los cheques // Miguel / depositar
Estudiante 1:   **¿Qué pasa con los cheques?**
Estudiante 2:   **Miguel está depositándolos.**

1. la máquina Xerox // un señor / reparar
2. la carta de la *IBM* // Ana / leer
3. esos clientes // yo / atender
4. ese informe // Jorge / pedir
5. el café // Héctor / traer
6. la lista de salarios // yo / buscar
7. ese cliente insatisfecho // Susana / llamar

22. Fantasías (entre dos). *Pregúntele a un/a compañero/a de clase qué está haciendo cuando sueña con estos lugares.*

> EJEMPLO   en Suiza
> > Estudiante 1:   **Estás en Suiza...**
> > Estudiante 2:   **Estoy en Suiza y estoy esquiando con mi mejor amigo.**

1. en el Vaticano
2. en Madrid
3. en la playa
4. en la Casa Blanca

5. en el Palacio Buckingham
6. en un teatro de Broadway
7. en una película con...
8. en tu sala con...

Pronunciación y ortografía

A. *Generalmente la* **n** *en español se pronuncia* [n], *igual que en inglés. Pero a veces cambia de sonido.*

Cuando una **n** *precede a las letras* **b, v, p** *o* **m** *se pronuncia* [m]. *Escuche y repita las palabras y frases a continuación:*

> **n** + **b** → **[mb]:** un beso, un banco, están borrachos, Juan bebe
> **n** + **v** → **[mb]:** envuelve, envidia, invitación, convenio, Juan viene
> **n** + **p** → **[mp]:** un peso, un pájaro, sin problemas, es tan poco, Juan pierde
> **n** + **m** → **[m]:** inmoral, inmediatamente, en marzo, sin mujeres, Juan mira

Identifique la pronunciación correcta de cada **n** *en las frases a continuación. Después, lea las frases en voz alta con buena pronunciación.*

> ¡Juan Pérez es un muchacho tan bueno y tan pobre !
> Un borracho que conduce es un problema y un peligro.
> Gracián puede invertir un millón de dólares en mayo.
> Julia baila tan bien. Es un verdadero talento.

B. *Cuando la* **n** *precede a los sonidos* [g] (ga, go, gu), [k] (ca, co, cu, que, qui), [x] (j, ge, gi) *o* [w] (hue), *se pronuncia como* **ng** *en inglés. Escuche y repita las palabras y frases a continuación.*

> **n** + **[k]** = **[ngk]:** tanque, tronco, banco, un coche, sin camión, Juan copia
> **n** + **[g]** = **[ng]:** lengua, inglés, un guante, sin ganas, Juan galopa
> **n** + **[x]** = **[ng]:** ángel, ingeniero, en general, un joven, Juan jura
> **n** + **[w]** = **[ngw]:** un huevo, en Huelva, en huelga, Juan huele bien

C. *Estudie las frases a continuación. Identifique la pronunciación correcta de cada* **n.** *Después lea las frases en voz alta con buena pronunciación.*

> Gracián Gil es un joven tan bueno y tan guapo.
> Es increíble como ese viejo tiene un cuerpo tan joven.
> Un general es un jefe en el ejército.
> En general, un buen vino tiene un precio inmoralmente alto.
> Juan viene en coche con un primo de Julián García.
> Si no tienen coche, pueden caminar conmigo.

CREACIÓN

Lectura

ATENCION LOS SENDEROS, S. A.
SOLICITA

SECRETARIA EJECUTIVA

A NIVEL GERENCIAL

● Sueldo según aptitudes

Favor de presentarse el día 9 de enero a las 10:00 horas con la Sra. Susana Oviedo en: Av. de los 100 Metros 4907, colonia Magdalena de las Salinas. Terminal Central del Norte. Sala de llegadas.

La carta

12 de noviembre de 19—

Querida Mamá,

Muchas gracias por tu carta de la semana pasada. Parece que todo va bien en casa, y que mis hermanos menores no están causándote demasiados problemas.

Aquí también estoy bien. Ya estoy trabajando. Es un empleo modesto pero bueno. Por el momento, me están pagando un salario de 5.000 pesos al mes más beneficios médicos. No me parece demasiado, pero con eso puedo pagar el **alquiler** y vivir más o menos bien. En este momento estoy trabajando como asistente de oficina, **encargado** de **entregar** correspondencia, sacar copias, y cosas por el estilo. Mientras tanto, voy aprendiendo cómo funciona el negocio. Tengo una compañera que está enseñándome a hacer cosas más complicadas. **Más adelante** pienso pedirle un ascenso al jefe—con un aumento de salario desde luego.

Con respecto a mi vida social, ya conozco a varias personas de mi edad. Es gente buena e interesante que, igual que yo, **apenas** está comenzando a trabajar, así que tenemos mucho en común. Estoy viviendo con tres chicos en un departamento bastante **amplio.** Y también estoy aprendiendo a cocinar. Para tu próxima visita, voy a prepararte un plato de creación **propia;** mis compañeros de cuarto le llaman "Pollo a la Jorge" y, modestia aparte, me parece delicioso.

Bueno, tengo mucho que hacer ahora. La clase empieza en menos de una hora, y tengo prisa por llegar. Les mando saludos a papá y a los chicos.

Un beso,

Jorge

alquiler: renta

encargado: responsable

entregar: dar según un acuerdo previo

más adelante: en el futuro

apenas: *barely*

amplio: grande

propia: personal

Preguntas

1. ¿Quién es Jorge? 2. ¿Dónde está? 3. ¿A quién escribe? 4. ¿Qué clase de trabajo tiene (de fábrica, de construcción, de oficina)? 5. ¿Cuánto está ganando? 6. ¿Es suficiente? 7. ¿Cuáles son sus deberes? 8. ¿Quién lo está ayudando a aprender cosas nuevas? 9. ¿Por qué quiere hablarle al jefe? 10. ¿Con quién vive Jorge? 11. ¿Qué está aprendiendo a hacer? 12. ¿Cómo se llama su gran creación? 13. ¿Por qué es corta la carta?

En contexto

¿Cómo se hace para devolver un producto defectuoso?

ANA Esta máquina de escribir no funciona.

RAÚL **¿Qué le pasa?** ¿Qué tiene?

ANA La tecla *g* está **trabada.** No funciona.

RAÚL Bueno, eso no me parece serio. La podemos reparar y tenerla **lista** dentro de una semana.

ANA ¡Uy! Es mucho tiempo. ¿No me pueden cambiar esta máquina por otra igual?

RAÚL No, porque no vendemos ese modelo más.

ANA Entonces, ¿me **podrían reembolsar**? Viajo mañana para España, donde voy a pasar una semana, y necesito una máquina para mi trabajo.

RAÚL Tampoco. No damos reembolsos; sólo créditos para comprar otros productos. Mire, voy a hablar con el técnico para ver si no puede repararle la máquina para la tarde. Sé que está muy ocupado, pero como Ud. es tan buena cliente... Y si él no puede tenerla lista para la tarde, le prestamos otra máquina para el viaje. Llámeme dentro de una hora y le aviso qué podemos hacer.

ANA Muchas gracias.

¿Qué le pasa?: ¿Qué problema tiene?
trabada: sin movimiento
lista: preparada
podrían: forma cortés de "pueden"
reembolsar: devolver el dinero

Situaciones

Situación 1 Ud. es un/a investigador/a sociológico/a y quiere saber cómo es el trabajo de otra persona en la clase. Información que Ud. quiere: a qué hora empieza a trabajar, a qué hora deja de trabajar, qué está tratando de aprender en el trabajo, cómo son sus compañeros, cómo es su jefe, qué está haciendo Ud. para impresionar al jefe, cuánto gana, si puede ahorrar dinero, etc. Un/a compañero/a de clase puede hacer el papel de la otra persona.

Situación 2 Ud. es un/a pequeño/a empresario/a y quiere poner un negocio en su ciudad. Organice el negocio con sus compañeros de clase. ¿Quiénes van a ser los empleados? ¿Quién va a trabajar en qué? ¿Qué productos van a vender y a quién? ¿Cuánto va a costar cada producto? ¿Cuánto van a ganar los distintos tipos de empleados?

Situación 3 Está Ud. en México con una nueva amiga que le pide información sobre el sistema educativo de los Estados Unidos. Explíquele cómo funcionan la primaria

Los estudios y el trabajo

y la secundaria aquí. Descríbale cómo es su universidad y el programa subgraduado (*subgraduado = de estudiantes que están estudiando para el BA*). Y después explíquele cómo funcionan los estudios de posgrado (de leyes, de medicina, etc.) después del *BA*. Un/a compañero/a de clase puede hacer el papel de la amiga.

Situación 4   Ud. tiene un radio que no funciona. Cuando Ud. lo prende, no se escucha música ; sólo se escuchan ruidos raros que parecen de otro planeta. Con un/a compañero/a de clase presente un corto sainete entre Ud. y una persona que repara radios. Use la sección *¿Cómo se hace... ?* como punto de partida.

Composición

Tema 1   Escriba una carta a un amigo o a un miembro de su familia sobre su trabajo. Use la *Lectura* de este capítulo como punto de partida.

Tema 2   Escriba una carta a un amigo hispano imaginario sobre el sistema educativo de los Estados Unidos. Use la *Nota cultural* y la *Lectura* de este capítulo como punto de partida.

Vocabulario activo

lugares de trabajo

la agencia	la farmacia	la oficina	la pastelería
la carnicería	la florería	la panadería	la peluquería
la fábrica	la lechería	la papelería	la tienda

personas que trabajan

el/la agente de viajes	el/la empleado/a	el/la gerente	el/la peluquero/a
el/la banquero/a	el/la empresario/a	el/la jefe/a	el/la secretario/a
el/la carnicero/a	el/la encargado/a	el/la librero/a	el/la supervisor/a
el/la dependiente	el/la farmacéutico/a	el/la panadero/a	el/la técnico/a
el/la dueño/a	el/la florista		

expresiones verbales asociadas con el trabajo

atender (ie)	convencer	entregar	mostrar (ue)
cobrar	costar (ue)	escribir a máquina	sacar copias
conseguir (i)	devolver (ue)	mandar	sacar cuentas

otros verbos

ahorrar	pedir (i)	reír (i)	servir (i)
dar	prestar	seguir (i)	sonreír (i)
decir (i)			

otros sustantivos asociados con el trabajo

el ascenso	la correspondencia	la empresa	el paquete
el aumento	el crédito	el éxito	la queja
el beneficio	el cheque	el impuesto	el reembolso
la carrera	el descuento	la máquina de escribir	el salario
la carta	el empleo	la mercancía	la suerte
la computadora			

expresiones con tener

tener calor	tener ganas de	tener miedo	tener sueño
tener éxito	tener mala suerte	tener razón	tener suerte
tener frío			

expresiones útiles

apenas	aún	estar dispuesto, -a

CAPÍTULO 9
El comercio

La calle Florida en Buenos Aires

9.1	Voy a **pedir** el nuevo catálogo de ese almacén. Voy a **preguntar**le al dependiente qué está de oferta.
9.2	¿Quién me presta diez dólares? Yo **te los** presto.
9.3	¿Tienes que escribir **toda la composición** esta noche? ¿Vas a hacer **todos los ejercicios** también?
9.4	¿Les **gusta** ese programa de televisión? Sí, nos **gusta** mucho.
9.5	Me gusta **la** música de Mozart. Ese cuarteto siempre toca música de Mozart.
9.6	¿Qué **te** duele? Me **duele** la cabeza.

EXPOSICIÓN

9.1

Voy a **pedir** el nuevo catálogo de ese almacén.
Voy a **preguntar**le al dependiente qué está de oferta.

¡la cuenta!

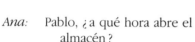

La liquidación

TODO SE VENDE

Ana: Pablo, ¿a qué hora abre el almacén?	Ana le **pregunta** a Pablo **a qué hora** abre el almacén.
Lola: Javier, ¿dónde se consigue un recibo?	Lola le **pregunta** a Javier **dónde** se consigue un recibo.
Lupe: ¿Son caros los televisores a colores?	Lupe **pregunta si** los televisores a colores son caros.
Raúl: ¿Puedo probar ese suéter?	Raúl **pregunta si** puede probar un suéter.

Jorge les **pide un préstamo** a sus padres.
Ud. puede **pedir un reembolso** si el producto no funciona.
Rafael le **está pidiendo información** a la recepcionista.

Preguntar versus *pedir*

1. **Preguntar** se usa para reportar una pregunta; se combina con una expresión interrogativa (**qué, de quién, a qué hora,** etc.) o con **si.**
2. Cuando se reporta una pregunta, se conserva el acento escrito en la expresión interrogativa (le **pregunta dónde, a qué hora,** etc.).
3. **Pedir** se usa para solicitar algo; se combina con sustantivos.
4. Entre **pedir** y el sustantivo, no se usa preposición.

Práctica oral

1. ¿ Qué está haciendo la gente ?   *Infórmenos qué está haciendo la gente.*

> MODELO   Miguel / cuánto gana Laura
> → **Miguel está preguntando cuánto gana Laura.**

1. José / si está el dueño
2. Lola / un recibo al dependiente
3. mi papá / dónde hay muebles
4. el cliente / si hay algo mejor
5. nosotros / a qué hora cierra el almacén
6. Pepe / si la tienda está cerca
7. Micaela / un reembolso

2. ¿ Pedir o preguntar ?   *Reporte las acciones de sus compañeros/as.*

> MODELO   ¿ Me prestas cinco dólares ?
> Estudiante 1:   *(a alguien en la clase)* **¿ Me prestas cinco dólares ?**
> Estudiante 2:   **Él/ella le pide cinco dólares a... .**

1. ¿ Cuánto cuesta un radio barato ?
2. ¿ Acepta Ud. dólares ?
3. ¿ Me das tu teléfono, por favor ?
4. ¿ Está abierta la farmacia ahora ?
5. ¿ Tienen Uds. ropa para niños ?
6. ¿ Me puede dar un recibo ?
7. ¿ Puede Ud. prestarme un peso ?
8. ¿ Dónde está Gumersinda hoy ?

9.2   ¿ Quién me presta diez dólares ?
     Yo **te los** presto.

¿ Quién me presta diez dólares ?	Yo **te los** presto.
¿ Quién te muestra los anillos ?	El dependiente **me los** muestra.
¿ Quién les entrega la leche a Uds. ?	El lechero **nos la** entrega.
¿ Quién os trae ese café de Colombia ?	Juan Valdez **nos lo** trae.
Cuando Nicolás está de viaje, ¿ quién le cuida el negocio ?	Su vecina **se lo** cuida (a él).
¿ Quién les manda las facturas a ellos ?	El contador **se las** manda (a ellos).
¿ Quién nos envuelve los paquetes ?	Yo **se los** envuelvo (a Uds.).

A.   Complementos pronominales en combinación

1. Cuando se emplean dos complementos pronominales, el complemento indirecto siempre precede al complemento directo.
2. Si los dos complementos pronominales son de tercera persona (**le/les** con **lo/la/los/las**) el complemento indirecto se convierte en **se**.

Compare:

Tengo un secreto, y nunca se lo voy a decir a Ud.	= Tengo un secreto, y nunca voy a **decírselo** a Ud.
Se la debo prestar.	= Debo **prestársela.**
Renata me lo está contando en este momento.	= Renata está **contándomelo** en este momento.
Nos las están reparando ahora mismo.	= Están **reparándonoslas** ahora mismo.

B. Complementos pronominales en combinación con infinitivos y gerundios

1. Es posible agregar dos complementos pronominales a un infinitivo o a un gerundio.

2. Cuando dos complementos se agregan a un infinitivo o a un gerundio, se pone acento para conservar el énfasis original.

Sinopsis:

complemento indirecto	complemento directo	frases de énfasis o de clarificación
me	me	a mí
te	te	a ti
nos	nos	a nosotros / a nosotras
os	os	a vosotros / a vosotras
le (se)	lo	a Ud. (m.), a él
	la	a Ud. (f.), a ella
les (se)	los	a Uds. (m.), a ellos
	las	a Uds. (f.), a ellas

Práctica oral

3. La generosidad. *Ud. es una persona muy generosa, pero tiene sus límites. ¿Qué hace Ud. en las situaciones a continuación?*

MODELO Un amigo necesita tu calculadora. ¿Qué haces? (prestar)
→ **Se la presto.** *o* **No se la presto.**

1. Tu jefe quiere tu coche para hacer un viaje largo. ¿Qué haces? (prestar)
2. Un compañero de clase necesita tu computadora para escribir una composición larguísima. ¿Qué haces? (dar)
3. Tu hermana quiere llevar tus discos favoritos a una fiesta. ¿Qué haces? (prestar)
4. Un compañero perezoso viene a clase sin su tarea y quiere copiar tu tarea. ¿Qué haces? (prestar)
5. Un hombre borracho te pide dos dólares para comprar comida. ¿Qué haces? (dar)
6. Un/una rival te pide la dirección y el número de teléfono de tu novia/o. ¿Qué haces? (dar)

4. Dilemas y obligaciones morales. *La vida está llena de dilemas morales. ¿Qué debe hacer la gente en las situaciones a continuación?*

> MODELO El hermanito de Clara le pide fósforos. ¿Qué debe hacer Clara?
> → **Debe dárselos.** *o* **No debe dárselos.**

1. Un niño le pide a Rosa dinero para la Cruz Roja. ¿Qué debe hacer Rosa?
2. Una persona que no es de la religión de David le pide una contribución para construir una nueva iglesia. ¿Qué debe hacer David?
3. Tú me pides mis apuntes de la clase de ayer. ¿Qué debo hacer?
4. Uds. le piden a su profesor/a mejores notas. ¿Qué debe hacer su profesor/a?
5. Un amigo que quiere dejar de fumar le pide a Raúl un cigarrillo. ¿Qué debe hacer Raúl?
6. Yo estoy de dieta y les pido a Uds. cinco dólares para comprar un helado colosal de 2.000 calorías. ¿Qué deben hacer Uds.?

5. Conversación (entre dos). *Juana le está preguntando a Jorge sobre sus planes para mañana. ¿Qué pregunta ella, y qué dice él?*

> MODELO mostrar tu composición al profesor
> Estudiante 1: **¿Vas a mostrarle tu composición al profesor?**
> Estudiante 2: **Sí, voy a mostrársela.** *o*
> **Sí, se la voy a mostrar.**

1. devolverle los libros a Ángela
2. mandarle la tarjeta a Pablo
3. prestarle tus apuntes a Gaby
4. pedirle dinero a tu papá
5. envolverle el paquete al cliente
6. mandarle el dinero al banco
7. mostrarles esa nota a tus padres
8. traerme dulces y bombones

9.3

¿Tienes que escribir **toda la composición** esta noche?
¿Vas a hacer **todos los ejercicios** también?

¿Van Uds. a la capital?	Sí, vamos a estar allí **toda la semana.**
¿Qué van a hacer?	Vamos a pasear por **todo el centro** y vamos a visitar **todas las tiendas.** Estamos en la época de las liquidaciones y muchas cosas están de oferta.
¿Quiénes van?	Va **toda mi familia.**
¿Van a museos y teatros?	Sí, queremos ir a **todos esos lugares.**
¿Dónde van a dormir?	**Todos** vamos a estar en la casa de una tía.
¿Pero tienen tiempo para hacer **todo eso** en un solo fin de semana?	No, y es un problema, porque tenemos interés en **todo.**

Usos de *todo, toda, todos* y *todas*

1. **Todo, toda, todos** y **todas** cuando se combinan con sustantivos significan *entero*:
   toda la familia = la familia entera
   todos los chicos = el grupo entero de chicos

2. **Todo, toda, todos** y **todas** suelen combinarse con artículos, adjetivos posesivos y adjetivos demostrativos:

> todo **un** hombre, todos **los** chicos, toda **la** noche
> todos **mis** amigos, toda **nuestra** familia, todo **tu** trabajo
> toda **esa** gente, todo **este** dinero, todos **aquellos** hombres

Nota importante. No se usa **de** después de **todo** y sus formas.

3. Cuando se usan sin sustantivo, **todo** significa *todas las cosas*, y **todos** significa *todo el mundo*:

> **Todos** van al partido. = **Todo el mundo** va al partido.
> Tengo interés en **todo.** = Tengo interés en **todas las cosas.**

4. **Todo** y sus formas también funcionan como pronombres:

> ¿Van todas las chicas? = Sí, van **todas.**
> ¿Está todo el dinero allí? = Sí, **todo** está allí.

Práctica oral

6. ¿Qué está de oferta? *Ud. es dependiente en un gran almacén que en este momento tiene una gran liquidación. Describa las cosas que están de oferta.*

> MODELO zapatos → **Todos los zapatos están de oferta.**

1. televisores a colores
2. lavadoras de ropa
3. zapatos importados
4. ropa interior
5. micro-computadoras
6. videos en blanco
7. perfume francés
8. cerveza mexicana

7. ¿Cuántos? *Un par de estudiantes están discutiendo las verdaderas actividades de la gente. ¿Qué dicen y qué opinan?*

> MODELO nuestros compañeros / ver televisión
> Estudiante 1: **¿Cuántos de nuestros compañeros ven televisión?**
> Estudiante 2: **Todos nuestros compañeros ven televisión.** *o*
> **No todos nuestros compañeros ven televisión.**

1. los políticos / mentir
2. nuestros profesores / ser simpáticos
3. los libros de texto / ser caros
4. los noticieros / ser informativos
5. las farmacias / vender revistas
6. nuestros compañeros / venir preparados
7. la comida del comedor estudiantil / estar bien preparada
8. los estudiantes / deber ir al laboratorio de lenguas

8. ¿Dónde hace Ud. las cosas? (entre dos). *Pregúntele a un/a compañero/a de clase dónde hace ciertas cosas.*

> MODELO comprar gasolina
> Estudiante 1: **¿Dónde compra Ud. gasolina?**
> Estudiante 2: **Compro toda mi gasolina en Kelly's Service.**

1. comprar zapatos
2. comprar revistas
3. lavar ropa
4. conseguir entradas de teatro
5. guardar dinero
6. cambiar cheques
7. preparar comida
8. conseguir discos

Nota cultural

Mercados, almacenes y tiendas

En todo país es interesante **ir de compras.** Pero en el mundo hispano, ir de compras tiene un sabor especial, en parte porque los lugares que venden son especiales.

Una de las instituciones más viejas del mundo hispano es el mercado. El mercado suele ser un gran edificio con muchos **puestos** para todo tipo de **mercancía:** carne, legumbres, ropa y todos los productos imaginables. Una ironía: el mercado, que es muy viejo como institución, es similar al *shopping mall*, que es relativamente nuevo. Son similares porque en los dos **sitios** se vende de todo. Pero hay una gran diferencia: en los mercados tradicionales, se puede **regatear** con los dependientes, que muchas veces son los dueños del negocio. El regateo es un capitalismo puro donde los consumidores presionan directamente al vendedor. El regateo también es una de las costumbres más respetadas del mundo hispano. Gracias al regateo, es muy **divertido** ir de compras en el mundo hispano.

En las ciudades hay almacenes que son tiendas grandes con varios departamentos; aunque un almacén puede vender muchos de los productos (excepto comida) que se encuentran en el mercado, su **clientela** suele tener más dinero y ser de otra clase social.

También hay negocios en cada barrio dedicados a vender distintos productos. Su nombre con el sufijo *-ería* indica qué venden: papelería, pastelería, lechería, etc. **Poco a poco** los supermercados y los grandes almacenes están reemplazando los mercados y los negocios especializados de los barrios. Pero todavía hay mucha gente que prefiere el contacto personal de los mercados y los pequeños negocios al servicio despersonalizado de los grandes almacenes.

ir de compras: hacer un viaje para comprar
puesto: negocio pequeño
mercancía: productos para vender
sitio: lugar
regatear: discutir un precio
divertido: que da placer
clientela: clientes
poco a poco: gradualmente

9.4 ¿Les **gusta** ese programa de televisión?
Sí, nos **gusta** mucho.

¿Le **gusta** el diario de esta ciudad?	Sí, me **gusta** el diario mucho.
¿Te **gusta** la revista *La Nación*?	Sí, me **gusta** más que muchas otras revistas.
¿Qué marca de computadora les **gusta** más a Uds., *APPLE* o *IBM*?	Depende del uso. En principio nos **gustan** las dos marcas.
¿A ellos les **gusta** más el noticiero de *NBC* o de *CBS*?	No sé qué noticiero les **gusta** más.
¿A Ud. le **gustan** las telenovelas?	Sí, las telenovelas me **gustan** muchísimo. Son mi vicio secreto.
¿Te **gustan** las mini-series más que las películas?	Es difícil decir. Algunas mini-series me **gustan** mucho.
¿A Uds. les **gustan** los anuncios comerciales?	No, no nos **gustan,** pero a veces son divertidos.

¿A los chicos les **gustan** las revistas sobre la moda?   Sí, les **gusta** ver los anuncios de ropa.

¿Te gusta **leer** el diario por la mañana?   Sí, me gusta **leer** el diario y **tomar** café.

A. Algunos usos de *gustar*

1. **Gustar** es el contrario de **disgustar.**
2. Normalmente se usa solamente en tercera persona singular y plural (*gusta, gustan*) con pronombres del complemento indirecto (*me, te, le, nos, os* y *les*).
3. El sujeto de **gustar** está generalmente después del verbo.
4. Un infinitivo también puede ser el sujeto de **gustar.** Con uno o más infinitivos, se usa solamente la forma singular (*gusta*).

Sinopsis:

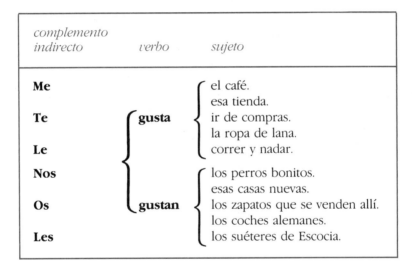

complemento indirecto	verbo	sujeto
Me		el café.
		esa tienda.
Te	**gusta**	ir de compras.
		la ropa de lana.
Le		correr y nadar.
Nos		los perros bonitos.
		esas casas nuevas.
Os	**gustan**	los zapatos que se venden allí.
		los coches alemanes.
Les		los suéteres de Escocia.

Estudie:

A mí me gustan mucho los programas educacionales.

¿**A ti** no te gustan los programas de música clásica?

A Rosita le gustan poco las novelas de amor.

¿**A Ud.** le gustan los televisores de blanco y negro?

A Juan y **a mí** no nos gusta nada esa marca.

¿**A vosotros** os gustan los anuncios comerciales?

A José y **a Teresa** les gustan los videos porque no tienen anuncios.

B. Frases de clarificación y de énfasis con *gustar*

1. Las frases de clarificación y de énfasis con **gustar** casi siempre se ponen antes del pronombre simple.
2. Se usan **mucho, poco, demasiado, no... nada,** etc. para intensificar el verbo **gustar.**

El comercio

Estudie:

El nuevo show de Disney te **va a gustar.**

Hay un artículo en *La Nueva República* que te **debe gustar.**

La marca X no le **puede gustar** a nadie.

A mi mamá no le **van a gustar** esas noticias.

Ese programa es tan sensacional que te **tiene que gustar.**

La crítica de *Nuestros Tiempos* **está comenzando a gustarme.**

C. *Gustar* se combina con muchos verbos que Ud. ya sabe.

Práctica oral

9. **¿Te gusta o no te gusta?** *Indique si a Ud. le gustan las cosas y personas a continuación.*

EJEMPLO los programas de Disney
Estudiante 1: **¿Te gustan los programas de Disney?**
Estudiante 2: **Me gustan los programas de Disney mucho.**
No me gustan nada esos programas.
Me gustan esos programas un poco.

1.	las telenovelas	5.	la marca...
2.	la revista...	6.	las películas de terror
3.	el diario...	7.	la red...
4.	el editor de...	8.	apagar el televisor

10. **¿A quién le gusta?** *Indique a cuál de sus compañeros de clase le gustan (o no le gustan) las cosas y personas a continuación.*

EJEMPLO las películas de vampiros
Pregunta: **¿A quién(es) le(s) gustan las películas de vampiros?**
Respuestas posibles: **A Ricardo le gustan las películas de vampiros.**
A mis abuelos les gustan las películas de vampiros.

1.	las entrevistas	5.	los anuncios comerciales
2.	(un actor de cine)	6.	Drácula y los vampiros
3.	(una actriz de cine)	7.	los paneles de discusión
4.	las novelas de ciencia ficción	8.	la marca...

11. **Preferencias** (entre dos). *Pregúntele a un/a compañero/a de clase qué le gusta más.*

1.	el español o el francés	6.	las series o las películas
2.	la marca... o la marca...	7.	los programas o los anuncios
3.	las películas nacionales o extranjeras		comerciales
4.	la televisión o la radio	8.	Gumersinda o Don Tremendón
5.	el noticiero o los partidos		

12. **Más preferencias** (entre dos). *Invente preguntas y respuestas originales.*

EJEMPLO Estudiante 1: **¿Qué le gusta a (nombre de una persona conocida)?**
Estudiante 2: **A... le gusta(n)... .**

9.5

Me gusta **la** música de Mozart.
Ese cuarteto siempre toca música de Mozart.

Nuestra meta es **la** protección de **los** consumidores.
El crimen aumenta los precios.
La televisión es una fuerza poderosa en nuestra economía.
Los periódicos son menos importantes ahora que antes.
Me parece peligrosa **la** violencia en **las** películas y en **la** televisión.
Los anuncios comerciales son un mal necesario.

El artículo definido con totalidades y generalidades

1. El artículo definido se usa para indicar un individuo genérico, un grupo genérico, una idea en general o un grupo total.

2. Compare:

Me gusta la música de Mozart.	*Se usa el artículo porque se refiere a toda la música de Mozart en general.*
Ese cuarteto va a tocar música de Mozart.	*Se omite el artículo porque van a tocar sólo una parte de la música de Mozart.*
Los perros son animales útiles.	*Se usa el artículo porque se habla de todos los perros en general.*
Hay perros en la calle.	*Se omite el artículo porque no están en la calle todos los perros en general.*
Los perros de Juan son bravos.	*Se usa el artículo porque se refiere a un grupo específico en su totalidad.*
El odio y el amor son pasiones contrarias.	*Se usa el artículo porque se refiere al odio y al amor en general.*
Ella me mira con odio, pero yo la miro con amor.	*Se omiten los artículos porque no se puede mirar con todo el odio o todo el amor en general.*
Necesito el amor de aquel hombre.	*Se usa el artículo porque se refiere al amor en total de un hombre específico.*

Práctica oral

13. **¿ Qué quieres y por qué ?** *Estás de visita en la casa de unas amigas y te quieren entretener. ¿Cómo respondes a sus preguntas ?*

MODELO escuchar música
Estudiante 1: **¿ Quieres escuchar música ?**
Estudiante 2: **Sí, me gusta la música. / No, no me gusta la música.**

1. comer carne	3. tomar café	5. comer una naranja	7. comer helado
2. comer ensalada	4. comer pan	6. escuchar música de Beethoven	8. ver televisión

14. **Los principios.** *Describa sus causas usando las frases a continuación como guía.*

1. No acepto (*el sexismo, el aborto, la violencia en televisión, etc.*).
2. Creo en (*el amor, la amistad, la libertad, el futuro, etc.*).
3. Voy a defender (*los derechos de la mujer, la justicia, etc.*).
4. Protestamos (*la discriminación sexual, los abusos comerciales, etc.*).

9.6

¿Qué **te** duele?
    Me **duele** la cabeza.

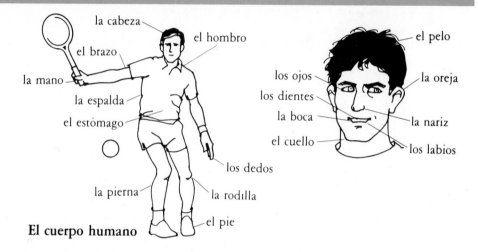

la cabeza
el hombro
el brazo
la mano
la espalda
el estómago
la pierna
la rodilla
los dedos
el pie

el pelo
los ojos
la oreja
los dientes
la boca
la nariz
el cuello
los labios

El cuerpo humano

¿Qué le **duele**?	Me **duele** el brazo izquierdo.
¿Qué le pasa a Ricardo?	A Ricardo le **duelen** los pies.
¿Qué hace Ud. cuando le **duelen** los ojos?	Cuando me **duelen** los ojos, trato de descansar un poco.

Verbos que se usan como *gustar*

1. Hay muchos verbos que se usan como **gustar**—casi siempre en tercera persona y con los pronombres del complemento indirecto.
2. Algunos de los más importantes son **convenir (ie), encantar, fascinar, hacer falta, faltar, importar, interesar, molestar** y **repugnar.**

Nos **conviene** esperar la liquidación.	= *Es mejor para nosotros esperar la liquidación.*
No nos **conviene** comprar ahora.	= *No debemos comprar ahora.*
Nos **encanta** ir de compras.	= *Nos gusta mucho ir de compras.*
A Ana le **hace falta** un suéter.	= *Ana necesita un suéter.*
A Ana le **falta** un suéter.	= *Ana tiene un suéter, pero no lo encuentra ahora.*
A mis hijos les **fascinan** los programas de deportes.	= *Mis hijos tienen mucho interés en los programas de deportes.*

A mis padres no les **importan** mis notas.	= *Mis padres no dan mucha importancia a mis notas.*
Me **repugna** ese programa de televisión.	= *(repugnar = no gustar nada)*
Nos **molesta** ese anuncio.	= *(molestar = irritar)*
A mis alumnos les **interesa** la vida amorosa de Gumersinda.	= *Mis alumnos tienen interés en la vida amorosa de Gumersinda.*

Práctica oral

15. ¿Qué te duele? *Ud. tiene un examen mañana (no en español, por supuesto) y tiene que encontrar un pretexto para no tomarlo.*

> **MODELO** ojos
> Estudiante 1: **¿Qué te duele?**
> Estudiante 2: **Me duelen los ojos.**

1. la cabeza
2. la espalda
3. los brazos
4. los pies
5. la oreja derecha

6. los dientes
7. la pierna izquierda
8. el hombro derecho
9. las rodillas
10. todo el cuerpo

16. De compras. *Ana y Luisa están de compras. ¿Qué van a comprar?*

> **EJEMPLO** interesar / una nueva falda → **Me interesa una nueva falda.**

1. encantar   los televisores a colores, las faldas de cuero, los coches alemanes, la ropa interior de seda, etc.
2. interesar   la liquidación en Macy's, las ofertas en Sears, la ropa usada del Ejército de Salvación, etc.
3. hacer falta   otro abrigo de invierno, un nuevo impermeable, papel para mi computadora, etc.

17. Opiniones sabias y absurdas (entre dos).   *Use la sección A para hacerle preguntas a un/a compañero/a de clase. Su compañera/o puede usar las tres columnas de la sección B para formular sus respuestas.*

> **EJEMPLO** Estudiante 1: **¿Qué te encanta?**
> Estudiante 2: **Me encantan las revistas sobre la moda.**

A

1. ¿Qué te encanta?
2. ¿Qué te hace falta?
3. ¿Qué te fascina?
4. ¿Qué te importa?

5. ¿Qué te interesa?
6. ¿Qué te molesta?
7. ¿Qué te repugna?
8. ¿Qué te gusta?

B

la familia	los anuncios de…	el cine francés
los futbolistas	un amigo millonario	las comedias musicales
la marca…	las flores de plástico	mi curso de…
ganar dinero	las telenovelas	la música de…
el amor de…	la ópera	(alguien famoso)

18. Opiniones de otra gente (entre dos). *Use la tabla de la* Práctica 17 *para investigar las opiniones de otros miembros de la clase.*

> EJEMPLO Estudiante 1: **¿ Qué le repugna a Isabel ?**
> Estudiante 2: **A Isabel le repugnan todas las telenovelas.**

Pronunciación y ortografía

A. *Ud. ya sabe que la letra* **r** *en palabras como* cara, para, tres *y* pronto *representa el sonido* [r], *que es una vibrante simple* (Capítulo 6). *Hay otro sonido asociado con la letra* **r** *que es una* **vibrante múltiple** *que se representa con* [rr]; [rr] *es obligatorio en dos casos.*

> *1.* Cuando una palabra comienza con la letra **r.** Escuche y repita las palabras y frases a continuación.
> rama, rico, repita, reina, renta, rojo, ron, rumba, ruso
> Repito que no reconozco a Ronaldo.
> Ese ron es muy rico.
> La rica Raimunda parece una reina.
> *2.* Cuando se encuentra la letra **rr.** Escuche y repita las palabras a continuación.
> pizarra, ocurre, perro, borro, carro, ahorra, gorro, barro

B. *Es muy importante distinguir entre* [r] *y* [rr] *porque muchas veces esa diferencia determina el significado de una palabra. Compare y repita.*

> pero/perro ;   caro/carro ;   foro/forro ;   vara/barra ;   fiero/fierro

C. *Antes de una consonante o al final de una frase (no necesariamente al final de una palabra), la letra* **r** *se puede pronunciar* [r] *o* [rr]. *Escuche y repita.*

> carta, gordo, cerca, verdad, parque, Argentina, tarde, viernes, largo
> hablar con, ir pronto, estudiar más tarde, venir con Carlos

CREACIÓN

Lectura

En una peletería de Tijuana

Comedia en dos actos

DEPENDIENTE	Muy buenos días, señor. ¿En qué puedo servirle? Tengo muy buenos precios y la mejor calidad de la ciudad. Aquí sólo se venden los mejores productos de cuero y tenemos algunas cosas que están de oferta.
CLIENTE	¿Puedo ver ese saco que está allí?
DEPENDIENTE	¡Cómo no! Se nota que Ud. tiene excelente gusto porque es uno de los mejores sacos que tengo. *(Le pone el saco al cliente.)* ¡Se ve muy elegante! ¿No le gusta?
CLIENTE	Claro que me gusta. ¿Cuánto cuesta?
DEPENDIENTE	A Ud. le doy un precio especial. Por lo general, cuesta 115.000 pesos, pero a Ud. le cobro solamente 112.000 pesos. ¡Qué barato! Es una verdadera **ganga.**
CLIENTE	¡112.000 pesos! ¿Eso le parece barato a Ud.? ¿Eso le parece una ganga? A mí me parece una tremenda barbaridad. No le doy más que 70.000 pesos por ese saco.

ganga: de buen precio

Un vendedor de telas, Oaxaca, México

El comercio

DEPENDIENTE	Obviamente Ud. tiene un gran sentido del humor y piensa que este negocio es una agencia de caridad. Le vendo el saco en 111.000 pesos. Éste es mi último precio. No puedo venderlo en menos.
CLIENTE	Pero, ¿cómo es posible? En la tienda de enfrente, venden el mismo saco por la **mitad** del precio que me pide Ud.
DEPENDIENTE	Perdóneme, señor, pero no es el mismo saco. A ellos les interesa vender sólo a los turistas y a los gringos. No les importa la calidad de las cosas.
CLIENTE	Bueno, yo voy a ver qué tienen. Si no me gustan las cosas de allí, vuelvo más tarde.
DEPENDIENTE	Aquí lo espero con una absoluta tranquilidad porque sé que le conviene comprar aquí. No le van a gustar las cosas que tienen ellos.

mitad: el 50% (cincuenta por ciento)

Acto II

(un poco más tarde)

CLIENTE	Buenas tardes, señor. ¿**Todavía** tiene Ud. mi saco?
DEPENDIENTE	Me parece un poco prematuro eso de "mi saco." Hay que comprarlo primero.
CLIENTE	Ah, es cierto. A veces no recuerdo esos detalles. ¿Cuánto cuesta? Si no recuerdo mal, son 70.000 pesos, ¿no?
DEPENDIENTE	Se nota que Ud. tiene una memoria creativa. Le dejo el saco en 110.500 pesos.
CLIENTE	Me parece que Ud. no comprende mi situación. No soy un gringo lleno de dólares. Soy un pobre estudiante que trabaja para vivir. Le doy 80.000.
DEPENDIENTE	Bueno, como Ud. es tan excelente persona, le dejo el saco en 100.000. Salgo perdiendo, pero es para **guardar** la buena **voluntad** de los clientes.
CLIENTE	Le doy 80.500.
DEPENDIENTE	Acepto 90.000.
CLIENTE	Está bien. ¿Me acepta un cheque de **viajero**?
DEPENDIENTE	Con mucho gusto.

todavía: *still*

guardar: retener
voluntad: disposición
viajero: alguien que viaja

Preguntas

1. ¿Dónde está el cliente? 2. ¿Qué busca? 3. Según el dependiente, ¿cuánto cuesta un saco por lo general? 4. ¿Cree Ud. que ése es el precio común? 5. ¿Por qué dice el dependiente que el cliente tiene un gran sentido del humor? 6. ¿Adónde va el cliente después del primer encuentro? ¿Por qué? 7. ¿Por qué vuelve el cliente? 8. ¿Por qué dice el dependiente que el cliente tiene una memoria creativa? 9. ¿Por qué dice el dependiente que sale perdiendo? 10. ¿Existe algo como el regateo en los Estados Unidos?

En contexto

¿ Cómo se hace para determinar un precio ?

— ¿ Cuánto cuesta esa bolsa de cuero ?
— Se la dejo en cuarenta **australes.**

austral:
moneda
nacional de la
Argentina

— ¿ En cuánto están los huevos ?
— Le salen a ochenta centavos la docena.

— ¿ A qué precio está el kilo de carne molida ?
— Está a quinientas **pesetas** el kilo.

peseta:
moneda
nacional de
España
peso:
moneda
nacional de
varios países
hispanos

— ¿ A cuánto está el jamón ?
— Le cuestan doscientos **pesos** cada cien gramos.

escudo:
moneda
nacional de
Chile

— ¿ Cuánto me cobra por ponerle otra suela a este zapato ?
— Le cobro cuatrocientos **escudos** más el precio de los materiales.

Situaciones

Situación 1 Con un/a compañero/a de clase, prepare un corto sainete sobre el regateo. Uno de Uds. puede ser el vendedor y el otro puede ser el cliente. Use la *Lectura* "En una peletería de Tijuana" como modelo.

Situación 2 Suponga que su ciudad (o su universidad, o la clase de español, etc.) es un gran almacén, y todo está en venta. Con sus compañeros de clase, determinen cuánto va a costar cada objeto, a qué clase de persona se lo van a vender, qué objetos deben estar de oferta, etc.

Situación 3 Discuta con la clase las revistas, los programas de televisión, los actores y actrices, los diarios, programas de radio, etc. que más le gustan. No descuide el género principal de nuestra época: los anuncios comerciales.

Situación 4 Ud. tiene que convencerle a alguien (padre, madre, consejero, profesor, esposo, etc.) de que está demasiado enfermo/a para asistir a clase hoy. ¿ Qué le duele ?

Composición

Tema 1 Describa sus hábitos de consumidor/a. Por ejemplo, cuente dónde compra Ud. comida, ropa, zapatos, revistas, aparatos electrónicos, etc.

Tema 2 Escriba una corta comedia sobre un encuentro entre un/a consumidor/a y un/a dependiente/a. Use la *Lectura* y la sección *Cómo se hace...* como guía.

Vocabulario activo

sustantivos relacionados con el comercio

el almacén	la cuenta	el material	la peseta
el anuncio	el cheque de viajero	el mercado	el peso
el austral	el derecho	la meta	el precio
la calidad	la docena	la micro-computadora	el puesto
el centavo	el escudo	la moneda	el recibo
la clientela	la factura	el negocio	el reembolso
la compañía	la ganga	la oferta	el regateo
el/la consumidor/a	el gramo	el paquete	la tarjeta de crédito
el consumismo	el kilo	el par	el televisor
el consumo	la liquidación	la peletería	la tienda
el contado	la marca	la perfumería	la venta

algunas partes del cuerpo

la boca	el dedo	el labio	la oreja
el brazo	el diente	la mano	el pelo
la cabeza	la espalda	la nariz	la pierna
el cuello	el estómago	el ojo	la rodilla
el cuerpo	el hombro		

otros sustantivos

el/la consejero/a	la fuerza	el pretexto	la serie
el crimen	la justicia	el sabor	la voluntad
el derecho			

adjetivos

absurdo, -a	caro, -a	sensacional	útil
barato, -a	comercial		

expresiones verbales

agregar	discutir	faltar	interesar
aumentar	doler (ue)	fascinar	molestar
cobrar	encantar	gustar	presionar
contar (ue)	entregar	hacer falta	probar (ue)
convenir (ie)	envolver (ue)	importar	regatear

expresiones útiles

¿A cuánto está...?	de buena calidad	estar de oferta
¿Cuánto me cobra por...?	de mala calidad	pagar al contado

Yendo al trabajo en Málaga

10.1
¿Por qué **se mira** Narciso en el agua?
Narciso **se mira** porque **se ama.**

10.2
¿A qué hora **se levanta** Ud.?
Me levanto a las siete en punto.

10.3
¿A qué hora **te duermes**?
Me duermo a las once en punto.

10.4
¿A qué hora **te acostaste** anoche?
Me acosté tarde, como a las dos de la madrugada.

10.5
¿Adónde **fueron** Uds. anoche?
Fuimos al cine a ver esa nueva película de Saura.

10.6
¿Quién **escribió** las palabras que nosotros **aprendimos**?
Yo **escribí** las palabras que Uds. **aprendieron.**

10.7
¿Cuánto tiempo **hace que** diste el regalo a tu papá?
Hace una semana **que** se lo di.

EXPOSICIÓN

10.1

¿Por qué **se mira** Narciso en el agua?
Narciso **se mira** porque **se ama.**

*Una conversación entre Mario (que **se cree** fabuloso) y sus amigos (que también **se creen** fabulosos):*

Mario, ¿por qué **te miras** en el espejo?

¿También **te consideras** inteligente?

¿Con quiénes **se identifican** sus amigos?

¿**Se identifica** Don Tremendón con vosotros?

¿Así que vosotros **os creéis** los hombres más lindos del universo?

Me miro en el espejo porque **me encuentro** guapísimo.

Sí, mis amigos y yo **nos consideramos** brillantes.

Se identifican con todos los guapos y bellos de la historia.

Sí, pero nadie quiere **identificarse** con él.

No, pero estamos **presentándonos** muy bien, ¿no cree Ud.?

A. La construcción reflexiva

1. La construcción reflexiva consiste en un sujeto, un pronombre reflexivo y un verbo, todos de la misma persona.

2. En las oraciones de arriba el sujeto literalmente actúa sobre sí mismo.

3. Los pronombres reflexivos pueden agregarse a un infinitivo o a un gerundio.

Sinopsis:

	sujeto	*pronombre reflexivo*	*verbo*
	Yo	**me**	**miro** en el espejo.
	Tú	**te**	**miras** en el espejo.
	Ud., él, ella	**se**	**mira** en el espejo.
	Nosotros/nosotras	**nos**	**miramos** en el espejo.
	Vosotros/vosotras	**os**	**miráis** en el espejo.
	Uds., ellos, ellas	**se**	**miran** en el espejo.

Estudie:

Yo me miro **a mí mismo / a mí misma.**

Tú tienes que defenderte **a ti mismo / a ti misma.**

Javier se ama **a sí mismo**; Isabel se mira **a sí misma.**

Nosotros / nosotras nos queremos **a nosotros mismos / a nosotras mismas.**

¿Os aceptáis **a vosotros mismos / a vosotras mismas**?

Ellos / ellas se adoran **a sí mismos / a sí mismas.**

B. Frases de clarificación y de énfasis con el reflexivo

1. Cuando el sujeto literalmente hace y recibe la acción, es posible usar frases de clarificación o de énfasis.

2. Las frases de clarificación o de énfasis del reflexivo concuerdan en persona, número y género con el sujeto.

Sinopsis:

pronombre reflexivo	*frase de clarificación o énfasis*
me	{ a mí mismo / a mí misma
te	{ a ti mismo / a ti misma
nos	{ a nosotros mismos / a nosotras mismas
os	{ a vosotros mismos / a vosotras mismas
se	{ a sí mismo / a sí misma / a sí mismos / a sí mismas

Práctica oral

1. El mundo vanidoso. *Esa gente es muy vanidosa y siempre se están mirando en el espejo. Descríbalos en toda su vanidad con el presente progresivo.*

MODELO   María   →   **María está mirándose en el espejo. ¡Qué vanidosa!**

1. yo
2. tú y yo
3. (un actor)
4. (una cantante)
5. vosotros ^{os} estois
6. los futbolistas mirando
7. (un político)
8. las modelos
9. ???

2. **Más vanidosos.** *Describa a la gente con una frase de énfasis o de clarificación.*

> MODELO   Raúl / cuidarse → **Raúl se cuida a sí mismo.**

1. Pepa / adorarse
2. nosotros / querernos
3. Ramón / defenderse
4. yo / cuidarme
5. vosotros / amaros
6. los alumnos / deber respetarse

3. **Autorretrato.** *Haga una descripción de sí mismo/a usando las frases dadas como guía.*

1. Me considero (*inteligente, guapo, capaz, maravillosa, encantadora*).
2. Me identifico con (*mi madre, mi profesor/a de español, una actriz*).
3. Estoy preparándome para (*una fiesta, un examen, una cita, un baile*).
4. No me creo demasiado (*tonta, diligente, rico, ridículo, fabuloso*).
5. Tengo que limitarme cuando (*no tengo dinero, estoy enferma*).
6. Puedo defenderme sin problema cuando (*hablo español, juego al béisbol*).

4. **Entrevista** (entre dos). *Pregúntele a un/a compañero/a de clase.*

1. —si se cree guapo/a
2. —cuándo se mira en el espejo
3. —si se considera inteligente
4. —cuándo se prepara para un examen
5. —con quién(es) se identifica
6. —dónde va a encontrarse en dos horas
7. —si puede defenderse en un debate

10.2   ¿A qué hora **se levanta** Ud.?
        Me levanto a las siete en punto.

La rutina diaria

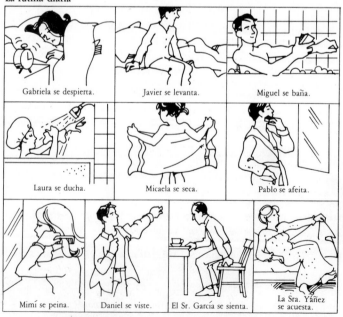

Gabriela se despierta.   Javier se levanta.   Miguel se baña.

Laura se ducha.   Micaela se seca.   Pablo se afeita.

Mimí se peina.   Daniel se viste.   El Sr. García se sienta.   La Sra. Yáñez se acuesta.

Martín, ¿qué haces para comenzar el día?

Bueno, **me despierto** a las siete, **me levanto, me baño, me seco** con una toalla, **me afeito, me peino, me visto** y **me siento** para tomar el desayuno.

Sra. Gómez, ¿qué hacen sus hijos antes de dormir?

Primero **se desvisten, se duchan** y **se secan.** Después de **ducharse** y **secarse, se acuestan** y **se duermen.**

A. La construcción reflexiva para actividades de rutina diaria

1. La construcción reflexiva se usa para muchas actividades de rutina diaria. Apréndalos en su orden más lógico:

despertarse (ie)	afeitarse	desvestirse (i)
levantarse	peinarse	ducharse
bañarse	vestirse (i)	acostarse (ue)
secarse	sentarse (ie)	dormirse (ue)

2. Por lo general, estos verbos no se usan con frases de clarificación o de énfasis porque son intransitivos. (Ud. va a aprender más sobre los verbos intransitivos en el *Capítulo 13.*)

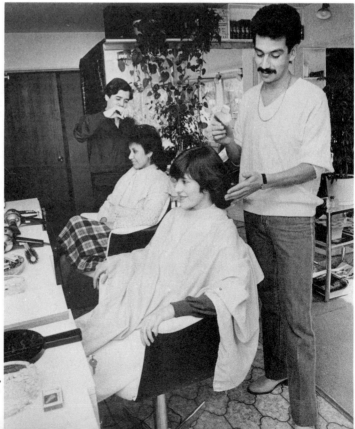

En un salón de belleza, Santiago de Chile

La rutina diaria

Estudie:

Ana, ¿qué haces antes de acostarte?	Primero, **me lavo los dientes,** y **me lavo la cara.** Después, **me quito la ropa** y **me pongo un piyama.**
¿Con qué **te secas el pelo (cabello)**?	Depende. Si tengo una secadora, **me seco el pelo** con la secadora. Si no, **me lo seco** con una toalla.
¿**Te pones** maquillaje todos los días?	Depende. Casi siempre **me pinto** los labios un poco, y **me pongo** un poco de rímel.
¿Cuándo **te lavas las manos**?	**Me lavo las manos** antes de comer; también **me las lavo** antes de acostarme.

B. La construcción reflexiva con ropa y partes del cuerpo

1. La construcción reflexiva se usa para indicar posesión de artículos de ropa y partes del cuerpo:

   Me lavo la cara. Raúl se quita el pantalón.

2. El pronombre reflexivo también se usa con un pronombre del complemento directo:

   ¿Mi abrigo? Me lo pongo y después me lo quito.

3. Casi nunca se usa un adjetivo posesivo en estos casos.

Práctica oral

5. La vida poco escandalosa de Pilar. *Pilar es una chica que lleva una vida normal y decente. Describa su vida normal y decente.*

   MODELO   6:30 / despertarse   →   **A las seis y media, Pilar se despierta.**

   1. 6:45 / levantarse
   2. 6:47 / bañarse
   3. 7:00 / secarse con una toalla
   4. 7:02 / peinarse
   5. 7:05 / vestirse
   6. 7:15 / lavarse los dientes

   7. 7:30 / pintarse los labios
   8. 7:40 / ponerse el abrigo
   9. 10:30 / desvestirse
   10. 10:35 / ponerse el piyama
   11. 10:35 / acostarse
   12. 11:00 / dormirse

6. Autorretrato. *Usando los mismos verbos de la* Práctica 5, *describa su propia rutina diaria. Invente una cadena de acciones con infinitivos y verbos.*

   EJEMPLO   **Me levanto a las 10:30 de la mañana. Despúes de levantarme, me baño. Después de bañarme, me afeito y me visto. Después de afeitarme y vestirme, me pongo el maquillaje... etc.**

7. ¿Con qué? *Tienes que explicarle a Gumersinda (pobre de Gumersinda) con qué se hacen las cosas.*

   MODELO   lavarse el pelo / un trapo o champú   →   **Debes lavarte el pelo con champú.**

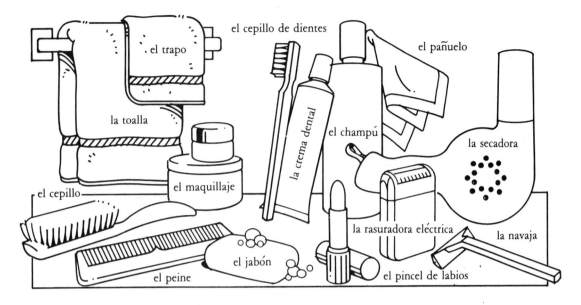

1. limpiarse los zapatos / un trapo o detergente
2. arreglarse el pelo / un cepillo o un pañuelo
3. lavarse la ropa / detergente o crema dental
4. pintarse los labios / una brocha o un pincel de labios
5. afeitarse las piernas / una rasuradora o un peine
6. lavarse los dientes / un cepillo de dientes o un pañuelo
7. limpiarse las narices / una secadora o un pañuelo → handkerchief
8. lavarse las manos / jabón o detergente

8. Entrevista (entre dos). *Pregúntele a un/a compañero/a de clase.*

1. —cuándo se pone un abrigo
2. —a qué hora se levanta
3. —cuándo se pone mucho maquillaje
4. —si se afeita con rasuradora o navaja
5. —cada cuándo se corta el pelo
6. —si se pone un piyama para dormir
7. —si se baña o se ducha
8. —cuándo se quita la ropa
9. —con qué se lava el pelo
10. —con qué se lava la cara

Nota cultural

¿ **Farmacia** o *drugstore* ?

Entre algunos hispanos, y sobre todo hispanoamericanos, un tema común es el "imperialismo norteamericano." A muchos norteamericanos les parece raro ese concepto porque los Estados Unidos tiene poca presencia militar en Hispanoamérica en comparación con las fuerzas militares que mantiene en Europa y en el Pacífico.

Granos
impurezas de la piel?

Ya no son un problema gracias a la crema Rodelan

Por sus propiedades antisépticas, la Crema Rodelan actúa eficazmente contra las impurezas que afectan la piel: granos, manchas, pústulas, puntos negros. Suprime las irritaciones, purifica y restablece la piel que recupera así su tersura y suavidad. Pruébela esta misma noche.

Indispensable en todo botiquín familiar.

CREMA RODELAN
antiséptica · ideal para la salud de la piel
Venta exclusiva en Farmacias.

Sin embargo, una visita a cualquier tienda revela otro tipo de "ocupación." El detergente que se vende en Hispanoamérica puede ser Fab; el jabón puede ser Ivory o Dial, la pasta dental puede llamarse Colgate, y la crema para manos es de Jergens. Las toallas son de Canon, las navajas son de Gillette, y las secadoras de pelo y las rasuradoras son de Remington.

Esa presencia extranjera en el comercio tiene defensores y detractores. Según sus defensores es un signo de modernización y progreso. Para los detractores es una interferencia en la economía nacional.

Durante los últimos veinte años los Estados Unidos vive una experiencia similar. A principios de los sesenta, ciertos países asiáticos empezaron a exportar a los Estados Unidos coches, ropa y productos electrónicos y ahora la presencia económica extranjera en los Estados Unidos está a punto de dominar ciertas industrias. ¿Qué cree Ud.? ¿Es la presencia extranjera en los Estados Unidos un signo de progreso, o es una amenaza al bien económico del país? También, ¿cómo cree Ud. que muchos hispanoamericanos reaccionan a la presencia económica estadounidense en sus países?

| **10.3** | ¿A qué hora **te duermes**?
Me duermo a las once en punto. |

Algunos verbos cambian de significado en una construcción reflexiva. Compare:

comer: Como todos los días. (**comer:** *ya se sabe*)

comerse: Tengo tanta hambre que puedo **comerme** toda una pizza. (**comerse:** *comer con mucha intensidad, vorazmente*)

dormir: Trato de **dormir** ocho horas por día. (**dormir:** *ya se sabe*)

dormirse: Si estoy cansada, **me duermo** sin problema. (**dormirse:** *empezar a dormir*)

ir: **Voy** al baño para lavarme los dientes. (**ir:** *ya se sabe*)

irse: **Me voy** y no pienso volver. (**irse:** *el contrario de* **llegar**)

llamar: Te **llamo** esta noche por teléfono. (**llamar:** *ya se sabe*)

llamarse: Esta ciudad **se llama** Saltillo. (**llamarse:** *tener un nombre*)

quedar: ¿Dónde **queda** el parque municipal? (**quedar:** *igual que "estar"; se usa principalmente con lugares*)

quedarse: No salgo hoy; **me quedo** en casa. (**quedarse:** *seguir en el mismo lugar; contrario de* **salir** *y de* **irse**)

sentir: El gato **siente** la vibración. (**sentir (ie):** *percibir*)

sentirse: No **me siento** bien; debo estar enfermo. (**sentirse:** *percibir un estado físico personal*)

ver: Te **veo** más tarde si quieres. (**ver:** *ya se sabe*)

verse: ¡Qué elegante **te ves**! (**verse:** *tener la apariencia de*)

Práctica oral

9. Reacciones. *Describa la reacción más lógica de la gente a continuación.*

> MODELO   Delia quiere saber el nombre de una persona. (llamar / llamarse)
> Delia dice: ¿cómo _____ Ud.? → **Delia dice: ¿cómo se llama Ud.?**

1. Margarita y Josefina tienen muchísima hambre. (comer / comerse)
   Van a __comerse__ una pizza.
2. Beti está cósmicamente cansada. (dormir / dormirse)
   Se acuesta y __se duerme__ inmediatamente.
3. Miguel no quiere salir esta noche. (quedar / quedarse)
   Quiere __quedarse__ en casa.
4. Aída y José viven en Olvidadoburgo; quieren vivir en España. (ir / irse)
   Quieren __irse__ de Olvidadoburgo.
5. Jaime tiene una cita con una persona divina esta noche. (ver / verse)
   Quiere __verse__ bien.
6. Roberto está comiendo como un animal. (sentir / sentirse)
   Dentro de poco va a __sentirse__ mal.

10. **Entrevista** (entre dos). *Pregúntele a un/a compañero/a de clase.*

1. ¿Cómo te sientes hoy? 2. Por lo general, ¿se ve mejor la gente por la mañana o por la noche? 3. ¿Quién va a quedarse en (su ciudad) durante el verano? 4. ¿Cuándo vas a irte de aquí? 5. ¿A qué hora te duermes? 6. Cuando tienes mucha hambre, ¿comes la comida o te comes la comida?

10.4

¿A qué hora **te acostaste** anoche?
Me acosté tarde, como a las dos de la madrugada.

¿A qué hora **se acostaron** Uds. anoche?	Yo **me acosté** a las once, pero Antonio no **se acostó** hasta medianoche.
¿**Te levantaste** a la misma hora que él?	Sí, **nos levantamos** juntos.
Niños, ¿**tomasteis** toda la leche?	Sí, mamá. **Tomamos** toda la leche porque somos buenos chicos.

A. El pretérito de los verbos terminados en *-ar*

1. En español hay dos tiempos pasados, el pretérito y el imperfecto. Ud. va a aprender acerca del imperfecto en el próximo capítulo.

2. Las desinencias de los infinitivos terminados en **-ar** en el pretérito son **-é, -aste, -ó, -amos, -asteis** y **aron,** y se agregan a la raíz del infinitivo.

3. No hay cambios de raíz para los verbos terminados en **-ar** en el pretérito. Compare:

Generalmente **me acuesto** temprano, pero anoche **me acosté** tarde.

Por lo general Raúl **cierra** la puerta, pero no la **cerró** anoche.

4. Las formas correspondientes a **nosotros** son iguales en el presente y en el pretérito. El contexto indica el significado. Compare:

Casi siempre **tomamos** vino a mediodía, pero ayer **tomamos** cerveza.

Sinopsis:

sujeto	*desinencia*	*tomar*	*recordar*
yo	**-é**	tomé	recordé
tú	**-aste**	tomaste	recordaste
Ud./él/ella	**-ó**	tomó	recordó
nosotros/nosotras	**-amos**	tomamos	recordamos
vosotros/vosotras	**-asteis**	tomasteis	recordasteis
Uds./ellos/ellas	**-aron**	tomaron	recordaron

B.   Algunas expresiones para hablar en pasado

Anoche cené con una amiga pero no nos gustó la comida.
Ayer por la tarde estudié varias horas en la biblioteca.
Ayer por la mañana me corté el pelo.
Anteayer llegaron mis padres a visitarme.
Anteanoche mis padres y yo jugamos al bridge.
La semana pasada mis tíos me llamaron de larga distancia.
El año pasado mis amigos y yo comenzamos a estudiar español.
En el siglo XIX (diecinueve) mis antepasados llegaron a este país.

Práctica oral

11.   La buena (?) memoria de Don Tremendón.   *Don Tremendón describe sus actividades de ayer, y su hermana Gumersinda lo corrige. ¿Qué dicen?*

> MODELO   llamar a mamá ayer (anoche)
> Estudiante 1:   **Llamé a mamá ayer.**
> Estudiante 2:   **No, llamaste anoche.**

1.   afeitarse anoche (la semana pasada)
2.   acostarse a las diez y media (a las cuatro de la madrugada)
3.   lavar todos los platos (ningún plato)
4.   bañarse ayer (el año pasado)
5.   estudiar toda la noche (cinco minutos)
6.   trabajar muchísimo (nada)

12.   ¿Qué pasó ayer?   *Rafael está describiendo las actividades de él y sus amigos ayer. ¿Qué dice?*

> MODELO   Joaquín / llamar a su madre   →   **Ayer Joaquín llamó a su madre.**

1.   Ana y Juan / sacar fotos
2.   Ricardo / cortarse el pelo
3.   nosotros / despertarse tarde
4.   Sebastián / ducharse en el gimnasio
5.   el equipo / ganar un partido
6.   tú / acostarse temprano
7.   vosotros / llamar a España
8.   yo / pasar el día en casa

13.   Grandes eventos.   *Identifique a las personas en la primera columna que corresponden a los eventos en la segunda. Exprese la identificación con una oración completa en el pretérito.*

1.   Alexander Graham Bell
2.   Martín Lutero
3.   Constantino
4.   Marlon Brando
5.   Babe Ruth
6.   Thomas Edison
7.   Hernán Cortés
8.   Enrique VIII

a.   jugar al béisbol
b.   actuar en *The Godfather*
c.   conquistar a México
d.   hablar por teléfono
e.   clavar sus tesis en una iglesia
f.   matar a sus esposas
g.   aceptar el catolicismo
h.   inventar el tocadiscos

14. Confesiones y chismes.   *Use la tabla para describir sus actividades y las actividades de otra gente en distintos momentos pasados.*

EJEMPLO   **En el siglo XV (quince) Cristóbal Colón llegó a América.**

Ayer... *yesterday*	yo	hablar con
Anoche... *last night*	tú	trabajar
Anteayer... *day before yesterday*	(nombre de una persona)	estudiar
El año pasado...	(nombres de varias personas)	acostarse
La semana pasada... *past wed*	nosotros	levantarse
El sábado... *saturde*	vosotros	bañarse
Esta mañana...		despertarse
El viernes... *fri*		entrar en
Ayer por la mañana...		llegar
En el siglo... *century*		ganar
		llamar a

(marginal handwritten note: me your part)

15. Entrevista (entre dos).   *Pregúntele a un/a compañero/a de clase.*

1. —a qué hora se despertó hoy
2. —a qué hora se levantó
3. —si se bañó o se duchó
4. —si se pintó la cara
5. —si llamó a alguien por teléfono
6. —qué estudió esta mañana
7. —si compró algo hoy
8. —si llegó a clase a la hora
9. —si se acostó temprano anoche
10. —con qué soñó

10.5

¿Adónde **fueron** Uds. anoche?
Fuimos al cine a ver esa nueva película de Saura.

¿**Fuiste** al parque ayer?
¿**Fueron** Uds. al concierto?

¿**Fuisteis** vosotros al museo?

Sí, **fui** con un buen amigo.
Yo **fui** al concierto. Ana **fue** al cine con una compañera.

Sí, **fuimos** anteayer.

Roberto y yo **fuimos** compañeros de escuela durante tres años.
Mis clases del año pasado **fueron** interesantes pero difíciles.
Fui el primer hijo de mis padres. Soy el mayor.

Ir y *ser* en el pretérito

1. **Ir** y **ser** tienen exactamente las mismas formas en el pretérito.
2. El contexto indica el significado.

Sinopsis:

ir / ser	
fui	fuimos
fuiste	fuisteis
fue	fueron

Práctica oral

16. **¿ Adónde fue la gente ?** *Indique adónde fue la gente de vacaciones.*

> MODELO   Silvia / Mar del Plata   →   **Silvia fue a Mar del Plata de vacaciones.**

1. Joaquín / la Costa del Sol
2. los García / Mallorca
3. tú / Puerto Vallarta
4. nosotros / Mérida

5. María y yo / Bariloche
6. vosotros / Punta del Este
7. yo / ? ? ?
8. Gumersinda / Siberia

17. **Entrevista** (entre dos).   *Pregúntele a un/a compañero/a de clase.*

1. —adónde fueron él/ella y sus amigos anoche para cenar
2. —adónde fueron los alumnos después de la última clase del año pasado
3. —si fue al cine anoche y con quién
4. —con quién fue a almorzar ayer
5. —si fue el primer/la primera hijo/a de sus padres
6. —si fue más difícil el último examen que el primero en esta clase

---

10.6

¿Quién **escribió** las palabras que nosotros **aprendimos**?
Yo **escribí** las palabras que Uds. **aprendieron**.

¿Dónde **comiste** tú anoche?
¿Qué **comieron** Uds.?
¿**Comió** con Uds. Miguel?
¿A qué hora **salieron** Uds. del restaurante?
Ana, ¿qué película **viste** anoche?
¿Qué **visteis** vosotras?
¿Os **dio** alguien las entradas?

Comí en el centro con unos amigos.
Comimos arroz con pollo.
No, Miguel no **salió** de casa anoche.
Salimos como a las nueve y **volvimos** directamente a casa.
No **vi** una película; fui al teatro.
Vimos *La vida es sueño* de Calderón.
Sí, Marci y Samuel nos las **dieron.**

El pretérito de los verbos regulares terminados en *-er* y en *-ir*

1. Los verbos regulares de la segunda y la tercera conjugaciones tienen las mismas desinencias en el pretérito: **-í, -iste, -ió, -imos, -isteis** e **-ieron.**
2. **Dar** en el pretérito usa las mismas desinencias que los infinitivos terminados en **-er** e **-ir: di, diste, dio, dimos, disteis** y **dieron.**
3. Verbos de una sola sílaba (**di, dio, fui, fue, vi, vio,** etc.) no requieren acento.
4. Los infinitivos terminados en **-er** que tienen cambios de raíz en el presente no los tienen en el pretérito:
   Generalmente **vuelvo** temprano, pero anoche **volví** tarde.
   (*Algunos infinitivos terminados en -ir tienen cambios de raíz en el pretérito que Ud. va a aprender en el* Capítulo 12.)
5. Las formas que corresponden a **nosotros** en la tercera conjugación son iguales en el presente y en el pretérito (**vivimos/vivimos**); el contexto indica el significado.

Sinopsis:

sujeto	desinencia	volver	escribir	dar
yo	**-í**	volví	escribí	di
tú	**-iste**	volviste	escribiste	diste
Ud./él/ella	**-ió**	volvió	escribió	dio
nosotros/nosotras	**-imos**	volvimos	escribimos	dimos
vosotros/vosotras	**-isteis**	volvisteis	escribisteis	disteis
Uds./ellos/ellas	**-ieron**	volvieron	escribieron	dieron

Práctica oral

18. Excepciones. *A veces la gente tiene que variar su rutina. Describa qué pasó en la vida de la gente a continuación.*

> **MODELO** Generalmente Ana vuelve a casa a las siete, pero ayer... (ocho)
> → **Generalmente Ana vuelve a casa a las siete, pero ayer volvió a las ocho.**

1. Por lo general, Raúl les escribe a sus padres dos veces por mes, pero el mes pasado... (solamente una vez)
2. Generalmente comemos a mediodía, pero ayer... (a la una)
3. Casi siempre Ana y María asisten a todas las reuniones, pero la semana pasada... (a solamente una)
4. Por lo general, yo me duermo a las once, pero anoche... (a la una)
5. Generalmente tú me das tus entradas extras, pero anoche... (dárselas a Raúl)

19. El día ocupadísimo de Luisa. *Son las 10:30 de la noche, y Luisa le está describiendo su día a su compañera de cuarto. ¿Qué dice?*

> **MODELO** 7:30 A.M. / despertarse → **A las siete y media de la mañana, me desperté.**

1. 8:00 A.M. / comer un pastel
2. 8:30 A.M. / salir de casa
3. 8:45 A.M. / subir al autobús
4. 9:00 A.M. / comenzar a trabajar
5. mediodía / comer con una amiga
6. 1:00 P.M. / volver al trabajo
7. 5:00 P.M. / salir del trabajo
8. 6:30 P.M. / ir a casa de mi mamá
9. hasta las 9:00 / ver televisión
10. 9:30 P.M. / volver a casa

20. La vida fascinante de los estudiantes. *¿Qué pasó en la vida de estos estudiantes ayer?*

> **MODELO** Ricardo / mandar una carta a su novia
> → **Ricardo mandó una carta a su novia.**

1. Luisa / devolver varios libros a la biblioteca
2. yo / comer un bife con papas fritas, ensalada mixta, café y postre
3. Ricardo y Miguel / ver un partido de fútbol por televisión
4. mis vecinos / irse a Europa de vacaciones
5. yo / dormir toda la tarde
6. Hugo y Héctor / beber demasiada cerveza
7. Aída y Jorge / volver a casa escandalosamente tarde
8. Antonio y Teodoro / darle un regalo a su profesor favorito

21. Ficciones y realidades (entre dos). *Con un/a compañero/a de clase, describa sus actividades (y las actividades de otra gente). Use la tabla como guía.*

El lunes	yo	vivir en...
Ayer	tú	ir a...
Anteayer	yo y ?	almorzar en...
Anoche	(nombre de una persona)	comprar comida en...
El sábado	(nombre de varias personas)	comer en...
La semana pasada		devolver libros a...
El año pasado		recibir un ascenso
El siglo pasado		recibir un aumento
		despertarse a las...
		dar un regalo a...
		levantarse a las...
		acostarse a las...
		escribir una carta a...
		recibir una carta de...
		ir de compras con...

CREE UNA SONRISA

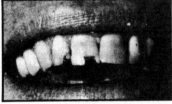 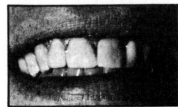

Antes   Después

. . . con nuevas técnicas en "Bonding" en una sola visita, sin necesidad de anestesia. Podemos arreglar dientes partidos, cerrar espacios y enderezar o blanquear dientes.

Luzca su máximo . . . usted se lo merece

10.7

¿Cuánto tiempo **hace que** diste el regalo a tu papá?
Hace una semana **que** se lo di.

¿Cuánto tiempo **hace que** te levantaste?

¿Cuántos meses **hace que** vieron Uds. esa película?

¿Cuántas horas **hace que** se fueron los chicos?

¿Cuántos años **hace que** naciste?

Hace dos horas **que** me levanté.

¡Uy! **Hace** más de siete meses **que** la vimos.

Se fueron **hace** tres horas.

Nací **hace** casi veinte años.

Hace... que con el pretérito

1. **Hace... que** se usa con el pretérito para indicar un período de tiempo entre el presente y un evento pasado.
2. Se omite **que** cuando **hace + (el período de tiempo)** está después del verbo.

La rutina diaria

Sinopsis:

Hace... que *en una pregunta*

¿Cuánto tiempo		usted lavó los platos?
¿Cuántos meses	**hace que**	José dejó de fumar?
¿Cuántas horas		se fueron tus padres?

Hace... que *en una respuesta*

Hace	tres horas	**que**	lavé los platos.
	dos meses		José dejó de fumar.
	una hora		se fueron mis padres.

Hace + (período de tiempo) *después del verbo*

Lavé los platos		tres horas.
José dejó de fumar	**hace**	dos meses.
Mis padres se fueron		una hora.

Práctica oral

22. Preguntas para respuestas. *Haga una pregunta para las respuestas a continuación.*

MODELO   Marisa llegó hace un año.   →   **¿Cuántos años hace que Marisa llegó?**

1. Marina nació hace cincuenta años.
2. Hace dos días que me afeité.
3. Hace media hora que se fue Pepe.
4. Dejé de fumar hace dos años.
5. Hace cinco siglos que Colón descubrió América.
6. Hace mucho tiempo que Ana Bolena perdió la cabeza.

23. El supervisor vigilante. *Ud. trabaja en una oficina y su supervisor quiere saber cuándo empezaron los empleados a hacer su trabajo.*

MODELO   Margarita / sacar copias (una hora)
Estudiante 1:   **¿Cuánto tiempo hace que Margarita empezó a sacar copias?**
Estudiante 2:   **Hace una hora que Margarita empezó a sacar copias.**

1. Gaby / escribir la carta (cinco minutos)
2. la señora Gómez / atender a clientes (dos horas)
3. Miguel y Javier / sacar cuentas (media hora)
4. vosotros / revisar facturas (dos días)
5. Ana y Luis / dar una demostración a un cliente (una semana)
6. Ud. / hablar conmigo (demasiado tiempo)

24. **Entrevista** (entre dos). *Invente preguntas para un/a compañero/a de clase usando la tabla a continuación como guía.*

¿Cuánto tiempo hace que	yo	levantarse
¿Cuántos meses hace que	tú	acostarse
¿Cuántos años hace que	usted	afeitarse
¿Cuántas horas hace que	usted y...	bañarse
¿Cuántos...	(otra persona)	ducharse
	(otras personas)	despertarse
		cortarse el pelo
		lavarse los dientes
		limpiar la casa
		? ? ?

Pronunciación y ortografía

A. *La entonación española difiere mucho de la entonación inglesa. Generalmente, en una frase normal (que no es ni pregunta ni exclamación) el tono más agudo se da en la primera sílaba tónica (la primera sílaba que recibe el énfasis). Esa entonación es muy distinta de la entonación inglesa. Compare y repita:*

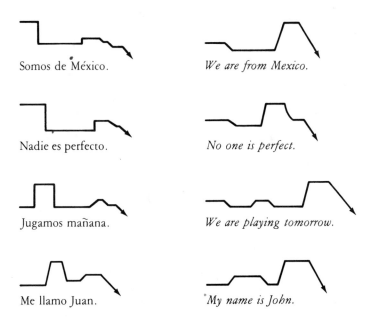

Somos de México.   *We are from Mexico.*

Nadie es perfecto.   *No one is perfect.*

Jugamos mañana.   *We are playing tomorrow.*

Me llamo Juan.   *My name is John.*

B. *La entonación de una pregunta en español que comienza con una palabra interrogativa es casi igual que la entonación de la frase normal de la sección anterior. Compare y repita:*

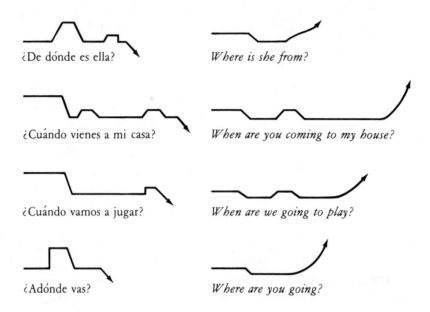

¿De dónde es ella?

Where is she from?

¿Cuándo vienes a mi casa?

When are you coming to my house?

¿Cuándo vamos a jugar?

When are we going to play?

¿Adónde vas?

Where are you going?

C. *En una pregunta que no comienza con una palabra interrogativa, la entonación es más o menos como en inglés. Compare y repita:*

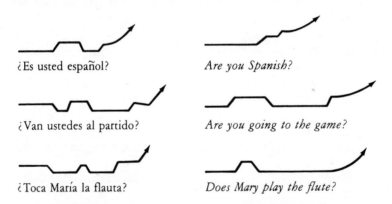

¿Es usted español?

Are you Spanish?

¿Van ustedes al partido?

Are you going to the game?

¿Toca María la flauta?

Does Mary play the flute?

D. *En inglés, la duración de cada sílaba varía mucho. En español, cada sílaba, incluso las sílabas átonas (que no reciben el énfasis), tiene más o menos la misma duración. Lea las frases a continuación, poniendo atención especial a la entonación y la duración de las sílabas:*

Nadie debe levantarse antes de mediodía después de una noche difícil.
Mis hijos se duchan en el gimnasio después de la práctica de fútbol.
Tenemos que trabajar diligentemente para salir adelante.
Duermo bien si mi bebé no se despierta demasiado temprano.
Esta noche voy a dormir como un tronco porque tengo mucho sueño.

CREACIÓN

Lectura

Retrato de David Candelaria

David Candelaria es un joven de veinte años que vive en el centro de Los Ángeles con su abuela. Su abuela es una mujer muy vieja que ya no puede cuidarse sola. Los padres de David murieron en un accidente cuando David **tenía** cuatro años. Desde entonces, la abuela es la única madre que David y su hermana conocen.

La situación de la familia es precaria. David recibe una pequeña pensión por la **muerte** de sus padres, pero eso va a terminar dentro de un año. La abuela también recibe dinero del Seguro Social, pero **aun** con eso, David tiene que trabajar varias horas por día.

Hoy fue un día típico. David se levantó a las cinco de la madrugada. Se bañó y se afeitó rápidamente para estudiar un par de horas antes de ir al trabajo. David quiere ser médico, pero no sabe si **más adelante** lo van a aceptar en una buena **facultad** de medicina porque a veces llega a clase sin preparar, y algunas de sus notas no son de las mejores.

A las 7:00, David despertó a su abuela y la ayudó a caminar al baño. Cuando ella terminó de bañarse, David la ayudó a vestirse. David preparó el desayuno para los dos. Después del desayuno, David llevó a su abuela a la casa de su hermana, Susana. Susana cuida a la abuela mientras David trabaja y asiste a clases.

A las 8:00 de la mañana David entró en el hospital donde trabaja de asistente de enfermeras. Trabajó seis horas. A las 2:00 de la tarde salió del hospital y se fue directamente a la universidad donde asistió a clases de química, física y biología. Éstos son cursos necesarios para David porque está preparándose para una carrera de medicina. Además de sus clases, David fue a dos laboratorios hoy. A las nueve de la noche, terminó su clase y fue a la casa de su hermana para recoger a su abuela.

En casa, David cenó rápidamente, ayudó a su abuela a acostarse, y después empezó a estudiar. Se acostó a medianoche, y se durmió inmediatamente. Mañana va a repetir **de nuevo** la rutina de hoy.

No se sabe si van a aceptar a David en una facultad de medicina. Tiene buenas notas, pero no son de las más altas porque su vida dificulta mucho el estudio. Sin embargo, algunos dicen que una B en el caso de David indica más inteligencia, más deseo, más devoción y más trabajo que una A en el caso de un estudiante que vive con relativamente pocas preocupaciones. ¿Qué piensa Ud.?

tenía: el imperfecto de *tener*; Ud. va a aprender este tiempo pasado en el próximo capítulo

muerte: fin de la vida

aun: *even*

más adelante: en el futuro

facultad: centro de estudios avanzados

de nuevo: otra vez

Preguntas

1. ¿Por qué vive David con su abuela? 2. ¿Por qué no puede cuidarse la abuela? 3. ¿A qué hora se levantó David? 4. ¿Adónde llevó a su abuela? 5. ¿Dónde trabaja David? 6. ¿A qué hora salió David del hospital y adónde fue? 7. ¿A qué clases asistió? 8. ¿A qué hora volvió David a casa? 9. ¿Y a qué hora se acostó? 10. ¿Cree Ud. que David tiene derecho a estudiar medicina si no tiene las mejores notas? ¿Por qué?

En contexto

¿ Cómo se hace para pedir algo en una farmacia ?

— Buenos días, señora. ¿En qué puedo servirle ?

— **Quisiera** una crema para las manos.

— Tenemos de varios tipos. ¿Prefiere Ud. alguna **marca** en especial ?

— Quiero algo para **piel** delicada.

— ¿No le gusta esta marca ?

— Sí, pero ¿no la tiene en un **tamaño** más grande ?

— Cómo no. ¿Algo más ?

— ¿Hay crema solar ?

— Cómo no. ¿Quiere Ud. crema o aceite ?

— Me gusta más el aceite.

— ¿Está bien éste ?

— Me parece perfecto. ¿Cuánto le debo ?

— Son 600 (seiscientas) pesetas más el **impuesto.** ¿Se lo envuelvo ?

— No. Está bien así. ¿Dónde pago ?

— Allí en la **caja,** por favor.

quisiera: forma cortés de "quiero"

marca: nombre comercial

piel: membrana que cubre el cuerpo

tamaño: cantidad

impuesto: dinero para el gobierno

caja: donde se paga

Situaciones

Situación 1   Ud. llegó hace muy poco a la universidad y ahora vive en una residencia estudiantil. Pero Ud. no conoce los reglamentos de la residencia. Información que Ud. necesita: ¿Dónde puede uno bañarse, ducharse, afeitarse, lavarse los dientes, lavarse la ropa ? ¿Dónde se consigue pasta dental, jabón, champú, etc. ? Pídale toda la información que Ud. necesite a un/a compañero/a de clase.

Situación 2   Un amigo tiene que tomar una limosina al aeropuerto que sale a las cinco de la mañana. ¿Qué debe hacer para llegar a tiempo ? Es decir, Ud. tiene que decirle cuándo debe acostarse, dormirse, prepararse las maletas, lavarse la ropa, bañarse, afeitarse, etc.

Situación 3   Ud. tiene que enseñarle a un niño chiquito buenas costumbres higiénicas. Sus primeros consejos pueden ser: Debes levantarte a las siete de la mañana. Debes bañarte todos los días. Otros temas: lavarse las manos, bañarse, ducharse, limpiarse las narices, limpiarse las orejas, peinarse, cortarse el pelo, cortarse las uñas, lavarse el pelo, lavarse la ropa, etc.

Situación 4   Pregúntele a un/a compañero/a de clase, en pasado, cómo se preparó para salir de casa hoy. Por ejemplo, ¿a qué hora se despertó (se levantó, etc.) ? ¿Se bañó esta mañana ? etc.

Composición

Tema 1   Su rutina diaria de ayer, empezando con el momento de despertarse y terminando con el momento de dormirse. Narre todo en pretérito.

Tema 2   Describa la rutina diaria ideal de un país de su propia invención y fantasía.

Vocabulario activo

algunos artículos de higiene y belleza

el cepillo	el desodorante	el maquillaje	el pincel
el cepillo de dientes	el detergente	la navaja	la rasuradora
la crema dental	el espejo	el pañuelo	el rímel
la crema solar	la espuma de afeitar	la pasta dental	la secadora
la colonia	el jabón	el peine	la toalla
el champú	la loción	el perfume	el trapo

verbos de rutina diaria

acostarse (ue)	despertarse (ie)	lavarse	ponerse (la ropa)
afeitarse	desvestirse (i)	levantarse	quitarse (la ropa)
bañarse	dormirse (ue)	limpiarse	secarse
desayunarse	ducharse	peinarse	vestirse (i)

otros verbos que se usan mucho en reflexivo

adorarse	cuidarse	llamarse	quedarse
amarse	defenderse (ie)	mirarse	quererse (ie)
arreglarse	encontrarse (ue)	odiarse	respetarse
comerse	identificarse	olvidarse	sentarse (ie)
considerarse	irse	pintarse	sentirse (ie)
cortarse	limitarse	prepararse	verse

otros verbos

conquistar	descubrir	matar	revelar
corregir	dificultar	nacer	revisar
cubrir	llevar	percibir	variar

más partes del cuerpo

la barba	el cuello	los ojos	el pie
el bigote	los dientes	el pelo	la piel
la boca	la nariz, las narices	las pestañas	las uñas
el cabello			

algunas expresiones para hablar en pasado

anoche	ayer	ayer por la tarde	en el siglo...
anteanoche	ayer por la mañana	el año pasado	la semana pasada
anteayer			

otros sustantivos

la amenaza	el/la atleta	el/la conquistador/a	la vanidad
el/la antepasado/a	la cita		

adjetivos

bello, -a	higiénico, -a	vanidoso, -a	voraz
capaz	hispanoamericano, -a		

expresiones útiles

de nuevo	en seguida	es decir

CAPÍTULO 11

La narración y la historia

Monumento a José de San Martín, Buenos Aires

EXPOSICIÓN

11.1

Llegué a la casa y **toqué** el timbre.
Los alumnos **leyeron** cómo se **destruyó** la ciudad en el terremoto.

Cristina, ¿por qué empezaste a estudiar tan tarde?

Comencé a estudiar tarde porque **llegué** tarde. **Llegué** tarde porque fui al banco. En el banco **saqué** un poco de dinero y fui a *La Cabaña* donde **almorcé** con una vieja amiga. **Pagué** el almuerzo y volví a casa. **Toqué** el piano un rato y por fin **empecé** a estudiar.

A. Cambios ortográficos en el pretérito de los infinitivos terminados en *-gar, -car* y *-zar*

1. La primera persona singular del pretérito de los infinitivos terminados en **-gar** es **-gué:**
    Llegué a la boletería y **pagué** las entradas. *to get up early*
    Llegué temprano porque **madrugué.** —
2. La primera persona singular del pretérito de los infinitivos terminados en **-car** es **-qué:**
    Saqué la música y **toqué** la sonata.
    No contestó mi amigo porque **marqué** mal su número.
3. La primera persona singular del pretérito de los infinitivos terminados en **-zar** es **-cé:**
    Almorcé y después **comencé** a leer.
    Empecé a estudiar después de medianoche.
4. Estos cambios ortográficos conservan el sonido original de la raíz.

Sinopsis: *to play*   *to move (arrive)*   *to begin*

tocar		*llegar*		*comenzar*	
to**qué**	tocamos	lle**gué**	llegamos	comen**cé**	comenzamos
tocaste	tocasteis	llegaste	llegasteis	comenzaste	comenzasteis
tocó	tocaron	llegó	llegaron	comenzó	comenzaron

Los desastres y los accidentes

el choque · el diluvio (la inundación) · la guerra

el incendio · el terremoto · la tormenta

Estudie:

¿**Leíste** el artículo sobre el incendio? — No, pero me lo **leyó** mi esposa.
¿Dónde **leyeron** Uds. sobre el diluvio? — **Leímos** un artículo en el diario.

¿**Oyeron** tus amigos la buena noticia? — Sí, la **oyeron**, pero no la **creyeron**.
¿Cómo se **destruyó** la ciudad antigua? — Se **destruyó** en un terremoto.
¿**Creíste** el chisme que **oíste**? — No, no lo **creí**.
¿Te **caíste** en la tormenta? — Sí. Me **caí** a causa de la lluvia.

B. Cambios ortográficos en el pretérito de *oír* y de infinitivos terminados en *-aer, -eer* y *-uir*

1. Si la raíz de un infinitivo terminado en **-er** e **-ir** termina en vocal (**caer, creer, leer, oír, destruir, instruir,** etc.), se cambia la **-i-** de la desinencia del pretérito por **-y-** en la tercera persona singular y plural:
   cayó/cayeron ; leyó/leyeron ; oyó/oyeron ; destruyó/destruyeron
2. Si la raíz termina en **a, e** u **o** (**caer, creer, oír,** etc.), todas las formas excepto la tercera persona plural llevan acento.
3. Los verbos terminados en **-uir** requieren acento en el pretérito sólo en la primera y tercera persona singular.

Sinopsis:

to fail or be located *to read* *to hear* *to construct*

caer	leer	oír	construir
caí	leí	oí	construí
ca**íste**	le**íste**	o**íste**	construiste
ca**yó**	le**yó**	o**yó**	constru**yó**
ca**ímos**	le**ímos**	o**ímos**	construimos
ca**ísteis**	le**ísteis**	o**ísteis**	construisteis
ca**yeron**	le**yeron**	o**yeron**	constru**yeron**

Práctica oral

1. **¿Qué causó el desastre?** *Sandra está explicándole a Raúl la causa de varios desastres. ¿Qué dice?*

> MODELO   ese edificio / terremoto
> Estudiante 1: **¿Qué destruyó ese edificio?**
> Estudiante 2: **Un terremoto lo destruyó.**

1. ese almacén / un incendio
2. esa torre / una tormenta eléctrica
3. tu jardín / las inundaciones de la primavera
4. esas ciudades / una guerra
5. esas casas / un diluvio
6. tus flores / las tormentas
7. ese tren / un choque
8. la sociedad / Gumersinda y Don Tremendón

2. **¿Por qué saben tanto?** *Explique los grandes conocimientos de la gente a continuación.*

> MODELO   Beatriz / el amor / *Redbook* o *Road and Track*
> →   **Beatriz sabe tanto sobre el amor porque leyó un artículo en *Redbook*.**

1. Raquel / el béisbol / *Sports Illustrated* o *Seventeen*
2. nosotros / los coches / *Cosmopolitan* o *Modern Mechanics*
3. Rubén y Edgardo / la moda masculina / *Time* o *GQ*
4. yo / la política / *Heavy Metal* o *Foreign Affairs*
5. tú / música rock / *Rolling Stone* u *Opera News*
6. (nombre de un/a estudiante) / el amor / *Boy's Life* o *National Inquirer*
7. (nombre de otro/a estudiante) / ? / ?
8. Gumersinda y Don Tremendón / esta universidad / ?

3. **Entrevista** (entre dos). *Pregúntele a un/a compañero/a de clase.*

1. —si se cayó alguna vez de un árbol
2. —qué novelas leyó el verano pasado
3. —a qué hora comenzó a estudiar anoche
4. —quién le pagó la matrícula este año
5. —qué oyó esta mañana en el momento de despertarse
6. —si construyó algo alguna vez
7. —cuál fue el último juego que jugó
8. —a qué hora llegó a clase hoy
9. —cuánto dinero sacó de su cuenta en el banco la última vez
10. —con quién almorzó ayer

11.2

¿Con quién **necesitabas** hablar tú?
Yo **necesitaba** hablar con mi profesor de historia.

¿Dónde **estaban** Uds. ayer a las cinco?	(Nosotros) **estábamos** en una fábrica de textiles.
¿**Pensabas** hablar con alguien en particular?	Sí, (yo) **pensaba** hablar con el jefe de la empresa.
¿Cómo se **llamaba** el jefe?	Se **llamaba** Juan Carlos Gómez.
¿**Estabais** vosotros nerviosos?	No, **estábamos** bien.

A. El imperfecto de los infinitivos terminados en *-ar*

1. El segundo tiempo del pasado en español es el imperfecto. Ud. va a aprender cómo se usa en la sección 11.6.
2. Para formar el imperfecto de los verbos de la primera conjugación se agregan las desinencias **-aba, -abas, -aba, -ábamos, -abais** y **-aban** a la raíz del infinitivo.
3. No hay cambios de raíz en el imperfecto, y sólo las formas que corresponden a **nosotros** llevan acento.
4. Las formas de primera y tercera persona singular son iguales en todos los verbos del imperfecto.

Sinopsis:

sujeto	desinencia	*estar*	*llamar*	*pensar*
yo	**-aba**	estaba	llamaba	pensaba
tú	**-abas**	estabas	llamabas	pensabas
Ud./él/ella	**-aba**	estaba	llamaba	pensaba
nosotros/nosotras	**-ábamos**	estábamos	llamábamos	pensábamos
vosotros/vosotras	**-abais**	estabais	llamabais	pensabais
Uds./ellos/ellas	**-aban**	estaban	llamaban	pensaban

Estudie:

Cuando yo te vi en la biblioteca, ¿**estabas estudiando** o **estabas conversando**?	Yo **estaba estudiando**, pero quién sabe qué **estaban haciendo** los otros estudiantes.
¿Con quién **estaba viviendo** Guillermo el año pasado?	Creo que Guillermo **estaba viviendo** con su familia el año pasado.

B. El imperfecto progresivo

1. El imperfecto progresivo consiste en el imperfecto de **estar** y el gerundio.
2. Se usa para describir un evento que estaba en progreso en el pasado.

Práctica oral

4. Algunas cosas nunca cambian. *La gente a continuación hace lo mismo ahora que antes.*
¿Qué hacen?

> MODELO   Miguel trabaja demasiado ahora.
> → **Miguel trabaja demasiado ahora y trabajaba demasiado el año pasado.**

1. Javier mira mucha televisión.
2. Nosotros necesitamos una casa.
3. Ana piensa mucho en su novio.
4. Los chicos juegan demasiado.

5. Felipe descansa demasiado.
6. Tú protestas demasiado.
7. Yo amo a mi perro.
8. Vosotros habláis mucho de Juan.

5. Gente indignada. *La gente a continuación está indignada porque trabajaba mientras otras personas no trabajaban. ¿Qué pasaba?*

> MODELO   Roberto cocinar / María mirar televisión
> → **Roberto cocinaba mientras María miraba televisión.**

1. yo estudiar / Carlos jugar
2. mamá limpiar / yo descansar
3. Luis sacar cuentas / Ana escuchar música
4. nosotros ayudar a clientes / Uds. tomar Coca-Cola

5. Miguel y yo pensar en cosas profundas / tú admirarte a ti mismo
6. María y Luisa hablar de negocios / sus maridos mirar un partido
7. yo preparar la cena / vosotros ?

6. Más gente indignada. *Ahora describa la indignación de la misma gente de la práctica anterior usando el imperfecto progresivo.*

> MODELO   Roberto cocinar / María mirar televisión
> → **Roberto estaba cocinando mientras María estaba mirando televisión.**

11.3   ¿Dónde **vivías** tú cuando **tenías** cuatro años?
Cuando yo **tenía** cuatro años **vivía** en la Argentina.

Cuando tú estabas en España, ¿**asistías** a las conferencias en el museo?

¿Dónde **vivían** los Reyes de España?

¿**Vivía** el príncipe con sus padres?

¿Qué **comía** la gente en el siglo XV (quince)?

Sí, yo **asistía** a todas las conferencias posibles porque me fascina la historia.

Vivían en varios sitios porque **tenían** muchos palacios.

No, por lo general, el príncipe **vivía** con sus tutores.

Dependía de la estación. Durante el invierno, **tenían** una dieta monótona de carne salada, pan y garbanzos. Sólo durante el verano y el otoño se **comían** legumbres y frutas.

La narración y la historia

El imperfecto de los infinitivos terminados en *-er* e *-ir*

1. Se forma el imperfecto de los verbos regulares de la segunda y tercera conjugaciones agregando **-ía, -ías, -ía, -íamos, -íais** e **-ían** a la raíz del infinitivo. No hay cambios de raíz en el imperfecto.

2. Todas las formas del imperfecto de estos verbos llevan acento.

3. Las formas de primera y tercera persona singular son iguales.

Sinopsis:

	sujeto	*desinencia*	**comer**	**volver**	**vivir**
	yo	**-ía**	comía	volvía	vivía
	tú	**-ías**	comías	volvías	vivías
	Ud./él/ella	**-ía**	comía	volvía	vivía
	nosotros/nosotras	**-íamos**	comíamos	volvíamos	vivíamos
	vosotros/vosotras	**-íais**	comíais	volvíais	vivíais
	Uds./ellos/ellas	**-ían**	comían	volvían	vivían

Práctica oral

7. Biografías. *Explique a la clase dónde la gente vivía durante distintos períodos de su vida.*

> MODELO   mi madre / cuatro años
> → **Cuando mi madre tenía cuatro años vivía en Arizona.**

1. yo / cinco años
2. el/la profesor/a / ocho años
3. mi padre / dieciocho años

4. mi madre / diez años
5. Gumersinda y Don Tremendón / un año

8. Los trabajos de Isabel. *Ayer Ud. visitó la casa de Isabel y ahora está explicando a la clase qué pasaba en esa casa mientras Ud. estaba allí.*

> MODELO   la mucama / pasar la aspiradora   →   **La mucama pasaba la aspiradora.**

1. el bebé / llorar
2. los dos chicos mayores / comer
3. su abuela / leer una revista
4. su marido / dormir en el jardín

5. Isabel / barrer el piso
6. su abuelo y yo / beber refrescos
7. el perro / jugar con el gato
8. el gato / hacer mucho ruido

11.4   ¿De qué nacionalidad **era** Simón Bolívar?
Era venezolano.

¿De dónde **era** Hernán Cortés?
¿De dónde **eran** los colonos españoles?
¿**Erais** niños modelos vosotros?

Era de Extremadura.
Muchos **eran** de Extremadura y Andalucía.
Sí, **éramos** casi perfectos.

Una ciudad tradicional de Castilla

Cuando vivías en España, ¿**ibas** con frecuencia a los museos?

¿**Ibais** a muchos conciertos?

Yo **iba** mucho, pero mis amigos **iban** poco.

Eso sí. Todos **íbamos** a conciertos.

¿Qué programas de televisión **veía** Ud. cuando **era** niña?

¿Y Uds., señoras? ¿Qué programas **veían** Uds.?

Yo **veía** muchos dibujos animados.

No **veíamos** televisión porque no teníamos televisor.

El imperfecto de *ser, ir* y *ver*

1. Hay solamente tres verbos irregulares en el imperfecto: **ser, ir** y **ver.**

2. Las formas de **ser** e **ir** que corresponden a **nosotros** llevan acento: **éramos** e **íbamos.** Todas las formas de **ver** en el imperfecto llevan acento.

Sinopsis:

ser		ir		ver	
era	éramos	iba	íbamos	veía	veíamos
eras	erais	ibas	ibais	veías	veíais
era	eran	iba	iban	veía	veían

Práctica oral

9. Descripciones de épocas pasadas.   *Ud. es profesor/a de historia. ¿Cómo caracteriza Ud. las épocas a continuación?*

> MODELO En el Renacimiento / los protestantes / cuestionar la iglesia
> → **En el Renacimiento los protestantes cuestionaban la iglesia.**

1. Durante la Ilustración / muchos / criticar / la aristocracia
2. Durante la época colonial / España / reinar en América
3. Al principio del siglo pasado / los indios / controlar mucha tierra
4. Los reyes católicos / querer ayudar a Colón
5. Los aztecas / creer en el sacrificio humano
6. El imperio español / ser / uno de los más grandes de la historia

10. Gente del pasado.   *¿Qué era y qué hacía la gente en esos tiempos remotos?*

> MODELO los romanos / ir / al cine o al circo
> → **Los romanos iban al circo.**

1. los puritanos / ir / a la iglesia o a los bailes
2. los conquistadores españoles / ser / católicos o protestantes
3. los filósofos griegos / ir / al foro o a un estadio de fútbol
4. un azteca típico / ir / al parque municipal o a un templo
5. un santo típico / ser / pío o hedonista
6. un príncipe español del Renacimiento / ver / televisión o teatro
7. una mujer típica del siglo XIX / verse / más o menos gorda que una mujer típica de ahora
8. los hombres típicos de hace dos siglos / verse / más o menos altos que los hombres de ahora

11. Entrevista (entre dos).   *Pregúntele a un/a compañero/a de clase.*

1. — si iba a la iglesia cuando era niño/a
2. — dónde estudiaba cuando tenía nueve años
3. — dónde vivía su familia en 1970
4. — qué actor/actriz de cine le gustaba más cuando tenía quince años
5. — en qué pensaba más cuando estaba en la secundaria
6. — qué programas de televisión veía cuando tenía ocho años
7. — de dónde eran sus antepasados (abuelos, padres de sus abuelos, etc.)

Nota cultural

El Archivo de Indias

En Sevilla, una de las ciudades más hermosas de Europa, se encuentra el Archivo de Indias, un centro que tiene mucho de biblioteca y algo de museo. El Archivo contiene la mayor colección de documentos relacionados con la conquista y la colonización de América que hay en el mundo. **El por qué** de los documentos y el por qué del Archivo son historias interesantes.

el por qué:
la razón

El Archivo es **en gran medida** el resultado del sistema **gubernativo** de la corona española durante los tiempos coloniales. Los reyes españoles, sobre todo Felipe II que fue rey de España entre 1556 y 1598, trataron de **mantenerse al tanto** de todo lo que pasaba en el Nuevo Mundo. Es decir, siempre buscaban una forma más **eficaz** para centralizar su poder. Este deseo resultó en una de las burocracias más grandes de toda la historia. Fruto de esa burocracia fueron los miles y miles de informes que los burócratas escribían para el rey.

Muchos de esos documentos se encuentran ahora en el Archivo de Indias en Sevilla, y son para los historiadores una mina de oro. Para muchos historiadores no hay nada más interesante que pasar horas en el Archivo consultando memorias, diarios, crónicas, informes y cartas de gente que participó en la conquista y la colonización de América.

en gran medida: principalmente
gubernativo: de gobernación
mantenerse al tanto: estar totalmente informado
eficaz: eficiente

11.5 Algunos usos del pretérito

El pretérito se usa para describir en el pasado:

1. El comienzo de una acción o de un estado

El presidente **habló** a la una.	*(La acción de "hablar" comenzó a la una.)*
La familia **cenó** a las seis anoche.	*(La acción de "cenar" comenzó a las seis.)*
Mario entró en el cuarto y **vio a su hermano.**	*(La acción de "ver a su hermano" comenzó después de que Mario entró en el cuarto.)*
La chica salió al balcón y **miró hacia la calle.**	*(La acción de "mirar hacia la calle" comenzó después de que la chica salió al balcón.)*

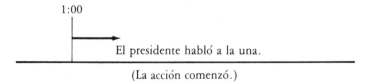

1:00

El presidente habló a la una.

(La acción comenzó.)

2. El fin de una acción

Los bancos **cerraron** a las tres.	*(La acción de "cerrar" terminó a las tres.)*
Salimos de casa a las siete.	*(La acción de "salir" terminó a las siete.)*
Compré un coche ayer.	*(La acción de "comprar un coche" terminó.)*

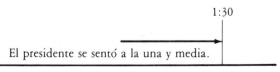

1:30

El presidente se sentó a la una y media.

(La acción terminó.)

3. La totalidad de un evento: el evento comenzó y terminó

Esperé cinco minutos. *(La acción de "esperar" comenzó, duró cinco minutos y terminó.)*

Lo **llamé** cinco veces anoche. *(La acción de "llamar" comenzó, se repitió un número determinado de veces y terminó.)*

Bach **vivió** sesenta y cinco años. *(La acción de "vivir" comenzó, duró 65 años y terminó.)*

```
1:00                                      1:30
  |<----------------------------------------->|
          El presidente habló por media hora.
```

(La acción comenzó, duró media hora y terminó.)

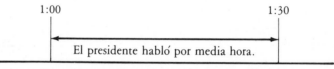

11.6   Algunos usos del imperfecto y algunas comparaciones entre el pretérito y el imperfecto

A.   El imperfecto se usa para describir en el pasado:

1. Una acción habitual

Mi padre **fumaba** cuando era joven. *(Mi padre tenía el hábito de fumar durante un período no específico.)*

Nicolás **iba** a la iglesia los domingos. *(Habitualmente Nicolás iba a la iglesia.)*

Cada vez que Luci nos **visitaba,** nos **traía** regalos. *(La frase "cada vez que" indica hábito o costumbre.)*

2. Una acción en progreso: equivalente del imperfecto progresivo

Anoche a las nueve, yo **escuchaba** música. *(A las nueve, yo estaba escuchando música.)*

Juan llegó cuando **cenábamos.** *(La acción de "cenar" ya estaba en progreso cuando Juan llegó; su llegada interrumpió la cena.)*

Mientras algunos estudiantes **estudiaban,** otros **conversaban** con sus amigos. *(Las acciones de "estudiar" y de "conversar" estaban en progreso simultáneamente.)*

```
9:00
  |
```

Yo escuchaba música a las nueve.

~~~~~~~~~~~~~~~~~~~~~~~~~~~~~~~~~

(La acción ya estaba en progreso a las nueve.)

Mientras algunos estudiantes estudiaban,

otros charlaban con sus amigos.

(Dos acciones estaban en progreso simultáneamente.)

3. Una intención: el pasado de **ir a + infinitivo**
   José me explicó que **iba a ir** al cine con Aída.
   Aída nos informó que su madre **iba a visitarla.**

4. Descripciones
   Mi abuela **era** alta y **tenía** ojos azules.
   El cielo **estaba** nublado y **hacía** mucho frío.

5. La hora, la fecha, la estación del año, la edad, etc.
¿Cuál **era** la fecha?	**Era** el quince de noviembre.
¿Qué día **era**?	**Era** viernes.
¿Y qué hora **era**?	**Eran** las dos y media de la tarde.
¿**Era** joven o viejo Luis en 1980?	**Era** muy joven; **tenía** quince años.
¿Cuántos años **tenías** cuando fuiste a Buenos Aires?	Creo que **tenía** como catorce años.

B. Algunas comparaciones entre el pretérito y el imperfecto

1. El imperfecto describe un estado mental o emocional en progreso; el pretérito con los mismos verbos describe el comienzo de un estado mental o emocional. Compare:

Raúl **pensaba** que Ana lo **quería.**	*"Pensaba" y "quería" indican estados mentales en progreso; la oración no indica cuándo comenzaron.*
Isabel escuchó la noticia y **creyó** que Jorge estaba bien.	*Isabel empezó a creer que Jorge estaba bien después de escuchar la noticia. "Creyó" describe una reacción, o el comienzo de un estado mental.*
Jorge leyó el artículo y **comprendió** mejor la situación.	*Jorge terminó de leer el artículo y comenzó a comprender mejor la situación. "Comprendió" describe un estado mental que comenzó.*
Raúl no **conocía** a Ana antes de la fiesta. La **conoció** en la fiesta.	*Raúl y Ana no eran amigos antes de la fiesta. Su amistad comenzó en la fiesta.*

2. El pretérito de **ir + infinitivo** describe un evento terminado. El imperfecto de **ir + infinitivo** describe una intención.

Roberto **fue** a recoger a sus hijos.	*"Fue" describe un evento terminado.*
Roberto **iba** a recoger a sus hijos.	*"Iba" describe una intención.*

3. El pretérito y el imperfecto se usan muchas veces en la misma oración para describir distintos tipos de eventos.

Pablo **leía** cuando **sonó** el teléfono.

Yo **veía** televisión cuando **llegaron** Aída y Sandra.

"Leía" y "veía" describen eventos en progreso. "Sonó" y "llegaron" describen eventos que interrumpieron "leía" y "veía."

Práctica oral

12. Las costumbres de Don Pepe. *Dos hermanos, Elena y Ricardo, están hablando de su tío Don Pepe y de las cosas que hacía cuando vivía con ellos. ¿Qué dicen? (Como todos los eventos en este ejercicio eran habituales, obviamente se usa solamente el imperfecto.)*

Don Pepe (levantarse) a las siete de la madrugada. Siempre (comer) lo mismo para el desayuno—panqueques con mermelada. (Salir) de casa a las nueve de la madrugada e (ir) al parque a caminar. Si (hacer) frío, (llevar) su abrigo. Si (llover), (llevar) su paraguas. En el parque (conversar) con sus amigos y (dar) de comer a los pájaros. También (fumar) su pipa mientras (leer) el diario. (Volver) a casa como a la una de la tarde y (almorzar) con la familia. Después (descansar) hasta las cuatro de la tarde. Por la noche (ver) televisión o (ayudar) a Pepito, nuestro hermanito, a hacer su tarea. (Leer) hasta las diez y media y después (acostarse).

13. El día excepcional de Don Pepe. *Un día todo fue inesperado en la vida de Don Pepe. (Los eventos aquí son narrativos; es decir, comenzaron y/o terminaron. Por lo tanto, se usa el pretérito.)*

Un día Don Pepe (salir) de la casa tarde. (Mirar) el cielo y (ver) muchas nubes. (Volver) a la casa y (buscar) su paraguas. Lo (encontrar) detrás de la puerta. (Salir) de nuevo y (caminar) hacia el parque. En el parque no (encontrar) a ninguno de sus amigos. Tampoco (hallar) ningún pájaro. Se (preguntar), "¿Qué pasa aquí?" De repente, (comenzar) a llover. Don Pepe (abrir) el paraguas y (correr) hacia la casa. (Pasar) una hora buscando la casa, pero no la (encontrar). En ese momento, (despertarse) y (reconocer) que estaba soñando.

14. Motivos. *Invente un motivo para los eventos a continuación. Como un motivo es frecuentemente una descripción o un estado en progreso, ¿qué tiempo es el más indicado: el pretérito o el imperfecto?*

MODELO   Mi hermano me prestó su coche porque...
→   **Mi hermano me prestó su coche porque mi coche andaba mal.**

1. Mi compañero de cuarto me prestó diez dólares porque...   2. El profesor abrió la ventana porque...   3. Me acosté temprano porque...   4. Compré un nuevo abrigo porque...   5. No me gustó la película de anoche porque...   6. Marisa llegó tarde a clase porque...   7. El profesor explicó la solución otra vez porque...   8. Compré este libro porque...

15. Interrupciones. *La vida moderna está llena de interrupciones. Invente una interrupción lógica para los eventos en progreso a continuación.*

MODELO   Comíamos cuando de repente...
→   **Comíamos cuando de repente sonó el teléfono.**

1. Yo estaba estudiando cuando...   2. Javier conversaba con su novia cuando...   3. La profesora de física explicaba la bomba atómica cuando...   4. Humphrey Bogart estaba a punto de convencer a Ingrid Bergman cuando...   5. Mi perro dormía cuando...   6. Marisa y Ana estaban tomando sol cuando...   7. Yo estaba locamente enamorado/a de mi novio/a cuando...   8. Yo caminaba por la calle cuando...   9. Íbamos a ir al cine cuando...   10. Quería salir de casa cuando...

16. El día que el Conde Drácula descubrió la comida orgánica. *Seleccione bien entre el pretérito y el imperfecto y Ud. va a aprender la verdadera resolución de la historia del Notorio Vampiro de Transylvania, El Conde Drácula.*

En otra época, en Transylvania, encima de una montaña (vivir) un hombre extraño, el Conde Drácula. Drácula (ser) alto, moreno, guapo y muy elegante. Pero (tener) la mala costumbre de seducir a mujeres y chuparles la sangre. Drácula nunca (salir) de día porque el sol le (afectar) la piel. Una noche, Drácula (tener) ganas de tomar un buen trago de sangre. (Salir) de su castillo, (bajar) la montaña y (entrar) en la pequeña ciudad que (estar) al pie de la montaña. Allí (conocer) a una chica muy linda que se (llamar) Beatriz. Drácula y Beatriz (hablar) por media hora. Entonces Drácula la (invitar) a su castillo a tomar el té. Pero la chica le (contestar) que ella no (poder) ir a su castillo porque (tener) una cita con su novio, Don Magnum Opus, que (ser) muy grande, muy fuerte, muy musculoso y muy intolerante de los hombres que (flirtear) con Beatriz. Cuando Drácula (escuchar) eso, (comenzar) a llorar, porque (tener) mucha sed. Entonces Beatriz le (dar) un jugo de tomate orgánico que no (tener) químicos, pesticidas, hormonas, colorantes u otras sustancias antinaturales. La bebida le (gustar) tanto al Conde Drácula que (decidir) no beber sangre nunca más. (Volver) a su castillo y a partir de ese momento (vivir) muy contento bebiendo jugo de tomate orgánico y dejando en paz a las mujeres.

17. Una narración original. *Con sus compañeros de clase invente una historia con descripciones y estados* (imperfecto) *y eventos comenzados y/o terminados* (pretérito). *Las frases de la* Columna A *suelen combinarse con el imperfecto ; las frases de la* Columna B *suelen combinarse con el pretérito.*

A	**B**
Todos los días (*lunes, sábados, etc.*)	Una vez
Cada vez que	Cinco (*diez, veinte, etc.*) veces
Mientras	De repente
Los fines de semana	De pronto
Por lo general	Inmediatamente

Ayudas:

1. Cuando yo tenía _____ años, iba con frecuencia a _____ .
2. Mi mejor amigo/a en ese momento era (*nombre de la persona*).
3. Él/ella tenía _____ años y era... (*descripción de la persona*).
4. Por lo general nosotros de día... (*¿Qué hacían Uds. habitualmente de día?*).
5. Y por la noche... (*¿Qué hacían Uds. de noche?*).
6. Pero un día... (*¿Qué pasó un día—adónde fueron, qué vieron, etc.?*).
7. Mientras... (*fondo descriptivo para el evento*).
8. De repente... (*¿Qué pasó de repente?*).
9. Inmediatamente... (*¿Cómo reaccionaron Uds.?*).

> **Aunque** Cortés tenía solamente cuatrocientos soldados, conquistó el imperio azteca. **Sin embargo,** su victoria fue posible **en parte** por la confusión que reinaba entre los indios.

Algunas expresiones para narrar

1. **Al + infinitivo** cuando...
   Al salir de la casa, noté que mi coche no estaba. = Cuando salí de casa, noté que mi coche no estaba.
   Al empezar a hablar, Mario miró a su amigo. = Cuando empezó a hablar, Mario miró a su amigo.

2. **A pesar de** *in spite of*
   A pesar de la nieve, no sentíamos el frío.

3. **Al final de** en la última parte de
   Al final del semestre, siempre hay exámenes.

4. **Al mismo tiempo** concurrentemente
   Rafaela escuchaba música al mismo tiempo que trabajaba.

5. **Al principio de** en la primera parte de
   Al principio del curso, los alumnos no sabían nada de español.

6. **Aunque** *although*
   Aunque el examen era difícil, todos los alumnos sacaron buenas notas.

7. **En parte** parcialmente
   La casa se cayó en parte por la lluvia y en parte por el terremoto.

8. **En vez de** en lugar de
   En vez de trabajar, algunos alumnos no hacían más que jugar.

9. **Es decir** en otras palabras
   Somos primos hermanos; es decir, nuestras madres son hermanas.

10. **Por lo tanto** consecuentemente
    Llegué al centro sin dinero; por lo tanto, no compré nada.

11. **Por un lado** *on the one hand*

12. **Por otro lado** *on the other hand*
    Por un lado, mi trabajo me ofrece muchas oportunidades, pero por otro lado me causa muchas presiones.

13. **Sin embargo** *however*
    La Reina Isabel tenía ciertas dudas sobre Colón; sin embargo, le dio una audiencia.

14. **Sin duda** obviamente
    Sin duda, estas expresiones para narrar son útiles.

15. **Sobre todo** principalmente
    Hay que conocer la historia sobre todo para no repetir los errores del pasado.

Práctica oral

18. Retrato de Luisa. *Luisa está recordando su primer año de universidad. Ayúdela a completar las oraciones lógicamente.*

1. Llegué al campus (al final / al principio) del año académico.
2. (Aunque / en parte) no conocía a nadie, estaba contenta.
3. No sabía qué cursos iba a tomar ; (en parte / es decir) no tenía concentración todavía.
4. (Al mismo tiempo / en vez de) hablar con un profesor, decidí hablar con una estudiante de segundo año que se llamaba Margarita.
5. Margarita me explicó que yo podía seguir varios cursos (al mismo tiempo / sin embargo) que seleccionaba una concentración.
6. (Es decir / aunque), no era necesario tomar una decisión en ese momento.
7. También me explicó (sin embargo / sin duda) que me convenía seleccionar una concentración antes de terminar el segundo año.
8. (Sobre todo / por lo tanto), decidí seguir cursos en varios campos para ver cuál me interesaba más.
9. (A pesar de / en parte) mi confusión durante los primeros meses del año, mi primer año fue (en vez de / sin duda) uno de los años más interesantes de mi vida.
10. También, (al / aunque) terminar mis estudios, voy a estar más preparada.

19. Confesiones y opiniones (entre dos). *Con un/a compañero/a de clase termine las frases, si no con algo verdadero, con algo interesante.*

1. Me gusta esta universidad a pesar de...
2. Al principio del año yo no...
3. La comida del comedor estudiantil no es mala ; sin embargo...
4. Me gustó mucho mi curso de... en parte porque...
5. Anoche, en vez de... unos amigos y yo...
6. El aspecto de esta ciudad que más me gusta es sin duda...
7. En esta vida quiero sobre todo...
8. Quiero tener bastante dinero aunque...
9. Yo puedo... al mismo tiempo que...
10. Por un lado soy... ; pero por otro lado soy...
11. Al volver a casa...

Pronunciación y ortografía

A. *La **p** en español se pronuncia **sin aspiración**. Una aspiración es un pequeño sopladito de aire que se oye en inglés entre la **p** y la vocal que la sigue. Tal aspiración no existe en español. Escuche e imite la pronunciación de la letra **p** en las palabras a continuación.*

papaya, papagayo, poco, popote, pan, propio, pupitre, Pepe, preparas
Popocatepetl y el Pico de Orizaba son montañas mexicanas.
El pobre de Pepito come papas y papaya.

B. *Igual que la* **p,** *en español la* [k] *se pronuncia sin aspiración. Escuche e imite la pronunciación de* [k] (ca, que, qui, co *y* cu) *en las palabras y frases a continuación.*

> El cacao y el coco se cultivan en Colombia.
> El cocodrilo come carne con poca etiqueta.
> ¿De quién es el quinqué?
> El quinqué es del Sr. Carlos Quintana.

C. *Al principio de una frase y después de la letra* **n,** *la* **g** *es oclusiva igual que en inglés. Escuche e imite la pronunciación de la* **g** *en las palabras a continuación.*

> Un gringo desprevenido puede engordar con la comida de aquí.
> Goya fue un gran pintor.
> Guardo un gran recuerdo de mis años en Granada.

D. *Si la* **g** *no se encuentra al principio de una frase o después de una* **n,** *es fricativa y se pronuncia* [ǥ]. *Escuche e imite la pronunciación de la* **g** *en las palabras a continuación.*

> El lago está lleno de agua.
> La agricultura depende de la irrigación.
> Regar e irrigar son sinónimos.
> La huelga va a ser larga y amarga.

CREACIÓN

Lectura

La reconquista de la historia española

Uno de los **lugares comunes** de la historiografía es que los victoriosos siempre escriben la historia. Hay dos premisas importantes en esa afirmación. Por un lado, indica que la historia no es el pasado; es **más bien** una versión del pasado construida según los criterios (y los prejuicios) de los historiadores. Por otro lado, esa afirmación sugiere que la historia de todo país suele ser la historia escrita por y para las clases altas.

Es por eso que pocos escribieron sobre la historia de los minoritarios o de las mujeres **hasta que** algunos minoritarios y mujeres adquirieron el **poder** necesario para reconstruir el pasado desde su punto de vista. La **creciente** presencia de mujeres y minoritarios en la vida intelectual de los Estados Unidos explica en parte por qué ahora hay cursos sobre la historia femenina, afro-americana o chicana en las universidades. Tales cursos son relativamente nuevos, y **reflejan** la creciente incorporación de minoritarios y mujeres en los centros del poder de la vida norteamericana.

lugar común: verdad obvia que se repite mucho
más bien: *rather*
hasta que: *until*
poder: capacidad
creciente: *growing*
reflejar: repetir una imagen

La historiografía en España siguió **pautas** similares. España en la Edad Media era una región de tres culturas: la árabe (la morisca), la judía y la cristiana. Esa **convivencia** de tres culturas empezó a desaparecer cuando los cristianos del norte de España comenzaron en el siglo VIII (ocho) una tremenda campaña para "reconquistar" las tierras del sur donde vivía la gran **mayoría** de los judíos y árabes. (El término "reconquistar" era más propagadístico que real **ya que** las tierras del sur nunca fueron totalmente cristianas.) Las guerras de la reconquista duraron hasta 1492 cuando los cristianos **derrotaron** el reino de Granada, el último reino morisco de la península ibérica.

La nueva cultura dominante no quedó contenta con su dominio político. También **reclamó** la historia para los **vencedores.** Es decir, durante varios siglos las historias "oficiales" de España enfatizaron la cultura cristiana e ignoraron las culturas árabe y judía que también formaban parte del pasado español. Esa situación empezó a cambiar en este siglo cuando varios historiadores encontraron en los documentos de la Edad Media y del Renacimiento **pruebas** irrefutables de la enorme importancia de las culturas no cristianas en España. Uno de los principales historiadores en esa reconstrucción de la historia española fue Américo Castro, un estudioso importantísimo que revolucionó nuestro concepto de la historia española con sus libros *La realidad histórica de España* y *De la edad conflictiva.*

Gracias a su labor, y a la labor de muchos otros estudiosos, entre ellos algunos judíos y árabes, todo el mundo reconoce ahora que España, a diferencia de otros países europeos, tiene tres raíces, todas de una enorme importancia: la cristiana, la judía y la morisca.

pauta: *pattern*
convivencia: vida en común
mayoría: la porción más grande
ya que: porque
derrotar: vencer, *to defeat*
reclamar: *to claim*
vencedor: victorioso
prueba: demostración, evidencia

Preguntas

1. ¿Está Ud. de acuerdo en que los victoriosos siempre escriben la historia? ¿Por qué sí/no? 2. Comente la oración: "La historia no es el pasado; es una versión del pasado construida según los criterios y prejuicios de los historiadores." 3. ¿Quiénes triunfaron en España después de la Edad Media? 4. ¿Qué efecto tuvo (*tuvo:* pretérito de *tener*) el triunfo de los cristianos en la historia "oficial" de España? 5. ¿Quiénes eran los moriscos? 6. ¿Cómo se llama el historiador español que ayudó mucho a reconstruir el pasado árabe y judío de España? 7. ¿Qué fenómenos similares conoce Ud. en la historia de su país?

En contexto

¿Cómo se hace para llamar a larga distancia?

— ¿Dónde se puede hacer una llamada de larga distancia?
— Tiene que ir al centro, a la central telefónica que queda en la esquina de Malabia y José Martí.

~~~~~~~~~~~~~~~~~~

— Perdone, señor, ¿pero cuáles son las cabinas de larga distancia?
— Esas cabinas que están allí son todas de larga distancia.
— Y ¿cómo hago para llamar?
— Tiene que pedirle la comunicación a la telefonista y después esperar en la cabina.
— ¿Y para pagar?
— Ella le va a cobrar después de la llamada.

~~~~~~~~~~~~~~~~~~

— Señorita, ¿puedo llamar **por cobrar**?
— Cómo no. Pero tenemos que esperar la confirmación de la otra persona.
— ¿Puedo **marcar** directamente desde mi casa?
— Si va a llamar de persona a persona o por cobrar, no es posible marcar directamente.

por cobrar: cuando paga la persona que recibe la llamada

marcar: mover el disco del teléfono

Situaciones

Situación 1 Entreviste a un/a compañero/a de clase sobre las cosas que él/ella y sus amigos hacían habitualmente durante su último año de secundaria. Es decir, ¿adónde iban? ¿Dónde bailaban? ¿Qué bebían? ¿Qué hacían en las fiestas? ¿Qué comían? ¿Cuánto y qué estudiaban? ¿Qué clase de estudiantes eran? etc.

Situación 2 Ud. está en un país hispano y quiere hacer una llamada de larga distancia a su casa en los Estados Unidos. Ud. puede ser la persona que llama y un/a compañero/a de clase puede hacer el papel de la/el telefonista.

Situación 3 Suponga que Ud. es una persona famosa (y real) y que un/a compañero/a de clase le va a hacer una entrevista sobre su vida, su formación, sus opiniones, los eventos más significativos de su vida, cómo eran sus padres y profesores, dónde aprendió las muchas cosas que sabe, sus recomendaciones para los jóvenes de ahora, etc. Empiece su presentación con algo como "Ahora, Barbara Walters va a entrevistar a Robert Redford."

Situación 4 Suponga que Ud. está ahora en el año 2030 y está hablando con sus nietos (los hijos de sus hijos). Sus nietos (unos compañeros de clase) le hacen preguntas a Ud. sobre las cosas que Ud. hacía en el año remotísimo de 19—. Sus temas deben incluir descripciones y costumbres (imperfecto) y eventos que pasaron solamente una vez (pretérito).

Composición

Tema 1   Prepare una narración sobre el evento más significativo de su vida. Use los *Ejercicios Escritos* 11.5 y 11.6 del *Manual para estudiantes* y la *Lectura* como modelos.

Tema 2   Escriba una composición sobre el momento más embarazoso de su vida (o de la vida de otra persona).

Vocabulario activo

personajes, grupos y momentos históricos

la aristocracia	el cura	la Ilustración	el/la puritano/a
el/la aristócrata	el/la dirigente	el/la indio/a	el/la rebelde
el/la burócrata	la época	el/la minoritario/a	el Renacimiento
el/la colono/a	el/la estudioso/a	el/la moro/a	el rey/la reina
el conde/la condesa	el/la filósofo/a	la princesa	el/la santo/a
el/la conquistador/a	el/la historiador/a	el príncipe	el/la vencedor/a

accidentes y desastres

el choque	la guerra	la inundación	el terremoto
el desastre	el incendio	la persecución	la tormenta
el diluvio			

expresiones para narrar

a causa de	cada vez que	es decir	por un lado
a pesar de	de repente	mientras	sin duda
al final de	en parte	por lo tanto	sin embargo
al mismo tiempo	en vez de	por otro lado	sobre todo
aunque			

verbos

adquirir (ie)	derrotar	partir	reinar
andar	desaparecer	reclamar	traicionar
caerse	lograr	reflejar	vencer
crecer	merecer		

otros sustantivos

la bandera	la duda	la potencia	la sangre
la batalla	el fondo	el prejuicio	el sueño
la campaña	la llegada	la rebelión	la traición
la conquista	la memoria	el reino	el triunfo
la corona	la noticia		

adjetivos

árabe	histórico, -a	informado, -a	morisco, -a
creciente	indignado, -a	intolerante	narrativo, -a
extraño, -a	inesperado, -a	irrefutable	victorioso, -a

CAPÍTULO 12
La familia

Una familia que toma sol en el parque

12.1   Carlos **hizo** un pastel, lo **puso** en una caja y lo **trajo** a clase.

12.2   ¿Qué fue **lo que** dijiste?
     Lo que dije no tiene ningún interés.

12.3   ¿Cuál es el mejor aspecto de tu familia?
     Lo mejor de mi familia son las comidas que hacemos.

12.4   Los chicos no **mintieron** porque **siguieron** el buen ejemplo de sus padres.

12.5   ¿No **había** una linda casa en esa esquina?
     Sí, pero **hubo** un incendio que la destruyó.

12.6   ¿**Qué** es un sobrino? ¿**Cuál** de esos chicos es tu sobrino?
     Vine **porque** quería ver a mi tío. Vine **a causa de** mi tío.

12.7   ¿Cuánto tiempo hace que viste a tu hermano?
     Acabo de verlo en este momento.

EXPOSICIÓN

12.1 Carlos **hizo** un pastel, lo **puso** en una caja, y lo **trajo** a clase.

¿Cómo **vinieron** Uds. a la reunión familiar?

Yo **vine** en autobús, mi tía **vino** en bicicleta, y mis suegros **vinieron** en taxi. ¿Cómo **viniste** tú?

¿Qué **hicieron** Uds. para la fiesta de aniversario de los abuelos?

Ricardo y yo **hicimos** un pastel, Beti **hizo** una ensalada, y Carlos y Pablo **hicieron** un ponche. Las hermanas de la abuela **dijeron** que iban a traer un pavo, pero quién sabe si lo **trajeron** o no.

A. Los verbos irregulares del pretérito

1. Con la excepción de **ir** y **ser,** los verbos irregulares en el pretérito siguen el mismo patrón.
2. Su irregularidad consiste en una raíz irregular, con desinencias regulares excepto en la primera y tercera persona singular: **-e** y **-o** sin acento.
3. Si la raíz irregular termina en **-j-,** se sustituye la desinencia **-eron** por **-ieron** en la tercera persona plural.
4. Para conservar el sonido de la raíz, la raíz de la tercera persona singular de **hacer** es **hiz-.**

Formación:

inf. → raíz		sujeto	desinencia
andar → **anduv-**			
hacer → **hic- (hiz-)**		yo	**-e**
poner → **pus-**		tú	**-iste**
venir → **vin-**		Ud./él/ella	**-o**
traer → **traj-**		nosotros/nosotras	**-imos**
decir → **dij-**		vosotros/vosotras	**-isteis**
traducir → **traduj-**		Uds./ellos/ellas	**-ieron (-eron)**
producir → **produj-**			

La familia

Sinopsis:

bacer	*poner*	*venir*	*traer*	*decir*
hice	puse	vine	traje	dije
hiciste	pusiste	viniste	trajiste	dijiste
hizo	puso	vino	trajo	dijo
hicimos	pusimos	vinimos	trajimos	dijimos
hicisteis	pusisteis	vinisteis	trajisteis	dijisteis
hicieron	pusieron	vinieron	trajeron	dijeron

Estudie:

Beethoven **compuso** nueve sinfonías; Brahms **compuso** solamente cuatro.
Mis compañeros **propusieron** que necesitábamos más vacaciones.
Oí un ruido y **supuse** que era mi yerno.
Mi nuera **expuso** su punto de vista con gran claridad.

B. Varios verbos como *componer, exponer, proponer* y *suponer*, que terminan en *-poner*, se conjugan en el pretérito igual que *poner*.

Práctica oral

1. ¿Qué trajeron a las bodas de oro? *Hoy se celebran las bodas de oro de los Sres. Puértolas y la familia está haciendo un picnic. ¿Qué trajeron los miembros de la familia al picnic?*

> **MODELO**   sus nietas / un pavo enorme   →   **Sus nietas trajeron un pavo enorme.**

1. el yerno del Sr. Puértolas / champaña
2. su nieta Antonia / una ensalada de frutas
3. tú / helado de fresas
4. vosotros / un pollo rostizado
5. el cuñado Nicolás / su acordeón
6. yo / un pastel de manzana
7. la tía Luisa / una pelota para jugar al fútbol
8. sus nueras Josefina y Pepa / un tremendo jamón

2. ¿Y qué dijeron que iba a pasar? *Sin embargo, no todos los planes salieron bien para el picnic. Algunos dijeron que iban a hacer algo y después hicieron otra cosa. ¿Qué dijeron?*

> **MODELO**   tú / invitar a Isabel   →   **Tú dijiste que ibas a invitar a Isabel.**

1. mi compadre Memo / traer unas botellas de vino
2. vosotros / invitar al presidente municipal
3. el tío Roberto / no tomar demasiado
4. el meteorólogo / hacer buen tiempo
5. Juan y yo / cuidar a los niños
6. la prima Angélica y tú / ayudar en la cocina
7. yo / arreglar la red del vólibol
8. Don Tremendón y Gumersinda / no quedarse toda la noche

3. Entrevista (entre dos). *Con un/a compañero/a de clase, describa la última reunión de su familia. Use las preguntas como guía.*

1. ¿Cuándo fue la última reunión de su familia? (*fecha, ocasión, etc.*)
2. ¿Quién(es) hizo (hicieron) la comida?
3. ¿Qué discos pusieron?
4. ¿Quién(es) trajo (trajeron) qué?
5. ¿Qué dijo la gente cuando llegó?
6. ¿Quién(es) vino (vinieron)?
7. ¿Qué hicieron después de comer?
8. ¿Se produjo algún escándalo?

La familia de Sara

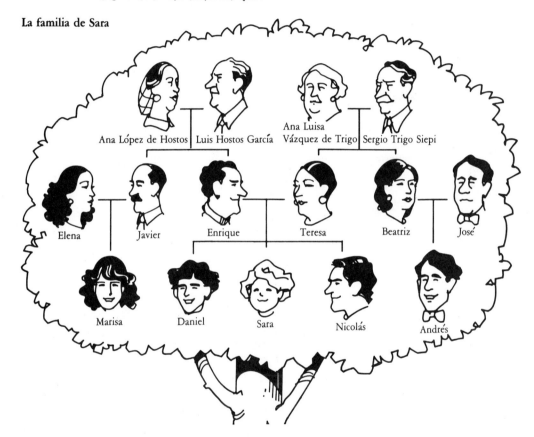

Luis Hostos García es el abuelo paterno de Sara.
Ana López de Hostos es la suegra de Teresa.
Sergio Trigo Siepi es el suegro de Enrique.
Teresa es la nuera de Ana López de Hostos.
Enrique es el yerno de Sergio Trigo Siepi.
Ana Luisa Vázquez de Trigo es la abuela materna de Nicolás.
Elena es la cuñada de Enrique.
José es el cuñado de Teresa.
Andrés es sobrino de Teresa.
Daniel, Sara y Nicolás son sobrinos de Javier.
Marisa es prima de Sara, pero no es prima de Andrés.
Javier y Elena son tíos de Sara y padres de Marisa.

12.2   ¿Qué fue **lo que** dijiste?
         Lo que dije no tiene ningún interés.

¿Qué hizo tu sobrina anoche?	**Lo que** hizo es un gran misterio.
¿Qué trató de hacer tu sobrina?	Trató de hacer **lo que** siempre trata de hacer.
¿Qué fue lo que dijo tu padrino?	No escuché **lo que** dijo.
¿Te gustó **lo que** dijo tu suegro?	Nunca me gusta **lo que** dice. Él y yo siempre estamos en desacuerdo.
Abuela, **¿qué es lo que** te molesta?	**Lo que** me molesta son esas motocicletas que hacen mucho ruido.
¿Te gusta **todo lo que** escribe ese autor?	**Todo lo que** escribe me parece fabuloso.

Usos de *lo que*

1. **Lo que** es un pronombre neutro que se refiere a una idea o a una abstracción:

   lo que me gusta   = *la idea, el concepto, el asunto que me gusta*

   lo que no comprendo   = *el concepto, la idea que no comprendo*

2. Cuando **todo** se combina con **lo que,** no se usa **de:**

   Todo lo que hace Gumersinda nos parece raro.

3. **¿Qué es lo que...?** es una interrogación muy común:

   ¿Qué es lo que Ud. dijo?   = *¿Qué dijo Ud.?*

   ¿Qué fue lo que ellos hicieron? = *¿Qué hicieron ellos?*

   ¿Qué es lo que Mario quiere?   = *¿Qué quiere Mario?*

4. Si **lo que** se combina con un predicado plural (*predicado = lo que viene después del verbo*), el verbo está en plural:

   Lo que no comprendo **son** esas teorías abstractas.

   Lo que más me gusta **son** las películas extranjeras.

Práctica oral

4.   ¿Qué es lo que le gusta a la tía abuela?   *A su tía abuela le gustan las cosas de su generación. ¿Cuáles son?*

> MODELOS   la música de Glenn Miller
> →   **Lo que le gusta es la música de Glenn Miller.**
>
> las películas de Groucho Marx
> →   **Lo que le gusta son las películas de Groucho Marx.**

1.	la voz de Bing Crosby	5.	los coches enormes
2.	las canciones de Kate Smith	6.	la década de los cincuenta
3.	la cara de Clark Gable	7.	las novelas de Hemingway
4.	la banda de Lawrence Welk	8.	las visitas de sus nietos

5. Reacciones. *¿Acepta Ud. lo que dice la gente?*

> MODELOS   Luisa dice que eres muy inteligente. / Acepto...
> →   **Acepto lo que dice Luisa.**
>
> Javier hace todo para impresionar al profesor. / Me parece absurdo...
> →   **Me parece absurdo lo que hace Javier.**

1. El profesor dice que Uds. son excelentes alumnos. / Me gusta...
2. Los niños creen que la luna es de queso. / Nos parece absurdo...
3. Josefina tiene mucho dinero. / (No) Me interesa...
4. Tu suegra cree que el presidente es un gran hombre. / (No) Acepto...
5. Tu madrina dice que eres muy inteligente. / Me parece correcto...
6. Tus padres creen que el tabaco es peligroso. / Estoy de acuerdo con...
7. Gumersinda dice que tienes mil novios. / Me molesta...

6. Opiniones y reacciones. *¿Qué opina Ud.? Complete las oraciones a continuación con una opinión personal.*

1. Lo que me gusta de... es/son...
2. Lo que me fascina de... es/son...
3. Lo que me interesa de... es/son...
4. Lo que me repugna de... es/son...
5. Lo que me molesta de... es/son...
6. Lo que me atrae de... es/son...

12.3

¿Cuál es el mejor aspecto de tu familia?
Lo mejor de mi familia son las comidas que hacemos.

¿Cuál es **la peor característica** de tu prima Angélica?

Lo peor de Angélica es que le gusta pelear.

¿Cuál es **la única cosa** que no te gusta de tu familia?

Lo único que no me gusta de mi familia es que comen demasiado.

¿Cuál es **el aspecto más notable** de tu relación con tu cuñado?

Lo más notable de nuestra relación es nuestro desacuerdo político.

¿Cuál es **la parte más fácil** de este curso?

Lo más fácil son los exámenes.

¿Qué es **lo más difícil** en tu vida?

Lo más difícil en mi vida es despertarme y levantarme a la hora.

¿Qué es **lo más frustrante** de tu vida?

Lo más frustrante es que no tengo tiempo para terminar todo lo que tengo que hacer.

Usos de *lo + adjetivo*

1. La expresión **lo + adjetivo masculino singular** funciona como un sustantivo. Las frases a continuación son equivalentes:

la parte interesante	= **lo interesante**
la peor característica	= **lo peor**
la mejor cualidad	= **lo mejor**
la única consideración	= **lo único**
la cosa más lógica	= **lo más lógico**

2. Cuando **lo + adjetivo** se combina con un predicado plural, el verbo está en plural:

Lo peor de esta zona **son** los terremotos.

Lo más notable de mi familia **son** las comidas.

3. **Lo + adjetivo** muchas veces se combina con una cláusula comenzada con **que:**

Lo peor de este año es **que** tengo demasiado trabajo.

4. Cuando **lo + adjetivo** se combina con un infinitivo o varios infinitivos, el verbo está en singular.

Lo difícil es estudiar de noche y trabajar de día.

Práctica oral

7. La familia de Gustavo. *Gustavo está describiendo las cualidades de su familia. ¿Qué dice?*

MODELO   más interesante / las discusiones entre mis tíos
→   **Lo más interesante son las conversaciones entre mis tíos.**

1. mejor / el respeto que tenemos para los abuelos
2. más absurdo / las peleas entre la tía Hortensia y el tío Armando
3. más notable / los muchos esposos y ex-esposos de la tía Mariana
4. malo / que muchos no pueden asistir a reuniones familiares
5. difícil / recordar el nombre de todos los primos y sobrinos
6. más divertido / los chistes de mi padrino
7. más delicioso / los pasteles de la suegra María
8. bueno / que nunca queremos perder el contacto

8. Entrevista (entre dos). *Con un/a compañero/a de clase exprese sus opiniones sobre temas varios y diversos. Un/a estudiante puede hacer preguntas y el/la otro/a puede contestarlas. Use la tabla como guía.*

EJEMPLOS   Estudiante 1:   **¿Qué es lo mejor del cine norteamericano?**
Estudiante 2:   **Lo mejor del cine norteamericano son los actores.** *o*
Lo mejor del cine norteamericano es que tiene buena técnica.

lo más lógico	de tu vida	es...
lo mejor	de tu familia	es que...
lo peor	del español	
lo más ridículo	de esta universidad	
lo bueno	de tu casa	
lo malo	de nuestro equipo de	
lo más difícil	de tu compañero/a de cuarto	
lo ?	de ?	

BODAS DE CRISTAL

Vayan nuestras sinceras felicitaciones para la gentil pareja cubana formada por el señor Alberto Rodríguez y señora, Alicia de Rodríguez, con motivo de la dichosa ocasión de sus Bodas de Cristal, quince años de bienestar y comprensión, en esta fecha.

BODAS DE PORCELANA

Hoy celebran la grata ocasión de sus Bodas de Porcelana, vigésimo aniversario conyugal, el señor Mariano González y señora, Miriam Blanco de González, y con tal motivo los felicitamos.

BODAS DE ALGODON

Hoy celebra la gratísima ocasión de sus Bodas de Algodón, segundo aniversario matrimonial, el señor Sergio Méndez MacGregor y señora, Bárbara Debesa de Méndez, a quienes felicitamos y auguramos toda clase de bendiciones.

Nota cultural

El compadrazgo

Una de las instituciones sociales más viejas del mundo hispano es el compadrazgo. En el compadrazgo, cuando los niños se bautizan, un amigo y una amiga de los padres participan en el **rito** como padrino y madrina. Ese **arreglo** entre padres y padrinos es lo que se llama "el compadrazgo." El compadrazgo se establece en el rito bautismal cuando el padrino y la madrina consienten en cuidar al niño en caso de la muerte de los padres. Aunque el compadrazgo es específicamente religioso, los padrinos también aceptan cierta responsabilidad en la educación y la **crianza** del niño, que después del bautismo es su ahijado. Los padrinos son como padres auxiliares.

Esa relación entre padres y padrinos es más que un arreglo para ayudar al niño. Es una forma visible de **fortalecer** y oficializar una amistad, porque los padres y los padrinos, después del bautismo, son compadres ; es decir, son casi **familiares.** Por lo tanto, en el mundo hispano los términos *comadre, compadre, padrino, madrina, ahijado* y *ahijada* marcan relaciones de mucho valor.

rito: un ritual religioso
arreglo: acuerdo
crianza: preparación de niños
fortalecer: hacer más fuerte
familiares: de la familia

12.4   Los chicos no **mintieron** porque **siguieron** el buen ejemplo de sus padres.

¿A qué hora se **durmieron** Uds. anoche ?	Nos dormimos más o menos a la una.
¿En qué año **murió** Eva Perón ?	Creo que **murió** en 1952.
¿Por qué **mintió** Ud. ?	No mentí. Sólo dije la verdad de una forma creativa.
¿**Pidieron** Uds. permiso ?	No, no nos faltaba pedir permiso.

Verbos con cambios de raíz en el pretérito

1. Los únicos verbos con cambios de raíz en el pretérito son de la tercera conjugación ; es decir, son infinitivos terminados en **-ir.**
2. El cambio ocurre sólo en la tercera persona, singular y plural.
3. Si hay dos vocales en el cambio de raíz en el presente, el cambio en el pretérito consiste en la primera vocal de ese cambio :
     miente/mintió ; mienten/mintieron
     duerme/durmió ; duermen/durmieron
4. Si hay una sola vocal en el cambio de raíz en el presente, se conserva el mismo cambio en el pretérito :
     pide/pidió
     repiten/repitieron
     siguió/siguieron

230

La familia

Formación:

Presente:	duerme	mueren	siente	mienten	pide	repiten
	↓	↓	↓	↓	↓	↓
Pretérito:	durmió	murieron	sintió	mintieron	pidió	repitieron

Sinopsis:

to ask

dormir (ue/u)		*sentir (ie/i)*		*pedir (i/i)*	
dormí	dormimos	sentí	sentimos	pedí	pedimos
dormiste	dormisteis	sentiste	sentisteis	pediste	pedisteis
durmió	durmieron	sintió	sintieron	pidió	pidieron

Nota. Éstos son los mismos cambios en los mismos verbos que Ud. aprendió en la sección *8.6* sobre el gerundio. Apréndalos bien porque ocurren en otros tiempos verbales que Ud. va a encontrar más adelante. *forward*

Práctica oral

9. Gumersinda la débil. *Gumersinda está explicando su comportamiento diciendo que sólo hizo lo que hicieron los demás. ¿Qué dice?*

> MODELO   Me dormí en clase porque los otros estudiantes también...
> → **Me dormí en clase porque los otros estudiantes también se durmieron.**

1. Mentí porque mis amigos también...
2. Seguí un mal camino porque Don Tremendón...
3. Pedí un préstamo exorbitante porque mi papá...
4. Sentí el ruido cuando mis compañeros lo...
5. Me dormí durante el concierto porque mi compañera...

10. ¿Qué hizo la gente? *Seleccione una reacción de la* Columna B *en pretérito que lógicamente complete la frase de la* Columna A.

A	**B**
1. En su fiesta, Rita...	a. Raúl (sentir) el ruido
2. El político dijo que...	b. (pedir) un préstamo
3. Los chicos cansados...	c. porque (conseguir) una ganga
4. El cliente del banco...	d. (sentirse) enfermo
5. Pepe comió demasiado y...	e. (servir) refrescos y vino
6. Como no escuchó la respuesta...	f. el otro candidato (mentir)
7. Hubo una explosión y...	g. (dormirse) en seguida
8. Los García compraron el coche...	h. Ana (repetir) la pregunta

11. **Entrevista** (entre dos).   *Pregúntele a un/a compañero/a de clase.*

1. —a qué hora se durmió anoche
2. —cuántas horas durmió anoche
3. —si alguien famoso murió el año pasado
4. —si mintió alguna vez
5. —por qué mintió
6. —a quién le pidió un favor anoche
7. —si consiguió algo nuevo ayer
8. —si de joven siguió alguna telenovela

12.5   ¿No **había** una linda casa en esa esquina?
Sí, pero **hubo** un incendio que la destruyó.

Mario, ¿qué **había** en la casa de tus abuelos?

Sr. Policía, ¿qué **hubo** de interesante anoche?

Había mucha gente siempre, parientes y amigos. **Había** muchos muebles antiguos, **había** flores de muchos tipos, y también **había** casi siempre un olor a comida, sobre todo de pasteles.

Uy, anoche **hubo** de todo. **Hubo** tres choques de automóviles, **hubo** un incendio, y **hubo** una tremenda pelea en una fiesta. ¿Te parece poco?

Había versus *hubo*

1. **Había** es el imperfecto de **hay**. **Hubo** es el pretérito de **hay**.
2. **Había** casi siempre se usa con descripciones. **Hubo** casi siempre se usa con incidentes.
3. **Había** y **hubo** tienen una sola forma; es decir, se combinan con sujetos en singular y en plural.

Práctica oral

12. **Las aventuras de la niñera.**   *Marisa es la niñera de la familia Pacheco y está contando las aventuras de la noche anterior con los niños Pacheco. Complete su historia con* **hubo** *o* **había**.

MODELO   un cuadro roto en la pared   →   **Había un cuadro roto en la pared.**

1. juguetes en el inodoro
2. leche en el piso
3. un incendio en la cocina
4. una pelea entre los niños Pacheco y unos niños vecinos
5. platos rotos en el piso
6. una explosión en la estufa
7. una disputa con una vecina
8. gran alivio cuando volvieron los padres

13. **Autorretrato** (entre dos).   *Narre una historia de su propia vida usando* **había** *para descripciones y* **hubo** *para eventos. Use la tabla como punto de partida.*

En mi casa (*ciudad, escuela, etc.*)

Una vez

había (*una profesora, un perro, un médico, etc.*)

hubo (*un incendio, una pelea, un escándalo, un incidente, etc.*)

14. La verdadera historia de Caperucita Roja. *Para ver cómo es la auténtica versión de una vieja historia, seleccione la forma más indicada del pretérito o del imperfecto de los verbos que están entre paréntesis.*

Érase una vez una niña que se (llamar) _____ Caperucita Roja. Sus amigos le (dar) _____ ese nombre porque siempre (usar) _____ una enorme caperuza que casi le (tapar) _____ la cara.

Todos los sábados, Caperucita (ir) _____ a la casa de su abuela que (vivir) _____ al otro lado de un gran bosque donde (haber) _____ muchos animales. Casi todos los animales (ser) _____ amigos de Caperucita, y por esa razón, ella no les (tener) _____ ningún miedo. El único animal que le (dar) _____ miedo (ser) _____ un lobo maleducado que (tener) _____ la incivilizada costumbre de comerse a todos los niños que (poder) _____ .

Un sábado, muy temprano, Caperucita (salir) _____ de su casa y (comenzar) _____ a caminar hacia la casa de su abuela. Mientras (cruzar) _____ el bosque, (hablar) _____ con sus amigos los pájaros, las ardillas y todos los otros animales que (estar) _____ en su camino. Por fin, (llegar) _____ a la casa de su abuela. (Tocar) _____ en la puerta, pero no (contestar) _____ nadie. Por fin, la niña se (cansar) _____ de esperar, y (entrar) _____ en la casa.

—Hola, abuelita, (llamar) _____ . ¿Dónde estás? Soy yo, Caperucita.

—Aquí estoy en el dormitorio, (contestar) _____ una voz muy rara.

Caperucita (cruzar) _____ la sala, y (abrir) _____ la puerta del dormitorio donde (ver) _____ que alguien (estar) _____ en la cama, alguien que no (parecer) _____ ser su abuela.

—Pero abuelita, (decir) _____ Caperucita. ¡Qué grandes orejas tienes!

—Para escucharte mejor, mi hija.

—Y, ¡qué enorme nariz tienes!

—Para olerte mejor, mi querida.

—Y ¡Dios mío! ¡Qué gigantescos dientes tienes!

—Para comerte mejor, mi dulce bombón.

Y con eso (saltar) _____ de la cama... ¡¡¡EL LOBO!!!

Pero en ese momento, (salir) _____ la abuela del armario y cuando (ver) _____ lo que (pasar) _____ , (gritar) _____ :

—¡Lobo desgraciado! ¡Animal imbécil! ¡Salvaje infiel! Eres igual que todos los hombres. Si te encuentras con una chica más joven, te olvidas inmediatamente de la única mujer que te quiere.

Y con eso (sacar) _____ una pistola antigua, y con tres tiros, (matar) _____ al desafortunado lobo.

12.6

¿**Qué** es un sobrino? ¿**Cuál** de esos chicos es tu sobrino?
Vine **porque** quería ver a mi tío. Vine **a causa de** mi tío.

¿**Qué** es un número de teléfono?	Es un código que se usa para comunicarse de un teléfono a otro.
¿**Cuál** es tu número de teléfono?	Es 891-2537.
¿**Qué** es un apellido?	Es el nombre de la familia.
¿**Cuál** es tu apellido?	Es López Corona.

¿**Qué** son tíos?	Son los hermanos de la madre o del padre.
¿**Qué** son tus tíos?	Son ingenieros.
¿**Cuáles** de los hombres allí son tus tíos?	Son aquellos dos hombres que están hablando con mi cuñado.

A. *Cuál(es)* versus *qué*

1. **Qué** se usa para pedir una definición o una descripción.
2. **Cuál** y **cuáles** se usan para seleccionar entre los miembros de un grupo y se refieren a cosas o a personas:

¿**Cuál** es la fecha de hoy?	*Se usa **cuál** porque todas las fechas posibles forman un grupo.*
¿**Cuál** es tu número de teléfono?	*Se usa **cuál** porque todos los números de teléfono forman un grupo.*
¿**Cuáles** de esos chicos son tus primos?	*Se usa **cuáles** porque los chicos son miembros específicos de un grupo.*

Estudie:

Fuimos a la playa **porque** hacía calor.	Fuimos a la playa **a causa del** calor.
El coche anduvo mal **porque** era viejo.	El coche anduvo mal **a causa de** los años que tenía.
Me levanté temprano **porque** tenía que trabajar.	Me levanté temprano **a causa de** mi trabajo.

B. *Porque* versus *a causa de*

1. **Porque** se combina con una cláusula. Una cláusula es una frase con un sujeto y un verbo dentro de una oración.
2. **A causa de** se combina con sustantivos.

Práctica oral

15. Haciendo preguntas. *Invente una pregunta con* **qué, cuál** *o* **cuáles** *para las respuestas a continuación.*

1. Mi cuñado es aquel hombre al lado de mi hermana. 2. Un cuñado es el esposo de una hermana. 3. Mi dirección es Vicente López, 283, 4º B. 4. Es el 22 de octubre. 5. Un padrino participa en el bautismo de un niño. 6. Mis sobrinos son aquellos jóvenes altos, guapos y musculosos. 7. La familia es la institución básica de la sociedad occidental. 8. Una dirección es un código que se usa para indicar una residencia.

16. Una reunión inolvidable. *Susana está contando la historia de una memorable reunión familiar. Complete su historia con* **porque** *o* **a causa de.**

1. Todos llegaron tarde _____ la lluvia.
2. Mi madre estaba molesta _____ nadie trajo juegos para los niños.

3. Mi tía Paca estaba enferma _____ un virus.
4. Los niños estaban peleando _____ los niños siempre pelean.
5. Mi tía Lula se perdió _____ no escribió bien la dirección.
6. El padre O'Conner no vino _____ una emergencia en la iglesia.
7. Mi primo Juan no hizo nada para ayudar _____ estaba con su nueva novia.
8. Me fui temprano _____ el ruido que hacían los niños.
9. Pero quiero ir a la reunión del año próximo _____ adoro a mi familia.

12.7

¿Cuánto tiempo hace que viste a tu hermano?
Acabo de verlo en este momento.

¿Cuándo terminaste tu composición?   La **acabo de terminar.**
¿A qué hora vino tu compadre?   **Acaba de venir** en este momento.
¿Hace mucho tiempo que Uds.   No, **acabamos de llegar.**
     llegaron?

Acabar de + infinitivo

1. **Acabar de + infinitivo** se usa para describir un evento muy reciente.
2. Las frases a continuación son equivalentes:

    Acabo de llegar.   = Llegué hace muy poco tiempo.
    José **acaba de** llamar a María.   = José llamó a María hace muy poco
                                         tiempo.
    Acabamos de ver esa película.   = Vimos esa película hace muy poco
                                         tiempo.

Práctica oral

17. **Explicación de motivos.**   *Explique el estado de ánimo de la gente a continuación.*

    MODELO   María está de buen humor. (sacar una buena nota en un examen)
       →   **María está de buen humor porque acaba de sacar una buena nota
            en un examen.**

1. Miguel está muy contento. (recibir una llamada de su novia)
2. Mi profesor de arte está nervioso. (recibir una visita de su jefe)
3. A José le duele el estómago. (comer tres hamburguesas enormes)
4. Raimunda está alegre. (ganar la lotería nacional)
5. Jorge y Luis tienen mucho miedo. (ver una película de Stephen King)
6. Nosotros estamos cansados. (correr diez millas)
7. Yo estoy extático/a. (enamorarse de una persona fabulosa)
8. Mi tía está triste. (divorciarse)
9. Don Tremendón está debajo de la mesa en un estado inconsciente. (beber una botella entera de vodka)

18. Charadas. *Cada estudiante tiene que representar alguna acción—tomar un trago, cerrar un libro, llamar por teléfono, recibir una carta amorosa, etc. Después, otro/a estudiante describe lo que hizo con* **acabar de + infinitivo.**

> EJEMPLO   Estudiante 1:   (*finge dormirse*)
> Estudiante 2:   **(nombre de la persona) acaba de dormirse.**

Pronunciación y ortografía

A. *Escuche e imite la pronunciación de la* **l** *en las palabras a continuación.*

> El elemento más elemental puede ser el más esencial.
> El filósofo eligió hablar sobre la moral de Vasconcelos.
> El señor Sandoval vive en una zona rural.
> La linda Lolita tiene rulos en el pelo.

La **l** en español se pronuncia con la lengua en una posición más alta y más tensa que en inglés.

B. *Escuche e imite la pronunciación de* **y** *y de la* **ll** *en las frases a continuación.*

> Yo me llamo Yolanda Villanueva y soy bella.
> La señora Lavalle se desmayó cuando vio a su yerno.
> La leyenda de la llorona se oye en todo México.

En casi todos los dialectos del español, la **ll** y la **y** cuando comienzan una sílaba se pronuncian de la misma manera. Por lo general, la pronunciación es [y], más o menos como la **y** en inglés, pero más fuerte. En el Río de la Plata (Argentina y Uruguay) se pronuncian [ž], más o menos como la **z** en *azure*. En algunas zonas, se distingue entre **y** y **ll;** por ejemplo, en algunas partes de España y de Hispanoamérica, la **ll** se pronuncia [ly], y la **y** se pronuncia [y].

CREACIÓN

Lectura

Retrato de una madre

La Sra. Jensen llegó el primer día a la clase diciendo que quería aprender español. Era obviamente una persona alerta y **vivaz.** Lo único que la distinguía de los otros estudiantes era su edad: en ese momento tenía sesenta y nueve años. Su historia es interesante.

El esposo de la Sra. Jensen murió **inesperadamente** de un ataque cardíaco cuando ella tenía **apenas** treinta años, dejándola sola con cuatro hijos y ningún **oficio** para ganarse la vida. Sus padres estaban muertos, los abuelos paternos de sus hijos tenían muy pocos recursos, y ella no tenía otros parientes para ayudarla. **En efecto,** la muerte de su esposo le destruyó la vida. Al ver bien su situación, ella reconoció que tenía que repensar todos sus planes y rehacer su vida sobre otras bases.

vivaz: de mucha vitalidad
inesperadamente: sin anticipación
apenas: *barely*
oficio: *skill*
en efecto: en realidad

Un paseo familiar

Recibió algún dinero del **seguro** de su esposo, y con esos **fondos** se matriculó en una facultad de enfermería. Muy pronto reconoció que el dinero del seguro no era suficiente. Por lo tanto, vendió su casa y **se mudó** con sus cuatro hijos a un pequeño departamento en un barrio pobre de la ciudad. Allí consiguió un trabajo como mesera en un pequeño restaurante donde trabajaba cinco días a la semana, desde las seis de la mañana hasta las dos de la tarde. Siguió estudiando de tarde y de noche, y también los fines de semana. Su hijo mayor, que en ese momento tenía apenas catorce años, cuidaba a sus hermanos menores mientras su madre asistía a clases.

Después de cuatro años difíciles, la Sra. Jensen por fin **se recibió** de enfermera ; se graduó de la universidad en el mismo año que su hijo mayor se graduó de la secundaria. Consiguió su primer trabajo en un hospital universitario donde pronto **llegó a ser** una de las enfermeras más respetadas de todo el hospital. Después de poco tiempo la hicieron supervisora, y más adelante, bajo los estímulos de varios médicos, empezó a estudiar de nuevo, esta vez para conseguir la **maestría** en enfermería pediátrica. Recibió la maestría a los cuarenta y dos años, y casi inmediatamente la nombraron a un **puesto** en el que dividía su tiempo entre enfermería aplicada, donde atendía a pacientes, y la **enseñanza** donde ayudaba a preparar a futuros enfermeros y enfermeras.

Ocupó ese puesto hasta los sesenta y cinco años cuando le dijeron que tenía que **jubilarse. Mientras tanto,** ella ayudó a sus hijos a terminar sus estudios. Todos se graduaron de la universidad, y dos de ellos, un hijo y una hija, siguieron los intereses de su madre y ahora son médicos.

Al jubilarse, la Sra. Jensen trató de llevar una vida de persona jubilada ; empezó a cultivar flores y a jugar al bridge ; esperaba impacientemente las visitas de sus nietos. Pero muy pronto **se aburrió** de esa vida tranquila, y salió a buscar trabajo. Pero todo el mundo le decía que era demasiado vieja para trabajar como enfermera y que **además,** como no le faltaba el dinero, debía quedarse en casa y dejar lugar para gente más joven. Cansada de esos comentarios, la Sra. Jensen **por fin** se presentó como enfermera voluntaria en una clínica pública en el barrio hispano de su ciudad. Pronto reconoció que para servir bien a sus nuevos pacientes, sobre todo a los niños que eran su especialidad, tenía que aprender español.

Fue **así** que llegó a mi clase de español. Al principio, los estudiantes jóvenes no sabían qué hacer con esa alumna que era madre y también abuela. Sin embargo, al ver su dedicación y entusiasmo, concluyeron que en muchos sentidos la Sra. Jensen era la persona más joven de la clase.

seguro: *insurance policy*
fondos: dinero
mudarse: cambiar de residencia

recibirse: graduarse
llegar a ser: *to become*
maestría: *MA*
puesto: responsabilidad dentro del trabajo
enseñanza: acto de enseñar
jubilarse: retirarse, dejar de trabajar
mientras tanto: durante el mismo período
aburrirse: *to get bored*
además: también
por fin: finalmente
así: de esa manera

Preguntas

1. ¿Cuántos años tenía la Sra. Jensen cuando su esposo murió ? 2. ¿Por qué no podía seguir viviendo de la misma forma ? 3. ¿Cómo se ganaba la vida la Sra. Jensen mientras iba a la escuela ? 4. ¿Quién cuidaba a sus hijos mientras ella iba a la escuela ? 5. ¿Dónde consiguió la Sra. Jensen su primer trabajo ? 6. ¿En qué campo recibió la maestría ? 7. ¿Cuántos años tenía la Sra. Jensen cuando se jubiló ? 8. ¿Por qué no pudo la Sra. Jensen conseguir trabajo después de jubilarse ? 9. ¿Por qué quería estudiar español ? 10. ¿Cree Ud. que "ser joven" es sólo questión de años ?

En contexto

Familia argentina.
Sobre tu unidad monolítica la sociedad construirá el porvenir.
Familia indisoluble: derrota de egoísmo donde se cambia el "yo" por el "nosotros".
Donde ninguna pena se vive en soledad. Y la alegría se agranda al compartirse.
Fundamento de la sociedad, de la patria, de un mundo renovado en la fe y la esperanza.
Familia argentina unida, realidad fecunda de un futuro mejor.

Venga y vamos Unidos para siempre

La Familia Argentina

Lavalle 120 - 4° Piso - (1047) Buenos Aires - Argentina
Tel. 312-6870/6899/6890/3589

¿Cómo se hace para formar un apellido?

La conversación a continuación tiene lugar entre un estudiante extranjero que acaba de aprender cómo funciona el sistema de apellidos en el mundo hispano y una señora mexicana. Lea la conversación con cuidado y después explique a sus compañeros cómo se forma un apellido hispano.

— Buenos días, señora. ¿Cómo se llama Ud.?
— Me llamo Estela Ríos Ara de González.
— ¿Así que el primer apellido de su padre era Ríos?
— Así es. Mi padre se llamaba José Ríos Martínez.
— ¿Y el primer apellido de su madre era Ara?
— Eso también es cierto. Ella se llamaba Isabel Ara Gómez de Ríos.
— ¿Y el apellido de su marido es González?
— Eso también es cierto. Es por ese motivo que mi nombre incluye "de González." Soy la Señora de González, aunque mucha gente me dice sencillamente, Sra. González.
— ¿Y tiene Ud. hijos?
— Tengo un hijo.
— Y su apellido es sin duda González Ríos.
— Perfecto. Su nombre completo es Jorge González Ríos.

Situaciones

Situación 1 Suponga que en los Estados Unidos se usa el mismo sistema de apellidos que se usa en el mundo hispano. Forme su "apellido hispano" usando los apellidos apropiados de sus padres y sus abuelos. Después explique de dónde viene cada apellido.

Situación 2 Tome una figura histórica como su identidad. Después, en una narración de primera persona, describa su vida. Si Ud. hace bien su papel, el resto de la clase puede adivinar quién es. Por ejemplo, si Ud. quiere ser J. S. Bach puede decir, "Nací en 1685, me casé dos veces, fui padre de más de veinte chicos, viví en Alemania, y compuse muchísima música para todos los instrumentos y todas las voces. Morí en 1750. ¿Quién soy?"

Situación 3 Suponga que estamos en el año 2050 y que Ud. ya es muy viejo/a, con hijos, nietos y aun bisnietos. Otra/o estudiante de la clase lo/la está entrevistando sobre su familia.

Situación 4 Suponga que Ud. tiene un negocio familiar. ¿Qué negocio es? ¿Qué miembro de la familia se encarga del dinero? ¿Qué miembros de la familia son

239

Capítulo 12

los dueños? ¿Fabrica algo el negocio o da algún servicio a la sociedad?
¿Quién saca las cuentas? ¿Quién deposita el dinero? ¿Quién limpia y barre?
¿Quién...?

Composición

Tema 1   Explique en gran detalle quiénes son sus parientes. Incluya los nombres de padres,
padrinos, hermanos, tíos, abuelos, bisabuelos, tíos abuelos, primos, cuñados, sobrinos, nietos, esposos, etc. Ud. puede dibujar un árbol genealógico para facilitar
su explicación.

Tema 2   Prepare un informe escrito sobre alguien que Ud. admira, usando "Retrato de una
madre" como guía. Si es posible, escriba algo sobre la vida de alguien en su familia.

Vocabulario activo

sustantivos relacionados con la familia

el/la abuelo/a	el compadrazgo	la madre	el padre
los abuelos	el compadre	la madrina	los padres
el/la ahijado/a	los compadres	la muerte	el padrino
el aniversario	el/la cuñado/a	el/la muerto/a	los padrinos
el/la bisabuelo/a	la disputa	el nacimiento	el/la sobrino/a
el/la bisnieto/a	el/la divorciado/a	el/la nieto/a	el/la soltero/a
la boda	el divorcio	el/la niñero/a	el/la suegro/a
las bodas de oro	el/la hijo/a mayor	el/la novio/a	el/la tío/a
el casamiento	el/la hijo/a menor	la nuera	el yerno
la comadre			

verbos

acabar	divorciarse	jubilarse	proponer
atraer	enamorarse	mudarse	recibirse
besar	fingir	oler (ue)	retirarse
casarse	gritar	pelear	

otros sustantivos

el alivio	la base	la crianza	el escándalo
al ánimo	el bosque	la crisis	los fondos
el armario	el camino	la cualidad	el lobo
el arreglo	la cárcel	la década	la pelea
el asunto	el comportamiento	la enseñanza	el premio

adjetivos

desafortunado, -a	infiel	jubilado, -a	paterno, -a
desgraciado, -a	inolvidable	muerto, -a	roto, -a
fiel			

expresiones útiles

dar a luz	estar en desacuerdo	mientras tanto	tener un bebé
estar de acuerdo	ganarse la vida		

CAPÍTULO 13
Transiciones

Dos etapas de la vida: la infancia y la vejez

13.1   **Quise** entrar pero no **pude.**

13.2   ¿**Te enojaste** cuando te despidieron de tu trabajo?
          Primero **me enojé** pero después **me calmé.**

13.3   Beti y Delia **se hicieron** muy amigas.
          Javier tomó demasiado y **se puso** muy enfermo.

13.4   **Me aburro** si no hago nada.
          Esa música **me aburre.**

13.5   ¿**Para** quién trabajas?
          Trabajo **para** una empresa de computación.
      ¿**Para** qué estudias tanto?
          Estudio tanto **para** graduarme pronto.

13.6   ¿**Por** cuánto dinero vendiste el coche?
          Lo vendí **por** cinco mil dólares.

EXPOSICIÓN

13.1	**Quise** entrar pero no **pude**.

¿Cómo te informaste de la noticia?　　La **supe** en una carta de Juan.

¿Cuándo recibiste la carta?　　La **tuve** ayer por la tarde.

¿Trataste de llamar a Juan?　　**Quise** llamarlo pero no **pude** localizarlo.

¿A qué hora llegó la carta?　　El cartero **estuvo** aquí con la carta a las tres en punto.

A. Más verbos irregulares en el pretérito

1. **Estar, poder, querer, saber** y **tener** en el pretérito se forman igual que los verbos estudiados en la sección 12.1.
2. Tienen una raíz irregular con desinencias regulares excepto en la primera y tercera persona singular. Las raíces son:

estar	→	**estuv-**
poder	→	**pud-**
querer	→	**quis-**
saber	→	**sup-**
tener	→	**tuv-**

3. Verbos que contienen **-tener** (**detener, mantener, obtener,** etc.) se conjugan igual que **tener** en el pretérito:

   Dos policías **detuvieron** al criminal.

   Durante quince años la Sra. Jensen **mantuvo** a su familia.

   Mi hija **obtuvo** el primer premio en natación.

Sinopsis:

estar	*poder*	*querer*	*saber*	*tener*
estuve	pude	quise	supe	tuve
estuviste	pudiste	quisiste	supiste	tuviste
estuvo	pudo	quiso	supo	tuvo
estuvimos	pudimos	quisimos	supimos	tuvimos
estuvisteis	pudisteis	quisisteis	supisteis	tuvisteis
estuvieron	pudieron	quisieron	supieron	tuvieron

B. Algunos usos de *conocer, estar, poder, querer, saber* y *tener* en el imperfecto y en el pretérito

Estos verbos generalmente indican *estados* y se usan mucho en el imperfecto. En el pretérito, sin embargo, indican el *comienzo de un estado* que muchas veces se entiende como una *acción* o un *evento. (Ver 11.6, sección B, donde se explica un fenómeno similar.)* Compare:

1. Conocer

Mario **conocía** a Susana.	= *Mario sabía quién era.*
Mario **conoció** a Susana.	= *Se presentaron ; su conocimiento de ella comenzó.*

2. Estar

Luis **estaba** aquí a las ocho.	= *Luis se encontraba aquí a las ocho.*
Luis **estuvo** aquí a las ocho.	= *Luis llegó a las ocho.*

3. Poder

Ana **podía** entrar.	= *Ana tenía la capacidad de entrar. La oración no dice si entró o no.*
Después de varios intentos, **pude** entrar.	= *Tuve éxito en entrar.*
Trataron de abrir la puerta, pero no **pudieron.**	= *No tuvieron éxito ; no abrieron la puerta.*

4. Querer

Quería entrar.	= *Tenía ganas de entrar.*
Quise entrar.	= *Traté de entrar.*
No queríamos ir.	= *No teníamos ganas de ir.*
No quisimos ir.	= *Rehusamos ir. Nos invitaron y dijimos que no.*

5. Saber

Yo no **sabía** su nombre.	= *No tenía esa información.*
Ayer **supe** su nombre.	= *Conseguí esa información ayer ; me informé de su nombre.*

6. Tener

Juan **tenía** una carta en la mano.	= *Había una carta en su mano.*
Juan **tuvo** una carta ayer.	= *Juan recibió una carta ayer.*
Irma **tenía** dos hijos.	= *Irma era madre de dos hijos.*
Irma **tuvo** un bebé ayer.	= *La vida del bebé comenzó ayer.*
Yo **tenía que** hablar con mi jefe.	= *Tenía la obligación de hablar con mi jefe.*
Yo **tuve que** hablar con mi jefe.	= *Me vi obligado a hablar con mi jefe, y en verdad hablé con él.*

Práctica oral

1. La vida y sus sorpresas.   *¿Qué noticia supo la gente a continuación?*

> MODELO   Miguel / su novia tenía otro novio
> →   **Miguel supo que su novia tenía otro novio.**

1. Ana María / le iban a dar un premio por su escultura
2. Luis y Pedro / Mario iba a casarse
3. nosotros / la computadora estaba descompuesta
4. tú / yo no tenía tanto dinero
5. yo / tú eras un millonario
6. vosotros / vuestro profesor de química estaba enfermo
7. Juan y yo / hay un baile esta noche en el gimnasio
8. Gumersinda / el mundo es redondo

2. Equivalencias.   *Invente una equivalencia a las oraciones usando el verbo que está entre paréntesis.*

> MODELO   Recibí una carta de Raúl ayer. (tener)   →   **Tuve una carta de Raúl ayer.**

1. Alberto trató de entrar en la casa. (querer)
2. Isabel y yo no tuvimos éxito en conseguir los datos. (poder)
3. Los empleados llegaron a las ocho en punto. (estar)
4. Irma dio a luz ayer. (tener un bebé)
5. ¿Te informaste de alguna noticia anoche? (saber)
6. No acepté ir a la cena. (querer)
7. Me presentaron a Paula anoche. (conocer)
8. Mis padres recibieron el cheque ayer. (tener)

3. Entrevista (entre dos).   *Pregúntele a un/a compañero/a de clase.*

1. —si conoció a alguien interesante ayer
2. —cuánto tiempo hace que supo que Santa Claus no existe
3. —cuántos hijos tuvo su mamá
4. —cuál fue la última carta que tuvo
5. —a qué hora estuvo en clase hoy
6. —si algunas personas no quisieron tomar el último examen
7. —si pudo conseguir un buen trabajo el verano pasado
8. —si quiso reparar un televisor alguna vez
9. —si la policía lo/la detuvo alguna vez
10. —si obtuvo algún premio en la secundaria

Nacimientos-	La señora María del Carmen Maristany de Allende y su hijo Joaquín se encuentran bien. Es satisfactorio el estado de la señora Cecilia Mayol de Clariá, así como el de su hija Sofía.	—Siguen bien la señora Susana Castilla de Denegri y su hija Susana. —El estado de la señora María Teresa Tótaro de Mehr y el de su hija Estefanía son satisfactorios.

13.2

¿**Te enojaste** cuando te despidieron de tu trabajo?
Primero **me enojé** pero después **me calmé.**

—Rafael, ¿cómo te fue el año pasado?

—Fue un año de muchas transiciones y cambios. Mi mejor amigo **se enfermó** a principio de año, pero después **se curó** y ahora está bien. Después mis vecinos **se separaron, se divorciaron** y ahora parece que van a **casarse** de nuevo. También, **me mudé** a otro barrio. Al principio no me gustó, pero ahora **me estoy acostumbrando.** Y por último, conocí a una persona divina y **me enamoré** locamente. Pero no debes **preocuparte**; no pienso **casarme** antes de **graduarme.**

A.   La construcción reflexiva para transiciones y cambios

1.   La construcción reflexiva (secciones 10.1 y 10.2) se emplea muchas veces para indicar cambios de tipo físico, mental, emocional o social.

2. Algunos cambios físicos

cansarse: ~~dírul~~	**Me cansé** mucho jugando al tenis.
criarse:	**Me crié** en Arizona, pero ahora vivo en California.
curarse:	Mi padre **se curó** gracias a una nueva droga.
emborracharse:	Mucha gente **se emborrachó** en la fiesta de fin de año.
enfermarse:	Mis hijos **se enfermaron** a causa del frío.
mudarse:	**Nos mudamos** porque estábamos cansados de la otra casa.

3. Algunos cambios mentales

aburrirse:	**Se aburrieron** los chicos porque la película no era interesante.
convertirse (ie):	Samuel **se convirtió** al catolicismo hace un año.

4. Algunos cambios emocionales

enamorarse de:	**Me enamoré** de mi esposa en el momento de conocerla.
enojarse:	El jefe **se enoja** cuando faltan los empleados.
frustrarse:	Todos **nos frustramos** cuando no entendemos algo.
molestarse:	**Me molesté** mucho cuando el banco no quiso aceptar el cheque.
preocuparse:	Todos los padres **se preocupan** cuando no vuelven sus hijos a tiempo.

5. Algunos cambios sociales

casarse:	Mis padres **se casaron** hace más de treinta años.
divorciarse:	Casi el cincuenta por ciento (50%) de los matrimonios **se divorcian** antes de cumplir cuatro años de casados.
graduarse:	Pienso **graduarme** el año que viene.
separarse:	Mi hermano y mi cuñada **se separaron** pero no se divorciaron.

Práctica oral

4. Tempus fugit. *El año que acaba de cumplirse fue para Adolfo un período de muchos cambios. ¿Qué dice?*

MODELO mi amiga Ernestina / graduarse en administración de empresas
→ **Mi amiga Ernestina se graduó en administración de empresas.**

1. Ronaldo / enamorarse locamente de una persona misteriosa
2. el Sr. Pacheco / divorciarse y casarse de nuevo
3. yo / mudarse a un barrio más caro
4. mis sobrinas Irma y Gaby / enojarse con su jefe y cambiarse de trabajo
5. mi cuñado / enfermarse de un virus y después curarse
6. tú / empezar a preocuparse por la salud de tus padres
7. Gumersinda / molestarse con Don Tremendón y emborracharse con vino barato
8. Molly Brown / aburrirse cósmicamente e irse a Europa

5. Causas y efectos. *Use la tabla a continuación para explicar cuándo Ud. y otras personas experimentan ciertos cambios.*

EJEMPLO **Me enojo cuando se descompone mi computadora.**

A		B
1. Me aburro cuando...	a.	estoy en una fiesta
2. Me emociono cuando...	b.	estoy en mi clase de ?
3. Me enojo cuando...	c.	mis amigos hablan de ?
4. Me enfermo cuando...	d.	se anuncia un examen
5. Me calmo cuando...	e.	se publican las notas
6. Me canso cuando...	f.	escucho música rock
7. Me preocupo cuando...	g.	como la comida de ?
8. Me enamoro cuando...	h.	estoy con ?
9. Me duermo cuando...	i.	pienso en ?
	j.	corro
	k.	escucho a (*nombre de una persona*)
	l.	un policía me sigue
	m.	pago impuestos
	n.	hay un incendio
	o.	estoy sin empleo
	p.	se descompone mi computadora

6. Chismes. *Cuando hablamos de otra gente (sus amores, sus ambiciones, etc.) estamos chismeando, y lo que decimos son chismes. Use la tabla de la práctica anterior para formular chismes sobre otra gente.*

EJEMPLO **Roberto se enoja mucho cuando sus amigos hablan mal de él.**

7. Entrevista (entre dos). *Pregúntele a un/a compañero/a de clase.*

1. —dónde se crió
2. —cuándo va a casarse
3. —cuándo se cansa
4. —de qué se aburre
5. —de qué se enfermó la última vez
6. —si se preocupa por algo
7. —cuándo se molesta
8. —por qué se enojó la última vez
9. —si se emborrachó alguna vez
10. —si piensa mudarse pronto
11. —de qué tipo de persona se enamora
12. —en qué año va a graduarse

13.3

Beti y Delia **se hicieron** muy amigas.
Javier tomó demasiado y **se puso** muy enfermo.

—¿Qué hay de la vida de Beti?
—Beti está muy bien. La vi hace un par de días y **se puso** muy contenta de verme (como es lógico). El año pasado consiguió un trabajo en una gran empresa donde **se hizo** muy amiga de la jefa. Después **llegó a ser** supervisora de una sección importante. ¡Esa Beti! Parece que siempre le va bien en todo.

Llegar a ser, hacerse y ponerse

1. **Llegar a ser, hacerse** y **ponerse** son expresiones que se usan mucho para indicar cambios y transiciones.

2. **Llegar a ser** y **hacerse** se combinan con sustantivos y con adjetivos que también se usan con **ser** (*ver sección 2.3*):

El Sr. López **llegó a ser** presidente de la compañía.

Marisela **llegó a ser** muy respetada en su profesión.

Miguel **se hizo** médico gracias a su dedicación.

Roberto y José **se hicieron** más simpáticos con el tiempo.

3. **Ponerse** se combina con adjetivos que también se usan con **estar** (*ver sección 2.3*):

Me puse furioso cuando me pidieron más dinero.

Margarita **se puso** contenta cuando recibió la carta de su mamá.

Práctica oral

8. **¿ Qué pasó con... ?** *Dos viejos amigos están hablando de gente que conocen. ¿Qué dicen ?*

MODELO la señorita Vargas / enfermera

→ Estudiante 1: **¿ Qué pasó con la señorita Vargas ?**

Estudiante 2: **Llegó a ser enfermera.** *o*

Se hizo enfermera.

1. el profesor Sánchez / presidente
2. la Sra. Meléndez / jefa de una compañía
3. nosotros / buenos amigos
4. tus primos Juan y Ana / médicos
5. Mario y Jorge / famosos
6. vosotros / importantes
7. Raquel / rica
8. Don Tremendón y Gumersinda / los primeros residentes de Marte

9. **Reacciones lógicas.** *Elija la reacción más lógica para la gente y las situaciones a continuación.*

MODELO Jorge recibió un premio. (contento o triste)

→ **Jorge recibió un premio y se puso muy contento.**

1. Nosotros ganamos la lotería nacional. (extáticos o morbosos)
2. Ricardo comió cinco hamburguesas con Coca-Cola y papas fritas. (enfermo o satisfecho)
3. Mi jefe me vio llegar tarde. (enojado o nervioso)
4. Ricardo dijo una mala palabra delante de la madre de su novia. (rojo o tranquilo)
5. Tú viste al amor de tu vida esta mañana. (incoherente o agresivo)
6. Yo tuve una carta de mi padre sobre mis notas. (tranquilo o inquieto)

10. **Etapas de la vida.** *Suponga que Ud. ya es viejo/a y está recordando su vida. Usando las frases a continuación como guía, cuente sus memorias.*

1. Durante mi infancia... (vivir en... , llegar a ser...)
2. Durante mi niñez... (criarse en... , llegar a ser... , estudiar en...)
3. Durante mi adolescencia... (enamorarse de... , enfermarse de...)
4. Cuando todavía era menor de edad... (hacerse... , convertirse a...)
5. Cuando llegué a ser mayor de edad... (acostumbrarse a... , casarse...)
6. Durante toda mi vida adulta... (trabajar, estudiar, no molestarse)
7. Y ahora que estoy en la vejez... (olvidarse de... , estar en paz)

11. Entrevista (entre dos). *Pregúntele a un/a compañero/a de clase.*

1. —quién llegó a ser el primer presidente del país
2. —si se hizo el niño preferido de sus maestros de primaria
3. —quién se puso enfermo después de las vacaciones
4. —si se hizo amigo de alguien importante alguna vez
5. —si llegó a ser oficial de algún club estudiantil el año pasado
6. —si Juana de Arco llegó a ser reina de Francia
7. —cuándo se puso enfermo (borracho, nervioso, furioso) la última vez
8. —qué va a llegar a ser en la vida

12. La maravillosa historia de Don Juan Sinluces, el Matamoscas. *A continuación se encuentra la historia de un hombre valiente, Don Juan Sinluces, el Matamoscas, que llegó a ser uno de los más favorecidos de su rey. Complete la historia con las formas más indicadas, o del pretérito o del imperfecto, y Ud. va a ver cómo fue su historia.*

Érase una vez un pobre vago que se (llamar) _____ Juan Sinluces. Juan (ser) _____ muy devoto a la religión de Baco, y se (dedicar) _____ religiosamente a una dieta líquida, de cerveza, de vino o, en casos de extrema emergencia, de agua.

Un día mientras Juan (estar) _____ sentado en la calle, se le (caer) _____ unas pocas gotas de cerveza al suelo. De repente, (llegar) _____ unas moscas que (empezar) _____ a beber las gotas de cerveza. Como las moscas no le (pedir) _____ permiso a Juan, Juan (enojarse) _____ mucho, les (dar) _____ un fuerte golpe y (matar) _____ varias de ellas. Juan las (contar) _____ y (ver) _____ que (ser) _____ muchas las moscas muertas. Con eso (ponerse) _____ muy contento, y (empezar) _____ a gritar: "Soy un hombre valiente, matador de animales feroces." Cuando sus amigos (saber) _____ de su extraordinaria valentía, le (poner) _____ el nombre de Don Juan Sinluces, el Matamoscas.

Cerca de la ciudad, (haber) _____ un enorme bosque donde (vivir) _____ un lobo feroz. (Según entendemos, no (ser) _____ el amigo de la abuela de Caperucita porque, como ya sabemos, ese lobo (morir) _____ en el *Capítulo 12*.) Cada vez que el lobo (tener) _____ hambre de carne humana, (entrar) _____ en la ciudad donde (matar) _____ y (comer) _____ a mucha gente. El lobo no (preocuparse) _____ por nada, y una vez (matar) _____ a un soldado del rey y se lo (comer) _____ entero.

El rey (frustrarse) _____ mucho a causa del lobo, y cuando (saber) _____ del valiente Don Juan Sinluces, el Matamoscas, lo (mandar) _____ inmediatamente al bosque en busca del terrible lobo.

Juan (fortificarse) _____ con un poco de vino, y (entrar) _____ sin miedo en el bosque. Cuando el lobo (sentir) _____ la presencia de Juan, (enojarse) _____ mucho, y (querer) _____ matar al intruso. Al ver el lobo, Juan (ponerse) _____ muy nervioso y (empezar) _____ a correr a toda velocidad hacia el palacio. Juan (llegar) _____ al palacio primero y (esconderse) _____ debajo de una mesa. El lobo, que ahora (estar) _____ furiosísimo, (entrar) _____ corriendo detrás de Juan, pero los soldados del rey lo (estar) _____ esperando, y le (dar) _____ muerte con una catapulta de último modelo.

El rey (contentarse) _____ tanto con Juan que le (poner) _____ un título de noble. Mientras tanto, la princesa Poopsie (enamorarse) _____ locamente del hombre valiente e (insistir) _____ en ser su esposa. Poopsie y Juan (casarse) _____ y (tener) _____ muchos hijos, todos tan valientes como su padre, el Hidalgo Don Juan Sinluces, Matador de Animales Feroces.

13.4

Me aburro si no hago nada.
Esa música **me aburre.**

Sara se mira.

Sara mira a Javier.

Ricardo se levanta.

Ricardo levanta pesas.

Pepito se baña.

Pepito baña al perro.

Mario se enfermó a causa de la comida.

Esas ideas **me enferman.**

Maga se casó en una iglesia anglicana.

Un rabino **casó a mis amigos.**

Mi hermana y mi cuñado se separaron.

La maestra **separó a los dos chicos** que estaban peleando.

Ana se levantó temprano.

Tuve que **levantar el coche** para repararlo.

El vaso se rompió cuando se cayó.

Paquito **rompió el juguete** que no le gustaba.

Mi hermana se baña por la mañana.

Mi hermana **baña a mi sobrinito** dos o tres veces por día.

Esta mañana no me desperté solo ; mi madre **me despertó.**
Mi sobrinita no puede bañarse sola ; su madre **la baña.**
No pude calmarme después de esa película ; una aspirina **me calmó.**
No me emborraché ; mis malos compañeros **me emborracharon.**
Yo me crié en el campo, pero pienso **criar** a mis hijos en la ciudad.

Construcciones reflexivas y construcciones transitivas

1. Casi todos los verbos que se usan en construcciones reflexivas pueden usarse también como verbos transitivos.

2. Un verbo transitivo tiene un complemento directo.

3. La construcción reflexiva sugiere que el sujeto hace la acción sin ayuda y sin influencia exterior. La construcción transitiva dice que el sujeto literalmente actúa sobre el complemento directo. Compare:

Miguel **se despertó** a la seis.	= *Miguel se despertó solo, sin ayuda.*
Miguel **despertó** a Javier.	= *Javier no se despertó solo; Miguel actuó sobre él.*

Práctica oral

13. La boda escandalosa de Gumersinda. *¿Qué pasó en la boda de Gumersinda?*

MODELO El sermón / aburrir a todo el mundo
→ **El sermón aburrió a todo el mundo.**

1. La música / dormir a todo el mundo
2. El vestido / molestar a los puritanos
3. Las flores / enfermar a los alérgicos
4. Su madre / ponerle mal el vestido
5. Sus damas de honor / bañarla en perfume
6. El ministro / empezar a casar a los padres

14. Opiniones. *Termine las oraciones de forma creativa ; use las frases en itálica como punto de partida.*

1. Me enferma(n)... *(el color morado, las flores de plástico, ?).*
2. Me despierta(n)... *(mi reloj, mi hermano, los pájaros, mi perro, ?).*
3. Me molesta(n)... *(los anuncios de televisión, la nueva moda, ?).*
4. Me va a casar... *(un rabino, un ministro, un cura, un juez, ?).*
5. Me aburre(n)... *(la sociología, la política, la gente a la moda, ?).*
6. Me preocupa(n)... *(la guerra nuclear, mis notas, mi relación con ?).*

15. Entrevista (entre dos). *Con un/a compañero/a de clase, conteste las preguntas.*

1. ¿Cuándo vas a casarte ? ¿Te va a casar un rabino, un ministro, un cura o un juez ?
2. ¿Se baña un perro sin ayuda, o lo baña su amo ?
3. ¿Te despiertas sin ayuda, o te despierta tu reloj ?
4. Cuando tenías menos de un año, ¿te vestías o te vestía alguien ?
5. En un hospital, ¿se acuestan los pacientes sin ayuda, o a veces tienen los enfermeros que acostarlos ?
6. ¿Te cortas el pelo, o te lo corta un peluquero ?

Nota cultural

Ritos de pasaje

Toda vida en toda sociedad está marcada por ciertos ritos que marcan el progreso de una vida, desde la infancia hasta la **vejez.** En las sociedades hispanas, esos ritos de pasaje frecuentemente están **vinculados** a las **costumbres** religiosas, empezando con el bautismo donde se da un nombre a los niños y se establecen las relaciones entre compadres, padrinos y ahijados; pasando al matrimonio que casi siempre se celebra en una iglesia; y por fin llegando a la muerte y la **extrema unción.**

Uno de los ritos más notables en la vida de los niños es la primera comunión. A los seis o siete años, casi todos los niños se preparan para la primera comunión tomando clases de doctrina católica. Para la primera comunión los padres compran un traje o vestido especial que es obligatoriamente de color blanco, símbolo de la **pureza** de los niños que **comulgan** por primera vez. Aunque es un momento solemne, también es un momento para fiestas y fotos. Casi todos los hispanos católicos conservan con **cariño** las fotos de su primera comunión.

vejez: los años de viejo
vinculado: conectado
costumbre: *custom*
extrema unción: absolución para los muy enfermos
pureza: inocencia
comulgar: recibir la comunión
cariño: amor

Un casamiento, Santiago de Chile

13.5	¿**Para** quién trabajas?

¿**Para** quién trabajas?
Trabajo **para** una empresa de computación.
¿**Para** qué estudias tanto?
Estudio tanto **para** graduarme pronto.

Usos de *para*

A. La preposición *para* casi siempre indica un destino o una destinación. Hay varios tipos de destino.

1. El destino es un lugar (*para* = *hacia*)
  Mientras Josefina iba **para** el parque, miraba **para** las montañas.
  Salgo mañana **para** Guadalajara; después me voy **para** Tampico.

2. Una persona (o un grupo de personas) es el destino de un objeto
  ¿**Para** quién es la rosa? Es **para** Inés; se gradúa hoy.
  ¿**Para** quiénes son las flores? Son **para** unos amigos que se casan.

3. Una persona (o un grupo de personas) es el destino de una acción
  ¿**Para** quién limpias la casa? La limpio **para** mi hermana.
  ¿**Para** quiénes cantan Uds.? Cantamos **para** nuestro público.

4. El destino es el propósito de un objeto
  Esa foto de tu primera comunión es **para** tu abuela.
  Ese vestido es **para** la boda de mi mejor amiga.

5. Empleo (destino del trabajo)
  ¿**Para** quién trabajas? Trabajo **para** la Sra. López.
  ¿**Para** qué compañía trabajas? Trabajo **para** la *IBM*.

6. Carrera (destino de los estudios)
  ¿**Para** qué carrera estudias? Estudio **para** abogado.

7. Un infinitivo es el destino o el propósito de un objeto o de una acción
  Este trapo es **para** limpiar zapatos; no es **para** lavar platos.
  Trabajo **para** ganar dinero **para** pagar el alquiler.

8. Destino en el tiempo (tiempo o fecha límite)
  ¿**Para** cuándo piensas terminar el informe? Pienso terminarlo **para** el próximo martes.
  ¿**Para** cuándo tenemos que saber las palabras? Tenemos que saberlas **para** el examen de mañana.

B. Hay dos sentidos de *para* que no corresponden a la idea de destino.

1. Comparación desigual con una norma
  Para un estudiante, Ronaldo tiene mucho dinero. (*Según la norma, los estudiantes no suelen tener mucho dinero.*)

2. En la opinión de (*para* = *según*)
  Para mí, tu boda fue una de las más lindas del mundo.

C.   Observe que se usa *para* en la pregunta cuando se anticipa una respuesta con *para*.

¿**Para** quién compraste el regalo?
¿**Para** dónde iban Uds.?
¿**Para** qué día tenemos que terminar?

Práctica oral

16.   El antropólogo extraterrestre.
Ud. acaba de conocer a un extraterrestre que le está haciendo mil preguntas sobre la vida en nuestro planeta. ¿Qué preguntas hace el extraterrestre, y cómo se las contesta Ud.?

EJEMPLO   Estudiante 1:   **¿ Para qué es una boda?**
Estudiante 2:   **Una boda es para casar a dos novios.**

1. una boda
2. un bautismo
3. una coronación
4. una graduación
5. una fiesta de fin de año
6. una misa fúnebre
7. un divorcio
8. una inauguración

a. terminar un matrimonio
b. bendecir a un muerto
c. casar a dos novios
d. iniciar a un nuevo presidente
e. aceptar a alguien en la iglesia
f. iniciar a un/a nuevo/a monarca
g. festejar el nuevo año
h. entregar un diploma

Notas sociales

Noventa años–

La señora María Soulés de Copello, quien cumplirá noventa años, hará celebrar una misa de acción de gracias hoy, a las 19, en la capilla del colegio Jesús María, Talcahuano 1260.

Comidas–

Con motivo de celebrar un acontecimiento, la señorita María Fossati Moyano reunió en una comida a un grupo de sus amistades.

Almuerzos–

En agasajo de un grupo de sus relaciones, la señora Elvira Viñas Ibarra de Díaz de Guijarro ofreció un almuerzo en su casa.

Compromisos–

Ha quedado formalizado el compromiso matrimonial de la señorita Graciela López Cabanillas con el señor Guillermo Neville.

Casamientos–

El matrimonio de la señorita Moira Parga con el señor Hernán García Morales será consagrado hoy, a las 20.30, por el padre Fidelis Rush, en la basílica del Santísimo Sacramento. Intervendrán como padrinos la señora Francisca A. Miró de García Morales y los señores Tomislavo Dabinovic y su señora, Maureen O'Sullivan, y Gabriel García Morales.

In memoriam–

En recordación de la señora Amalia Repetto de Bourdieu se oficiará una misa mañana, a las 10, en la capilla de la Obra del Pequeño Cottolengo de Don Orione, Carlos Pellegrini 1441.

---

17.   Ambiciones.   *Describa las ambiciones de sus compañeros de clase.*

EJEMPLO   **Miguel estudia para ingeniero.**

Algunas carreras posibles:

ingeniero/a	banquero/a	contador/a
abogado/a	profesor/a de ?	comerciante
enfermero/a	químico/a	?

18. La vida siempre fascinante de Don Tremendón. *Usando* **para,** *imagínese algún motivo para lo que Don Tremendón hace a continuación.*

> EJEMPLO Don Tremendón va al centro
> → **Don Tremendón va al centro para comprar un pantalón morado.**

1. Don Tremendón estudia
2. Don Tremendón prende el televisor
3. Don Tremendón va al gimnasio
4. Don Tremendón se acuesta
5. Don Tremendón se casa
6. Don Tremendón llama a Gumersinda

19. Entrevista (entre dos). *Pregúntele a un/a compañero/a de clase ¿qué hace para... ?*

> EJEMPLO Estudiante 1: **¿Qué hace Ud. para no engordar?**
> Estudiante 2: **No como postres.**

1. ... impresionar a sus amigos?
2. ... sacar notas fabulosas?
3. ... no molestar a los vecinos?
4. ... ganar dinero?
5. ... no trabajar demasiado?
6. ... no engordar?
7. ... no dormir en...?
8. ... estar informado/a sobre...?

20. Fantasías. *Complete las oraciones con* **para** + ?.

1. Venimos a clase... 2. Mi jefe existe... 3. Voy a casarme... 4. Quiero graduarme... 5. Necesito una buena nota en esta clase.. 6. Voy al cine... 7. Hago ejercicio... 8. Los profesores trabajan...

13.6

¿Por cuánto dinero vendiste el coche?
Lo vendí **por** cinco mil dólares.

A. Algunos usos de *por*

1. A cambio de
Me dieron cinco mil dólares **por** mi coche usado.
Cambié mi falda **por** una nueva blusa.

2. Agente o medio
Mario conoció a su futura esposa **por** un anuncio en el diario.
Vamos a California **por** tren y no **por** avión.

3. En lugar de
Tengo que trabajar **por** Marisa porque se enfermó anoche.
Cuando me divorcié, mi abogado habló **por** mí.

4. Causa o motivo
Me casé **por** amor; tú te casaste **por** dinero.
¿A qué hora vienes **por** mí? Voy **por** ti como a las ocho.

5. Duración de tiempo
El presidente habló **por** una media hora en su inauguración.
Miguel estuvo casado **por** cinco años.

6. A beneficio de, por el bien de
   Lo hice **por** mi familia.
   La madre trabaja mucho **por** sus hijos.
7. Movimiento o acción en un espacio determinado
   Caminabas **por** la calle cuando te vi.
   Los chicos corrían **por** el parque.
   El túnel pasaba **por** la montaña.
   Viajamos **por** todo el estado de Veracruz.
   Los coches corren rápidamente **por** la nueva autopista.
   Se llega a Lima **por** ese camino.

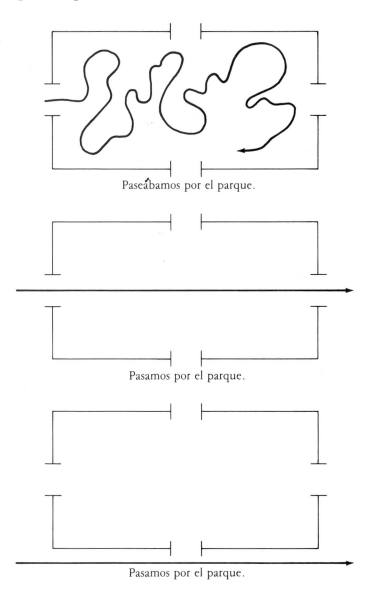

Paseábamos por el parque.

Pasamos por el parque.

Pasamos por el parque.

8. Velocidad, porcentajes, frecuencia y otras medidas (*medida = measure*)
   Manejaba a casi cien millas **por** hora.
   Voy al laboratorio tres veces **por** semana.
   El noventa **por** ciento (90%) de los estudiantes salieron bien.

9. Tiempo impreciso
   Allá **por** los años veinte, muchos se enfermaron en una epidemia de influenza.
   Estudio **por** la noche y trabajo **por** el día.

10. Cerca de, alrededor de
    Había muchos árboles **por** mi casa.
    Allá **por** la Calle Once hay muchas farmacias.

B. Algunas expresiones idiomáticas con *por*

Por favor, Juan, ¿puedes explicar qué es lo que haces?

¡**Por supuesto**! **Por fin** me preguntaste. **Por lo general,** trabajo en un pequeño restaurante. Pero **por ahora,** estoy trabajando como jardinero porque paga **por lo menos** el triple del otro trabajo.

Sinopsis:

por ahora	=	por el momento
por ejemplo	=	como evidencia
por fin	=	finalmente
por lo general	=	generalmente
por lo menos	=	como mínimo
por supuesto	=	claro que sí

Práctica oral

21. Costumbres. *Indique con qué frecuencia Ud. participa en las actividades a continuación.*

MODELO   nadar   →   **Nado tres veces por semana.**

1. ir a la biblioteca
2. bañarse
3. venir a la clase de español
4. ir al teatro
5. hacer una fiesta
6. enfermarse
7. enojarse
8. emborracharse

22. Causas y motivos. *Haga una oración original describiendo el motivo más probable de los eventos a continuación.*

MODELO   Ana se casó / amor o dinero   →   **Ana se casó por amor.**

1. Miguel se enfermó / el frío o el calor
2. El profesor se enojó / los buenos alumnos o el ruido de la calle
3. Los García se divorciaron / falta de compatibilidad o exceso de amor

4. Sylvia se graduó en primer lugar / su inteligencia o su indisciplina
5. Los alumnos se molestaron / sus buenas notas o sus malas notas
6. Yo me preocupo / ?

23. De cómo el Sr. Hyde llegó a Hollywood. *A continuación se encuentra una nueva versión de una vieja historia. Complete la historia con* **por** *o* **para** *y Ud. va a ver qué pasó con un médico frustrado que quería ser actor.*

Allá _____ los años 1940 había un médico que se llamaba el doctor Jekyll. El Dr. Jekyll vivía en una casa amplia sobre una calle que pasaba _____ el río Támesis en Londres. El Dr. Jekyll pagó mucho dinero _____ la casa, en parte _____ la calidad de la casa, y en parte _____ la zona donde se encontraba. Tenía un consultorio también en un barrio rico _____ atraer a clientes con mucho dinero. Como su clientela era muy próspera, el Dr. Jekyll cobraba mucho _____ sus servicios y pronto llegó a ser uno de los médicos más ricos de Londres.

Pero si _____ fuera el Dr. Jekyll estaba contento, _____ dentro era un hombre muy frustrado porque en el fondo, el Dr. Jekyll quería ser actor. Pero _____ ser actor, se requiere mucho trabajo, y al Dr. Jekyll no le gustaba trabajar.

_____ fin el Dr. Jekyll decidió que se sentía frustrado _____ falta de vitaminas en su dieta. _____ lo tanto salió _____ la farmacia _____ comprar unas vitaminas orgánicas.

Llegó a la farmacia, y compró unas megavitaminas _____ mucho dinero. Pero el farmacéutico no le dio vitaminas al pobre del Dr. Jekyll ; _____ equivocación, le dio una droga muy experimental fabricada especialmente _____ el Agente 007 que en ese momento tomaba sol en Bora Bora.

Cuando el Dr. Jekyll volvió a su consultorio, se tomó una doble dosis de las "vitaminas." De repente, se sintió extraño y empezó a gritar. Afortunadamente, en ese momento un policía pasaba _____ el consultorio, y al oír los gritos del Dr. Jekyll, entró _____ ver qué pasaba. Y allí encontró—¡¡¡A UN MONSTRUO !!! Pero _____ el policía (que era un crítico frustrado de cine) no era un monstruo ; era un actor escapado de Hollywood.

_____ lo tanto, el policía llamó a un famoso director que en ese momento se encontraba en Londres, y de esa manera, el Dr. Jekyll consiguió su gran oportunidad de actor.

Se fue a vivir en Hollywood, se cambió el nombre a Hyde, e hizo muchas películas. También se ganó mucho dinero, en parte porque no pagaba nada _____ el maquillaje.

CREACIÓN

Lectura

Retrato de Ana

Ana Martínez es una mujer mexicana que durante varios años vivió en los Estados Unidos. Mientras estaba en los Estados Unidos, siguió un curso de inglés enseñado por el autor. Incluyo su historia aquí porque, por un lado, me parece admirable, y por otro, es representativa de la experiencia de muchos hispanos que entran sin visa en este país.

Ana nació en un rancho del estado de Guanajuato en México. Era la menor de once hijos. La madre de la familia murió cuando Ana tenía cuatro años, y Ana apenas la recuerda.

Aunque la familia de Ana era pobre, en comparación con otras familias del campo, vivían relativamente bien. Cultivaban maíz, frijoles y algunas legumbres, y también tenían gallinas, puercos, dos cabras, un burro y una vaca. Pero aun con eso, el rancho no producía lo suficiente para la familia. Por lo tanto, su padre y sus hermanos mayores trabajaban cuando podían en otros ranchos, sobre todo en una gran hacienda que **pertenecía** a un hombre rico de la ciudad. **De esa forma,** aunque la familia no vivía con **lujo,** tampoco pasaba hambre.

Los hermanos abandonaron el rancho cuando tenían dieciséis o diecisiete años para buscar trabajo en el Distrito Federal, la capital del país. Sus tres hermanas, **en cambio,** se casaron con hombres del pueblo y siguen viviendo allí.

Cuando Ana tenía catorce años, murió su papá, y por un detalle legal que Ana nunca comprendió, la familia perdió el rancho. Aunque Ana se puso muy triste con la muerte de su padre, reconoció que no podía quedarse en el rancho. Por lo tanto, Ana también se fue del campo para vivir con un hermano en la capital.

En la capital, Ana se hizo asistente de una **costurera** y allí aprendió a coser. Más adelante, consiguió trabajo con una **modista** que le enseñó a hacer ropa fina. Ana llegó a ser muy **hábil** en su trabajo, y por tener un **oficio** se consideraba más afortunada que la mayoría de sus amigas que trabajaban en fábricas o en casas de familias más ricas.

A los dieciocho años, Ana se casó con un muchacho del barrio y después de un año tuvo una hija a quien le pusieron el nombre de Gabriela o Gaby. Pero la vida pronto se hizo más difícil porque dos años después, el marido murió en un accidente, dejando solas a Ana y a Gaby. Ana tuvo varias posibilidades de casarse de nuevo, pero no quiso. Prefirió buscar otra vida. Fue ese deseo que la **atrajo** a los Estados Unidos.

Dejó a Gaby en su pueblo con una hermana y se fue para "El Norte." **Como** no tenía visa, se pasó a los Estados Unidos clandestinamente. En Los Ángeles consiguió empleo en una pequeña fábrica de ropa que empleaba exclusivamente a

pertenecer: ser propiedad de
de esa forma: de esa manera
lujo: opulencia
en cambio: en contraste
costurera: una persona que cose y hace ropa
modista: diseñadora de ropa
hábil: capaz
oficio: forma de ganarse la vida

atrajo: pretérito de "atraer"
como: porque, *since*

extranjeros como Ana—gente sin protección legal. Para sus jefes, los indocumentados (**obreros** sin visa) eran una buena fuente de **mano de obra** barata. Le pagaban poco y no le daban beneficios médicos. Sin embargo, le sacaban **impuestos** y cuotas para el seguro social, dinero que Ana nunca iba a recuperar ni en servicios ni en jubilación. Ana mandaba casi el setenta por ciento (70%) de lo que ganaba a su familia en México para mantener a su hija. Trabajaba de día y estudiaba inglés de noche. Fue en una de esas clases que yo la conocí.

Ana pronto se cansó del trabajo en la fábrica y consiguió trabajo como criada en varias casas norteamericanas. Cuando las señoras norteamericanas vieron que Ana era una excelente costurera, empezó a ganar más, haciendo vestidos para las señoras, sus hijas y sus amigas. Todo iba bien hasta que un día la detuvo un oficial del Servicio de Inmigración de los Estados Unidos.

Ana sabía que algunas personas la consideraban una criminal, pero ella no se preocupaba demasiado por esa opinión. Su punto de vista era bien claro: quería vivir mejor, quería una independencia que muchas mujeres de su clase social no podían tener, y quería darle a su hija ciertas oportunidades que ella nunca tuvo. **Por otra parte,** sabía que pocos norteamericanos estaban **dispuestos** a trabajar como ella por el salario que ella cobraba. Y sobre todo, sabía que su trabajo era honesto: ganaba porque trabajaba. Lo único que ella pedía era la oportunidad de trabajar. No buscaba nada **gratis.**

Durante los dos años que Ana estudió conmigo, la policía la detuvo cuatro o cinco veces, pero ella, de alguna forma, siempre pudo volver, a veces después de una ausencia de solamente cuatro o cinco días. Para ella, la policía era una inconveniencia menor. Siguió trabajando y aprendió inglés bastante bien. Después de terminar el curso, se mudó a San Diego y perdimos el contacto.

Unos dos o tres años después, en una de las coincidencias más notables de mi vida, tuve la linda sorpresa de ver a Ana en una calle en Tijuana, donde supe el resto de la historia. Al llegar a San Diego, Ana hizo contacto con varias tiendas norteamericanas y empezó a hacer vestidos por orden especial. Por fin, ella y una amiga reunieron suficiente dinero para poner una costurería en Tijuana. El negocio prosperó y ahora tiene clientes en **ambos** lados de la frontera. Su hija Gaby vive ahora con Ana, y estudia en una escuela privada. Según Ana, es una de las mejores alumnas.

obrero: una persona que hace trabajo manual
mano de obra: obreros en conjunto
impuesto: dinero que se paga al gobierno

por otra parte: también
dispuesto: *willing*
gratis: que no cuesta dinero

ambos: los dos

Preguntas

1. ¿Cómo conoció el autor a Ana? 2. ¿Dónde nació Ana? 3. Describa las circunstancias de su familia durante su niñez. 4. ¿Cuántos años estudió Ana? 5. ¿Por qué fue Ana a vivir en el Distrito Federal? 6. ¿Qué oficio aprendió en el Distrito Federal? 7. ¿Qué atrajo a Ana a los Estados Unidos? 8. ¿Cómo distribuía Ana su salario? 9. ¿Por qué no se consideraba Ana una criminal? 10. ¿Qué piensa Ud.? ¿Era criminal Ana? 11. ¿Qué contactos tuvo Ana con el Servicio de Inmigración de los Estados Unidos? 12. ¿Por qué cree Ud. que Ana volvió a México a vivir?

En contexto

¿ Cómo se hace para conocer un poco del pasado de una persona ?

— ¿ En qué año nació Ud. ?

— Nací en el año 1965.

— ¿ Cómo se llamaba su ciudad **natal** ?

— **Me crié** en Cuzco.

— ¿ Dónde hizo Ud. sus estudios universitarios ?

— Estudié en la Universidad Católica de Lima.

— ¿ En qué **se recibió** ?

— Me recibí en ingeniería.

— ¿ En qué año se recibió ?

— En 1988.

— ¿ **A qué se dedica** ahora ?

— Soy ingeniero agrónomo. Trabajo para el gobierno.

natal: de nacimiento, *hometown*
criarse: *to grow up*
recibirse: graduarse
¿ A qué se dedica Ud. ?: ¿ En qué trabaja Ud. ?

Situaciones

Situación 1   Haga una entrevista con un/a compañero/a de clase. La información que Ud. quiere: ¿ Cuándo nació ? ¿ Cómo se llamaba su ciudad natal ? ¿ Dónde se crió ? ¿ Dónde hizo sus estudios primarios ? ¿ Secundarios ? ¿ Universitarios ? ¿ En qué años se recibió ? ¿ A qué se dedica ahora ? ¿ Cuáles son los grandes momentos de transición en su vida: ¿ se enamoró ? ¿ se cortó con esa persona ? ¿ se casó ? ¿ se divorció ? ¿ se volvió a casar ? etc.

Situación 2   Suponga que Ud. es periodista de televisión y tiene que hacer una entrevista con un personaje importante—un actor, una actriz, un político, una artista, etc.— y tiene que informarse sobre los grandes momentos y hechos de su vida. Un/a compañero/a de clase puede hacer el papel del personaje importante. (El personaje debe ser una persona real.) Use la sección *¿ Cómo se hace... ?* como guía.

Situación 3   Repita la *Situación 2*, pero ahora con sentido irónico. Suponga, por ejemplo, que Ud. es Mike Wallace y quiere conseguir "la verdad" sobre un personaje famoso. En esta situación la otra persona miente y Ud., a través de sus preguntas, tiene que descubrir la mentira.

Situación 4   Imagínese que Ud. es un/a antropólogo/a de otro planeta que acaba de pasar un tiempo en la tierra, y ahora está en un panel en televisión (o en el equivalente de la televisión en otro planeta) con otros antropólogos (todos extraterrestres) y están hablando de los curiosos ritos de pasaje, transiciones, etc. de los seres humanos. ¿ Qué dicen Uds. ?

Composición

Tema 1   Escriba una autobiografía de su vida, desde su nacimiento hasta ahora. Explique bien todos los momentos de transición más importantes de su vida. Use las lecturas sobre Mrs. Jensen (*Capítulo 12*) y el "Retrato de Ana" de este capítulo como punto de partida.

Tema 2   Los ritos de pasaje que señalan distintos momentos de transición en la vida (graduaciones, ritos religiosos, fiestas especiales, etc.) varían de cultura en cultura. Escriba una descripción para un lector imaginario de otro país sobre los ritos de pasaje de una persona típica en la cultura de Ud.

Vocabulario activo

etapas de la vida

la adolescencia	la infancia	la muerte	la niñez
la edad adulta	la jubilación	el nacimiento	la vejez

transiciones y cambios

aburrirse	convertirse (ie)	emocionarse	llegar a ser
acostumbrarse	criarse	enamorarse	molestarse
bautizarse	curarse	enfermarse	mudarse
calmarse	descomponerse	enojarse	ponerse
cambiarse	detenerse (ie)	frustrarse	preocuparse
cansarse	divorciarse	graduarse	recuperarse
casarse	emborracharse	hacerse	separarse
contentarse			

otros verbos

anunciar	diseñar	festejar	ofrecer
contradecir	esconderse	obtener (ie)	rehusar

otros sustantivos

el beneficio	el destino	el grito	la medida
el cariño	el diploma	la hacienda	la pureza
la costurería	el doble	el/la indocumentado/a	el recuerdo
el/la costurero/a	la equivocación	el intento	la sorpresa
el dato	el golpe	el matamoscas	la valentía

adjetivos

ambos, -as	fabricado, -a	orgulloso, -a	vago, -a
descompuesto, -a	gratis	redondo, -a	valiente
desigual	hábil	universitario, -a	vinculado, -a

CAPÍTULO 14
La política

Una discusión política

14.1
Quiero votar en las elecciones.
Quiero que Uds. **voten** por mi candidato.

14.2
Lamento que el gobierno no **gaste** más dinero en programas sociales.

14.3
Espero que pocos se **opongan** a nuestro programa.

14.4
No quiero que **vayas** a ver esa película.

14.5
Es evidente que tú no **quieres** venir, pero **es importante** que **vengas**.

14.6
Siento que no **haya** más gente en el mundo que piensa como yo.
Ojalá que Uds. **estén** de acuerdo conmigo.

EXPOSICIÓN

| **14.1** | Quiero votar en las elecciones.
Quiero que Uds. **voten** por mi candidato. |

Mi madre no quiere que yo **trabaje** en la campaña.
Quiero que **almuerces** con el jefe del partido mañana.
El presidente pide que el congreso **apruebe** su proyecto de ley.
María espera que **votemos** por ella en las próximas elecciones.
Nadie quiere que vosotros os **quedéis** en Washington.
Los diarios quieren que los candidatos **expliquen** mejor sus posiciones.
El jefe del partido quiere que yo **organice** a los voluntarios.
Yo prefiero que el partido **pague** los viajes de sus empleados.

A. Formación del presente del subjuntivo de los verbos terminados en *-ar*

1. Para los verbos regulares terminados en **-ar,** el presente del subjuntivo se forma
   sustituyendo **-e-** por la primera vocal de la desinencia:
   voto → vote ; votamos → votemos, etc.
2. El presente del subjuntivo conserva los cambios de raíz del presente del indicativo:
   recuerdas → recuerdes ; recordáis → recordéis, etc.
3. El presente del subjuntivo de verbos terminados en **-gar, -car** y **-zar** se forma
   con **-gue, -que** y **-ce** (igual que la primera persona del pretérito que Ud. ya sabe):

pagar	→	**pague, pagues, pague,** etc.
marcar	→	**marque, marques, marque,** etc.
comenzar	→	**comience, comiences, comience,** etc.

Sinopsis:

fumar		**contar**	
presente del indicativo	*presente del subjuntivo*	*presente del indicativo*	*presente del subjuntivo*
	e ↓		e ↓
fumo	fum **e**	cuento	cuent **e**
fumas	fum **es**	cuentas	cuent **es**
fuma	fum **e**	cuenta	cuent **e**
fumamos	fum **emos**	contamos	cont **emos**
fumáis	fum **éis**	contáis	cont **éis**
fuman	fum **en**	cuentan	cuent **en**

B. Usos del subjuntivo con verbos de influencia

1. El subjuntivo casi siempre ocurre en cláusulas subordinadas. Una cláusula es una frase con sujeto y verbo. En las oraciones de arriba, las cláusulas subordinadas comienzan con **que.** Se llaman *cláusulas subordinadas* porque dependen de otra cláusula que se llama la cláusula principal. Por ejemplo:

Yo quiero que Ernesto me llame.　　*"Yo quiero" es la cláusula principal;*
　　　　　　　　　　　　　　　　"que Ernesto me llame" es la cláusula
　　　　　　　　　　　　　　　　subordinada.

2. Se usa el subjuntivo en la cláusula subordinada cuando una de las cláusulas influye o indica el deseo de influir sobre la otra. En las oraciones de la primera columna a continuación, los verbos de la cláusula principal no indican influencia; por lo tanto, no se usa el subjuntivo en la cláusula subordinada. En las oraciones de la segunda columna, los verbos de la cláusula principal son verbos de influencia; por lo tanto, el subjuntivo es obligatorio en la cláusula subordinada. Compare:

Indicativo	*Subjuntivo*
Sé que siempre **votas** por mí.	**Quiero** que siempre **votes** por mí.
Los políticos **comprenden** que los ciudadanos se **cansan** de esos gastos.	Los políticos **esperan** que los ciudadanos no se **cansen** de esos gastos.
Oigo que esos armamentos **cuestan** una barbaridad este año.	Debemos **prohibir** que esos armamentos **cuesten** tanto el año que viene.
Dicen los diarios que esa ley se **aprueba** mañana.	Todos **preferimos** que esa ley se **apruebe** mañana.

3. Algunos verbos de influencia comunes son:

demandar	mandar	preferir (ie)
desear	necesitar	prohibir
esperar	pedir (i)	querer (ie)
exigir	permitir	rogar (ue)

Ángel oye que el teléfono suena.

Ángel espera que el teléfono suene.

Mamá ve que Pepito compra bombones.   Mamá prohibe que Pepito compre bombones.

C. Dos detalles más

1. Por lo general, si no hay un cambio de sujeto, se usa un infinitivo en vez de una cláusula subordinada. Compare:

Infinitivo	*Subjuntivo*
Yo prefiero no **fumar** dentro del edificio.	**Yo** prefiero que **tú** no **fumes** dentro del edificio.
Guillermo quiere **casarse** pronto.	Sus **padres** quieren que **él se case** el año que viene.

2. **Decir** puede ser neutral o sugerir influencia según el contexto. Compare:

Margarita le **dice** a su vecina que su hijo **estudia** mucho. (*decir* = *reportar*)

Margarita le **dice** a su hijo que **estudie** más. (*decir* = *mandar*)

Práctica oral

1. Esperanzas del Senador.   *El Senador X está hablando de sus esperanzas para las futuras elecciones. ¿Qué dice?*

MODELO   mi rival / no ganar   →   **Espero que mi rival no gane.**

1. la juventud / votar por mí
2. los diarios / no atacarme
3. mi partido / apoyarme
4. mis amigos millonarios / ayudarme

5. alguien / prestarme su avión
6. mi rival / no hablar del aborto
7. los voluntarios / trabajar bien
8. tú / organizar la campaña

2. Entre padres e hijos.   *Los chicos a continuación no comparten las opiniones de sus padres. ¿Cuáles son algunas de las diferencias?*

MODELO   Pablo quiere estudiar leyes. / estudiar medicina
→   **Pablo quiere estudiar leyes, pero sus padres prefieren que estudie medicina.**

1. Ana María quiere tocar la guitarra. / tocar el piano
2. Margarita y Juan quieren alquilar una casa. / alquilar un departamento
3. Josefina piensa votar por el candidato demócrata. / votar por el candidato republicano
4. Nosotros queremos buscar trabajo en otra ciudad. / buscar trabajo cerca de casa
5. Pepito quiere acostarse con sus padres. / acostarse en su propia cama
6. Tú quieres almorzar con los otros estudiantes. / almorzar en casa

3. Combinaciones. *Combine los fragmentos según las indicaciones de sus compañeros.*

MODELO Estudiante 1: **4-4-5**
Estudiante 2: **El presidente pide que nosotros votemos por él.**

1. Mi padre sabe que	1. yo	1. trabajar por la paz
2. Mi abuela espera que	2. los diarios	2. no criticar al senado
3. El partido quiere que	3. tú	3. aceptar la nueva ley
4. El presidente pide que	4. nosotros	4. luchar por la causa
5. Los diarios dicen que	5. el congreso	5. votar por ?

4. Puntos de vista. *Use la tabla para expresar sus opiniones y las opiniones de otra gente.*

EJEMPLO **Yo espero que los liberales protesten el presupuesto militar.**

yo	querer	los republicanos	(no) ganar las próximas elecciones
tú	esperar	los demócratas	controlar el congreso
mi padre	saber	el/la senador/a ?	regresar a casa para siempre
mi madre	oír	los alumnos	protestar el presupuesto militar
nosotros	preferir	los liberales	pelearse mucho con la prensa
? y ?	entender	el/la diputado/a ?	luchar por los derechos humanos
?	demandar	las fuerzas armadas	(no) comprar más armamentos
	prohibir		
	recordar		

14.2 **Lamento** que el gobierno no **gaste** más dinero en programas sociales.

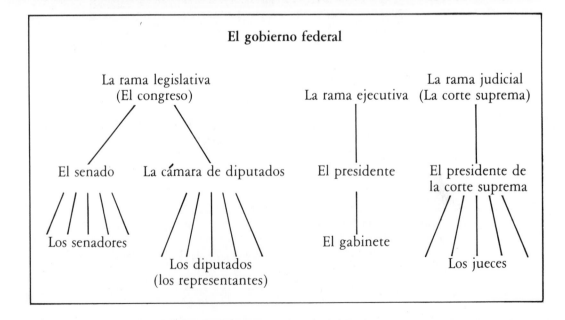

El gobierno federal

Me alegro de que los senadores de nuestro estado **apoyen** al presidente.
(*alegrarse de = ponerse contento*)
Sentimos mucho que Uds. no **piensen** igual que nosotros. (*sentir (ie) = lamentar*)
No me **gusta** que **paguemos** tantos impuestos.
Me molesta que **cierren** las oficinas del gobierno tan temprano.
Todo el mundo **teme** que **suelten** una bomba atómica. (*temer = tener miedo*)
El congreso **se queja de** que el presidente **vete** la ley. (*quejarse de = manifestar resentimiento*)

El subjuntivo con verbos de emoción

1. Si hay un verbo de emoción en la cláusula principal, se usa el subjuntivo en la cláusula subordinada.
2. Algunos verbos que comúnmente describen emociones:

alegrarse de	quejarse de
gustar	sentir (ie)
lamentar	temer
molestar	tener miedo de

Práctica oral

5. Reacciones. *En la vida política hay una gran diversidad de opiniones. ¿Qué opinan las personas a continuación?*

MODELO El senador Bentley apoya mucho a los militares. / Miguel lamenta
→ **Miguel lamenta que el senador Bentley apoye a los militares.**

1. El diputado Riley vota en contra del presupuesto del presidente. / A Teresa le molesta
2. El gobierno gasta poco en programas educativos para los pobres. / Ricardo lamenta
3. Nosotros pagamos muchos impuestos federales. / A mis padres no les gusta
4. Se fabrican cada día más bombas atómicas. / Algunos senadores se quejan de que
5. Los gobernadores de estado cuentan para poco en el gobierno federal. / Los populistas sienten
6. Los jueces de la corte suprema se equivocan a veces. / Yo temo
7. En este país todo el mundo opina. / Nos alegramos de que

6. Opiniones. (entre dos). *Con un/a compañero/a de clase, termine las frases usando los elementos dados.*

EJEMPLO Me molesta que / contaminarse la atmósfera
→ **Me molesta que se contamine la atmósfera.**

1. Me molesta que (*mi jefe pagarme tan poco, el gobierno gastar tanto en ?, fabricarse más bombas atómicas*).
2. A mi padre no le gusta que (*los políticos hablar de ?, yo regresar a casa después de las ?, mi hermano manejar*).

3. El presidente se alegra de que *(el congreso apoyarlo, el senado aprobar ?, la prensa hablar bien de él, pocos criticarlo).*

4. Los senadores lamentan que *(muchos ciudadanos no votar, los diarios criticarlos, los jóvenes no tomarlos en serio).*

5. Todos tenemos miedo de que *(contaminarse la atmósfera, los desempleados no encontrar trabajo, cambiarse la ley en contra de ?).*

14.3 Espero que pocos se **opongan** a nuestro programa.

Papá me pide que yo le **escriba** a mi representante.

Me alegro de que **puedas** hablar con tus amigos izquierdistas.

Quiero que Ud. **aprenda** a defenderse ante los ataques de la derecha.

El presidente teme que no **comprendamos** lo que dice.

Me gusta que vosotros **entendáis** nuestra posición.

Esperamos que algunos alumnos **quieran** participar en la campaña.

Juan teme que nosotros no **volvamos** a tiempo para su discurso.

No me gusta que vosotros me **mintáis.**

Mamá espera que no nos **durmamos** durante el discurso.

El senador espera que le **pidamos** ayuda.

A. El presente del subjuntivo de verbos terminados en *-er* e *-ir*

1. Para formar el presente del subjuntivo de los verbos de la segunda y tercera conjugaciones, se sustituye **-a-** por la primera vocal de la desinencia del presente del indicativo:

   como → coma ; escribimos → escribamos, etc.

2. Los verbos terminados en **-er** conservan los cambios de raíz del presente del indicativo:

   vuelve → vuelva ; volvemos → volvamos, etc.

Sinopsis:

escribir		poder	
presente del indicativo	*presente del subjuntivo*	*presente del indicativo*	*presente del subjuntivo*
	a↓		**a**↓
escribo	escrib**a**	puedo	pued**a**
escribes	escrib**as**	puedes	pued**as**
escribe	escrib**a**	puede	pued**a**
escribimos	escrib**amos**	podemos	pod**amos**
escribís	escrib**áis**	podéis	pod**áis**
escriben	escrib**an**	pueden	pued**an**

3. Los verbos terminados en **-ir** conservan los cambios de raíz del presente del indicativo, pero tienen un cambio adicional en el presente del subjuntivo: la raíz de las formas correspondientes a **nosotros** y **vosotros** conserva la primera vocal del cambio que ocurre en las otras formas:

mentimos	→	**mintamos**	**dormimos** →	**durmamos**
mentís	→	**mintáis**	**dormís** →	**durmáis**
		pedimos →	**pidamos**	
		pedís →	**pidáis**	

Nota. El cambio adicional en los verbos terminados en **-ir** es el mismo que se encuentra en el gerundio *(ver 8.6)* y en el pretérito en tercera persona *(ver 12.4)*.

Sinopsis:

mentir (ie-i)	*dormir (ue-u)*	*repetir (i-i)*
mienta	duerma	repita
mientas	duermas	repitas
mienta	duerma	repita
mintamos	durmamos	repitamos
mintáis	durmáis	repitáis
mientan	duerman	repitan

Estudie:

Prefiero que **vengan** Uds. a ayudarme.

Necesitamos que tú nos **hagas** un favor.

Pedro quiere que **conozcamos** a su candidato favorito.

Me alegro de que tu prima **tenga** tanto éxito en su carrera política.

Espero que los conservadores no se **opongan** a nuestro plan.

Queremos que el partido nos **ofrezca** más dinero para la campaña.

B. El presente del subjuntivo de verbos terminados en *-go* y *-zco* en primera persona.

1. Se usa la raíz irregular de verbos terminados en **-go** y en **-zco** para formar el presente del subjuntivo.

2. Las desinencias no varían.

Sinopsis:

tener *(tengo)*	*poner* *(pongo)*	*hacer* *(hago)*	*conocer* *(conozco)*
tenga	ponga	haga	conozca
tengas	pongas	hagas	conozcas
tenga	ponga	haga	conozca
tengamos	pongamos	hagamos	conozcamos
tengáis	pongáis	hagáis	conozcáis
tengan	pongan	hagan	conozcan

Estudie:

¿A quién van a elegir para presidente?   No sé. Espero que **elijan** a alguien de mi partido.

¿Escogieron a los candidatos para las próximas elecciones?   Todavía no. Espero que los **escojan** en la próxima elección.

C. El presente del subjuntivo de infinitivos terminados en *-ger* y *-gir*

1. En el subjuntivo la raíz de los verbos terminados en **-ger** y **-gir** termina en **-j-**.

2. Este cambio es totalmente ortográfico; existe sólo para conservar el sonido original de la raíz.

Sinopsis:

escoger (escojo)	*elegir* (elijo)
escoja	elija
escojas	elijas
escoja	elija
escojamos	elijamos
escojáis	elijáis
escojan	elijan

Práctica oral

7. Combinaciones. *Combine los elementos de las tres columnas según las indicaciones de sus compañeros.*

MODELO   Estudiante 1:   **2-4-6**
Estudiante 2:   **Mis padres piensan que los jóvenes piden ayuda al estado.**

1. Al presidente no le gusta que	1. yo	1. no tener el voto
2. Mis padres piensan que	2. tú	2. escoger al candidato
3. Mario teme que	3. Ud.	3. repartir propaganda
4. Mis amigos sienten que	4. los jóvenes	4. seguir al presidente
5. Los ciudadanos saben que	5. nosotros	5. dormirse en la reunión
6. Los políticos esperan que	6. vosotros	6. pedir ayuda al estado

8. El Presidente Don Máximo. *Ud. es El Presidente Don Máximo, el hombre más poderoso del país y quizás del mundo entero. Exprese sus esperanzas, gustos, disgustos, temores y secretas ambiciones usando la tabla como guía.*

EJEMPLO   **Quiero que todos los profesores, sobre todo los profesores de español, reciban un gran aumento de salario.**

Voy a prohibir que	los menores de edad	recibir un aumento de salario
Me gusta que	los alumnos de ?	tener que trabajar menos
Temo que	los demócratas	perder/ganar las elecciones
Prefiero que	los comunistas	controlar la burocracia
Me alegro de que	los republicanos	tener control del senado

Me molesta que	el congreso	no aprobar mi proyecto de ley
Siento mucho que	mis enemigos	ponerse tanto maquillaje
Voy a pedir que	mi gabinete	reconocer mi poder
Mando que	las fuerzas armadas	decir la verdad sobre ?
Exijo que	los burócratas	volver a casa para siempre
Espero que	los inmigrantes	tener derechos más amplios
Sé que	Gumersinda	luchar por una causa justa
Comprendo que	Don Tremendón	poner en libertad a ?
	?	defender mi presupuesto
	la izquierda	protestar nuestro triunfo
	los derechistas	jugar sucio
	? y ?	hacer más propaganda a favor de / en contra de ?

9. **Entrevista** (entre dos). *Usando la tabla de arriba, invente preguntas para un/a compañero/a.*

   EJEMPLO **¿ Esperas que los demócratas tengan control del senado después de las próximas elecciones ?**

10. **Informe.** *Ahora informe a la clase sobre las opiniones políticas de su compañero/a.*

14.4 No quiero que **vayas** a ver esa película.

Prefiero que ese señor no nos **dé** dinero.

Espero que el próximo primer ministro **sea** de nuestro partido.

Me alegro de que **vayas** a repartir volantes con nosotros.

Necesitamos que los carteles **estén** listos para la reunión.

Queremos que los senadores **sepan** lo que pensamos.

Un candidato puertorriqueño en una campaña política

Verbos irregulares en el presente del subjuntivo

1. Hay solamente cinco verbos irregulares en el presente del subjuntivo: **dar, estar, ir, saber** y **ser.**
2. Son fáciles de recordar porque su primera persona singular en el presente del indicativo no termina en **-o.**

Sinopsis:

dar	*estar*	*ir*	*saber*	*ser*
dé	esté	vaya	sepa	sea
des	estés	vayas	sepas	seas
dé	esté	vaya	sepa	sea
demos	estemos	vayamos	sepamos	seamos
deis	estéis	vayáis	sepáis	seáis
den	estén	vayan	sepan	sean

Práctica oral

11. **¿Qué quiere la imperiosa Lula?** *Lula está describiendo todo lo que quiere. ¿Qué dice?*

MODELO   su novio / darle un helado colosal
→   **Lula quiere que su novio le dé un helado colosal.**

1. sus padres / estar en casa temprano porque necesitan dormir
2. los políticos / saber que tienen que pedirle permiso a ella para todo
3. nosotros / ser más simpáticos y menos exigentes
4. vosotras / ir con ella para protestar la contaminación atmosférica
5. su papi / darle un Porsche y una tarjeta de crédito
6. todos los demás / ser exactamente como ella

12. **Entrevista** (entre dos).   *Pregúntele a un/a compañero/a de clase.*

1. —qué quiere que sus padres le den
2. —qué quieren sus padres que él/ella les dé
3. —dónde espera que sus amigos estén esta noche a las nueve
4. —quién quiere que sea presidente
5. —adónde quiere que su peor enemigo se vaya
6. —qué es lo que quiere que todo el mundo sepa

14.5   **Es evidente** que tú no **quieres** venir, pero **es importante** que **vengas.**

Es obvio que no **conoces** bien al alcalde.

Es cierto que no **somos** grandes políticos ahora.

Es necesario que lo **conozcas** mejor.

Pero **es posible** que **seamos** grandes políticos algún día.

Es verdad que muchos ciudadanos no **votan** en las elecciones.
Es evidente que el pueblo **quiere** mucho al gobernador.

Es preciso que más ciudadanos **voten** en las próximas elecciones.
Pero **es probable** que el gobernador **tenga** algunos enemigos.

El subjuntivo con expresiones impersonales

1. **Es obvio, es necesario, está bien,** etc. son expresiones impersonales.

2. Se usa el indicativo con expresiones impersonales que indican certeza o seguridad. Por ejemplo:

es obvio ; es cierto ; es verdad ; es evidente

3. Se usa el subjuntivo en todos los demás casos. Algunas de las expresiones impersonales más comunes que se combinan con el subjuntivo son:

es absurdo	es increíble	es posible
es bueno	es una lástima	es preciso
es difícil	es lógico	es probable
es fácil	es malo	es trágico
es importante	es natural	es triste
es imposible	es necesario	está bien

Práctica oral

13. ¿Qué dice Teresa? *Teresa es una chica de mucha conciencia social. ¿Qué dice Teresa frente a las situaciones a continuación?*

MODELO El gobierno municipal no da casas a los pobres. / ¿bueno o malo?
→ **Es malo que el gobierno municipal no dé casas a los pobres.**

1. Muchos ciudadanos no conocen la historia de su país. / ¿lamentable o bueno?
2. Algunos políticos defienden los intereses de las grandes empresas. / ¿malo o necesario?
3. Muchos matrimonios terminan en divorcio. / ¿triste o inmoral?
4. Muchos jóvenes no respetan las leyes. / ¿probable o evidente?
5. Se paga muy mal a los profesores de español. / ¿natural o repugnante?
6. Se fabrican muchos armamentos hoy día. / ¿necesario o peligroso?
7. La guerra es la única forma de resolver algunos problemas. / ¿cierto o falso?
8. Los niños juegan con juguetes que parecen armas. / ¿natural o absurdo?
9. Las rentas están muy altas. / ¿inevitable o deplorable?

14. Invención (entre dos). *Con un/a compañero/a de clase, complete las oraciones de forma creativa.*

1. Es necesario que los políticos en Washington... 2. Es muy malo que mis compañeros... 3. Es cierto que los republicanos... 4. Es importante que mi senador... 5. Está bien que nosotros... 6. Es bueno que el gobierno municipal... 7. Es evidente que los demócratas... 8. Es probable que el próximo presidente... 9. Está mal que el ejército... 10. Es verdad que la marina... 11. Es inevitable que las fuerzas armadas... 12. Es importante que los soldados de mi generación...

Nota cultural

La política y las universidades en el mundo hispano

Las universidades en Latinoamérica son mucho más activas en la política de su país que las universidades norteamericanas. Las elecciones universitarias, por ejemplo, no se dedican exclusivamente a **asuntos** estudiantiles. **Más bien,** se dedican a influir en la vida política de todo el país. No es raro que los partidos políticos del país sean también los partidos que controlan distintos sectores de la universidad. Por ejemplo, en la Argentina, es posible que la Facultad de Letras sea del Partido Justicialista (Peronista), que la Facultad de Leyes sea del Partido Radical, y que la Facultad de Medicina sea del Partido Socialista. Todos esos partidos son partidos reales que consideran el **apoyo** de los estudiantes un **logro** importante.

La politización de las universidades contribuye a una situación que les parece caótica a muchos norteamericanos. Por ejemplo, en las paredes hay inscripciones y **carteles** de todo tipo, y casi todos los días hay reuniones, manifestaciones, protestas y discursos políticos que a veces terminan en **huelgas** y violencia. Esa actividad tiene su efecto; no son pocos los gobiernos en el mundo hispano que cayeron en parte a causa de una protesta o una huelga estudiantil.

Muchos se preguntan si es posible aprender en un **ambiente** tan politizado. Por un lado es probable que la actividad política de los estudiantes hispanos interfiera a veces en su preparación académica. Pero por otro lado, la experiencia estudiantil en el mundo hispano puede dar una preparación que no se da en clases tradicionales.

asunto: tema, *affair*
más bien: *rather*
apoyo: sostén, *support*
logro: triunfo
cartel: anuncio, letrero
huelga: cuando los obreros dejan de trabajar o los alumnos dejan de asistir a clase
ambiente: atmósfera

14.6

Siento que no **haya** más gente en el mundo que piensa como yo.
Ojalá que Uds. **estén** de acuerdo conmigo.

Ojalá la fuerza aérea me **acepte** como piloto.
Ojalá que los soldados de nuestra generación nunca **tengan** que pelear en una guerra.
Es probable que **haya** buenos soldados en el ejército.
Prefiero que no **haya** ningún problema militar durante las negociaciones.
Nos alegramos de que **haya** libertad de prensa en este país.

Ojalá, ojalá que y el presente del subjuntivo de *hay*

1. **Ojalá** y **ojalá que** son equivalentes de **espero que:**

   Ojalá venga más gente.   = Espero que venga más gente.
   Ojalá que Uds. me comprendan.   = Espero que Uds. me comprendan.

2. **Haya** es el subjuntivo de **hay.**

Práctica oral

15. La campaña.   *Miguel está organizando una campaña política y está pensando en todas las cosas que tienen que hacerse todavía. ¿Qué dice?*

MODELO   Mario / traer los volantes
→   **Ojalá que Mario traiga los volantes.**

1. la jefa del partido / presentar al candidato
2. los diarios / decir cosas a nuestro favor
3. Marisela / pintar bien los carteles
4. Ud. / pagar los anuncios
5. hay suficientes fondos
6. los voluntarios / llamar a mucha gente el día de las elecciones
7. llover durante la manifestación
8. no hay mucha oposición a nuestro programa
9. el candidato / no decir nada tonto

16. Observaciones y reacciones (entre dos).   *Con un/a compañero/a de clase, comente el mundo usando* **hay** *y* **haya.**

EJEMPLO   Estudiante 1:   **Hay muchos armamentos en el mundo.**
Estudiante 2:   **Lamento que haya muchos armamentos en el mundo.**

El Congreso de la República Argentina

CREACIÓN

Lectura

Aviones Libios Violan Espacio Aéreo de Chad

Presenta Reagan un nuevo tratado sobre los misiles

Arrestan a 18 judíos en la URSS

El nuevo recluta

Ana y José están sentados en el restaurante estudiantil tomando un refresco cuando **se les acerca** *Raúl.*

ANA   Hola, Raúl. ¿Cómo estás? ¿Dónde estabas esta mañana? No te vi en clase.

RAÚL   Estaba en la oficina de conscripción militar, presentándome para el servicio militar. Lo único que deseo ahora es que no haya una guerra. Prefiero la paz.

JOSÉ   ¡Qué barbaridad! Yo creo que el gobierno no tiene ningún derecho a exigir que hagamos el servicio militar si no queremos. Tenemos que elegir a oficiales pacifistas.

ANA   Yo no estoy de acuerdo. No tengo ganas de ir a la guerra, pero al mismo tiempo, creo que el servicio militar es una obligación que todos tenemos por vivir en una sociedad libre. Tenemos que estar preparados contra toda **amenaza** de los enemigos de la **patria** y de la democracia.

JOSÉ   Pero, Ana, tienes que comprender el punto de vista de los soviéticos. Los Estados Unidos después de la segunda guerra mundial **se alió** con muchas naciones de Europa, del Medio Oriente y de Asia para poner bases militares **alrededor de** la Unión Soviética, casi sobre sus mismas **fronteras.** Obviamente, al ver eso, los soviéticos se sentían amenazados. Los soviéticos, igual que nosotros, sólo quieren proteger sus propias fronteras.

ANA   ¡Ay José! No comprendo cómo puedes pintar a los soviéticos así. No son nada inocentes. Invadieron Hungría, Checoslovaquia y Afganistán **a pesar de que** ninguno de esos países amenazaba las fronteras soviéticas. Y si no los detenemos, un día van a llegar aquí.

JOSÉ   ¿Y se puede saber de qué amenazas estás hablando? ¿No sabes que todas las guerras de la historia se hicieron por motivos económicos y políticos

---

acercarse a: llegar, aproximarse

amenaza: peligro
patria: el país de uno
aliarse: hacerse aliado; entrar en un acuerdo
alrededor de: *around*
frontera: línea geográfica que separa dos países
a pesar de que: *in spite of the fact that*

para defender los intereses de las clases altas? Los ricos hacen las guerras y nosotros, los jóvenes, peleamos y morimos por ellos. Me vas a perdonar, pero si yo tengo que morir, espero que no sea para defender los intereses egoístas de los **ricachos.** No podemos ser apáticos. Tenemos que ser conscientes de lo que realmente está pasando.

ricacho: nombre peyorativo para un rico

ANA   Pero un momentito, José. Es cierto que algunos norteamericanos tienen más dinero que otros, pero en ningún país se vive mejor que en éste. Por esa razón, todos los ciudadanos del país tienen que luchar contra las fuerzas que quieren destruir nuestra forma de vida. Los comunistas ya controlan más de un **tercio** del mundo, y a principios del siglo no tenían nada. No podemos permitir que sigan extendiendo su poder hasta dominar todo el mundo.

tercio: una tercera parte; más o menos el 33%

RAÚL   Pues yo no soy izquierdista como José, pero tampoco soy un nacionalista fanático que cree que su país siempre tiene razón. Sin embargo, me parece injusto el reclutamiento militar porque no incluye ni a mujeres ni a mayores de veintiséis años. Ya sé que los hombres jóvenes tienen más fuerzas físicas que **los demás,** pero es probable que haya en el ejército, en la marina y en las fuerzas aéreas trabajos para todo el mundo. ¿No creen?

los demás: el resto

ANA   **Pues sí.** Aunque prefiero que no me llamen pronto porque quiero graduarme y comenzar mi carrera de médica.

pues sí: exclamación que indica acuerdo parcial

JOSÉ   Bueno, ya saben Uds. que a mí la guerra me parece inmoral. Y si me llaman, no voy. Prefiero abandonar el país.

RAÚL   Bueno, yo creo que es necesario que tengamos un ejército bien preparado, pero espero que cambien las leyes para distribuir mejor las responsabilidades.

Preguntas

1. ¿Por qué no fue Raúl a clase esta mañana?   2. ¿Acepta Ud. la explicación de José sobre el origen de las guerras?   3. ¿Cree Ud. que la idea de Ana sobre la necesidad de contener a los comunistas es válida? ¿Por qué?   4. ¿Coincide Ud. con José cuando dice que los soviéticos sólo quieren proteger sus fronteras? ¿Por qué sí/no?   5. ¿Por qué dice Raúl que el reclutamiento sólo de hombres jóvenes es injusto? ¿Está Ud. de acuerdo?   6. ¿Cuál de las posiciones en la conversación le parece a Ud. más convincente? ¿Por qué?

En contexto

¿Cómo se hace para concordar y no concordar?

— **Concuerdo** con Ud.
— Tiene Ud. razón. Estoy totalmente de acuerdo.
— En ese punto, coincidimos.
— **Compartimos** la misma opinión **en cuanto a** la **política** del gobierno.
— Perdóneme. Estoy equivocado.

concordar (ue): estar de acuerdo
compartir: *to share*
en cuanto a: con referencia a
política: *policy*

La política

— Es interesante su punto de vista, pero no sé si estoy de acuerdo.

— **Fíjese** que no estamos de acuerdo.

fijarse:
notar

— No coincidimos en ese punto.

— Perdóneme que yo se lo diga, pero creo que Ud. se equivoca.

— Coincidimos en muchas cosas, pero en ese punto me parece que **estamos en desacuerdo.**

estar en desacuerdo:
no coincidir

— Hasta cierto punto acepto lo que dice.

— Comprendo lo que Ud. dice, pero tengo algunas reservas.

Situaciones

Situación 1 Suponga que Ud. es un/a reportero/a y tiene que entrevistar a un político famoso sobre sus planes para su próxima campaña. Información que Ud. quiere: ¿Quién quiere que dirija su campaña? ¿Qué quiere que los diarios digan? ¿Dónde quiere que sus anuncios salgan? etc. Un/a compañero/a de clase puede hacer el papel del político.

Situación 2 Usando la *Lectura* como punto de partida, prepare un debate con algunos compañeros de clase sobre la resolución: *Las mujeres deben tener las mismas reponsabilidades militares que los hombres*. Preguntas que considerar: ¿Tienen las mujeres las mismas fuerzas físicas que los hombres? ¿Pueden las mujeres resistir las presiones y los trabajos del combate? En el campo de batalla, ¿pueden los hombres y las mujeres pelear juntos sin distraerse? ¿Hay en la sociedad una "división de trabajo" en que las mujeres tienen responsabilidades especiales que las excluyen del servicio militar? ¿Es posible la igualdad de los sexos si las mujeres no tienen las mismas responsabilidades militares que los hombres?

Situación 3 Elija a un político famoso (o infame) y prepare un discurso típico de ese político. Su discurso puede ser sincero o paródico. Comience con algo como "Yo soy el senador Patrick Mario Cabot Taft O'Riley y voy a hablar a favor de (en contra de)... Yo quiero que en el futuro se gaste más dinero en... Es absurdo que los republicanos (demócratas, comunistas, aficionados de gatos)..." etc.

Situación 4 Prepare una discusión con un/a compañero/a de clase sobre un tema político. Los dos pueden expresar su coincidencia o desacuerdo usando la sección *En contexto* como guía.

Composición

Tema 1 Escriba una descripción sobre algunos de los aspectos principales del gobierno de su país. Información que Ud. puede incluir: ¿Cuántas ramas de gobierno hay? ¿Cuántos senadores hay? ¿Cuántos diputados hay? ¿Cuántos jueces hay en la corte suprema? ¿Cómo se elige al presidente? ¿Cada cuándo se elige a los senadores y diputados? ¿Cómo se presenta un proyecto de ley? ¿Cómo se aprueba un proyecto de ley? ¿Quién tiene el derecho de veto (¿quién puede vetar una ley?)? ¿Cuáles son los partidos tradicionales? ¿Cómo es la izquierda (los izquierdistas) en los Estados Unidos? ¿Y la derecha y los derechistas? ¿Qué papel hacen las fuerzas armadas en la política de los Estados Unidos? ¿Qué protecciones tienen las minorías?

Tema 2 Escriba una refutación (o un argumento de apoyo) a uno de los puntos de vista expresados en la *Lectura*. Use la sección *¿Cómo se hace...* para expresar su acuerdo o desacuerdo.

Vocabulario activo

sustantivos relacionados con la guerra

el/la aliado/a	el campo de batalla	la guerra	el reclutamiento
la amenaza	la carrera armamentista	la marina	las reservas
el arma	la conscripción	el/la marinero/a	el servicio militar
el armamento	el ejército	el/la militar	el/la soldado/a
la bala	las fuerzas aéreas	el/la oficial	el temor
la base militar	las fuerzas armadas	la potencia	las tropas
la batalla	el gasto	el/la recluta	

sustantivos relacionados con la política

el/la alcalde	el/la diputado/a	la ley	la seguridad
el/la aliado/a	las elecciones	la mayoría	el senado
la cámara de diputados	el/la enemigo/a	la minoría	el veto
la campaña	el gabinete	el partido político	el volante
el/la ciudadano/a	el/la gobernador/a	la patria	el/la voluntario/a
el comité	el gobierno	el proyecto de ley	el voto
la corte suprema	el/la juez	la rama	

otros sustantivos

la certeza	el/la inmigrante	el logro	el tercio
la esperanza	la juventud		

verbos

alegrarse de	coincidir con	escoger	quejarse de
aliarse con	colocar	exigir	repartir
amenazar	compartir	fijarse en	resolver (ue)
apoderarse de	concordar (ue)	luchar	temer
apoyar	elegir (i)	oponerse a	vetar
aprobar (ue)	equivocarse	proteger	votar

adjetivos

apático, -a	egoísta	infame	nacionalista
convincente	estatal	izquierdista	peyorativo, -a
derechista	increíble	moderado, -a	poderoso, -a

expresiones útiles

meter la pata	pues sí	¡Qué lástima!

CAPÍTULO 15
El turismo

«Siga derecho cinco cuadras.»

15.1	¡**Venga** a México! ¡**Deje** el frío y **pase** sus vacaciones con nosotros!
15.2	No **nos acostemos** ahora. **Acostémonos** más tarde.
15.3	No **leas** esa página; **lee** la otra.
15.4	No **lo hagáis** mañana. **Hacedlo** hoy.
15.5	¿Quieres ir a la carnicería? Yo no puedo; **que vaya** Lulú.
15.6	Mario: —Javier, venga en seguida. Mario le **dice** a Javier que **venga** en seguida.

EXPOSICIÓN

¡**Venga** a México! ¡**Deje** el frío y **pase** sus vacaciones con nosotros!

La ubicación

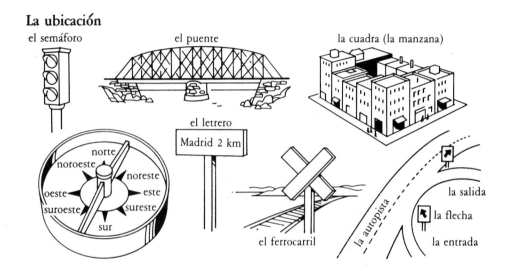

el semáforo · el puente · la cuadra (la manzana) · el letrero · Madrid 2 km · norte · noroeste · noreste · oeste · este · suroeste · sureste · sur · el ferrocarril · la autopista · la salida · la flecha · la entrada

¿Cómo hago para llegar a la autopista?

Siga Ud. derecho hasta el semáforo. En esa esquina, **doble** a la izquierda y **vaya** dos cuadras hasta llegar a un puente. **Cruce** el puente y **mire** a la derecha. Allí **busque** el letrero con la flecha que señala la entrada a la autopista.

¿Cómo hacemos para llegar al mercado?

Vayan Uds. al centro y **busquen** la Plaza de Armas. **Vayan** hasta el otro extremo de la plaza y allí van a ver el mercado.

A. Formación de los mandatos (el imperativo) formales

1. El mandato formal, singular y plural, utiliza las formas de la tercera persona del presente del subjuntivo. No hay excepciones.

2. El uso del pronombre sujeto (**usted**) y (**ustedes**) comunica mayor cortesía pero no es obligatorio.

El turismo

Estudie:

Perdone, Sr. Policía, ¿dónde puedo conseguir un mapa?

No **me lo pida** a mí; **pídaselo** a algún agente de turismo.

¿Le doy la cuenta a Ud. o a su amiga?

No **me la dé** a mí; **désela** a ella. Ella tiene el dinero.

Sr. Guía, ¿a qué hora sale el ómnibus mañana?

Sale a las siete de la mañana, así que **acuéstense** temprano. No **se pierdan** el ómnibus.

B.   Posición de los pronombres con mandatos

1. Los complementos pronominales de todo tipo *(directo, indirecto y reflexivo)* siempre se agregan a un mandato afirmativo.

2. Los complementos pronominales nunca se agregan a un mandato negativo.

3. Cuando se agrega un pronombre a un mandato afirmativo, se pone acento para conservar el énfasis original. Compare:

Traiga el mapa.   **Tráigamelo,** por favor.
Expliquen el asunto.   **Explíquennoslo,** por favor.
Acueste al niño.   **Acuéstese Ud.,** por favor.

Práctica oral

1.   Los turistas perdidos.   *Todo buen turista (y mal turista) se pierde a veces. Liliana está tratando de ayudar a un turista perdido. ¿Qué dice?*

MODELO   cruzar la calle   →   **Cruce la calle.**

1. seguir derecho
2. ir hasta la esquina
3. doblar a la izquierda
4. cruzar un puente
5. bajar hasta el río
6. buscar un letrero que dice "SALIDA"
7. subir por esa calle
8. pedir información a un policía
9. doblar a la derecha

2.   El gran jefe mandón.   *Ud. es EL GRAN JEFE MANDÓN y sus empleados tienen que pedirle permiso para TODO. ¿Qué contesta Ud.?*

MODELO   traerle los papeles
Estudiante 1:   **¿Puedo traerle los papeles?**
Estudiante 2:   **Sí, tráigamelos.** *o*
No, no me los traiga.

1. darle los informes
2. irme temprano
3. servirle un café
4. contarle un chiste
5. sacarle unas copias
6. prestarle mi pluma
7. quedarme aquí toda la noche
8. acostarme y dormirme

3.   Lugares secretos   *Elija un lugar bien conocido sin decirles a sus compañeros qué lugar es. Después déles instrucciones para llegar a ese lugar. Si Ud. hace bien su trabajo, todos van a saber qué lugar es.*

EJEMPLO **Salgan Uds. de este edificio y doblen a la izquierda. Caminen tres cuadras hasta un semáforo. Den vuelta a la derecha y sigan derecho hasta la estación de ferrocarriles. Crucen la calle, doblen a la izquierda y caminen media cuadra más al norte. Allí van a estar al lado del LUGAR SECRETO. ¿Qué lugar es?**

Términos útiles para llegar al LUGAR SECRETO:

a la derecha	autopista	dar vuelta	flecha
a la izquierda	bajar	derecho	puente (el)
al este	caminar	doblar	salida
al norte	camino	entrada	seguir
al oeste	cruzar	esquina	semáforo
al sur	cuadra	ferrocarril	subir

4. ¿Qué le dice Ud.? (entre dos). *Con un/a compañero/a de clase invente preguntas y respuestas basadas en la información dada.*

MODELO —que no quiere lavarse las manos antes de comer
Estudiante 1: **¿Qué le dice Ud. a una persona que no quiere lavarse las manos antes de comer?**
Estudiante 2: **Lávese las manos.**

1. —que no quiere poner la mesa
2. —que quiere salir con su novio/a
3. —que comen como animales
4. —que quiere sentarse en el piso
5. —que no quiere bañarse todos los días
6. —que tiene mil dólares
7. —que son malcriados y maleducados
8. —que dice malas palabras en público
9. —que hacen mucho ruido
10. —que tienen muchos dulces y no quieren dárselos a Ud.
11. —que se duermen y no trabajan
12. —que quieren llevarse su coche

15.2

No **nos acostemos** ahora.
Acostémonos más tarde.

Una conversación entre dos meseros:

¿Qué servimos primero? **Sirvamos** la sopa primero.
¿Les llevamos la ensalada ahora? Sí, **llevémosela** ahora.
¿Preparamos el café ahora? No. No **lo preparemos** ahora. **Preparémoslo** después.
¿Podemos sentarnos y descansar ahora? Cómo no. **Sentémonos** y **descansemos.**

El mandato de *nosotros*

1. Se usa la primera persona plural del presente del subjuntivo para mandar a un grupo que incluye al hablante. Estas oraciones son más o menos equivalentes:
Juguemos al tenis. = Vamos a jugar al tenis.
Sentémonos. = Vamos a sentarnos.

2. Como en otros mandatos, los complementos pronominales siempre se agregan al mandato afirmativo de **nosotros** pero nunca se combinan con el mandato negativo. Se pone acento para conservar el énfasis original. Compare:

Hagámoslo ahora.   ≠ **No lo hagamos** hasta la noche.

Sirvámoselo.   ≠ **No se lo sirvamos.**

3. La **-s** final del mandato se elimina cuando se combina con **nos** o **se**:

Sentémonos.

Acostémonos.

Digámoselo a tu jefe ahora mismo.

Llevémosela a ellos en seguida.

4. Una excepción: el mandato de **nosotros** para **ir** es **vamos**. El mandato de **nosotros** para **irse** es **vámonos**.

Vocabulario turístico

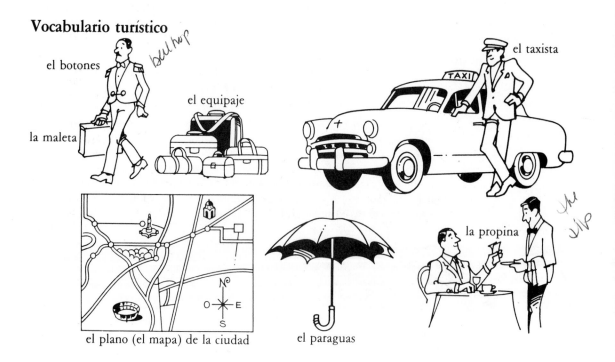

el botones

el taxista

la maleta

el equipaje

la propina

el plano (el mapa) de la ciudad   el paraguas

Práctica oral

5. Irma la Entusiasta. *Irma es una chica muy entusiasta que está planeando sus vacaciones con Gaby. ¿Cómo responde a las preguntas de su amiga?*

MODELO   ¿Compramos los pasajes ahora?   →   **Sí, comprémoslos ahora.**

1. ¿Pedimos vacaciones ahora?
2. ¿Compramos nuevo equipaje ahora?
3. ¿Empacamos las maletas ahora?
4. ¿Vamos a una agencia de viajes ahora?
5. ¿Llamamos al médico ahora?
6. ¿Dejamos el perro con Isabel?
7. ¿Pedimos a Jorge que nos riegue las plantas?
8. ¿Reservamos el hotel ahora?

6. Don Tremendón el Aguafiestas. *¿Cómo responde el nunca entusiasta Don Tremendón a las preguntas de la* Práctica 5 *? En negativo por supuesto. (Un aguafiestas es una persona que arruina las diversiones de los demás.)*

MODELO   ¿Compramos los pasajes ahora ?   →   **No, no los compremos todavía.**

Nota cultural

El turismo: La industria sin chimeneas

En el mundo hispano, varios países dedican una buena parte de su presupuesto nacional a **desarrollar** el turismo. El turismo en muchos **sentidos** parece ser una industria ideal. Por un lado, explota lo que países como México y España tienen en abundancia: un clima agradable, playas espléndidas y una riquísima cultura folklórica. Por otro lado, requiere menos **inversión** que otras industrias, atrae **divisas** y ensucia poco el ambiente. También, emplea a mucha gente en países donde el **desempleo** y el subempleo son problemas serios. En vista de ésas y otras **ventajas,** la política de muchos gobiernos hispanos es: cultivar el turismo a todo costo.

Sin embargo, no todos los hispanos están de acuerdo con la política que favorece el turismo. Dicen que los empleos creados por el turismo casi siempre son de poca remuneración. Afirman que la comercialización del folklor pervierte y trivializa la identidad nacional, y creen que la **búsqueda** de divisas prostituye los países hispanos frente a países más ricos. ¿Qué cree Ud. ? ¿Hasta qué punto es el turismo una bendición mixta ?

desarrollar: *to develop*
sentido: manera
inversión: *investment*
divisa: *foreign currency*
desempleo: falta de empleo
ventaja: *advantage*
búsqueda: acto de buscar

15.3   No **leas** esa página ; **lee** la otra.

¿Te puedo servir más té ?   Sí, **sírveme** más.
                                    No, **no me sirvas** más.
¿Puedo darte más café ?   Sí, **dame** un poco más.
                                    No, **no me des** más.
¿Quieres que te cuente el chiste ? No, **no me lo cuentes** ahora ;
                                    cuéntamelo más tarde.

A.   Los mandatos regulares de *tú*

1. En afirmativo, los mandatos de **tú** son iguales que la tercera persona del indicativo. Compare:

Javier habla demasiado.   Javier, háblame más despacio.
Rita escribe bien.   Rita, escríbenos pronto.

2. En negativo, los mandatos de **tú** son iguales que el presente del subjuntivo de **tú.** No hay excepciones. Compare:

Quiero que vengas, pero **no vengas** hoy.

Es importante que me lo digas, pero **no me lo digas** ahora.

3. Como en otros mandatos, los pronombres siempre se agregan a los mandatos afirmativos de **tú** y siempre se anteponen a los mandatos negativos:

No **me lo expliques** ahora; **explícamelo** más tarde.

No **te duermas** en el piso; **duérmete** en la cama.

Estudie:

Hijito, **hazme** un favor. **Ve** a la tienda, y cómprame unas papas. **Ponte** un abrigo porque hace frío. **Sal** por la otra puerta para no despertar a tu papi. **Ten** cuidado al cruzar la calle, y **sé** bueno en la tienda. Si tienes algún problema, **dímelo** cuando vuelvas.

B. Los mandatos irregulares de *tú*

1. Son irregulares los mandatos afirmativos de **tú** de **poner, salir, tener, venir, hacer, decir, ir** y **ser.** Sus mandatos negativos son regulares.

2. Para **poner, salir, tener** y **venir,** el mandato afirmativo de **tú** es igual que la primera sílaba del infinitivo:

poner → pon

salir → sal

tener → ten

venir → ven

3. Los mandatos afirmativos de **tú** para **hacer, decir, ir** y **ser** son:

hacer → haz

decir → di

ir → ve

ser → sé

4. Como en otros mandatos, los pronombres siempre se agregan a los mandatos afirmativos y siempre se anteponen a los mandatos negativos:

No me lo digas ahora; **dímelo** mañana.

Si quieres ponerte esas medias, **póntelas.**

Práctica oral

7. Pepito el Vivísimo I. *Pepito es un chiquito entusiasta (un eufemismo) que todo lo quiere hacer. ¿Qué le dice su mamá?*

MODELO   meter el lápiz en el ojo   →   **Pepito, ¡ no metas el lápiz en el ojo !**

1. meter juguetes en el inodoro
2. beber el whiskey de papá
3. jugar con las cucarachas
4. torturar el perro
5. comer el papel higiénico
6. hacer pipí en el piso
7. salir desnudo a la calle
8. dar de comer al patito de goma

8. Pepito el Vivísimo II. *Pepito sigue tan vivo y tan entusiasta como en la* Práctica *anterior.* *¿Qué le dice su mamá ahora?*

MODELO   lavarse la cara   →   **Pepito, lávate la cara.**

1. ponerse un abrigo
2. saludar a la abuela
3. invitar a sus amiguitos a jugar
4. lavarse las manos
5. irse a la casa del vecino
6. ser bueno con el gato
7. decirle la verdad a su papi
8. acostarse y dormirse, por favor

9. Reglas para viajeros. *Laura va de viaje al Caribe, y Ud. tiene que darle consejos usando mandatos afirmativos o negativos. ¿Qué le dice Ud.?*

MODELOS   insultar a los taxistas   →   **No insultes a los taxistas.**
dejar una propina generosa   →   **Deja una propina generosa.**

1. respetar las señales de tránsito
2. confirmar la reservación
3. ponerse mucha crema solar
4. hacer escándalo en el hotel
5. tener cuidado con desconocidos
6. perder el paraguas
7. llamar a sus padres todos los días
8. cerrar las maletas con llave
9. salir sola del hotel por la noche
10. exponerse demasiado al sol

10. Consejos (entre dos).   *Invente consejos usando mandatos familiares para un/a compañero/a de clase para las situaciones descritas a continuación.*

¿Qué debe hacer...

1. —con personas atractivas pero agresivas?
2. —cuando una persona de mala fama lo/la invita a tomar una cerveza?
3. —cuando quiere ir a una discoteca y tiene un examen mañana?
4. —cuando está de dieta y alguien le regala un plato de bombones, golosinas y dulces de chocolate?
5. —cuando está enamorado/a y la otra persona no corresponde?
6. —si es medianoche, un viernes 13, y oye ruidos raros debajo de su cama?
7. —cuando tiene ganas de ponerse un pantalón verde y rosado con flores amarillas, rayas moradas y puntos azules?

15.4   No lo **hagáis** mañana. **Hacedlo** hoy.

Una familia española, los Gómez Estrada, están de vacaciones. ¿Qué les dice el Sr. Gómez Estrada a sus hijos?

‹‹ **Haced** lo que os digo. ¿Tenéis la cuenta? **Dádmela.** No la **paguéis** vosotros. No **hagáis** tanto ruido. Estamos en un hotel. **Decidme** qué queréis hacer mañana. No le **digáis** nada a vuestra madre porque está acostada. No **os acostéis** en el piso; **acostaos** en la cama como gente civilizada. **Dormíos** y **descansad**; mañana vamos a ver muchas cosas. ››

Los mandatos de *vosotros*

1. Los mandatos afirmativos de **vosotros** se forman reemplazando la **-r** final del infinitivo por una **-d: id, salid, sed, venid,** etc. No hay excepciones.

2. En negativo, los mandatos de **vosotros** son iguales que el presente del subjuntivo: **no salgáis, no vayáis, no seáis, no vengáis,** etc. No hay excepciones.

3. Los complementos pronominales se colocan igual que con todos los otros mandatos.

4. Se suprime la **-d** final del mandato afirmativo cuando se agrega el pronombre reflexivo:

acostad	→	**acostaos**
id	→	**íos**
mirad	→	**miraos**

Práctica oral

11. Las hijas de la Sra. Calvo I. *Las hijas de la Sra. Calvo quieren ayudarla con el trabajo de la casa. ¿Cómo les contesta la Sra. Calvo?*

MODELO ¿Podemos lavarte la ropa? → **Sí, lavádmela, por favor.**

1. ¿Podemos hacer la ensalada?
2. ¿Podemos lavar los platos?
3. ¿Podemos poner la mesa?
4. ¿Podemos prepararte una sopa?

5. ¿Podemos barrerte el piso?
6. ¿Podemos leerte la receta?
7. ¿Podemos sentarnos aquí?
8. ¿Podemos acostarnos ahora?

12. Las hijas de la Sra. Calvo II. *Ahora la Sra. Calvo quiere hacer las cosas sin ayuda, y les contesta a sus hijas con mandatos negativos. Usando las mismas preguntas de la* Práctica *anterior, ¿cómo contesta la buena señora?*

MODELO ¿Podemos lavarte la ropa? → **No, no me la lavéis ahora.**

15.5 ¿Quieres ir a la carnicería?
Yo no puedo; **que vaya Lulú.**

Los Oviedo acaban de volver de sus vacaciones y están discutiendo quién va a hacer qué. Su conversación:

PAPÁ   Jorge, saca las maletas del coche.
JORGE   Son muy pesadas; **que las saquen** Ana y Miguel.
MAMÁ   Ana, abre la puerta.
ANA   No puedo porque tengo algo en las manos; **que la abra** Jorge.
PAPÁ   Marisa, llama a los abuelos para decirles que llegamos bien.
MARISA No puedo ahora; **que los llame Mamá.**

El mandato indirecto

1. Se usa el mandato indirecto para expresar un deseo referente a otra persona u otras personas.

2. Se forma con **que** y la tercera persona del presente del subjuntivo en singular o plural.

Práctica oral

13. Pancho el Perezoso. *Pancho prefiere que otras personas hagan los quehaceres (quehacer = trabajo, responsabilidad) que su papá le asigna a él. ¿Cómo contesta Pancho el Perezoso?*

> MODELO   recoger los juguetes / Mario
> Estudiante 1:   **Pancho, recoge los juguetes.**
> Estudiante 2:   **Yo no quiero ; que los recoja Mario.**

1. lavar los platos / la criada
2. regar las flores / Susana y Juan
3. cortar el césped / Mario
4. sacar la basura / Imelda y Ana
5. barrer el piso / las chicas
6. arreglar el jardín / Raúl y José
7. pintar el baño / un profesional
8. pasar la aspiradora / Jorge

14. Planeando las vacaciones (entre dos). *Suponga que Ud. y algunos compañeros de clase van a hacer un viaje a un lugar exótico y a Ud. y a un/a compañero/a les corresponde decidir quién hace qué preparativos.*

> MODELO   comprar los pasajes
> Estudiante 1:   **¿Quién va a comprar los pasajes ?**
> Estudiante 2:   **Que los compre** *(nombre de alguien en la clase).*

1. buscar un mapa
2. traer crema solar
3. llevar el coche al garage
4. comprar cerveza
5. pagar la gasolina
6. lavar el coche
7. invitar a ? y ?
8. hacer una reservación de hotel

15.6   Mario: —Javier, venga en seguida.
Mario le **dice** a Javier que **venga** en seguida.

Isabel: —Roberto, no te pongas esa camisa porque está sucia.
Mamá: —Luisa, tráeme un refresco, por favor.
Raúl: —Papá, cómpreme un buen vino para la cena.
Policía: —No estacionen el coche en esta zona.

Isabel le **dice** a Roberto que no se **ponga** esa camisa porque está sucia.
Mamá le **manda** a Luisa que le **traiga** un refresco.
Raúl le **pide** a papá que le **compre** un buen vino para la cena.
El policía nos **prohibe** que **estacionemos** el coche en esta zona.

El discurso indirecto con mandatos

1. El discurso indirecto es el reportaje de una conversación.

2. Se usa el subjuntivo para reportar un mandato.

Puerto Vallarta, un centro turístico de México

Práctica oral

15.   El viaje de los Sres. Pérez.   *Los señores Pérez están de vacaciones. El Sr. Pérez nunca presta atención, y su esposa tiene que repetirle todo lo que la gente les dice. ¿Qué dice la señora?*

> **MODELO**   Hotelero: No pongan el radio después de medianoche.
> **El hotelero nos dice** *(manda, pide, etc.)* **que no pongamos el radio después de medianoche.**

1.   Criada: Dejen la ropa sucia en ese rincón.
2.   Detective: Guarden todas sus joyas en la caja fuerte.
3.   Mesero: Firmen en la raya, y pongan el número de su cuarto aquí.
4.   Guía: No salgan del grupo si quieren ver todo.
5.   Guarda: No toquen los cuadros, por favor.
6.   Botones: Esperen el taxi aquí delante del hotel.
7.   Aduanero: Declaren sus cámaras y sus joyas.
8.   Banquero: Dígannos cómo se perdieron sus cheques de viajero.
9.   Cónsul: Descríbannos al hombre que les robó los pasaportes.
10.   Azafata: Abróchense los cinturones de seguridad.

16.   Chismes de la familia (entre dos).   *Casi todos los padres tienen ambiciones y consejos para sus hijos. ¿Qué te dicen (piden, mandan, prohiben, ruegan, etc.) tus padres? Con un/a compañero/a de clase, use la tabla a continuación para formular oraciones originales.*

1.   Mi padre me dice que...   *(limpiar la casa, lavar los platos, estudiar)*
2.   Mi madre me manda que...   *(no mirar televisión, no ir al cine)*
3.   Mis padres me piden que...   *(no salir después de las..., trabajar en ?)*
      (pensar en el futuro, prepararme para ?)
      (arreglar el jardín, regar las flores)
      (sacar la basura, barrer el garage)
      (no salir con ?, asociarme menos con ?)
      (ser simpático con ?, irme a ?)

15.7

Sinopsis del imperativo

	afirmativo	*negativo*
tú	*Tercera persona singular del presente del indicativo:* **habla, espera, cuenta, come, sube,** etc. *Excepciones:* **pon, sal, ten, ven, haz, di, ve** y **sé**	*Presente del subjuntivo:* **no hables, no digas, no vengas, no cuentes,** etc.
vosotros	La **r** final del infinitivo se convierte en **d: venid, hablad, decid, id, volved,** etc.	*Presente del subjuntivo:* **no vengáis, no habléis, no digáis, no vayáis, no volváis,** etc.
Ud. **Uds.**	*Presente del subjuntivo:* **hable, hablen, duerma, duerman, sepa, sepan, sea, sean, sirva, sirvan,** etc.	*Presente del subjuntivo:* **no hable, no hablen, no duerma, no duerman, no dé, no den, no sea, no sean,** etc.
nosotros	*Presente del subjuntivo:* **juguemos, toquemos, comencemos, mintamos, durmamos, pidamos, volvamos,** etc. *Excepción:* **vamos**	*Presente del subjuntivo:* **no juguemos, no toquemos, no comencemos, no mintamos, no durmamos, no pidamos,** etc.

Posición de los objetos pronominales:

Al final de los mandatos afirmativos y antes de los mandatos negativos:
hagámoslo, no lo hagamos ; decídmelo, no me lo digáis ; léelo tú, no lo leas ; póngaselo, no se lo ponga, etc.

Cambios en el verbo en la forma reflexiva:

1. La **d** final del mandato de **vosotros** se suprime en forma reflexiva:
    levantaos, amaos, íos, etc.
2. La **s** final del mandato afirmativo de **nosotros** se suprime en forma reflexiva:
    sentémonos, acostémonos, durmámonos, vámonos, etc.

Nota: Las formas del imperativo son muy fáciles de recordar porque, con la excepción de los mandatos afirmativos de *tú* y de *vosotros*, son idénticas a las formas correspondientes del presente del subjuntivo.

CREACIÓN

Lectura

El viaje al aeropuerto con la tía Lucrecia

Hace un par de meses que doña Lucrecia, la tía abuela de Mario y tía de su padre Jorge, llegó de México a los Estados Unidos. Ahora se está preparando para volver a su país. Mario la va a llevar al aeropuerto.

LUCRECIA   ¿Pero qué te pasa, Mario? **Apúrate.** No quiero perder el avión. Si no te apuras, nunca vamos a llegar al aeropuerto a tiempo.

MARIO   No se preocupe, tía. Tenemos mucho tiempo todavía.

LUCRECIA   Pero nunca se sabe cómo va a estar el tráfico. Además, es posible que nos perdamos por ahí, y... bueno... uno siempre tiene que estar **precavido** contra cualquier eventualidad. ¿Estás seguro de que conoces bien el camino?

MARIO   *(aburrido)* Sí, tía, segurísimo.

LUCRECIA   Bueno, **por las dudas,** pregúntale otra vez a tu padre. *(Al padre de Mario)* Jorge, explícale al chico cómo se llega al aeropuerto.

JORGE   Él conoce el camino mejor que nadie.

LUCRECIA   Sí, pero explícaselo otra vez **de todas formas.** Yo también quiero escuchar. Si los dos conocemos las instrucciones, es menos probable que nos perdamos.

JORGE   *(resignado)* Bueno, primero tienen que llegar a esa esquina que está a una cuadra al oeste de la casa. Ahí, doblen a la izquierda y sigan derecho por esa misma calle hasta llegar a un puente que pasa sobre el ferrocarril. Crucen el puente, y sigan derecho hasta llegar a la primera esquina que tiene semáforo. Allí, doblen a la derecha y esa calle los lleva a la entrada de la autopista. Suban a la autopista, yendo hacia el norte, y bajen en la salida donde los letreros y las flechas indican "Aeropuerto." Así van a llegar sin ningún problema. Se lo garantizo.

LUCRECIA   ¿Escuchaste bien, Mario? ¿No quieres que tu papá te lo repita?

MARIO   Por favor, tía.

LUCRECIA   Ay, Mario. No te pongas impaciente conmigo. Tú sabes que una pobre vieja como yo, que está sola en el mundo, tiene que cuidarse. Ahora, ¿cuál de los coches llevamos? Mario, me parece que el coche de tu padre es más seguro que tu coche.

MARIO   Perdóneme, tía, pero eso no es cierto. Mi coche está en mejores condiciones que el dinosaurio de mi padre, y además...

JORGE   Un momentito, Mario. Está bien que estés **orgulloso** de tu cochecito, pero no me gusta que hables mal de *mi* coche. Si no recuerdo mal, cuando no tenías coche, te encantaba ese dinosaurio.

---

apurarse: *to hurry*

precavido: preparado contra algo negativo o peligroso

por las dudas: para estar seguro

de todas formas: *anyway*

orgulloso: *proud*

MARIO	Perdóname, papá. Es que yo respondí así porque la tía...
LUCRECIA	No me **eches la culpa** a mí, por favor. Uds. saben perfectamente que yo no pretendo saber nada de coches. Vámonos, que ya es tarde. Dame un **abrazo,** Jorge, y no dejes de escribir.
JORGE	Sí, tía, le voy a escribir. Le **agradecemos** la visita y esperamos que vuelva pronto. Salude de mi parte a mis tíos y a mis sobrinos. Y cuídese. Ya sabe Ud. que aquí tiene su casa.
LUCRECIA	Gracias, Jorge. Hasta pronto.
JORGE	Adiós. Que le vaya bien.

echar la culpa: culpar, *to blame*

abrazo: *hug*

agradecer: dar las gracias

Preguntas

1. ¿Quién es doña Lucrecia? 2. Describa su personalidad. 3. Analice las diferencias generacionales a base del uso del mandato formal y familiar en la *Lectura*. 4. ¿Qué forma usa Lucrecia cuando habla con Jorge y con Mario? 5. ¿Qué forma usan ellos cuando hablan con ella? 6. ¿Por qué quiere Lucrecia que Jorge repita las instrucciones de cómo llegar al aeropuerto? 7. ¿Qué coche le parece a Lucrecia el más seguro? 8. ¿Está de acuerdo Mario? 9. ¿Por qué dice Mario que el coche de su padre es un dinosaurio? 10. ¿Qué hace Jorge para **despedirse** *(despedirse = decir adiós)* de su tía?

En contexto

¿Cómo se hace para alquilar una habitación de hotel?

— ¿Cuánto cuesta una habitación simple (doble) por noche?

— ¿Se alquila por semana? ¿Por mes?

— Necesito una habitación con dos camas (con baño, ducha, balcón, vista al mar, etc.).

— ¿Hay agua caliente a todas horas?

— ¿Están incluidos los **impuestos**?

— ¿Es de **media pensión** o de **pensión completa**?

— ¿Puedo ver la habitación? ¿En qué piso está?

— Está bien. La tomo.

impuesto: dinero para el gobierno

media pensión: con una o dos comidas incluidas

pensión completa: con todas las comidas incluidas

~~~~~~~~~~~~~~~~~~~~~~~

— ¿Le importa llenar esta **ficha**?

— Deje sus maletas aquí; el botones se las sube a su habitación.

— ¿Me permite su pasaporte?

— ¿Quiere dejar algo en la caja fuerte del hotel?

— ¿Cuánto tiempo va a quedarse?

— Pedimos que los clientes paguen **por adelantado.**

ficha: *card*

por adelantado: con anticipación

Situaciones

Situación 1   Con un/a compañero/a de clase representen una escena en que un turista perdido en su ciudad (o su universidad) tiene que pedir información a una nativa para encontrar algún sitio. Un estudiante puede hacer el papel del turista y la otra puede hacer el papel de la nativa. Como se trata de una relación formal, empleen mandatos formales.

Situación 2   Con otro/a estudiante, representen la misma escena descrita en la *Situación* anterior, pero supongan que los participantes son dos jóvenes que usan mandatos de **tú.**

Situación 3   Con un/a compañero/a de clase, representen a un hotelero y un cliente posible que quiere alquilar una habitación. Use *En contexto* como punto de partida.

Situación 4   Suponga que Ud. es miembro del gabinete del Presidente de los Estados Unidos y quiere sugerir algunas reformas. Haga sus sugerencias usando mandatos de **nosotros.** Por ejemplo, "Sr. Presidente, aumentemos los salarios de los profesores. Limitemos un poco los gastos de armamentos nucleares. Busquemos a más mujeres para puestos importantes..." etc.

Composición

Tema 1   Suponga que Ud. tiene que escribir una corta guía de su ciudad en español para los turistas hispanos.

Tema 2   Escriba una guía turística para gente que Ud. *no* quiere. Incluya todos los peores sitios, los peores hoteles, los peores restaurantes, los peores precios, etc.

Vocabulario activo

sustantivos relacionados con el turismo

el/la aduanero/a	la divisa	el gasto	la reservación
el/la azafata	la embajada	el/la hotelero/a	el semáforo
el botones	el/la embajador/a	el letrero	la señal
la cámara	el equipaje	la maleta	las señales de tránsito
el cónsul	la excursión	el/la mesero/a	la tarifa
el consulado	el ferrocarril	la moneda	el/la taxista
el costo	la ficha	el ómnibus	el/la turista
la cuadra	la flecha	el puente	el/la viajero/a
el detective	el folklor	la raya	el vuelo

verbos

agradecer	caminar	doblar	guardar
apurarse	confirmar	empacar	quedarse
arruinar	cruzar	ensuciar	reservar
asociarse	cuidarse	estacionarse	subir
aumentar	culpar	garantizar	utilizar
bajar	divertirse (ie)		

otros sustantivos

el/la aguafiestas	el/la conocido/a	la chimenea	el quehacer
la alternativa	la culpa	el mandato	la ventaja
la búsqueda			

adjetivos

calvo, -a	doble	jugoso, -a	seguro, -a
descrito, -a	entusiasta	precavido, -a	simple

expresiones útiles

acá, allá	dar la vuelta	hacer pipí	pensión completa
ahí, allí	echar la culpa	llenar una ficha	por adelantado
caja fuerte	hacer las maletas	media pensión	

expresiones interrogativas

¿A cuántos kilómetros está... ?   ¿A qué distancia está... ?

CAPÍTULO 16

La lectura y los medios de comunicación

El Correo Central de Madrid, Plaza de los Cibeles

16.1
¿**Has terminado** tu artículo sobre Pablo Neruda?
No, no **he tenido** tiempo para terminarlo.

16.2
¿Quién **ha roto** los cristales de la ventana?
No sé; yo no **he visto** a nadie.

16.3
¿Es posible que ellos no nos **hayan visto**?
No, pero es probable que no nos **hayan reconocido.**

16.4
Nunca **habíamos probado** vino español antes de ir a España.

16.5
¿Cuánto tiempo **hace que vives** en Caracas?
Hace diez años **que** vivo allí.

16.6
La novela es buena, **pero** es muy larga.
La novela **no** es corta **sino** larga.

EXPOSICIÓN

16.1

¿**Has terminado** tu artículo sobre Pablo Neruda?
No, no **he tenido** tiempo para terminarlo.

María, ¿**has leído** la última novela de Vargas Llosa?

¿La **han leído** tus compañeras de cuarto?

¿**Habéis comprado** el diario de hoy?

Debéis comprarlo. **Han publicado** una reseña muy positiva sobre la novela.

Sí, la **he leído** y me **ha gustado** mucho. Tiene buena trama.

Se la **he prestado** a Laura, pero no la **ha leído** todavía.

No, Ana **ha salido** a comprarlo, pero todavía no **ha regresado.**

Bueno, siempre me **ha gustado** la crítica en ese diario, aun cuando no estoy de acuerdo.

A. El pretérito perfecto de verbos con participios regulares

1. Igual que su contraparte en inglés, el pretérito perfecto describe un evento reciente que se relaciona con el presente.

2. El pretérito perfecto consiste en dos partes: un verbo auxiliar que se conjuga y un participio que es invariable.

3. El verbo auxiliar es **haber** y se conjuga así:

haber	
he	hemos
has	habéis
ha	han

4. El participio de los verbos terminados en **-ar** se forma agregando **-ado** a la raíz del infinitivo. Por ejemplo:

   pensar → pensado   **cerrar → cerrado**   **estar → estado**

5. El participio de los verbos terminados en **-er** o en **-ir** se forma agregando **-ido** a la raíz del infinitivo. Por ejemplo:

   comer → comido   **mentir → mentido**   **dormir → dormido**

6. Si la raíz de un verbo de la segunda o tercera conjugación termina en una vocal fuerte, se pone acento para conservar el énfasis de la desinencia. Por ejemplo:

   leer → leído   **creer → creído**   **oír → oído**

La lectura y los medios de comunicación

Sinopsis:

sujeto	verbo auxiliar	participio	
yo	**he**	**estudiado**	en México.
tú	**has**	**aprendido**	las palabras.
Ud./él/ella	**ha**	**limpiado**	el cuarto.
nosotros/nosotras	**hemos**	**ido**	al concierto.
vosotros/vosotras	**habéis**	**dormido**	demasiado.
Uds./ellos/ellas	**han**	**leído**	el diario.

Estudie:

Intenté llamarte varias veces por teléfono. **¿ Has estado hablando ?**
A pesar de su enfermedad, Luis **ha seguido trabajando** como siempre.
¡ Por fin llegaste ! Te **hemos estado buscando** por todos lados.
Tienen los ojos rojos. Sin duda **han estado viendo** televisión.

B. El pretérito perfecto progresivo

1. El pretérito perfecto progresivo consiste en el verbo auxiliar (una forma de **haber**), **estado** y un gerundio.

2. En lugar de **estado** se usa mucho **seguido** o **continuado**:
   He seguido viendo a Miguel a pesar de las distancias.
   María **ha continuado estudiando** gracias a la ayuda de su abuela.

Práctica oral

1. Causas y efectos. *Lorenzo está explicando por qué la gente está como está. ¿Qué dice ?*

MODELO Carlos no se siente bien. / comer demasiado
   → **Carlos no se siente bien porque ha comido demasiado.**

1. Marina está extática. /sacar una buena nota
2. Carlota está contenta. / recibir una carta de su novio
3. Los chicos están nerviosos. / escuchar un ruido raro
4. Llegamos tarde. / venir a pie
5. No tengo dinero. / ganar poco este mes
6. Elena está cansada. / correr doce millas
7. Mis padres no se encuentran en casa. / irse al teatro
8. No puedes dormir. / tomar demasiado café
9. Mario no tiene la composición lista. / no poder terminarla
10. Estamos preocupados. / leer una mala noticia

2. Opiniones literarias. *Enrique está hablando de una novela que ha leído para un curso de literatura. ¿Qué dice?*

MODELO   el libro / gustarme mucho   →   **El libro me ha gustado mucho.**

1. el libro / publicarse recientemente
2. el estilo / impresionarme mucho
3. el vocabulario / no ser muy difícil
4. yo / comprender bien la trama
5. el autor / crear personajes vivos
6. los críticos / darle buenas reseñas a la novela
7. yo / prestársela a un amigo

3. Entrevista (entre dos). *Pregúntele a un/a compañero/a de clase.*

1. ¿Has hablado alguna vez con un artista de cine?
2. ¿Adónde has ido recientemente?
3. ¿Qué has comprado últimamente?
4. ¿Cuál de tus amigos nunca ha creído en Santa Claus?
5. ¿Alguna vez has entrado en el cine sin pagar?
6. ¿Nuncan han vivido sus padres fuera del país?
7. ¿Qué han aprendido Uds. en esta clase?

4. A pesar de todo... . *Ronaldo está describiendo a algunos de sus amigos que han sufrido algunas decepciones, pero a pesar de todo, han seguido luchando. ¿Qué dice Ronaldo de ellos?*

MODELO   recibir algunas malas notas / Miguel / estudiar
→   **A pesar de recibir algunas malas notas, Miguel ha seguido estudiando.**

1. perder varios partidos / el equipo / practicar
2. perder las últimas elecciones / ese político / hablar en público
3. estar enferma / Rebeca / asistir a clases
4. el ascenso en los alquileres / nosotros / vivir aquí
5. su pelea con el jefe / Teresa y Benigno / trabajar en el mismo lugar

16.2

¿Quién **ha roto** los cristales de la ventana?
No sé; yo no **he visto** a nadie.

—¿Qué has hecho últimamente?

—¡Uy! Eso va a ser difícil de contar porque **he hecho** muchas cosas. **He escrito** tres cartas; **he resuelto** limpiar mi casa esta tarde. **He roto** con mi novio y le **he dicho** que no quiero verlo más. Él se **ha puesto** triste, pero no **ha muerto** y estoy segura que se va a recuperar. Además últimamente lo **he visto** mucho con otra chica que sin duda lo va a consolar.

El pretérito perfecto de verbos con participios irregulares

1. Varios verbos tienen participios irregulares.
2. Algunos de los principales son:

abrir	→	**abierto**	**hacer**	→	**hecho**	**romper**	→	**roto**
decir	→	**dicho**	**morir**	→	**muerto**	**satisfacer**	→	**satisfecho**
descubrir	→	**descubierto**	**poner**	→	**puesto**	**ver**	→	**visto**
escribir	→	**escrito**	**resolver**	→	**resuelto**	**volver**	→	**vuelto**

El estudio de televisión

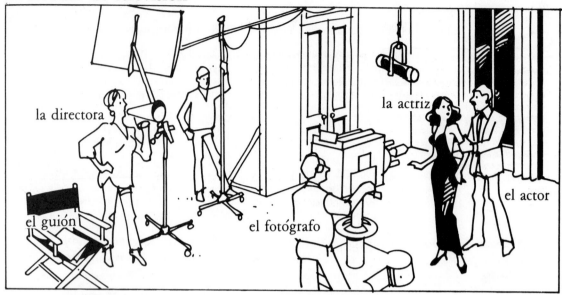

la directora

el guión

el fotógrafo

la actriz

el actor

Práctica oral

5. Eventos del día. *Carlos está contando todo lo que ha visto hoy. ¿Qué dice?*

MODELO   Raúl / no volver a casa desde ayer
→ **Raúl no ha vuelto a casa desde ayer.**

1. Isabel / abrir una cuenta en el banco
2. Hortensia / romper con su novio
3. yo / escribir tres composiciones
4. Raúl y Jorge / ponerse enfermos
5. Uds. / resolver sus diferencias
6. mi gata / morir
7. nosotros / ver un programa bueno
8. Gumersinda / no hacer nada

6. Chismes y confesiones. *Complete las oraciones con nombres reales de gente que Ud. conoce. (No se excluya a sí mismo/a.)*

EJEMPLO   ... hablar con el gobernador del estado
→ **Mi amigo Guillermo ha hablado con el gobernador del estado.**

1. ... escribir un artículo para el diario estudiantil
2. ... romper con su novio/a
3. ... decirle una mentira a...
4. ... ponerse un kilo de maquillaje
5. ... ver una película mediocre
6. ... morir del amor
7. ... descubrir una gran verdad sobre...
8. ... oír un tremendo chisme que no le quiere contar a nadie

Lunes

ENE 12   TARDE-NOCHE

5 AMAZONAS. Telenovela
Capítulo 31.—Elvira se encuentra con Isabel en el departamento de Rodrigo. Eloísa decide irse de la casa y llega a Las Aras en busca de Darío. Isabel amenaza a Elvira con decirle todo a su padre, ésta le contesta que haga lo que haga nunca logrará que Emiro le crea. Isabel reclama a Rodrigo que tenga relaciones con Elvira y que la haya traicionado.
7 BAILA CONMIGO. Telenovela brasileña.

9 MEXICO Y SU HISTORIA. Presenta: LA TORMENTA. Telenovela histórica. Capítulos 91.—Gabriela muere, sus últimas palabras son para Lydia. Felipe regresa a la clausura del Congreso donde triunfa la Constitución y Venustiano Carranza es electo Presidente. **Fin de la novela.**
11 ENLACE. Noticiario. Pedro Ferriz de Con.
13 LA GESTA. Miniserie, melodrama. Perry King, Noah Berry, Ray Vitte, Karen Austin. **Programa Piloto. Primera parte.** Un grupo selecto de personas son invitados por el rey de Glendorra, ya que todos sus antepasados tienen nobleza, el conde Deviney, hermano del Rey, trata de secuestrarlos.

8:30 11 ENLACE CON LA COMUNIDAD. Conductores: Pedro Ferriz de Con y Adriana Pérez Cañedo.
9:00 2 CUNA DE LOBOS. Telenovela. Capítulo 66.—Suárez dice a José Carlos que será difícil establecer su inocencia pues las pruebas lo condenan. Canuto declara al Ministerio Público que el día del crimen vio a una mujer rubia de lentes oscuros. Leonora es internada en una clínica psiquiátrica. Catalina pide a Becerril ayude a que la libertad de José Carlos se retrase, pero él se niega.

4 OLIMPIADAS DE INVIERNO. Reportajes, entrevistas, comentarios en torno a las disciplinas sobre nieve.

7. Hábitos de televidentes y espectadores (entre dos). *Pregúntele a un/a compañero/a de clase.*

1. —qué programas de televisión ha visto esta semana
2. —qué artículos ha leído en el diario
3. —qué revistas ha comprado
4. —si ha escuchado el noticiero y de qué canal
5. —si ha visto una entrevista interesante en televisión
6. —si ha descubierto un/a nuevo/a artista de televisión
7. —si ha escrito alguna vez a su actor/actriz favorito/a
8. —si nunca se ha puesto enfermo/a viendo televisión
9. —de las películas que ha visto últimamente, ¿cuál le ha gustado más?

16.3

¿Es posible que ellos no nos **hayan visto**?
No, pero es probable que no nos **hayan reconocido**.

¿Has hablado con Fuentes?

Acabo de ver *Historia Oficial*.
¿Has leído la última novela de Vargas Llosa?

¿Está contento el director?

No, lamento que no **haya sido** posible hablar con él.
Me alegro de que la **hayas visto**.
No he podido comprarla. Es increíble que ya se **hayan vendido** todos los ejemplares.
¡Ay sí! Se alegra mucho de que todos **hayamos ido** a la recepción.

La lectura y los medios de comunicación

El pretérito perfecto del subjuntivo

1. El pretérito perfecto del subjuntivo se forma con el presente del subjuntivo de **haber** y el participio.

2. El pretérito perfecto del subjuntivo se usa en cláusulas subordinadas en los mismos casos que el presente del subjuntivo.

Sinopsis:

presente del subjuntivo de *haber*	
haya	hayamos
hayas	hayáis
haya	hayan

Same just use of/subjunctive

Práctica oral

Los programas de televisión

"Hoy en la Casa Blanca . . ."

"¡No lo mates! ¡Es tu hijo!"

El amor ... o la muerte

Episodio siete

el noticiero   la telenovela   la mini-serie

"¿Por qué se ha casado Ud. seis veces?"

el telejuego   la entrevista   los dibujos animados

8. Osvaldo el Inseguro. *Osvaldo es un chico que siempre pone las cosas en duda. ¿Cómo contesta Osvaldo las preguntas?*

> MODELO escribir Mariana una novela / es posible
> Estudiante 1: **¿ Ha escrito Mariana una novela ?**
> Estudiante 2: **Es posible que haya escrito una novela.**

1. tener éxito esa película / es probable
2. salir la última novela de Fuentes / es posible
3. cancelarse mi telenovela favorita / es muy probable
4. escribir Gumersinda algo para la página social / es poco probable
5. publicar Don Tremendón un artículo en la sección deportiva / es posible
6. ver todo el equipo de fútbol una ópera / es difícil
7. aprender a leer los estudiantes de X / es imposible

9. Reacciones (entre dos). *Jaime está describiendo las reacciones de la gente frente a ciertos eventos. ¿Qué dice?*

> MODELO La esposa de Donaldo ha vuelto. / Donaldo se alegra de que
> → **Donaldo se alegra de que su esposa haya vuelto.**

1. El profesor ha anunciado un examen. / A los alumnos no les gusta que
2. Todo el mundo ha salido en la página social. / Los snobs lamentan que
3. Mi jefe no ha aumentado mi salario. / A mí me molesta que
4. Gumersinda ha dicho una mala palabra. / Es probable que
5. Mis mejores amigos han vuelto hoy. / Me encanta que
6. Tú no has llamado a tu mami. / A tu papá no le gusta que
7. No he escrito mi composición. / Al profesor no le va a gustar que
8. María se ha enamorado de Mario / A su ex-novio le molesta que

10. Reacciones. *Combine elementos de la* Columna A *con elementos de la* Columna B *para expresar sus reacciones.*

> EJEMPLO **Me alegro de que Joan Rivers haya salido en televisión.**

A	B
1. Me alegro de que...	a. Elizabeth Taylor ha hecho otra película.
2. No me gusta que...	b. Madonna ha grabado otro disco.
3. Me molesta que...	c. *The New York Times* ha publicado una reseña de la película...
4. Siento que...	d. El canal... ha programado...
5. No me preocupa que...	e. ... ha salido en televisión.
6. Me encanta que...	f. Dianne Sawyer y Mike Wallace han entrevistado a...
7. Lamento que...	g. Los... han ganado su último partido.
8. Está bien que...	h. Hemos terminado esta *Práctica*.

| 16.4 | Nunca **habíamos probado** vino español antes de ir a España. |

—¿Qué encontraron Uds. cuando volvieron de las vacaciones?

—Encontramos de todo. Supimos que nuestra hija **había adoptado** tres gatos del barrio. Nos informaron que nuestros dos hijos mayores **habían chocado** el coche. Mis suegros nos dijeron que **habían venido** a vivir con nosotros. Y me llamó mi jefe para decirme que yo me **había equivocado** de fechas, que mis vacaciones no eran hasta la otra semana.

El pluscuamperfecto

1. El pluscuamperfecto se forma con el imperfecto de **haber** y el participio.

2. El pluscuamperfecto describe un evento que tuvo lugar antes de otro evento:

Me dijeron que Mario ya había llegado.

El pluscuamperfecto indica que "había llegado" ocurrió antes de "me dijeron."

Práctica oral

11. Alejandro el Adelantado. *Alejandro es un tipo impaciente que siempre hace las cosas lo más antes posible. ¿Cómo contesta las preguntas a continuación?*

MODELO ¿Por qué no probaste el vino?
→ **Porque ya lo había probado.**

1. ¿Por qué no escuchaste el disco?
2. ¿Por qué no viste esa película?
3. ¿Por qué no saludaste a Roberto?
4. ¿Por qué no escribiste la carta?

5. ¿Por qué no le contaste la historia a Pedro?
6. ¿Por qué no compraste el periódico?
7. ¿Por qué no leíste el artículo anoche?

12. Antecedentes. *Invente oraciones sobre sus amigos (o enemigos) usando los fragmentos a continuación.*

EJEMPLO **Antes de vivir en Buenos Aires, Juan había vivido en Bogotá.**

1. Antes de estudiar español...
2. Antes de cumplir trece años...
3. Antes de probar vino español...
4. Antes de comprar mi coche...
5. Antes de vivir en...
6. Antes de conocer a...
7. Antes de venir a...
8. Antes de cumplir veinte años...

a. haber vivido en...
b. siempre haber usado bicicleta
c. haber estudiado otras lenguas
d. nunca haber conocido a un...
e. haber ido a todas partes en moto
f. haber tomado vino francés
g. haber... al lado de Gumersinda
h. nunca haber...

Nota cultural

Los medios de comunicación en el mundo hispano

Es posible que el título de esta nota contenga un error: muchos han dicho que la idea de un "mundo hispano" sugiere una uniformidad en los países que hablan español que nunca ha existido. Es cierto que hay mucha diferencia entre los países hispanos: España, la Argentina y México, por ejemplo, aunque hablan la misma lengua, son tan distintos y tan individualistas como Inglaterra, Australia y los Estados Unidos—que también hablan la misma lengua.

A pesar de las diferencias que hay entre los países hispanos, últimamente se ha visto una **fuerza** nueva que ayuda a unificar el mundo hispano: los medios de comunicación. Hay tres grandes centros **editoriales** en el mundo hispano: España, México y la Argentina ; y en años recientes Colombia ha comenzado a **editar** cada día más libros. Estos libros se venden en todo el mundo hispano, y es común que en todos los países se refiera a escritores como Carpentier (Cuba), Borges (Argentina), García Márquez (Columbia) y Octavio Paz (México) como "nuestros escritores."

No menos importante que la publicación de libros son las películas y los programas de televisión. Películas españolas, mexicanas, argentinas y cubanas se ven regularmente en todo el mundo hispano. Y para televisión, hay buenísimas "mini-series" españolas sobre temas históricos, y los **noticieros** y telenovelas mexicanos son populares en todas partes, incluso entre los **hispano-hablantes** de los Estados Unidos. Esa distribución de libros, revistas, diarios, películas y programas de televisión ha ayudado a crear la sensación de una verdadera comunidad hispana internacional.

fuerza: potencia
editorial: empresa que publica libros
editar: publicar

noticiero: programa dedicado a las noticias
hispano-hablante: persona que habla español

16.5

¿Cuánto tiempo **hace que vives** en Caracas ?
Hace diez años **que** vivo allí.

¿Cuántas semanas **hace que tienes** tu enciclopedia ?	= ¿Por cuántas semanas has tenido tu enciclopedia ?
Hace dos años **que** la **tengo.**	= La he tenido por dos años.
¿Cuánto tiempo **hace que guardas** un diario ?	= ¿Por cuánto tiempo has guardado un diario ?
Hace catorce años **que** lo **guardo.**	= Lo he guardado por catorce años.
¿Cuánto tiempo **hace que estás viviendo** en esta casa ?	= ¿Por cuánto tiempo has estado viviendo en esta casa ?
Hace tres años **que estoy viviendo** aquí.	= He estado viviendo aquí por tres años.

La lectura y los medios de comunicación

A. *Hace que* con el presente

1. **Hace que** con el presente se usa para indicar el lapso de tiempo entre la iniciación de un evento todavía en progreso y el presente. Las frases de las dos columnas de arriba son equivalentes.
2. La estructura con **hace que** es más común que la otra.

Estudie:

Hace diez minutos que te espero.	= Te espero _{desde} hace diez minutos.
Hace días que no te veo.	= No te veo hace días.
Hace tres meses que vivo aquí.	= Vivo aquí **desde hace** tres meses.
Hace dos años que son amigos.	= Son amigos **desde hace** dos años.

B. Posición de *hace* y el uso de *desde hace*

1. Si **hace** se usa después del verbo, se omite **que**.
2. **Desde hace** es una variante frecuente de **hace** en el presente.

C. Sinopsis de *hace... que*

1. **Hace... que** con el pretérito describe el lapso de tiempo entre el presente y un evento terminado *(ver §10.7)*:

¿Cuánto tiempo hace que vino tu abuelo a este país?	= ¿Cuánto tiempo ha pasado desde que vino tu abuelo?
Hace treinta años que vino.	= Han pasado treinta años desde que vino.
¿Cuántos minutos hace que llegaste?	= ¿Cuántos minutos han pasado desde que llegaste?
Hace tres minutos que llegué.	= Han pasado tres minutos desde que llegué.

2. **Hace... que** y **desde hace** con el presente describen el lapso de tiempo entre el presente y el comienzo de un evento que todavía está en progreso.

¿Cuánto tiempo hace que tocas el piano?	= ¿Por cuánto tiempo has tocado el piano?
Hace diez años que toco el piano.	= He tocado el piano por diez años.
¿Cuántos días hace que estás leyendo esa novela?	= ¿Por cuánto tiempo has estado leyendo esa novela?
Hace dos días que la estoy leyendo.	= La he estado leyendo por dos días.
Trabajo aquí desde hace tres años.	= Hace tres años que trabajo aquí.

3. Posición de **hace** y **hace... que**

   a. **Hace... que** se usa antes del verbo.

      Hace cuatro años que lo vi.

      Hace un mes que vivo en este barrio.

   b. **Hace** (sin **que**) se usa después del verbo.

      Lo vi hace cuatro años.

      Vivo en este barrio hace un mes.

Práctica oral

13. Preguntas para respuestas. *Invente una pregunta lógica para las respuestas a continuación.*

> MODELO   Hace tres meses que escucho ese programa.
> →   **¿Cuánto tiempo hace que Ud. escucha ese programa?**

1. Hace cinco años que recibimos esa revista.
2. Hace tres meses que Ana trabaja para ese diario.
3. Somos periodistas desde hace quince años.
4. Hace dos semanas que trabajo en esta oficina.
5. Hace una hora que mi hijo está leyendo la sección deportiva.
6. Lola y Juan son fotógrafos desde hace siete años.
7. La cena está lista desde hace una hora.
8. Hace más de media hora que mis hijos están viendo televisión.

14. Aventuras sociológicas (entre dos). *Ud. es sociólogo/a y necesita información sobre la vida de un/a compañero/a de clase. ¿Cómo son sus preguntas y respuestas?*

> MODELO   Ud. / vivir en esta casa
>   Estudiante 1:   **¿Cuánto tiempo hace que Ud. vive en esta casa?**
>   Estudiante 2:   **Hace... que vivo en esta casa.**

1. Ud. / trabajar en el mismo sitio
2. Ud. / tener coche
3. Ud. / estar casado/a
4. sus hijos / ir a la escuela
5. Uds. / conocer a sus mejores amigos
6. Uds. / vivir en este barrio
7. Uds. / residir con/sin sus padres
8. Ud. / prepararse para su carrera
9. Ud. / pagar impuestos
10. Uds. / tener el mismo médico

15. Informe. *Presente a la clase una descripción sociológica de la persona que se entrevistó con Ud. en la* Práctica *anterior.*

16. Lógica irrefutable. *Remigio Repitón siempre tiene que decir las cosas dos veces para comprenderlas bien. ¿Cómo completa Remigio las oraciones a continuación?*

> MODELO   Hace tres años que Miguel vive aquí porque... (mudarse aquí).
> →   **Hace tres años que Miguel vive aquí porque se mudó aquí hace tres años.**

1. Hace cuatro años que trabajo aquí porque... (comenzar a trabajar aquí).
2. Hace cinco años que Francisco toca el piano porque... (empezar a estudiar el piano).
3. Hace tres años que estás en esta universidad porque... (venir a estudiar aquí).
4. Hace un año que Ana y José están casados porque... (casarse).
5. Hace una semana que tengo esa novela porque... (comprarla).
6. Hace un mes que no veo a mi novio porque... (romper con él).

| 16.6 | La novela es buena, **pero** es muy larga.
La novela **no** es corta **sino** larga. |

José quiere ser director **pero** no tiene ganas de trabajar.
José **no** quiere ser actor **sino** director.

Uds. llegaron tarde, **pero** no fueron los últimos.
Los otros **no** llegaron tarde **sino** temprano.

Fui a la feria del libro con mi papá, **pero** no compré nada.
No fui con mis amigos **sino** con mi papá.

El televisor cuesta demasiado, **pero** lo voy a comprar de todas formas.
No me lo vendieron, **sino que** me lo regalaron.

Pero versus *sino* y *sino que*

1. **Pero** expresa una ampliación o una reserva relacionada con una idea expresada anteriormente.

2. **Sino** y **sino que** expresan una contradicción absoluta con una idea *negativa* expresada anteriormente. **Sino que** se usa exclusivamente entre dos cláusulas.

3. Las contradicciones de **sino** y **sino que** siempre son paralelas.

Sustantivo con sustantivo	No fue el diario **sino** una revista.
Adjetivo con adjetivo	La reseña no fue corta **sino** larga.
Preposición con preposición	No llegamos antes **sino** después del concierto.
Cláusula con cláusula	No me abrazó **sino que** me besó.

Práctica oral

17. Cornelio el Contrariador. *Cornelio es un tipo que contradice a todo el mundo. ¿Cómo responde Cornelio a las afirmaciones de sus amigos?*

MODELO Es simpática Gumersinda. ¿Verdad? (antipática)
→ **No, no es simpática sino antipática.**

1. Es rico Don Tremendón. ¿Verdad? (pobre)
2. Vamos al centro en coche. ¿Verdad? (a pie)
3. Es un actor bueno (nombre de un actor). ¿Verdad? (malo)
4. Vamos a depositar el cheque. ¿Verdad? (a cobrar el cheque)
5. Nuestro profesor habla inglés en clase. ¿Verdad? (español)
6. Te llamas Carlos. ¿Verdad? (Cornelio)
7. María vive en Lima. ¿Verdad? (en Cuzco)
8. Están trabajando los chicos. ¿Verdad? (están jugando)
9. La Sra. Perera te dio la mano. ¿Verdad? (me dio un abrazo)

18. Oraciones incompletas. *Complete las oraciones usando* **pero, sino** *o* **sino que.**

1. No fui al cine _____ me quedé en casa. 2. No vi a Gumersinda _____ saludé a Don Tremendón. 3. Mis padres leyeron el diario _____ no encontraron nada interesante. 4. El artículo no me pareció bueno _____ aburrido. 5. Los anuncios nos parecieron demasiado largos _____ nos gustaron. 7. Los personajes de esa novela no me parecieron falsos _____ convincentes. 8. La reseña en el diario fue injusta _____ interesante. 9. No habló el editor _____ el autor. 10. Snoopy no mató al Barón Rojo _____ lo capturó.

19. Invenciones (entre dos). *Con un/a compañero/a de clase complete las oraciones de forma creativa.*

1. No vimos televisión anoche sino que...
2. Meryl Streep es buena actriz pero...
3. No compré un video sino...
4. No quiero que me lleves al cine sino...
5. Esta noche no voy a ver televisión sino que...
6. No queremos escuchar el noticiero por radio sino...

En una librería

CREACIÓN

Lectura

Eterna Primavera, el detergente de los matrimonios felices

El pequeño drama que sigue ha sido inspirado por los anuncios comerciales de televisión que, según algunos expertos, han llegado a ser el máximo género de nuestros tiempos.

Escena I

*(Una cocina. Clorinda, el ama de casa, lleva un vestido **soso**. No se ha peinado, ni tampoco se ha puesto maquillaje. Está preparando el desayuno cuando entra su esposo, Miguel, en **camiseta**. Miguel se ha levantado de mal humor, y lleva una camisa en la mano.)*

MIGUEL   Clorinda, tienes que lavar ropa hoy mismo. He buscado por todas partes y no he podido encontrar ninguna camisa limpia. Mira qué sucio está el cuello de esta camisa. Mi jefe me ha dicho que quiere hablar conmigo mañana, y si no le doy una buena impresión nunca me va a dar un ascenso.

CLORINDA   *(con animación **fingida**)* Cómo no, Miguel. Hoy mismo te lavo más camisas. No te preocupes.

soso: sin gusto, aburrido

camiseta: que se usa debajo de la camisa

fingida: falsa, disimulada

¿ Telenovela o vida real ?

Escena II

(Clorinda ahora se encuentra detrás de una mesa donde ha colocado varias cajas y botellas de distintas marcas de detergentes. En el fondo hay una lavadora y una secadora de ropa. Clorinda se ha puesto la misma ropa que en la primera escena, y tiene la camisa de Miguel en la mano.)

CLORINDA ¡Ay de mí! ¿Qué voy a hacer? Yo he lavado esta camisa mil veces, pero mi marido tiene razón. No está limpia y además... ¡**huele** mal!

*(De pronto se oye un **trueno**, se ve un **relámpago** y aparece un ser celestial que se ha vestido de un resplandeciente **manto** blanco.)*

ÁNGEL Señora...
CLORINDA Pero... ¿Quién es Ud.?
ÁNGEL Soy el ángel de los matrimonios felices y he venido para ayudarla a Ud. ¡**Deshágase** de esos detergentes que jamás le han dejado la ropa tan limpia como Ud. merece!

*(Con un **manotazo** tira al piso la mitad de los detergentes que están en la mesa.)*

¡Renuncie a esos jabones que apenas **suavizan** y perfuman sus **prendas**!

(Con otro manotazo tira al piso la otra mitad de los detergentes. Muy ceremonioso saca de debajo del manto una caja de Eterna Primavera que ha traído.)

Cambie a Eterna Primavera. Miles de señoras han descubierto lo que quiere decir verdadera blancura y limpieza, gracias a Eterna Primavera. No permita más que su esposo lleve una camisa **indigna** de él.

*(Le da la caja a Clorinda y desaparece. Clorinda se queda mirando la caja de Eterna Primavera con una expresión beatífica y **agradecida**.)*

Escena III

*(El día siguiente por la tarde, otra vez en la cocina. Clorinda está preparando la comida pero esta vez se ha vestido bien y se ha arreglado bien el pelo. Entra Miguel; se ha puesto una camisa espléndidamente **planchada** y **almidonada**. Lleva un portafolio para dar la impresión de que apenas ha llegado del trabajo.)*

MIGUEL Mi vida, mi amor. Me han dado un ascenso y un aumento de salario. Un beso por favor para el nuevo ejecutivo de nuestra oficina.

(Se abrazan y se besan; entonces Miguel levanta la tapadera de una de las ollas en que Clorinda ha preparado la comida. Respira el olor.)

MIGUEL Querida, para las cosas de la casa, tienes la mano de un ángel.

*(Se acerca la cámara a la cara de Clorinda y ella le **guiña** un ojo.)*

---

huele: da olor
trueno: *thunder*
relámpago: *lightning*
manto: ropa de ángeles, toga
deshacerse: no usar más
manotazo: golpe con la mano
suavizar: *to soften*
prendas: ropa fina

indigna: que no se merece; *unworthy*
agradecida: llena de gracias

planchada: de planchar, *to iron*
almidonada: de almidonar, *to starch*
guiñar: cerrar un ojo como señal de broma o de conspiración

La lectura y los medios de comunicación

Escena IV

(Aparece de nuevo el ángel de los matrimonios felices con una caja de Eterna Primavera en cada mano. Al fondo se ven nubes y cielo.)

ÁNGEL   Señora ama de casa, vaya hoy mismo al supermercado más cercano y cómprese Eterna Primavera—para el bien de Ud. y el bien de toda su familia. No **arriesgue** su felicidad con jabones inadecuados.

arriesgar: correr peligro

Preguntas:

1. ¿Quién es Clorinda?   2. ¿Qué estereotipo representan ella y Miguel?   3. ¿Por qué está enojado Miguel?   4. ¿Por qué quiere Miguel darle una buena impresión a su jefe? 5. ¿Cómo es la ropa de Clorinda en la primera escena?   6. ¿Y en la tercera?   7. ¿Qué indica la ropa de Clorinda en esas dos escenas?   8. ¿Quién es el ángel de los matrimonios felices y qué es lo que hace?   9. ¿Qué le dice el ángel a Clorinda?   10. ¿Cómo sabemos que Eterna Primavera ha tenido éxito?   11. ¿Por qué dice el ángel que todas las amas de casa deben comprar Eterna Primavera?

En contexto

¿Cómo se hace para comentar una novela o una película?

— ¿Qué te pareció la película?
— La **trama** no me pareció muy convincente, aunque la dirección fue buena.
— **¿De qué se trataba?**
— **Se trataba de** un hombre joven que se enamora de una mujer mayor.
— ¿Cómo era? ¿Cómica? ¿Seria?
— Era bastante cómica pero tenía algo de serio como comentario sobre las diferencias generacionales.

trama: *plot*
¿De qué se trataba? ¿Cuál era el tema?
tratarse de: tener el tema de
personaje: persona en una obra literaria o dramática
protagonista: personaje principal
obra: *opus*

❖❖❖❖❖❖❖❖❖❖❖❖❖

— Acabo de terminar una novela interesante.
— ¿De qué se trata?
— Se trata de la guerra civil española, pero tiene solamente dos **personajes:** el **protagonista** y su enemigo.
— ¿Es complicada la trama?
— La trama no es complicada para nada, pero la psicología de los personajes es muy compleja. Es una **obra** que te recomiendo.

Situaciones

Situación 1   Prepare un anuncio comercial con un grupo de sus compañeros de clase. El producto que Ud. y sus compañeros tratan de vender puede ser jabón, maquillaje, desodorante, una educación en su universidad, este libro o cualquier otra cosa que se les ocurra. Use la *Lectura "Eterna Primavera,* el detergente de los matrimonios felices" como modelo.

Situación 2 Suponga que Ud. tiene que hablar en televisión sobre una película que ha visto o una novela que ha leído últimamente. Describa la trama, la actuación, la filmación, el diálogo (el guión) y su impresión general de la película. Use la sección *En contexto* como punto de partida.

Situación 3 Con unos compañeros de clase, organice un panel para televisión sobre los mejores y peores programas de televisión. Comente los temas (¿de qué se trata?), los guiones, la dirección, la actuación, la crítica, etc.

Situación 4 Suponga que Ud. es Jane Pauley de *NBC* y tiene que entrevistar a su actor o actriz favorito/a de una película reciente o de un programa de televisión. Un/a compañero/a de la clase puede hacer el papel de la otra persona.

Composición

Tema 1 Describa sus grandes triunfos y grandes ambiciones. Es decir, ¿qué ha hecho Ud. en su vida que le da mucho orgullo? ¿Ha subido una montaña alta? ¿Ha ganado un premio literario? ¿Ha conocido a una escritora famosa? También describa sus grandes ambiciones; por ejemplo, "Todavía no he jugado en el *Super Bowl*." "Todavía no he llegado a ser presidente de los Estados Unidos." etc.

Tema 2 Escriba una composición sobre su programa de televisión favorito. Explique qué aspectos del programa le gustan más y por qué. Incluya información sobre la dirección, la actuación, las tramas, los personajes, etc.

Vocabulario activo

sustantivos asociados con los medios de comunicación

el actor	el comentario	el/la fotógrafo/a	el panel
la actriz	la decepción	el guión	el/la periodista
la actuación	el diálogo	el/la guionista	el/la reportero/a
la animación	los dibujos animados	el/la locutor/a	la serie
el cable	el episodio	la mini-serie	la telenovela
el canal	la escena	el noticiero	el/la televidente

sustantivos relacionados con la lectura

el/la autor/a	la editorial	la literatura	el/la protagonista
el comentario	el ejemplar	la novela	la publicación
la crítica	la enciclopedia	la obra	la reseña
el/la crítico/a	el/la escritor/a	el periódico	la revista
el cuento	la feria del libro	el personaje	la sección deportiva
el diario	la guía	el poema	la sección financiera
el diccionario	el/la lector/a	la poesía	la trama
el drama	la lectura	el/la poeta	el verso
el/la dramaturgo/a			

verbos

agrupar	deshacerse de	fingir	publicar
arriesgar	disimular	grabar	renunciar
cancelar	editar	interpretar	suavizar
consolar (ue)	expresar	prender	transmitir
contradecir	filmar		

otros sustantivos

la broma	la delicadeza	la felicidad	la prenda
la contraparte	el estereotipo	el manto	el relámpago
el/la contrariado/a	la etiqueta	el orgullo	el trueno

adjetivos

agradecido, -a	convincente	indigno, -a	pródigo, -a
bronceado, -a	digno, -a	inseguro, -a	programado, -a
complejo, -a	dramático, -a	mediocre	soso, -a

expresiones útiles

guiñar un ojo	jamás en la vida	tratarse de
hacer el papel de	recientemente	últimamente

En una casa de cambio venezolana

17.1

¿**Llegaremos** un día a Marte?
   Nadie sabe lo que **pasará** en el futuro.

17.2

¿A qué hora **saldrá** el tren de Madrid a Barcelona?
   Saldrá a las nueve de la mañana.

17.3

¿**Habrás terminado** tu trabajo antes de las nueve?
   Sí, creo que lo **habré terminado** para entonces.

17.4

¿Qué **tendrá** Ricardo? No sé; **estará** enfermo.
¿Con quién **habrá venido** Enriqueta? No sé;
   habrá venido con Rubén.

17.5

¿**Por** quién **fue escrita** la novela *Don Quijote*?
   Fue escrita por Miguel de Cervantes.

17.6

Hace mucho tiempo que la catedral **está** terminada.
La catedral **fue** terminada por un arquitecto español.

EXPOSICIÓN

17.1

¿**Llegaremos** un día a Marte?
Nadie sabe lo que **pasará** en el futuro.

—Mario, como tú tienes buen ojo para el futuro, dinos, ¿dónde **estaremos** nosotros en diez años?

—Por lo general, cobro por mis profecías, pero como Uds. son amigos, no les **cobraré** nada. Yo sin duda en diez años **estaré** viviendo la vida de un gran artista. **Seré** famoso y admirado. Tú, Ricardo, **estarás** casado con una mujer rica que te **dará** hijos y dinero. Teresa y Jorge se **dedicarán** a las ciencias y **ganarán** un Premio Nobel. Todos vosotros **recordaréis** la clase de español con mucho afecto y **daréis** millones de dólares a la pensión para ex-profesores de español.

El futuro de verbos regulares

1. Con muy pocas excepciones, el infinitivo sirve de raíz para las formas del futuro.
2. Todas las formas del futuro llevan acento excepto la forma correspondiente a **nosotros.**

Sinopsis:

sujeto	*desinencia*	*estar*	*ir*	*ser*
yo	**-é**	estar**é**	ir**é**	ser**é**
tú	**-ás**	estar**ás**	ir**ás**	ser**ás**
Ud./él/ella	**-á**	estar**á**	ir**á**	ser**á**
nosotros/nosotras	**-emos**	estar**emos**	ir**emos**	ser**emos**
vosotros/vosotras	**-éis**	estar**éis**	ir**éis**	ser**éis**
Uds./ellos/ellas	**-án**	estar**án**	ir**án**	ser**án**

Práctica oral

1. Víctor el Vidente. *Víctor es vidente; es decir, tiene el don de ver el futuro. ¿Qué dice sobre la gente?*

MODELO   Ana / ser dueña de una pizzería   →   **Ana será dueña de una pizzería.**

1. Miguel / quedarse en casa con sus niños

2. Pati y María Luisa / dedicarse a proteger los recursos naturales

3. mis hijos / ver la conquista del espacio
4. Quique / combatir el analfabetismo
5. tú / ser un famoso crítico del poder nuclear
6. Teresa / descubrir otro planeta
7. yo / luchar contra la contaminación del ambiente
8. vosotros / contribuir a la explosión demográfica

2. Profecías (entre dos). *Use la tabla para inventar profecías originales.*

EJEMPLO **Dentro de diez años me casaré con el amor de mi vida.**

1. Mañana / yo *(estar en ?, conocer al amor de mi vida)*.
2. La semana próxima / tú *(casarse con ?, mudarse a ?, hablar con ?)*.
3. El mes que viene / nombre de un/a compañero/a *(graduarse, conseguir otro ?, viajar a ?)*.
4. El año próximo / ? y yo *(irse a ?, llegar a ser ?, casarse)*.
5. Dentro de tres años / nombres de dos personas *(ser rico, famoso, admirado, odiado, ?)*.
6. Dentro de diez años / vosotros *(aprender a hablar ?, comenzar a ?)*.

3. Entrevista sobre el futuro (entre dos). *Pregúntele a un/a compañero/a de clase.*

1. —qué estudiará el año que viene
2. —dónde estará dentro de diez años
3. —cuándo (o si) se casará
4. —qué profesión seguirá
5. —quiénes serán sus mejores amigos
6. —con cuál(es) de sus compañeros guardará contacto
7. —dónde vivirá
8. —cuánto dinero ganará
9. — ?

4. Reportaje sobre el futuro. *Ahora, usando la información que Ud. consiguió en la* Práctica 3, *haga un informe para la clase sobre las ambiciones de su compañero/a.*

El transporte público: uno de los desafíos del futuro

	¿A qué hora **saldrá** el tren de Madrid a Barcelona?
17.2	**Saldrá** a las nueve de la mañana.

El futuro de algunos verbos irregulares

1. Algunos verbos tienen raíces irregulares en el futuro pero usan las mismas desinencias que Ud. aprendió en §17.1.

2. Para formar la raíz irregular de **caber, haber, poder, querer** y **saber** se omite la vocal de la desinencia del infinitivo:

caber	→ **cabr-**	No **cabremos** en tu coche; es muy pequeño.
haber	→ **habr-**	No hay examen hoy, pero **habrá** uno mañana.
poder	→ **podr-**	¿**Podrás** acompañarme hasta la esquina?
querer	→ **querr-**	Nadie **querrá** pagar esos precios.
saber	→ **sabr-**	Después de un año conmigo **sabrás** muchísimo.

3. Para formar la raíz irregular de **poner, salir, tener, valer** y **venir,** se sustituye la vocal de la desinencia por **-d-:**

poner	→ **pondr-**	Me **pondré** mi vestido más elegante.
salir	→ **saldr-**	**Saldremos** antes de medianoche.
tener	→ **tendr-**	**Tendrás** que trabajar mucho en esa clase.
valer	→ **valdr-**	**Valdrá** la pena ver esa obra porque es buena.
venir	→ **vendr-**	¿A qué hora **vendrán** sus amigos?

4. **Decir** y **hacer** tienen raíces totalmente irregulares en el futuro:

decir	→ **dir-**	¿Qué **dirán** los vecinos?
hacer	→ **har-**	¿Quiénes **harán** los coches del futuro?

5. **Habrá** es el futuro de **hay.**

¿Cuántos chicos **habrá** en la clase el próximo semestre?

Práctica oral

5. Víctor el Vidente II. *Víctor acaba de aprender los verbos irregulares en el futuro y tiene ganas de hacer más profecías—sobre la visita de un extraterrestre. ¿Qué dice?*

MODELO Gumersinda / querer casarse con el extraterrestre
→ **Gumersinda querrá casarse con el extraterrestre.**

1. un extraterrestre / venir a visitarnos
2. Mario / hacerse amigo del extraterrestre
3. todos / salir a conocerlo
4. nosotros / querer preguntarle sobre su origen
5. nadie / saber el nombre del extraterrestre
6. los científicos / no poder hablar con el extraterrestre
7. el extraterrestre / tener que aprender nuestra lengua
8. el extraterrestre / decirnos?

6. Combinaciones para el futuro. *Invente oraciones originales siguiendo las instrucciones de sus compañeros/as.*

MODELO   Estudiante 1: **4-1-4**
          Estudiante 2: **El año próximo yo querré conocer a mi futura esposa.**

1. mañana	1. yo	1. hacer un viaje a ?
2. la semana que viene	2. tú	2. tener una cita con ?
3. dentro de diez años	3. ? y yo	3. saber (que)...
4. el año próximo	4. mis padres	4. querer conocer a ?
5. en el siglo XXI	5. ?	5. poder...
6. en el año 3000	6. ? y ?	6. decir la verdad sobre ?

7. Profecías. *Ud. es profeta y tiene que avisar a todos los miembros de la clase dónde estarán, qué estarán haciendo, etc. dentro de veinte años. ¿Qué dice Ud.? Use la tabla para hacer profecías originales con referencia específica a los miembros de la clase.*

decir la verdad a	salir en una telenovela	saber diez lenguas
hacerse rico/a	provocar una guerra	llegar a ser ?
tener muchos hijos	poner fin a la guerra	escribir ?

Nota cultural

Los roles sexuales

En años recientes nada ha afectado la vida norteamericana más que la apariencia del movimiento feminista. Uno de los grandes **desafíos** del futuro será la resolución de problemas que el feminismo debate ahora: por ejemplo, la discriminación contra mujeres en el trabajo, la recuperación de la historia femenil, el reconocimiento económico de las contribuciones a la sociedad que hacen las madres y las amas de casa, el control de la natalidad y otros temas **por el estilo.**

desafío: *challenge*
por el estilo: de este tipo

El feminismo en el mundo hispano tiene muchos puntos de contacto con su contraparte norteamericana, pero no es igual. Las condiciones históricas y sociales del mundo hispano dictan que el feminismo hispano tenga otras dimensiones. Eso se ve parcialmente en dos términos básicos del feminismo hispano: "machismo" y "marianismo." El término "machismo" **proviene** de **"macho"** y ya ha pasado al inglés para describir actitudes y formas de conducta que glorifican al hombre y justifican sus privilegios en la sociedad.

provenir: originarse en
macho: originalmente un término biológico

El término "marianismo" no tiene un equivalente exacto en inglés. Proviene del nombre "María" y se usa para señalar actitudes de sumisión y obediencia que **supuestamente** manifiestan muchas mujeres hispanas frente a los **reclamos** y pretensiones del machismo. Es decir, el feminismo hispano sugiere que el machismo sobrevive en parte porque algunas mujeres lo aceptan como natural. Sin duda, uno de los grandes temas del futuro en el mundo hispano será el movimiento feminista. Como el feminismo norteamericano, el feminismo hispano nos invita a examinar de nuevo las premisas de los roles sexuales en general.

supuestamente: teóricamente
reclamo: *claim*

17.3	¿**Habrás terminado** tu trabajo antes de las nueve? Sí, creo que lo **habré terminado** para entonces.

Antes del año 2000 yo **habré terminado** mis estudios, tú **habrás viajado** por todo el mundo, una mujer **habrá llegado** a la Casa Blanca como presidenta, los científicos **habrán descubierto** un remedio contra el cáncer, y **habremos firmado** un tratado de paz con la Unión Soviética. Con suerte, eso es lo que vendrá.

El futuro perfecto

1. El futuro perfecto se forma con el futuro de **haber** y el participio.

2. El futuro perfecto describe un evento futuro que tendrá lugar antes de otro evento.

Sinopsis:

yo	**habré terminado**	la tarea antes de medianoche
tú	**habrás visto**	a tu amigo antes de clase
Ud./él/ella	**habrá llegado**	antes que nosotros
nosotros/nosotras	**habremos leído**	el periódico antes del mediodía
vosotros/vosotras	**habréis viajado**	por todo el país antes del invierno
Uds./ellos/ellas	**habrán repasado**	todo el libro antes del examen

Práctica oral

8. Sustituciones. *Cambie la oración según los sujetos entre paréntesis.*

1. Yo habré leído el diario antes del mediodía.
   (nosotros, tú, mi tía Elena, Rafael y David, vosotros, Ana y yo)
2. Mario se habrá ido antes de las ocho.
   (los alumnos, el mecánico, yo, mis amigos y yo, vosotros)

9. El baile. *Ana y Jorge van a ir a un baile esta noche y están charlando de todo lo que habrá pasado antes de ciertos momentos claves. ¿Qué dicen?*

> **MODELO** antes de las diez / la mayoría de los estudiantes / llegar
> → **Antes de las diez la mayoría de los estudiantes habrá llegado.**

1. antes de las ocho / todos / seleccionar su ropa
2. antes de las nueve / todos / bañarse
3. antes de las nueve y media / la banda / llegar
4. antes de las diez / el técnico / conectar los micrófonos
5. antes de las diez y media / todos / comenzar a bailar
6. antes de medianoche / el show / empezar
7. antes de la una / algunas personas / irse
8. antes de las tres de la madrugada / yo / volver a casa

10. Fechas límites (entre dos). *Conecte los fragmentos de una forma lógica.*

> **EJEMPLO** **Antes del año 2500, la humanidad habrá colonizado el espacio.**

1. Antes del año 1994
2. Antes del verano próximo
3. Antes del final de este siglo
4. Antes del siglo veintiuno
5. Antes del año 2500
6. Antes de la semana próxima
7. Antes de medianoche
8. Antes de la madrugada
9. Antes del final de esta clase

a. yo / recibir mis notas
b. mis mejores amigos / casarse
c. los científicos / descubrir un remedio contra el cáncer
d. los soviéticos / hacer un tratado de paz con los Estados Unidos
e. ? / conocer al amor de su vida
f. nosotros / graduarse
g. ? / llegar a la Casa Blanca

17.4

¿Qué **tendrá** Ricardo? No sé; **estará** enfermo.
¿Con quién **habrá venido** Enriqueta? No sé; **habrá venido** con Rubén.

¿Dónde **estará** Juan ahora?

= Me pregunto dónde está Juan ahora.

No sé; **estará** en la sala.

= No sé; debe estar en la sala. *o*
= No sé; probablemente está en la sala.

A. El futuro para indicar probabilidad o conjetura en el presente

1. Según el contexto, el futuro en español sugiere probabilidad o conjetura con referencia a un evento presente.

2. El futuro en una pregunta puede comunicar la idea de "Me pregunto":

¿Qué hora **será**? = Me pregunto qué hora es.

¿Dónde **estará** Aída? = Me pregunto dónde está Aída.

3. El futuro en una declaración puede comunicar conjetura o probabilidad:

El rubio será nuestro primo.

= El rubio es probablemente nuestro primo.

o El rubio dede ser nuestro primo.

Estudie:

¿En qué año **habrá muerto** Pancho Villa?

= Me pregunto en qué año murió Pancho Villa.

No sé; **habrá muerto** en los años veinte.

= No sé; probablemente murió en los años veinte.

B. El futuro perfecto para indicar probabilidad o conjetura en el pasado

accordingto

suggests

on the Test

1. Según el contexto, el futuro perfecto en español sugiere probabilidad o conjetura con referencia a un evento pretérito. *past*

2. El futuro perfecto en una pregunta puede comunicar la idea de "Me pregunto":

¿A qué hora **habrá llegado** Javier?

= Me pregunto a qué hora llegó Javier.

¿Quién **habrá traído** la cerveza?

= Me pregunto quién trajo la cerveza.

3. El futuro perfecto en una declaración puede comunicar conjetura o probabilidad:

Javier **habrá llegado** a la una.

= Javier probablemente llegó a la una.

Ana **habrá traído** la cerveza.

= Ana probablemente trajo la cerveza.

Práctica oral

11. En el nuevo trabajo. *Cristina acaba de ser nombrada supervisora de una oficina. Teresa tiene que enseñarle cómo funciona la oficina. ¿Qué dicen?*

MODELO tener la llave del baño / la Sra. Gorriti
Estudiante 1: **¿Quién tendrá la llave del baño?**
Estudiante 2: **No estoy segura; la tendrá la Sra. Gorriti.**

1. ser el asistente / el Sr. Pérez
2. cuidar el archivo / la Sra. Ara
3. preparar los contratos / los abogados
4. recibir a los clientes / las chicas allí
5. sacar cuentas / Jorge y Miguel
6. hacer la limpieza / una señora
7. ser mi secretario / Jaime
8. regar las plantas / Beatriz

12. ¿Cómo serán? (entre dos). *Escoja a una persona famosa y trate de imaginarse cómo será. Use las sugerencias para formular sus conjeturas.*

EJEMPLO Estudiante 1: **Tom Brokaw**
Estudiante 2: **Tom Brokaw será simpático. Sabrá mucho de política y de ciencias económicas. Tendrá una casa hermosa en un suburbio próspero. Estará casado y tendrá varios hijos.** *Etc.*

1. Ser *(simpático, rico, inteligente, bruto, una persona difícil, etc.)*
2. Saber mucho / poco sobre *(la política, la religión, la vida familiar, el teatro, etc.)*
3. Estar *(casado, mal de la cabeza, cansado de ?, aburrido de ?, etc.)*
4. Tener *(una camioneta fea, una casa hermosa, muchos hijos, interés en ?, etc.)*
5. Necesitar *(una persona como yo, nuevos amigos, comprensión y amor, etc.)*
6. Conocer *(a gente importante, gente que trabaja en ?, etc.)*
7. Trabajar *(poco, doce horas al día, en una oficina elegante, etc.)*

13. Especulaciones históricas. *A Teresa le fascina la historia, pero tiene mala memoria para las fechas. ¿Qué escribe en su examen de historia mexicana?*

> MODELO ¿En qué año invadieron México los norteamericanos? (1848)
> → **Los norteamericanos habrán invadido México en 1848.**

1. ¿En qué año se rebelaron los mexicanos contra España? (1810)
2. ¿En qué año llegó Benito Juárez a la presidencia? (1857)
3. ¿En qué año llegaron Carlota y Maximiliano a México? (1864)
4. ¿En qué año fusilaron a Maximiliano? (1867)
5. ¿En qué año empezó la revolución mexicana? (1910)
6. ¿En qué año se aprobó la constitución mexicana? (1917)
7. ¿En qué año se nacionalizó el petróleo? (1938)

14. Especulaciones sobre causas. *Aída y Nicolás están chismeando sobre gente que conocen. ¿Qué dicen?*

> MODELO cómo conocer Roberto a Isabel / conocerla en la secundaria
> Estudiante 1: **¿Cómo habrá conocido Roberto a Isabel?**
> Estudiante 2: **La habrá conocido en la secundaria.**

1. cómo aprender Julia tanto sobre las matemáticas / estudiarlas de joven
2. dónde encontrar Raúl ese coche / encontrarlo en Los Ángeles
3. cuándo casarse Dorotea / casarse ayer o anoche
4. adónde irse Camila y Ricardo / irse a vivir en Tucumán
5. por qué comprar los Pérez esa casa / comprarla porque les gustaba
6. quién hacer ese pastel tan divino / Pedro y Luis hacerlo
7. cómo llegar a ser tan rico Don Tremendón / venderse el alma
8. por qué ponerse enferma Gumersinda / porque comerse una barbaridad

17.5 ¿Por quién **fue escrita** la novela *Don Quijote*? **Fue escrita** por Miguel de Cervantes.

El Dr. Sánchez escribió el guión.	El guión **fue escrito** por el Dr. Sánchez.
La Dra. Mejía escribió la dedicatoria.	La dedicatoria **fue escrita** por la Dra. Mejía.
La Sra. Ara escribirá los programas.	Los programas **serán escritos** por la Sra. Ara.
El Sr. Barradas escribirá las reseñas.	Las reseñas **serán escritas** por el Sr. Barradas.

La voz pasiva

1. En la voz activa (las oraciones de la primera columna) el sujeto hace la acción.
2. En la voz pasiva (las oraciones de la segunda columna) el sujeto recibe la acción.
3. La voz pasiva consiste en una forma de **ser** y un participio. **Ser** concuerda en número con el sujeto.
4. El participio funciona igual que un adjetivo que modifica el sujeto; es decir, concuerda en número y en género con el sujeto.
5. La voz pasiva es mucho menos frecuente en español que en inglés; aunque ocurre en todos los tiempos, es más frecuente en el pretérito y el futuro.

Práctica oral

15. La historia según Rómulo. *Rómulo está explicando algunos de los grandes logros de este siglo. ¿Qué dice?*

MODELO   avión / inventar / los hermanos Wright
→   **El avión fue inventado por los hermanos Wright.**

1. el tocadiscos / inventar / Thomas Edison
2. los focos eléctricos / inventar / Thomas Edison
3. la penicilina / descubrir / Alexander Fleming
4. la teoría de la relatividad / proponer / Albert Einstein
5. el Concierto para Orquesta / componer / Béla Bartók
6. la Segunda Guerra Mundial / ganar / los aliados
7. la novela *Ulises* / escribir / James Joyce
8. la Ley de los Derechos Civiles / aprobar / el congreso

16. La utopía de Fernanda. *Fernanda está soñando con un futuro utópico. ¿Qué dice?*

MODELO   comercio / controlar / el gobierno
→   **El comercio será controlado por el gobierno.**

1. las leyes / escribir / mujeres
2. los chicos / criar / centros educacionales
3. la construcción de edificios / controlar / comités del barrio
4. las escuelas / supervisar / expertos educacionales
5. el racismo / reducir / nuevas leyes
6. la contaminación del ambiente / castigar / la ley
7. el racismo / reducir / más educación
8. la discriminación contra las mujeres / prohibir / nuevas leyes

17. Trivia (entre dos). *Ponga a prueba sus conocimientos históricos. Note que la pregunta es en voz activa y la respuesta en voz pasiva.*

EJEMPLO   pintar el cuadro *Las Meninas*
Estudiante 1:   **¿Quién pintó el cuadro *Las Meninas*?**
Estudiante 2:   **El cuadro *Las Meninas* fue pintado por Velázquez.**

1. escribir la novela *Don Quijote*
2. descubrir América
3. pintar *Guernica*
4. conquistar México
5. inventar el teléfono
6. vender Luisiana a los Estados Unidos
7. explorar el Polo Sur
8. inventar el nombre *América*
9. descubrir la Florida
10. derrotar a los Incas
11. mandar *La Armada* contra Inglaterra
12. escribir la novela *Cien años de soledad*
13. ganar la guerra civil española

a. Gabriel García Márquez
b. el Almirante Byrd
c. Miguel de Cervantes
d. los facistas
e. Francisco Pizarro
f. Pablo Picasso
g. Alexander Graham Bell
h. Ponce de León
i. Carlos Fuentes
j. Hernán Cortés
k. Napoleón
l. Américo Vespucio
m. Felipe II
n. Cristóbal Colón

17.6

Hace mucho tiempo que la catedral **está** terminada.
La catedral **fue** terminada por un arquitecto español.

La casa fue construida por tres carpinteros.

La casa estaba construida de ladrillo.

La casa no **estaba** terminada cuando la abandonaron sus primeros dueños.
La casa **fue** terminada por un carpintero, amigo de mi papá.

Los actores **estaban** muy bien preparados.
Los actores **fueron** preparados por el director y el guionista.

A. *Estar* y *ser* con el participio

1. **Estar** con el participio indica un estado o una condición.
2. **Ser** con el participio indica una acción o un cambio.

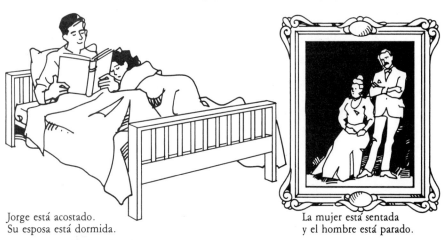

Jorge está acostado.
Su esposa está dormida.

La mujer está sentada
y el hombre está parado.

Desafíos del futuro

Estudie:

—Pati, ¿cómo es la primera escena de tu obra de teatro?

—Cuando sube el telón, Jorge, el protagonista, está **acostado** pero no sabemos si está **dormido**. Su mujer, Sara, está **sentada** y su madre está **parada** al lado de ella. Dos muchachos están **reclinados** contra la pared, y en la pared está **colgado** un cuadro de una vieja imponente.

B. El participio para indicar condiciones y posiciones físicas

1. En español se usa el participio para indicar ciertas posiciones o condiciones físicas.

Jorge está **acostado**.	= Jorge se ha acostado.
Sara está **parada**.	= Sara se ha parado (está de pie).
Los chicos están **sentados**.	= Los chicos se han sentado.
Los devotos están **arrodillados**.	= Los devotos se han arrodillado.
Mi mamá está **dormida**.	= Mi mamá se ha dormido.
Los dibujos están **colgados** en la pared.	= Los dibujos fueron colgados en la pared (por alguien).
Los jugadores están **recostados** en el césped.	= Los jugadores se han recostado en el césped.

2. Esas expresiones se traducen al inglés con el gerundio.

Práctica oral

18. La primera escena. *Aída Bemberg es directora de una obra de teatro y está describiendo la primera escena a sus actores. ¿Qué dice?*

MODELO   un perro / dormir debajo del sillón
→   **Un perro está dormido debajo del sillón.**

1. Ricardo / sentar en un sillón
2. unos niños / sentar en el piso
3. un retrato de un viejo / colgar en la pared
4. una señora mayor / recostar en el sofá
5. dos gatos / dormir en el piso
6. un joven / reclinar contra un poste
7. una vieja flaca / arrodillar delante de un pequeño altar que está en ese rincón

19. Descripción de la clase (entre dos). *Pregúntele a un/a compañero/a de clase.*

1. —quién está sentado cerca de él/ella
2. —qué está colgado en la pared
3. —quién está recostado en el piso
4. —quién está reclinado contra la pared
5. —quién está dormido

CREACIÓN

Lectura

Una noche de teatro

La televisión es tal vez el mejor reflejo que tenemos de ciertas actitudes culturales en nuestra sociedad. Aunque las escenas a continuación fueron inspiradas por las telenovelas y las telecomedias que todos conocemos, el autor ha tratado de invertir los roles del hombre y la mujer para mejor delinear los estereotipos sexuales que se ven en muchos programas de televisión.

Escena I

(En la casa de Jacinto y Beatriz Meza)

BEATRIZ   Apúrate, Jacinto, que ya es tarde. La obra comenzará en media hora y no me gusta llegar tarde. Hace horas que te estoy esperando.

JACINTO   No exageres. Tú sabes muy bien que quiero estar bien arreglado ya que me llevas tan poco al teatro.

BEATRIZ   No empieces. Yo te he llevado al teatro mucho más frecuentemente que las esposas de tus amigos y no me digas que no. Vámonos. Habrá mucha gente, y quiero ver la obra desde el principio.

Escena II

(En el coche)

BEATRIZ   ¡Demonios! Nunca hay estacionamiento. Tendré que llamar al **ayuntamiento** para protestar eso.

JACINTO   Es por eso que yo quería venir en el metro, pero tú tuviste que traer el coche.

BEATRIZ   Pero ¿qué crees—que hemos comprado el coche para dejarlo en casa como un adorno más?

JACINTO   Está bien. Sólo quiero que no me **eches la culpa** si llegamos tarde.

ayunta-miento gobierno municipal **echar la culpa:** *to blame*

Escena III

(Más adelante en el teatro. La obra ya ha comenzado. Beatriz y Jacinto buscan sus asientos. Se oyen las voces de los actores.)

LOS ACTORES   *—María, te quiero—locamente. Te he querido desde ese primer momento, y sé que te querré toda la vida.*
—Ay Juan. No me hables así. Sabes que soy casada y que en mi vida nunca habrá más que mi marido.

VOZ I	**Nunca falta alguien** que llega tarde.
LOS ACTORES	—*Pero María, ¿te casaste por amor? ¡¿Por amor?! Dime una vez que quieres a tu marido y* **me callaré** *para siempre.*
	—*Juan... el matrimonio es más que el amor. Es el deber, es la responsabilidad, es...*
VOZ II	¡Ey, gordo! Sáqueme el pie de encima, que Ud. no es de **corcho.**
JACINTO	¿Oíste Beatriz cómo ese maleducado acaba de insultarme? ¿Permitirás que la gente hable así a tu marido?
BEATRIZ	Por favor, Jacinto. No me metas en **líos.** *(A un señor sentado)* Perdóneme señor, pero Uds. están en nuestros asientos. Se habrán equivocado de lugar.
SEÑOR	Equivocado nada. Hemos comprado el **abono** y siempre nos sentamos aquí.
LOS ACTORES	—*Pero María, se vive solamente una vez y sin el amor no hay nada.*
	—*Ay Juan, no me digas eso. Llevo una vida tan difícil y tan dura... yo... la* **desdichada.**
BEATRIZ	Aquí tengo las entradas y dicen claramente que los asientos 38 y 39 de la sexta fila son nuestros. ¿No sabe Ud. leer?
SEÑOR	La que no sabe leer es Ud., **analfabruta.**
LOS ACTORES	—*No llores, María. Por favor, no llores. Siempre estaré a tu lado. Nunca te abandonaré.*
	—*Por favor, Juan, no me toques. ¿Qué dirá la gente si nos ve?*
ACOMODADOR	¿Qué pasa aquí? ¿Por qué tanto escándalo?
BEATRIZ	Esos señores nos han robado nuestros asientos.
SEÑOR	No hemos robado nada. Lo que pasa es que esa señora y su marido han llegado tarde y quieren quitarnos nuestros asientos.
ACOMODADOR	¿Me permiten sus entradas, por favor?
VOZ III	Sálganse del medio, por favor, que Uds. no son de **vidrio.**
LOS ACTORES	—*Ay María, no sabes cuánto tiempo hace que tengo ganas de abrazarte, de besarte, de sentirte cerca. Te adoro, y te adoraré para siempre...*
	—*Ay Juan. Cuando me tocas siento no sé qué cosa...*
ACOMODADOR	Señora, Ud. se ha equivocado de fecha. Estas entradas eran para la función de hace una semana.
BEATRIZ	Eso no puede ser. La chica de la **taquilla** me dijo que eran para hoy. Yo voy a exigir que me devuelvan mi dinero. ¡Eso es una **estafa!**
ACOMODADOR	Ud. podrá exigir todo lo que quiera, pero no aquí. Hablemos en el pasillo.
JACINTO	¡Uy! ¡Beatriz! Alguna perversa acaba de **pellizcarme.** ¿Vas a permitir que una grosera eche mano a tu marido?
BEATRIZ	Por favor, Jacinto. Aquí no es el lugar para hacer teatro. Vámonos.
LOS ACTORES	—*María, prométeme que nunca me abandonarás...*
	—*Juan, Juan, Juan...*

nunca falta alguien: siempre hay alguien
callarse: no hablar; dejar de hablar
corcho: *cork*
lío: problema, pelea
abono: *series*

desdichada: malafortunada

analfabruta: una palabra compuesta de "analfabeto" (uno que no sabe leer) y "bruto"; no es una palabra de diccionario.
vidrio: *glass*

taquilla: donde se venden entradas
estafa: robo, fraude
pellizcar: *to pinch*

Preguntas

1. En una telenovela o en una comedia de situaciones, ¿qué papeles (roles) suelen corresponder al hombre y a la mujer? ¿Quién está en control? ¿Quién es sumiso y tiene que ser protegido? 2. ¿Cómo son los estereotipos sexuales en la *Lectura*? 3. ¿Quién quiere estar bien arreglado? 4. ¿De quién es el coche? 5. ¿Quién lleva a quién al teatro? 6. ¿Quién busca los asientos? 7. ¿Quién tiene que proteger a quién de los abusos del público? 8. ¿Quién compró las entradas? 9. Según las voces de los actores, ¿qué pasa en la obra mientras Beatriz y Jacinto están buscando sus asientos? 10. Piense en los roles sexuales de un programa de televisión actual. ¿Cómo son?

En contexto

¿Cómo se hace para comprar entradas para una función de teatro?

— Perdone, señor, pero ¿dónde se venden entradas?
— Allí en la **taquilla** que está **a la vuelta** lo atienden.
— ¿Está abierta ahora?
— Sí, está abierta entre las diez y las dieciocho horas.

taquilla: donde se venden entradas
a la vuelta: *around the corner*
¿ quedan ?: ¿todavía hay?
advertir: *to warn*
platea: la sección más cerca de la orquesta

— **¿ Quedan** entradas para la función de esta noche?
— Tenemos de todos los precios, pero le **advierto** que las localidades que hay en el segundo balcón son de vista parcial.
— ¿Hay localidades de **platea** en algún lugar del medio?
— Del medio tengo solamente localidades separadas, una en la sexta fila y otra en la novena.
— Está bien. Compro esas dos.

Situaciones

Situación 1 Con un grupo de compañeros de clase, prepare y represente un episodio de telenovela. Utilice la *Lectura* como punto de partida.

Situación 2 Suponga que Ud. tiene que entrevistar al presidente de los Estados Unidos. Temas de la entrevista: ¿Qué hará para promover la justicia social? ¿Qué leyes propondrá para proteger a las minorías? ¿Qué hará para proteger el ambiente? ¿Quiénes serán los miembros de su gabinete? ¿Qué le dirá a...? ¿Cuáles serán sus prioridades económicas? ¿Qué países visitará? ¿Qué jefes de estado recibirá en la Casa Blanca? Un/a compañero/a de clase puede hacer el papel del presidente.

Situación 3 Suponga que Ud. será el/la profesor/a de español el año que viene y que un/a reportero/a del diario estudiantil lo/la está entrevistando a Ud. Temas de la entrevista: ¿Qué cambios hará Ud. en la organización del curso? ¿A qué clase de estudiantes aceptará Ud.? ¿Cómo serán sus exámenes? ¿Cuáles serán los requisitos para sacar una buena nota? Un/a compañero/a de clase puede ser el/la reportero/a.

Situación 4 Con unos compañeros de clase, organice un juego de Trivia. Temas: *Inventos*: ¿ Por quién fue inventado el tocadiscos, el foco eléctrico, el avión ? etc. *Descubrimientos*: ¿ Por quién fue descubierto el Polo Norte, el Océano Pacífico ? etc. *Música*: ¿ Por quién fue compuesta la ópera *Adriana*, la novena sinfonía de Beethoven ? etc.

Composición

Tema 1 Escriba una composición sobre los roles sexuales en la sociedad nuestra y prediga qué cambios veremos en los años próximos. Use la *Lectura* y la *Nota cultural* como punto de partida.

Tema 2 Describa un panorama posible del siglo XXI. ¿ Qué pasará ? ¿ Cuáles serán los avances tecnológicos ? ¿ Cuáles serán los grandes cambios sociales ? ¿ Cuáles serán las grandes potencias económicas y militares ? ¿ Por qué ?

Tema 3 Escriba una composición paródica basada en el *Tema 2*.

Vocabulario activo

desafíos del futuro

la actitud	la crisis	el/la feminista	el privilegio
el acuerdo	los derechos humanos	el logro	la prosperidad
el ambiente	el desarme	el machismo	el racismo
el analfabetismo	el descubrimiento	el/la machista	los recursos naturales
el anticonceptivo	la discriminación	el marianismo	la tasa de fertilidad
la atmósfera	la ecología	el nivel de vida	la tasa de inflación
el avance	el espacio	la población	la tecnología
la contaminación	la explosión	la pobreza	la utopía
el control de la	demográfica	la potencia	la vacuna
natalidad	el feminismo	la prioridad	

verbos

advertir (ie)	callarse	fusilar	proscribir
alcanzar	castigar	lanzar	proteger
arrodillarse	dedicarse a	lograr	provenir de (ie)
avanzar	delinear	manifestar (ie)	reclinarse
avisar	disfrazarse de	promover (ue)	recostarse (ue)
caber	explorar	proponer	reducir

otros sustantivos

el/la analfabeto/a	la dedicatoria	la parada	el reconocimiento
el/la asesor/a	el estacionamiento	la pena	el reflejo
la conjetura	la estafa	la prueba	el/la vidente

adjetivos

ambiental	imponente	sumiso, -a	teórico, -a
demográfico, -a	pavimentado, -a	técnico, -a	utópico, -a
grosero, -a	perverso, -a	tecnológico, -a	

expresiones útiles

estar a la vuelta	mientras tanto	supuestamente	valer la pena

CAPÍTULO 18
Las creencias

La catedral de Sevilla

18.1
Dudo que los viernes trece **sean** peligrosos. No
soy supersticioso.
Creo que las supersticiones **son** pintorescas.

18.2
Tal vez llegue el ministro más tarde.
Quizás no **sepa** dónde vivimos.

18.3
¿Conoces a **alguien** que **pretenda** tener poderes
mágicos?
   Sí, conozco a **alguien** que **pretende** tener
      poderes mágicos.

18.4
Un amigo **mío** entró en el seminario hace un año.
Conocí a una tía **tuya** anoche.

18.5
¿Dónde están nuestros hijos?
   El mío fue al centro y creo que **el tuyo** está con él.

18.6
Son las ocho; es la **hora** de irnos.
Debemos estar contentos con el **momento** que
   nos ha tocado vivir.
Hablé con Jorge varias **veces** el año pasado.

EXPOSICIÓN

18.1

Dudo que los viernes trece **sean** peligrosos. No soy supersticioso.
Creo que las supersticiones **son** pintorescas.

¿ **Crees** que David **sea** converso?	Sí, **creo** que **es** converso. No, **no creo** que **sea** converso.
¿ **Piensan** Uds. que Javier **conozca** al rabino?	Sí, **pensamos** que lo **conoce**. No, **no pensamos** que lo **conozca**.
¿ **Duda** Ud. que **haya** brujas?	Sí, **dudo** que **haya** brujas.
¿ **Dices** que la religión te **parece** tonta?	No, **no digo** que me **parezca** tonta; sólo **digo** que me **parece** difícil.
¿ **Saben** Uds. que Susana **cree** en la reencarnación?	**No es** que lo **sepamos,** pero lo sospechamos.
¿ **Niegan** Uds. que mi argumento **tenga** validez?	Sí, **negamos** que **sea** válido.
¿ **Vendrá** Mario a la fiesta de disfraces?	Sí, **creo** que **vendrá**. No, **no creo** que **venga**.

El subjuntivo con expresiones de duda y negación

1. El subjuntivo se usa cuando la cláusula principal indica duda o negación con respecto a la cláusula subordinada. *(Ud. ya sabe que el subjuntivo se usa en casos de influencia; ver §14.1.)*

2. Algunas de las principales expresiones de duda o negación son:

   a. **Creer** o **pensar** en una pregunta

       ¿ **Crees** que el sacerdote te **reconozca** después de tantos años?

       ¿ **Piensa** Ud. que Lola **sepa** dónde queda la sinagoga?

b. **No creer** y **no pensar**

> **No creemos** que el Sr. Calvo **sepa** interpretar ese versículo.
>
> **No pienso** que **hayas comprendido** mi punto de vista.

c. **Dudar**

> Ricardo **duda** que Dios **exista.**
>
> **Dudo** que la brujería **sea** una religión.

d. **No decir que**

> **No digo que seas** un hereje sino un libre pensador.

e. **No es que**

> **No es que sea** imposible, sino difícil.

f. **Negar**

> **Niego** que tu interpretación de la Biblia **sea** la única posible.
>
> Los protestantes **niegan** que el Papa **sea** infalible.

3. El subjuntivo reemplaza el futuro en casos de influencia, duda o negación:

¿Vendrá Micaela esta noche ?   No, no creo que **venga** esta noche.

¿Se bañará Ana temprano?   No, dudo que se **bañe** temprano.

4. El uso del subjuntivo en casos de duda y negación se puede indicar con una escala de probabilidades. Note que en casos de duda ligera, son posibles el subjuntivo y el indicativo.

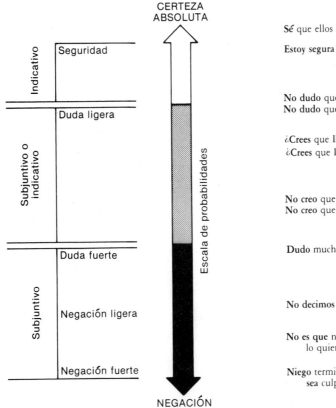

Las creencias

Práctica oral

1. Respuestas y dudas. *Juana le está preguntando a Leo sobre sus creencias y las creencias de gente que ellos conocen. ¿Qué contesta Leo?*

> MODELO   ¿Sabes si viene el rabino? (no creo)   →   **No creo que venga.**

1. ¿Saben ellos la Biblia de memoria? (dudamos mucho)
2. ¿Son herejes los protestantes? (niego)
3. ¿Traen mala suerte los gatos negros? (no digo que)
4. ¿Existe la brujería en todas partes? (no creo)
5. ¿Sale tu abuelo de casa los viernes trece? (sé)
6. ¿Se puede prever el futuro con naipes tarot? (algunas personas creen)
7. ¿Sabe Aída leer los naipes? (la gente dice)
8. ¿Tienen los brujos un poder maléfico? (no creo)

2. Creencias. *Eva está describiendo las creencias de la gente. ¿Qué dice?*

> MODELO   dudar / los García ser ateos   →   **Dudo que los García sean ateos.**

1. no creer / María ser católica
2. dudar / haber brujas aquí
3. no decir / todos creer en Dios
4. saber / Ud. saber mucho de teología
5. no es que / mi madre ir a misa todos los días
6. negar / todas las religiones ser iguales

3. Combinaciones. *Invente oraciones originales sobre las creencias de gente que Ud. conoce. Use las indicaciones de sus compañeros como punto de partida.*

> EJEMPLO   Estudiante 1:   **3-c**
> Estudiante 2:   **Mi padre no cree que existan los vampiros.**

1. ? saber que
2. ? estar seguro que
3. ? (no) creer que
4. ? dudar que
5. ? no decir que
6. ? negar que

a. haber brujas *(vampiros, momias vivientes, hombres lobos, etc.)*
b. algunas casas *(cementerios, cuevas, bosques, lagos, etc.)* estar habitadas por espíritus maléficos
c. existir los demonios *(los brujos, las brujas, los vampiros, las momias vivientes, etc.)*
d. ser peligrosos los viernes trece *(pasar por debajo de una escalera, abrir un paraguas en casa, etc.)*
e. visitar la tierra extraterrestres *(platos voladores, marcianos, parientes de Gumersinda, etc.)*
f. tratar de no pisar las rayas en la acera *(no visitar cementerios a medianoche, no pensar en el hombre lobo las noches de plenilunio, etc.)*

4. Entrevista (entre dos). *Pregúntele a un/a compañero/a de clase.*

1. —si cree que haya brujas en el mundo
2. —si duda que los vampiros existan
3. —si niega que haya peligro las noches de plenilunio
4. —si está seguro/a que no haya platos voladores
5. —quién cree que los viernes trece sean peligrosos

18.2

Tal vez llegue el ministro más tarde.
Quizás no **sepa** dónde vivimos.

Tal vez Juana **pueda** ayudarnos con la fiesta de disfraces.
Quizá Uds. **sepan** dónde puedo encontrar un disfraz para la fiesta.
Quizá un disfraz de payaso **sea** el más sencillo.
O **posiblemente** un disfraz de pirata se **encuentre** sin problema.
Si no te queda el disfraz del gorila, **posiblemente** te **guste** el otro.

El subjuntivo en cláusulas principales

1. El subjuntivo ocurre en cláusulas principales sólo después de expresiones como **tal vez, quizás, quizá, posiblemente** o **probablemente**.

2. Note que todas estas expresiones indican duda o inseguridad.

Práctica oral

5. Donaldo el Dudador. *Donaldo es un tipo que todo lo duda. Siempre contesta las preguntas con **tal vez, quizás, quizá, posiblemente** o **probablemente**. ¿Cómo contesta las preguntas?*

MODELO   ¿Ha visto Miguel una momia viviente? (tal vez)
→   **No sé. Tal vez haya visto una momia viviente.**

1. ¿Siempre dicen la verdad tus amigos? (posiblemente)
2. ¿Vendrá el ministro a verte esta noche? (tal vez)
3. ¿Va a llover esta noche? (quizá)
4. ¿Ganará nuestro equipo el próximo partido de fútbol? (probablemente)
5. ¿Te prestará sus apuntes Mario? (quizás)

6. Cadena. *Cada estudiante hace un comentario; después el/la siguiente estudiante decide la veracidad del comentario usando **sin duda, ciertamente, tal vez, quizás** o **posiblemente**.*

EJEMPLO   Estudiante 1:   **Mi compañero de cuarto es multi-millonario.**
Estudiante 2:   **Sin duda, su compañero de cuarto es multi-millonario.**
                  o **Quizás su compañero de cuarto sea multi-millonario.**

Tenga en sus manos el mejor regalo de su vida. Una consulta con su pasado, presente y futuro. (No nos cuente nada de su persona, nosotros se lo diremos todo) solo tiene que enviar su fecha de nacimiento, su nombre y apellidos con su dirección BIEN CLARA. También recibirá GRATIS el AMULETO DE LOS 4 ROSTROS DE LA FORTUNA y el número de su suerte para que gane en loterías. El milagro existe y le diré a usted en la forma que puede descubrir sus propios milagros.

Sólo contestaremos a los que escriben bien clara su dirección.

ESCRIBA A   MIRACLE POWER

18.3 ¿Conoces a **alguien** que **pretenda** tener poderes mágicos?
Sí, conozco a **alguien** que **pretende** tener poderes mágicos.

¿Conoce Ud. a **alguien** que **sepa** hebreo?

¿Buscan Uds. un **diario** que **publique** el horóscopo?

Sí, conozco a **alguien** que **sabe** hebreo.

No, no conozco a **nadie** que **sepa** hebreo.

Sí, buscamos un **diario** que **publique** el horóscopo.

No, porque ya recibimos un **diario** que **publica** el horóscopo.

¿Conoce Ud. a alguien que sea mecánico?

Sí, conozco a alguien que es mecánico.

René

No conozco a nadie que sea mecánico.

El subjuntivo en cláusulas adjetivales

1. Las oraciones de arriba contienen cláusulas adjetivales. Una cláusula adjetival funciona como un adjetivo ; es decir, modifica un sustantivo. El sustantivo modificado se llama el antecedente. Compare:

Busco un coche **bueno.**

"Bueno" es un adjetivo ; "coche" es el antecedente que "bueno" modifica.

Busco un coche **que sea bueno.**

"Que sea bueno" es una cláusula adjetival. "Coche" es el antecedente que la cláusula modifica.

2. Se usa el subjuntivo en una cláusula adjetival cuando el antecedente no es específico; es decir, hay duda sobre la existencia del antecedente. Compare:

¿Conoces a **alguien** que **sepa** hablar árabe?	*Para el hablante, el antecedente "alguien" no se refiere a una persona específica. Por lo tanto, se usa el subjuntivo.*
Sí, conozco a **alguien** que lo **sabe** perfectamente.	*Para el hablante en este caso, el antecedente "alguien" se refiere a una persona específica. Por lo tanto, se usa el indicativo.*
Busco un **perro** que **tenga** un temperamento dulce.	*El hablante no está pensando en un perro específico. Por lo tanto, se usa el subjuntivo.*
Busco un **perro** que **tiene** el rabo corto y las orejas largas. Es mi perro y se ha perdido.	*El hablante está pensando en un perro específico. Por lo tanto, se usa el indicativo.*

3. El subjuntivo también se usa en una cláusula adjetival cuando el antecedente es negativo.

No conozco a **nadie** que realmente **crea** en los naipes.

No hay **ninguna persona** que no **tenga** interés en los OVNI. (*OVNI = objeto volador no identificado*)

No tengo **nada** que te **pueda** interesar.

Horóscopo

ARIES (marzo 21 a abril 19) Sus intuiciones ahora son magníficas, aprovéchelas. Hay posibilidades de aumento de salario muy pronto. Muy buen momento para hacer inversiones.

TAURO (abril 20 a mayo 20) Cuídese mucho en su lugar de empleo y no haga enemigos. Procure cooperar también con sus familiares. Buenas noticias en cuanto a una relación romántica.

GEMINIS (mayor 21 a junio 21) Trate de evitar el envolverse en un conflicto entre dos de sus amigos. Haga algo especial por un ser querido que Ud. ha descuidado por tiempo.

CANCER (junio 22 a julio 21) No sea tan arrogante, esto pudiera alejar a personas importantes de Ud. Ciertas frustraciones se presentarán en un trabajo en las primeras horas de la mañana.

LEO (julio 22 a agosto 21) Procure evitar polémicas especialmente en su vida amorosa. El peso de sus obligaciones le deprimirán un poco, pero olvídese de ello e involúcrese más en actividades sociales.

VIRGO (agosto 22 a septiembre 22) En una reunión social Ud. conocerá una persona influyente que lo podrá ayudar en su carrera. Será imposible para Ud. el vencer la oposición de sus asociados.

LIBRA (septiembre 23 a octubre 22) El romance dominará su pensamiento en estoss días. Amistades le dirán a Ud. algunas cosas que desea oir hoy. Cuide mucho su estado de salud, es importante.

ESCORPION (octubre 23 a noviembre 22) Nuevas perspectivas se abrirán para Udf. en estos días. Un mensaje de lejos le traerá mucha felicidad. Tendrá mucho éxito en estos meses en su profesión.

SAGITARIO (noviembre 22 a diciembre 21) Expertos le ayudarán a conseguir buenas inversiones. También interés de familia jugará un papel en su progreso. Mantenga una actitud positiva en sus relaciones amorosas.

CAPRICONIO (diciembre 22 a enero 20) Las influencias de los planetas están algo mezcladas, así es que no trate de hacer ninguna cosa drástica por el momento. No pierda su temperamento, y utilice más su sentido común.

ACUARIO (enero 21 a febrero 19) Manténgase en contacto con algunas personas importantes en el mundo de los negocios, ellos podrán ayudarle en el futuro. Alcare algunos malosentendidos con sus amigos.

PISCIS (febrero 21 a marzo 20) Mucho cuidado de no ceder a una persona que está demandando mucho de su persona. Déjese llevar por sus instintos. Su futuro es muy prometedor.

Las creencias

Práctica oral

7. **Combinaciones.** *Haga oraciones completas según las indicaciones de sus compañeros.*

> MODELO   Estudiante 1:   **5-b**
>   Estudiante 2:   **¿ Sabes de alguien que crea en los OVNI ?**

1. Conozco a alguien que	a. nunca pasar por debajo de una escalera
2. No conocemos a nadie que	
3. Tengo una amiga que	b. creer en los OVNI
4. No hay ningún/ninguna estudiante en esta universidad que	c. poder decirme el futuro
	d. no salir de casa los viernes trece
5. ¿Sabes de alguien que	e. tener miedo de los gatos negros

8. **Preguntas personales** (entre dos).   *Con un/a compañero/a de clase, conteste las preguntas.*

1. ¿Tienes un amigo que haya visto un OVNI ?   2. ¿Conoces a alguien que sepa leer los naipes ?   3. ¿Conoces a alguien que prediga el futuro ?   4. ¿Tienes amigos que estudien su horóscopo antes de salir de casa ?   5. ¿Conoces a alguien que converse regularmente con extraterrestres ?   6. ¿Tienes familiares que tengan miedo a los gatos negros ?   7. ¿Conoces a alguien que crea en la magia ?   8. ¿Sabes de alguien que haya subido en un platillo volador ?   9. ¿Conoces a alguien que te diga la fortuna ?   10. ¿Tienes un amigo que haga trucos con naipes ?

9. **La pareja ideal.**   *Describe a su pareja real o ideal (pareja = novio, novia, marido, esposa, etc.). Use la tabla como guía.*

> EJEMPLOS   →   **Busco una novia que me comprenda.**
>   →   **Tengo una novia que me comprende.**

> 1. Busco alguien que...
> 2. Tengo un/a novio/a que...
> 3. Necesito alguien que...
> 4. Quiero una persona que...

a. tener mucho dinero	i. saber hablar de arte y filosofía
b. comprender el subjuntivo	j. ser inteligente
c. siempre estar de acuerdo conmigo	k. tener buen gusto
d. querer vivir en el campo	l. no usar ropa de ?
e. jugar al béisbol	m. ser religioso/a
f. a quien le gustar ir a conciertos	n. interesarse por lo mismo que yo
g. tener mucha paciencia	o. tener conciencia social
h. ganar un buen salario	p. ?

10. **Entrevista** (entre dos).   *Usando la tabla de la* Práctica *anterior haga una entrevista con un/ a compañero/a de clase.*

> EJEMPLOS   →   **¿ Conoces a alguien que tenga una casa en Europa ?**
>   →   **¿ Buscas una pareja que sepa hablar de deportes ?**

Nota cultural

La diversidad religiosa del mundo hispano

El mundo hispano casi siempre se considera católico. Aunque es cierto que la gran mayoría (tal vez más del 95%) de los hispanos reciben un bautismo católico, hay sin embargo en el mundo hispano una tremenda diversidad religiosa. Esa diversidad se ve **en todos lados.**

Por ejemplo, el catolicismo hispano es una **mezcla** de muchas **corrientes** religiosas. A alto **nivel** están las controversias de la iglesia actual: por ejemplo, los conservadores que defienden la iglesia tradicional y los liberales que están tratando de incorporar teorías y prácticas que muchos conservadores consideran heréticas.

Esa misma diversidad también se ve a nivel popular. Por ejemplo, en regiones de grandes poblaciones **indígenas** como México, Centroamérica y la zona **andina,** los creyentes atribuyen poderes a los santos católicos que sus abuelos atribuyeron a dioses de las religiones indígenas. Algo similar pasa en los países del Caribe donde creencias y prácticas africanas se han **mezclado** con el catolicismo.

En años recientes, algunos hispanos se han convertido a religiones cristianas no católicas. Los grupos no católicos que más éxito han tenido suelen ser sectas evangélicas con **vínculos** a los Estados Unidos. Aunque estas sectas forman una pequeña minoría, están creciendo rápidamente, y representan otra dimensión de la diversidad religiosa del mundo hispano.

en todos lados: en todas partes
mezcla: combinación
corriente: *current*
nivel: *level*
indígena: nativa
andina: de los Andes
mezclar: combinar, *to mix*
vínculo: conexión

18.4

Un amigo **mío** entró en el seminario hace un año.
Conocí a una tía **tuya** anoche.

Luisa, ¿quiénes estuvieron en la reunión de anoche?

Había mucha gente. Estaba Ricardo, un amigo **mío** que sabe mucho de horóscopos. Estaba Ana, esa amiga **tuya** que conocí el año pasado. Gloria no estaba pero vinieron varios amigos **suyos** del trabajo. También estaban dos compañeros **nuestros** de la clase de español. Y Raúl y José me presentaron a un amigo **suyo** que sabe leer los naipes. Era, sin duda, un grupo notable.

¿Es **tuyo** ese coche?
¿De quién son esas flores?

No, no es **mío**; es **tuyo**.
Las flores amarillas son **nuestras,** y las flores rojas son **vuestras.**

Los posesivos enfáticos

1. En español hay dos formas de adjetivos posesivos: los posesivos simples que preceden al sustantivo (**mi** papá, **tu** prima, **su** cuñado, etc.) y los posesivos enfáticos que siguen al sustantivo. *(Comparar §3.4)*

2. Los posesivos enfáticos se usan frecuentemente cuando un demostrativo o un adjetivo de cantidad precede al sustantivo:

> **esta** familia **mía**
>
> **esos** amigos **tuyos**

varios de nuestros amigos	= **varios** amigos **nuestros**
tres de mis amigos	= **tres** amigos **míos**
una de tus primas	= **una** prima **tuya**
ninguna de mis hijas	= **ninguna** hija **mía**

3. Las distintas formas de **nuestro** y **vuestro** son simples y enfáticos; se usan antes y después del sustantivo.

4. Después de **ser** los posesivos enfáticos se usan sin otro adjetivo:

> El coche azul es **mío**; no es **tuyo**.
>
> Estos panfletos son **nuestros**; aquéllos son **tuyos**.
>
> Esa maleta es **mía**; no es **suya**.

Sinopsis:

mío	tuyo	suyo	nuestro	vuestro
mía	tuya	suya	nuestra	vuestra
míos	tuyos	suyos	nuestros	vuestros
mías	tuyas	suyas	nuestras	vuestras

Práctica oral

11. Pepito el Posesivo. *Pepito cree que todo es suyo. ¿Qué le dice su mamá?*

> MODELO   esos papeles / de Ricardo
>
> →   **¡Pepito! Esos papeles no son tuyos; son de Ricardo.**

1. esa blusa / de Ana	5. ese maquillaje / mío
2. esas llaves / de papá	6. esa perra / de los vecinos
3. ese refresco / de Ricardo	7. esos discos / de Luisa
4. la computadora / de Teresa	8. esas cremas / de la tía

12. Equivalencias. *¿De qué otra forma se puede decir las oraciones a continuación usando un posesivo enfático?*

> MODELO   Salió uno de mis artículos.   →   **Salió un artículo mío.**

1. No vino ninguno de mis amigos a la casa.
2. Varios de tus compañeros preguntaron por ti.
3. Uno de nuestros antepasados vino de España en el siglo XVI.
4. Le presté uno de mis libros a Roberto.

5. Me encanta esa blusa de Ud.
6. Algunas de nuestras flores ganaron un premio.
7. No vi a algunos de vuestros parientes en la reunión.

13. Invención. *Termine las oraciones a continuación de forma creativa.*

1. Mi padre tiene muchos amigos. Varios amigos suyos...
2. Algunos vecinos míos...
3. María vive con tres compañeras. Una compañera suya...
4. Tenemos tres gatos. Un gato nuestro...
5. ¿Sois de España? Unos compatriotas vuestros...
6. Mi médico es mejor que tu médico. El médico mío...

18.5

¿Dónde están nuestros hijos?
El mío fue al centro, y creo que **el tuyo** está con él.

¿Ya volvieron nuestros hijos.	**El tuyo** ya está, pero **el mío** no ha vuelto todavía.
¿Cuál de esos hombres te parece más guapo? **¿El moreno** o **el rubio?**	Me parece que **el moreno** es **el más guapo.**
¿Te gusta el coche de Jorge?	Sí, pero **el de Isabel** me parece más bonito.
¿Es tu hija la chica que toca el piano?	No, mi hija es **la que** canta.

La pronominalización

1. La pronominalización es el proceso de convertir un adjetivo o un artículo en pronombre.
2. Para pronominalizar un adjetivo o un artículo, se quita el sustantivo y lo que queda funciona como pronombre.
3. Pronominalización de un adjetivo descriptivo o de un posesivo enfático:

El señor alto es mi padre.	→ **El alto** es mi padre.
La hija mayor se llama Lulú.	→ **La mayor** se llama Lulú.
El equipo nuestro ganó ayer.	→ **El nuestro** ganó ayer.
La casa mía costó demasiado.	→ **La mía** costó demasiado.

4. Pronominalización con **de:**

Prefiero el coche de Tere.	→ Prefiero **el de** Tere.
Ésa es la casa de Ricardo.	→ Ésa es **la de** Ricardo.
Quiero ver las fotos de Ana.	→ Quiero ver **las de** Ana.

5. Pronominalización con **que:**

Mi hijo es el chico que está en medio.	→ Mi hijo es **el que** está en medio.
La novela que me regalaste es buena.	→ **La que** me regalaste es buena.
Los estudiantes que estudiaron salieron bien en el examen.	→ **Los que** estudiaron salieron bien en el examen.

Las creencias

Práctica oral

14. Comparaciones competitivas. *Alberto está escuchando a una persona muy vanidosa y quiere explicarle que lo suyo también vale. ¿Qué dice?*

> MODELO Mi madre es muy inteligente.
> → **Pues la mía es tan inteligente como la tuya.**

1. Mi perro es muy valiente.
2. Mis padres son muy respetados.
3. Mi ropa es muy fina.

4. Mis fotos son muy lindas.
5. Mis amigos son muy simpáticos.
6. Mi coche es muy elegante.

15. El picnic de Isabel. *Isabel y unos amigos están en un picnic. ¿Quién trajo qué?*

> MODELO ¿Quién trajo un mapa? (María) → **María trajo el suyo.**

1. ¿Quién trajo una pelota? (Marisa)
2. ¿Quién trajo una cámara? (los Gutiérrez)
3. ¿Quién trajo una toalla? (Ana Luisa)
4. ¿Quién trajo crema solar? (yo)
5. ¿Quiénes trajeron trajes de baño? (nosotros)
6. ¿Quiénes trajeron raquetas de tenis? (Jorge y yo)

16. Sobre gustos no hay ley (entre dos). *David y Hugo están comparando gustos. ¿Qué dicen?*

> MODELOS los trajes grises o los trajes azules
> Estudiante 1: **¿Prefieres los trajes grises o los trajes azules?**
> Estudiante 2: **Prefiero los grises.**
>
> la ropa de lana o la ropa de poliéster
> Estudiante 1: **¿Te gusta más la ropa de lana o la ropa de poliéster?**
> Estudiante 2: **Prefiero la de lana.**

1. los coches americanos o los coches japoneses
2. los cursos fáciles o los cursos útiles
3. las personas competitivas o las personas pasivas
4. las películas americanas o las películas extranjeras
5. los vinos de California o los vinos de Europa
6. la música clásica o la música moderna
7. las camisas de algodón o las blusas de poliéster
8. los estudiantes de *(nombre de una universidad)* o los estudiantes de *(nombre de otra universidad)*
9. las películas de *(nombre de un actor)* o las películas de *(nombre de una actriz)*
10. el clima de Siberia o el clima de México

17. Chismes. *Conteste de forma original las preguntas a continuación. Use* **el que, la que, los que** *o* **las que** *en su respuesta.*

> MODELO ¿Quién es el político que tiene más influencia en el senado?
> → **El que tiene más influencia en el senado es...**

1. ¿Quién es la actriz que ha tenido más éxito últimamente?
2. ¿Quién es el líder religioso que más llama la atención en nuestros días?

3. ¿Quiénes son los jugadores de fútbol que ganan más dinero por año?
4. ¿Quién es el actor que ha provocado más comentarios recientemente?
5. ¿Quién es el estudiante que más cree en el amor?
6. ¿Cómo se llama el/la chico/a en la clase que toca piano?
7. ¿Cómo se llama el político que más se ve en la televisión?
8. ¿Quiénes son los alumnos que trabajan y estudian?
9. ¿Cómo se llaman los chicos que comen fuera todas las noches?

18.6	Son las ocho; es la **hora** de irnos. Debemos estar contentos con el **momento** que nos ha tocado vivir. Hablé con Jorge varias **veces** el año pasado.

A. *Hora, momento, época, tiempo* y *vez*

1. **Hora** se refiere a la hora de reloj:
   Es la **hora** de irnos.
   Es la **hora** de la misa.
2. **Momento** y **época** se refieren a un período de tiempo; **momento** puede ser un período largo o corto:
   La reforma protestante fue una **época** de muchos cambios.
   La iglesia en Latinoamérica está pasando por un **momento** decisivo.
   Espérame un **momento.**
3. **Tiempo** se refiere a la extensión de tiempo, el tiempo que se puede medir:
   Tenemos mucho **tiempo** para llegar a la sinagoga.
   Tienes poco **tiempo** para prepararte para tu primera comunión.
4. **Vez** se refiere a ocasiones, repeticiones y comparaciones proporcionales:
   La última **vez** que te vi fue al lado de la Iglesia Santa Teresa.
   ¿Cuántas **veces** has hablado con el Padre Gutiérrez?
   La torre es tres **veces** más alta que la capilla.

B. Otras expresiones con *vez* y *veces*

1. **Otra vez:** *de nuevo*
   Espero que el Padre Bonino venga **otra vez.**
   Tienes que leer el artículo **otra vez** para apreciarlo.
2. **Muchas veces / pocas veces:** *frecuentemente / raramente*
   Fuimos **muchas veces** a misa, pero **pocas veces** a la escuela dominical.
3. **De vez en cuando:** *a veces, ocasionalmente*
   Vamos al servicio protestante **de vez en cuando.**
   De vez en cuando mi abuela pone un programa religioso.
4. **A la vez:** *al mismo tiempo*
   No puedo leer y escuchar música **a la vez.**
5. **En vez de:** *en lugar de*
   En vez de ir al seminario, Enrique decidió dedicarse al servicio social.

Práctica oral

18. Completando oraciones. *Complete las oraciones con* **hora, momento, época, tiempo** *o* **vez.**

1. El ministro revisó su sermón varias _____ .
2. La iglesia latinoamericana está viviendo un _____ de mucha crisis.
3. No tememos _____ para cumplir con todas nuestras obligaciones.
4. El sermón del domingo pasado fue varias _____ más largo que el de este domingo.
5. Vámonos. Ya es _____ de irnos.
6. La conquista de América fue una _____ de gran vigor en la historia española.

19. Amigos versátiles. *Pregúntele a un/a compañero/a de clase sobre sus amigos, usando* **a la vez** *en sus preguntas.*

> MODELO   estudiar / ver televisión
> > Estudiante 1:   **¿ Conoces a alguien que estudie y vea televisión a la vez ?**
> > Estudiante 2:   **Sí, conozco a alguien...**
> >   **No, no conozco a nadie...**

1. bailar / cantar
2. correr / escuchar música
3. conversar / comer
4. leer / tomar apuntes
5. cantar / ducharse
6. trabajar / estudiar
7. hablar / dormir
8. tocar piano / cantar

20. Amigos menos versátiles. *Invente preguntas usando los mismos elementos de la* Práctica *anterior, pero ahora use* **en vez de** *en sus respuestas.*

> MODELO   estudiar / ver televisión
> > Estudiante 1:   **¿ Conoces a alguien que estudie en vez de ver televisión ?**
> > Estudiante 2:   **Sí, conozco a alguien que...**
> >   **No, no conozco a nadie que...**

21. Confesiones (entre dos). *Con un/a compañero/a de clase, confiese la frecuencia de sus actividades. Use la tabla como punto de partida.*

> EJEMPLO   **De vez en cuando consulto mi horóscopo.**

1. a veces
2. muchas veces
3. de vez en cuando
4. pocas veces
5. rara vez
6. sin falta
7. nunca
8. siempre

a. creer que hay un monstruo en mi ropero
b. ver programas evangélicos por televisión
c. ir al templo los viernes por la noche
d. volar en una escoba con Gumersinda
e. leer artículos sobre teología
f. asistir a misa los domingos
g. ver películas sobre vampiros y monstruos
h. evitar los gatos negros
i. quedarme en casa los viernes trece
j. consultar mi horóscopo
k. poner atención al signo zodíaco de la gente
l. ???

22. Chismes. *Utilice la tabla en la* Práctica *anterior para hablar de sus amigos y sus familiares.*

> EJEMPLO   **Rara vez van mis amigos a ver películas sobre vampiros y monstruos.**

CREACIÓN

Una religiosa mexicana

La teología de la liberación

Hablar de la iglesia en crisis es hablar de la iglesia de todos los días. Es decir, desde su fundación la iglesia cristiana ha sufrido tensiones sociales, desacuerdos teológicos y conflictos políticos. **Hoy día** pasa lo mismo y uno de los puntos de mayor discusión en la iglesia moderna es la teología de la liberación. La teología de la liberación **cuenta con devotos** en todas partes, pero ha tenido una resonancia especial en Latinoamérica. **De hecho,** muchos de sus principales teóricos y promovedores son latinoamericanos.

La teología de la liberación tiene sus raíces en una doctrina muy tradicional: que Dios se manifiesta **a través de** su pueblo. Aunque esa doctrina de "Dios en el Pueblo" se encuentra implícita y explícita en las escrituras hebreas y cristianas, la

hoy día:
en estos días
contar con:
tener el apoyo de
devoto:
fiel, creyente
de hecho:
en verdad
a través de:
por medio de

Las creencias

teología de la liberación la ha llevado a un punto nuevo. Usando la idea de "Dios en el Pueblo" como punto de partida, algunos teólogos han cuestionado la autoridad tradicional de la iglesia, del Papa y de los concilios eclesiásticos. Es decir, cuando hay conflictos entre la **jerarquía** y las necesidades del pueblo, han sugerido que hay que escuchar primero al pueblo.

Sin duda, el aspecto más debatido de la teología de la liberación son sus vínculos con el marxismo. A **nivel** teórico, esos vínculos se ven principalmente en la tendencia de muchos teólogos de la liberación de aceptar una interpretación marxista de la historia. Marx concibió la historia como una evolución hacia una sociedad justa, y postuló que el mecanismo de esa evolución era la **lucha** de clases. Los teólogos de la liberación siguen un **razonamiento** similar: dicen que si Dios se manifiesta a través del pueblo, Dios se encuentra también en la lucha de su pueblo para crear una sociedad justa.

Aun más **controvertido** que su aceptación del **historicismo** marxista es el apoyo que algunos teólogos de la liberación han prestado a las luchas armadas y revolucionarias en Latinoamérica. En todo el continente hay religiosos, sacerdotes, monjes y monjas que **predican** que sólo por medio de una lucha armada puede el pueblo crear una sociedad justa. El caso más visible de esa tendencia es Nicaragua, donde algunos de los máximos gobernantes son sacerdotes. Esa postura revolucionaria de algunos **clérigos** ha provocado críticas y censuras de otros clérigos, incluso del Vaticano mismo. No es posible prever el futuro de la teología de la liberación, pero no hay nadie que dude que es y seguirá siendo un tema de muchísima importancia en el mundo hispano.

jerarquía: los gobernantes eclesiásticos
nivel: *level*
lucha: *struggle*
razonamiento: argumento
controvertido: discutido
historicismo: teoría de la historia
predicar: hablar desde un púlpito
clérigos: sacerdotes, obispos, cardenales, etc.

Preguntas

1. ¿Es cierto que la historia de la iglesia es una historia de crisis perpetua? ¿Conoce Ud. otros episodios en la historia del cristianismo que se parezcan a los conflictos de ahora?
2. ¿Dónde ha tenido resonancia la teología de la liberación? ¿Qué sabía Ud. de la teología de la liberación antes de leer esta lectura? 3. ¿Cuál es la premisa básica de la teología de la liberación? ¿Hay conflicto entre esa premisa y la autoridad tradicional de la iglesia? ¿Por qué sí/no? 4. ¿En qué sentido está de acuerdo la teología de la liberación con la teoría marxista de la historia? Según la teología de la liberación, ¿qué papel tiene Dios en la lucha de clases? 5. ¿Cómo justifican la lucha armada algunos teólogos de la liberación? 6. ¿Cree Ud. que la teología de la liberación sea un fenómeno duradero? *(duradero = que dura mucho tiempo)* ¿Por qué sí/no?

En contexto

¿ Cómo se hace para elogiar y recibir un elogio ?

En el mundo hispano, por lo general no se responde a un elogio sencillamente con "Gracias" o "Muchas gracias" sino con otro elogio. Estudie cómo se hace.

—¡Te ves estupendo hoy! ¿Qué te has hecho?
—Ay, Julia, cómo eres amable. Siempre me haces sentir bien.

—Me encantó tu presentación. Realmente me pareció estupenda.
—Ay, Héctor, siempre dices las cosas más simpáticas.

—¡Qué lindo está ese vestido!
—Me alegro de que te guste.

—¡Qué bien hablaste anoche!
—¡Qué simpática es Ud.! Siempre dice cosas amables.

Situaciones

Situación 1   Haga una entrevista con un/a compañero/a de clase sobre un grupo religioso que él/ella conozca bien.

Situación 2   Con un grupo de compañeros invente una superstición nueva. Prepare una corta obra teatral basada en la superstición—pero sin decirles a sus otros compañeros cómo es la superstición. Después de ver su obra teatral, los otros compañeros tendrán que adivinar cómo es la superstición que Uds. inventaron.

Situación 3   Prepare una obra de teatro basada en su historia favorita de terror; por ejemplo, *Dr. Jekyll y Mr. Hyde, Drácula, The Shining, Halloween, Twilight Zone*, etc. Su presentación puede ser legítima o paródica.

Situación 4   Usando la sección *¿Cómo se hace...?* como punto de partida, demuestre cómo se da y cómo se recibe un elogio en español.

Composición

Tema 1   Escriba para una amiga hispana imaginaria una descripción sobre la diversidad religiosa de su comunidad. Use la *Nota cultural* como punto de partida.

Tema 2   Describa con grandes detalles su superstición favorita—o la superstición de alguna otra persona. Incluya algo sobre la manera en que esa superstición le afecta la vida.

Vocabulario activo

personas y seres

el ángel	el/la dudador/a	el/la misionero/a	el/la promovedor/a ✓
el arzobispo	el/la escéptico/a	la momia	el/la protestante
el/la ateo/a	el espíritu	la monja	el/la rabino/a
el/la brujo/a	el fraile	el monje	el rector ✓
el cardenal	el/la hereje	el obispo	el sacerdote
el/la católico/a	la jerarquía	el Papa	la sacerdotiza
el/la clérigo/a	el/la judío/a	el/la pecador/a ✓	Satanás
el/la creyente	el/la mago/a	el/la pensador/a	el/la teólogo/a
el/la dios/a	el/la ministro/a	el/la predicador/a	la Virgen María

conceptos

la autoridad	el culto	la interpretación	el protestantismo
la bendición	la defensa	el Islam	el razonamiento ✓ (reasoning)
la brujería	el desacuerdo ✓	el judaísmo	la reencarnación
el catolicismo	la doctrina	la liberación	la reforma
la censura	la enseñanza	la libertad de culto	la superstición
la controversia	la escritura	la magia	la tendencia
la corriente ✓	la fe	el pecado	la teología (theology)
la creencia	la gracia	el poder ✓ (power)	la validez ✓ (validity)
el cristianismo	la herejía	la postura	la verdad
la crítica	la infalibilidad	la premisa	

ritos y reuniones

el bautismo	la confesión	la extremaunción	la misa
la comunión	la confirmación	los funerales	el servicio
el concilio ✓ (council)			

lugares

la basílica	el cielo	el infierno	el seminario
la capilla ✓	el convento	el monasterio	la sinagoga
el cementerio	la iglesia	el púlpito	el templo

verbos

adorar	dudar	negar (ie)	predicar
bautizar	elogiar (praise)	obedecer	prever (foresee)
convertir (ie)	evitar (avoid)	orar (pray)	rezar
debatir	medir (i) (measure)	predecir	sospechar (suspect)
discutir	mezclar (mix)		

adjetivos

controvertido, -a	fiel	maléfico, -a	teológico, -a
devoto, -a	legítimo, -a	sagrado, -a	teórico, -a
dominical	ligero, -a	supersticioso, -a	válido, -a

expresiones útiles

de hecho	hoy día	leer la suerte	leer los naipes
decir la fortuna			

CAPÍTULO 19
La salud

Una enfermera mexicana

19.1
Tengo que ir a la clínica **para que** me
    examinen los ojos.
Tengo un seguro médico **en caso de que** me **enferme.**

19.2
El chico **que** acaba de llegar tiene un brazo roto.
El gabinete **en el que** guardamos la aspirina está
    en el bãno.

19.3
En mi clase de farmacología, nos hablaron de ese
    medicamento, **acerca del cual** hay mucha
    controversia.

19.4
El médico **cuyo** consultorio está en aquella
    esquina es mi tío.

19.5
Buscaré un programa de residencia **cuando** me
    reciba de médico.
Me quedaré en el hospital **hasta que** me **sienta** mejor.

19.6
Sinopsis del subjuntivo

EXPOSICIÓN

19.1

Tengo que ir a la clínica **para que** me **examinen** los ojos.
Tengo un seguro médico **en caso de que** me **enferme.**

¿Qué dice la doctora Quiroga a sus pacientes?

—Quiero que vayas a un especialista **para que** te **examine** los oídos.
—Te voy a inyectar con una vacuna nueva **a fin de que** no te **enfermes** de hepatitis.
—Yo no soy como esos médicos que no atienden a los pacientes **a menos que paguen** por adelantado.
—Puedes seguir con esas pastillas **con tal de que** no te **den** náuseas.
—Puede Ud. llamar al Dr. Sánchez **en caso de que** yo no **esté.**
—No tomes esas pastillas contra el dolor **sin que haya** necesidad.
—Debes ir a la farmacia ahora **antes de que cierre.**

Conjunciones adverbiales que siempre requieren el subjuntivo

1. Una cláusula adverbial, igual que un adverbio, indica *por qué, cuándo, de qué manera, para qué, bajo qué circunstancias, etc.* un evento tiene lugar.
2. Las cláusulas adverbiales precedidas por **para que, a fin de que, a menos que, con tal (de) que, en caso (de) que, sin que** y **antes (de) que** siempre requieren el subjuntivo.

Sinopsis:

Conjunciones adverbiales que siempre requieren el subjuntivo			
para que:	*so that*	con tal (de) que:	*provided that*
a fin de que:	*so that*	en caso de que:	*in case*
a menos que:	*unless*	sin que:	*without*
		antes (de) que:	*before*

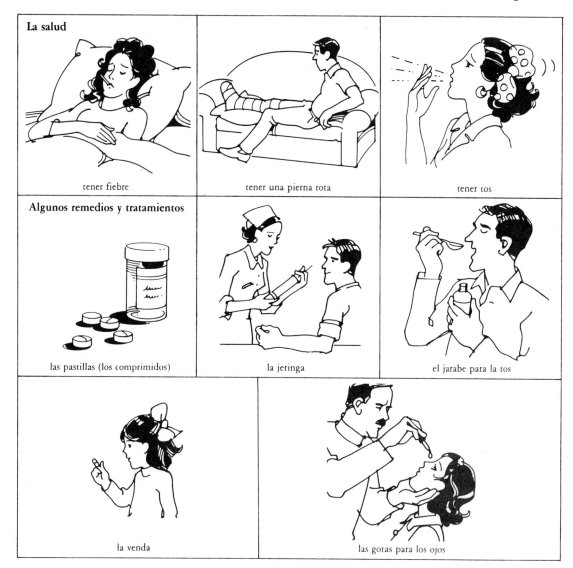

La salud

tener fiebre | tener una pierna rota | tener tos

Algunos remedios y tratamientos

las pastillas (los comprimidos) | la jeringa | el jarabe para la tos

la venda | las gotas para los ojos

Práctica oral

1. Consejos de médico. *¿Qué dice el doctor Lavalle a sus pacientes?*

> MODELO Voy a darte un jarabe para que / no tener tos
> → **Voy a darte un jarabe para que no tengas tos.**

1. Quiero ponerte una inyección a fin de que / no sentir el dolor
2. Voy a recetarle unas pastillas en caso de que / tener fiebre
3. No quiero que tomes más aspirina sin que / haber necesidad
4. No coma Ud. nada antes de que el especialista / examinarlo
5. Podrás salir de vacaciones con tal de que la prueba de sangre / ser negativa
6. Ud. puede seguir con esos medicamentos a menos que / sufrir una reacción alérgica
7. Voy a darte unas gotas para que / poder respirar mejor

2. Opiniones políticas (entre dos). *Use la tabla para expresar sus opiniones políticas.*

EJEMPLO: **No votaré por X a menos que nombre a más mujeres a puestos importantes.**

1. No votaré por ? a menos que...
2. Apoyaré a los demócratas a fin de que...

3. Apoyaré a los republicanos con tal de que...
4. Votaré por ? para que...

a. luchar contra la venta de armas
b. promover la paz con los soviéticos
c. atacar más el crimen organizado
d. nombrar a más mujeres a puestos importantes
e. aprobar más dinero para estudiantes
f. limitar los poderes del estado
g. cortar el presupuesto militar

h. protestar la influencia de ?
i. reconocer los derechos de los homosexuales
j. buscar más puestos para minoritarios
k. cambiar su posición en cuanto al aborto
l. seguir su lucha en contra de ?

3. Reportaje. *Informe a sus compañeros de clase sobre las opiniones políticas de su compañero/a en la* Práctica *anterior.*

4. Condiciones para el matrimonio (entre dos). *Use la tabla para describir los términos para su matrimonio.*

EJEMPLO **No me casaré antes de que mi novio/a me ame más a mí que a nadie.**

1. Me voy a casar para que mi esposo/a...
2. No me voy a casar a menos que mi novio/a...
3. Me divorciaré en caso de que mi esposo/a...
4. Me casaré a fin de que mi esposo/a...
5. No me declararé sin que mi novio/a...
6. No me casaré antes de que mi novio/a...

a. me (amar) más a mí que a nadie
b. me (aceptar) como soy
c. me (ayudar) en la cocina
d. me (regalar) muchos bombones
e. me (resolver) mis problemas
f. me (hacer sentir) feliz / triste
g. (ser) fiel / infiel
h. me (respetar)
i. no me (respetar)
j. (cuidar) a los niños
k. (resultar) sexista
l. me (mantener)

5. Reportaje. *Informe a sus compañeros de clase sobre las condiciones que su compañero/a pone para el matrimonio.*

19.2 El chico **que** acaba de llegar tiene un brazo roto.
El gabinete **en el que** guardamos la aspirina está en el baño.

El señor **que** vino esta mañana tenía una pierna rota.
Las chicas **que** están cerca de la ventana están resfriadas.
Les di un jarabe **que** alivia la tos.
Vimos a dos estudiantes de medicina **que** iban para el laboratorio.

A. El pronombre relativo *que*

1. Un pronombre relativo indica la relación entre una cláusula y un antecedente. **Que** es el más común de los pronombres relativos.
2. El pronombre relativo **que** se usa frecuentemente en cláusulas restrictivas.
3. Una cláusula restrictiva identifica un individuo o un subgrupo dentro de un grupo más grande. Por ejemplo:

Te regalaré las flores **que son blancas.**

"Que son blancas" sugiere que hay otras flores que no son blancas; por lo tanto, es una cláusula restrictiva que identifica un subgrupo.

Estudie:

Ella es la enfermera **de la que** te hablé anoche.
El médico me prestó un libro **en el que** se describe esa enfermedad.
El Dr. Varela y su primo son los médicos **con los que** quiero conversar.
Ésas son las farmacias **a las que** tengo que entregar estas drogas.
La Sra. Sánchez es la paciente **a quien** le receté antibióticos.
Las chicas **de quienes** Mario hablaba son técnicas de laboratorio.

B. Pronombres relativos después de preposiciones en cláusulas restrictivas

1. Después de una preposición en una cláusula restrictiva, siempre es correcto usar **el que, la que, los que** y **las que.**
2. Los pronombres relativos **quien** y **quienes** también se usan frecuentemente después de preposiciones cuando el antecedente es humano.

Práctica oral

6. Deberes en el hospital. *Luis trabaja de asistente médico en un hospital y está explicando lo que ha hecho esta tarde. ¿Qué dice?*

MODELO   el Sr. López es el paciente a / le cambié la venda
→   **El Sr. López es el paciente al que (a quien) le cambié la venda.**

1. Angelita es la niña a / le puse una inyección de tetraciclina
2. Aída es la enfermera con / examiné a la Sra. Pérez
3. Ésos son los cuartos en / hay un olor horrible

4. Ése es el gabinete en / guardé las nuevas jeringas
5. Los García son los padres a / les expliqué el tratamiento
6. La Dra. Leyba es la médica a / le describí los problemas que hemos tenido con el laboratorio
7. Ésos son los cuadernos en / apunté mis notas sobre el Sr. Gertel
8. Éstas son las drogas de / nos habló la supervisora

7. ¿Para qué sirven las cosas? *El Dr. Ríos está describiendo el equipo de su consultorio para un joven paciente. ¿Qué dice?*

> MODELO   Jeringa / poner inyecciones
> → **Ésta es la jeringa con la que pongo inyecciones.**

1. máquina / sacar radiografías
2. aparato / examinar los oídos
3. instrumento / escuchar el pulso
4. los formularios / recetar drogas
5. la mesa / acostar al paciente
6. archivo / guardar mis apuntes

8. Chismes. *Complete las oraciones con un pronombre relativo y una de las opciones dadas (o con una opción que Ud. invente).*

1. Yo soy la chica/el chico con...
   a. todos/todas los/las chicos/as quieren salir
   b. nadie puede vivir
   c. todo el mundo quiere estar

2. Tú eres una persona en...
   a. todos tienen confianza
   b. todo el mundo piensa
   c. nadie piensa

3. Somos los estudiantes a...
   a. todo el mundo quiere conocer
   b. los profesores quieren enseñar
   c. les gustan los exámenes

4. Ellos son los chicos sin...
   a. no puedo vivir
   b. no podemos formar un buen equipo
   c. nada funciona bien

5. Ellas son las chicas sin...
   a. es imposible hacer una fiesta
   b. nadie puede vivir
   c. la vida es impensable

19.3

En mi clase de farmacología, nos hablaron de ese medicamento, **acerca del cual** hay mucha controversia.

Entramos en la sala de espera, **en medio de la cual** había una mesa con varias revistas.

Me senté en un enorme sillón, **al lado del cual** había una lámpara.

Examiné a muchos niños en el campo, algunos **de los cuales** nunca habían visto a un médico antes.

Los nuevos residentes, **los cuales** llegaron anoche, están muy preparados.

A. Pronombres relativos en cláusulas no-restrictivas

1. Una cláusula no-restrictiva identifica un individuo o un subgrupo dentro de otro grupo. Una cláusula no-restrictiva se separa de la oración con pausas al hablar y comas al escribir. Compare:

Los nuevos médicos que llegaron anoche dejaron una buena impresión.	*La cláusula "que llegaron anoche" identifica un subgrupo de médicos. Se supone que hay otros nuevos médicos que no llegaron anoche. Por lo tanto, la cláusula es restrictiva.*
Los nuevos médicos, los cuales llegaron anoche, dejaron una buena impresión.	*La cláusula "los cuales llegaron anoche" no identifica un subgrupo de médicos. Se supone que hay un solo grupo de médicos y todos llegaron anoche. Por lo tanto la cláusula es no-restrictiva.*

2. En cláusulas no-restrictivas, generalmente se usa **el cual, la cual, los cuales** y **las cuales** directamente después del antecedente y también después de una preposición.
3. Excepción: con nombres propios se usa **que** en cláusulas no-restrictivas:
   Javier, que vino anoche con su papá, sigue dormido.
   Josefina y Luisa, que estuvieron de vacaciones, volvieron ayer.[1]

Estudie:

Mi médico me dijo que no tenía nada, **lo cual** me dio mucho alivio.
Mi hermano no tiene seguro médico, **lo cual** me parece absurdo.
Me cobraron cincuenta dólares por una inyección, **lo cual** me parece un robo imperdonable.

B. *Lo cual*

1. **Lo cual** es un pronombre relativo neutro.
2. Se usa **lo cual** en cláusulas no-restrictivas para explicar algo extra sobre una idea o un concepto abstracto expresado anteriormente.

Práctica oral

9. **Precisiones sobre Caperucita.** *Complete las oraciones sobre Caperucita Roja con* **el cual, la cual, los cuales** o **las cuales.**

1. Caperucita buscó a su abuela en su casa, _____ se encontraba en medio del bosque.
2. Caperucita cruzó la sala, en medio de _____ había una mesa redonda.
3. Caperucita llegó a la puerta del dormitorio, en _____ alguien había escrito "Abuela."
4. Caperucita miró la cama, en _____ se encontraba un ser extraño.
5. Caperucita le miró los dientes al ser extraño, algunos de _____ estaban rotos y sucios.
6. Caperucita pensó en la pared de su casa, en _____ estaba colgado su rifle.
7. Caperucita pensó en sus padres, _____ no sabían que ella estaba en la casa de la abuela.

---

[1]Con las explicaciones de arriba, Ud. puede formular oraciones perfectamente correctas y comprensibles. En la lengua hablada, sin embargo, el uso "correcto" de pronombres relativos es un tema muy debatido.

8. Caperucita le preguntó al ser extraño, _____ no se había movido, quién era y qué hacía en la cama de la abuela.

9. El ser extraño, _____ era un lobo incivilizado y desagradable, contestó que estaba soñando con las chicas que había comido, algunas de _____ habían sido muy sabrosas.

10. Caperucita no quiso saber más. Sacó una pistola de su bolsa, _____ era de cuero y de marca Gucci, y mató al lobo maleducado, _____ nunca volvió a molestar a chicas inocentes como Caperucita.

10. Las enfermedades de Don Tremendón. *Don Tremendón está explicándole a su hermana, la cual es la sinpar Gumersinda, lo que le dice su médico. ¿Qué dice Don Tremendón?*

MODELO —que tengo que guardar la línea / imposible
→ **Me dice el médico que tengo que guardar la línea, lo cual me parece imposible.**

1. —que debo hacer ejercicio / horrible
2. —que debo comer menos / terrible
3. —que debo tomar menos / antisocial
4. —que tengo que dejar de fumar / repugnante

5. —que necesito una operación / peligroso
6. —que estoy muy gordo / impertinente
7. —que no quiere verme más / fabuloso

11. Cadena. *Haga un comentario sobre cualquier tema; después otro/a estudiante puede expresar su reacción a su comentario usando* **lo cual.**

EJEMPLO Estudiante 1: **Voy a pasar mis vacaciones en la playa.**
Estudiante 2: *(nombre de estudiante 1)* **dice que va a pasar sus vacaciones en la playa, lo cual me parece decadente, sobre todo porque no me ha invitado.**

19.4 El médico **cuyo** consultorio está en aquella esquina es mi tío.

La señora **cuyo** marido se operó ayer quiere hablar con el cirujano.
El señor **cuya** hija se recibió de farmacéutica está muy contento.
Los hospitales **cuyos** techos se destruyeron en la tormenta no estaban asegurados.
David, **cuyas** hermanas son médicas, sabe mucho de medicina.
—¿**De quién(es)** son estos libros? —No sé **de quién(es)** serán.

Pronombres relativos y posesión

1. **Cuyo, cuya, cuyos** y **cuyas** son pronombres relativos y posesivos que se usan en cláusulas restrictivas y no-restrictivas.
2. Concuerdan en género y en número con el complemento poseído (y no con el posesor).
3. Se usa **de quién(es)** (y no una forma de **cuyo**) en preguntas y en preguntas incrustadas.

EXCLUSIVA

EL SEGUNDO BE- BE DE LA PRIN- CESA SERA NIÑA

Práctica oral

12. ¿Quién está en la sala de espera? *Alejandra está explicando quién está en la sala de espera. ¿Qué dice?*

> MODELO   la señora Gómez / persona / hija tiene tos
>   →   **La señora Gómez es la persona cuya hija tiene tos.**

1. el señor Márquez / hombre / esposa acaba de dar a luz (*tener un bebé*)
2. los señores Rodríguez/ el matrimonio / hijos tienen alergia al polen
3. Pepito / chico / padres están conversando con el Doctor Varela
4. María y Ana / señoritas / hermano tiene una pierna rota
5. el señor Costa / hombre / esposa está encinta
6. Gumersinda / persona / amigos están deprimidos y asqueados

Nota cultural

Médicos, curanderos y parteras

El mundo hispano es un mundo de muchos contrastes, y en ningún campo se ven mejor esos contrastes que en la medicina. En las grandes ciudades se encuentran los mismos servicios médicos que en todas partes del mundo **desarrollado.** El personal—médicos, especialistas, enfermeros, técnicos, bioquímicos—suele recibir una preparación tan buena como la de cualquier parte del mundo, y muchos de ellos han estudiado en centros académicos de Europa y los Estados Unidos. Esos servicios **están al alcance** de mucha gente **a través de** extensos programas de salud pública.

El servicio médico es más limitado entre los pobres y en las zonas rurales. Por lo tanto, la gente humilde y la gente del campo muchas veces depende de otro tipo de medicina, una medicina popular cuyos practicantes **cuentan con** poca preparación académica. Entre los más útiles de esos practicantes populares están las *parteras*, mujeres que ayudan a dar a luz. Otros practicantes populares se llaman *curanderos*, es decir, gente que cura. Los curanderos practican una medicina que a veces tiene raíces en las culturas indias y africanas, y se especializan en hierbas, pociones exóticas y prácticas **teñidas** de magia. Aunque los curanderos no tienen una formación académica, cuentan con sus devotos, y mucha gente los prefiere a los médicos modernos.

desarrollado: *developed*

estar al alcance: estar accesible
a través de: por medio de
contar con: tener

teñido: colorado, *tinged*

19.5 Buscaré un programa de residencia **cuando** me **reciba** de médico. Me quedaré en el hospital **hasta que** me **sienta** mejor.

El futuro médico

Antonio estudia medicina en Salamanca. Se recibirá de médico el año que viene. **Cuando** se **reciba,** irá a estudiar en un programa de especialización en Madrid. Se quedará en Madrid **hasta que termine** sus estudios. **Mientras esté** en Madrid, se especializará en pediatría. **En cuanto termine** el programa en Madrid, buscará un trabajo en Burgos, su ciudad natal. **Tan pronto como llegue** a Burgos, se declarará a Isabel, su novia de muchos años. **Después de que** se **declare,** Isabel le anunciará que prefiere vivir en Madrid. Como Antonio está locamente enamorado de Isabel, le dirá que está dispuesto a vivir **donde** ella **quiera.** Así que los dos volverán a Madrid y llevarán una vida feliz.

El subjuntivo en cláusulas adverbiales con eventos anticipados

1. Las conjunciones adverbiales a continuación requieren el subjuntivo si en el momento de hablar se anticipa el evento de la cláusula subordinada:

como	*how, however*	en cuanto	*as soon as*
cuando	*when, whenever*	hasta que	*until*
después (de) que	*after*	mientras (que)	*while*
donde	*where, wherever*	tan pronto como	*as soon as*

2. Después de estas mismas conjunciones se usa el indicativo si el evento de la cláusula subordinada ya sucedió (*suceder = tener lugar*) o es habitual; se requiere el subjuntivo si el evento es anticipado. Compare:

Indicativo: Vine cuando me llamaste.

El evento de "llamar" ya sucedió; por lo tanto, se usa el indicativo.

Indicativo: Siempre vengo cuando me llamas.

El evento de "llamar" es habitual; por lo tanto, se usa el indicativo.

Subjuntivo: Vendré cuando me **llames.**

El evento de "llamar" es un evento anticipado; por lo tanto, se requiere el subjuntivo.

Indicativo: Preparé los huevos como dijiste.

El evento de "decir" ya sucedió; por lo tanto, se usa el indicativo.

Indicativo: Siempre preparo los huevos como tú dices.

El evento de "decir" es habitual; por lo tanto, se usa el indicativo.

Subjuntivo: Prepararé los huevos como **digas.**

El evento de "decir" es un evento anticipado; por lo tanto, se requiere el subjuntivo.

Práctica oral

13. La visita al hospital. *Mario va a visitar a su abuelo, que está en el hospital. ¿Cómo pasará la tarde Mario?*

Cuando Mario (llegar) al hospital, pedirá permiso a la recepcionista para subir al cuarto de su abuelo. Depués de que la enfermera le (dar) permiso, tomará el ascensor al piso de su abuelo. En cuanto (salir) del ascensor, le preguntará a una enfermera cuál es el cuarto de su abuelo. Tan pronto como la enfermera le (indicar) dónde queda el cuarto, saludará a su abuelo. Mientras Mario y su abuelo (estar) juntos hablarán de mil cosas—de la familia, de la política, del amor. Mario se quedará con su abuelo hasta que se (terminar) las horas de visita. Despúes volverá a casa e informará a su familia que el abuelo se siente mucho mejor.

14. Informe sobre la tarde. *Ahora Mario está con su amiga Juanita y le está contando cómo le fue en su visita al abuelo. ¿Cómo narra Mario la historia de la Práctica anterior en pasado y en primera persona?*

> EJEMPLO   **Fui a visitar a mi abuelo esta tarde. Cuando llegué al hospital, pedí permiso... etc.**

15. Alberto el Muy Amable. *La madre de Alberto ha estado enferma y todavía está un poco débil. Por lo tanto, Alberto está haciendo todo lo posible por ayudarle. ¿Cómo responde Alberto a los pedidos de su mamá?*

> MODELO   ¿Cuándo lavarás los platos?   →   **Los lavaré cuando tú quieras.** *o*
> **Los lavaré cuando tú digas.**

1. ¿Cómo prepararás las papas?
2. ¿Dónde pondrás mi ropa?
3. ¿Cuándo lavarás la ropa?
4. ¿A qué hora me traerás la cena?
5. ¿Cuándo irás a la farmacia?
6. ¿Dónde guardarás mis pastillas?
7. ¿Cuándo limpiarás el baño?
8. ¿Cómo arreglarás mi cuarto?

16. Confesiones (entre dos). *Con un/a compañero/a de clase describa sus planes para el futuro. Use las frases a continuación como punto de partida.*

1. Seré feliz cuando... *(graduarse, casarse, tener dinero, conseguir un buen trabajo, irse a vivir a España, ?).*
2. Seguiré en esta ciudad hasta que... *(terminarse las clases, conocer el amor de mi vida, morirse, ?).*
3. Estaré más contento/a después que... *(los republicanos/demócratas perder las elecciones, nuestro equipo de fútbol ganar contra ?, mis profesores reconocer mi extraordinaria inteligencia, ?).*
4. Me casaré en cuanto... *(mi novio/a decidirse, cumplir treinta años, mis padres me dar permiso, ?).*
5. Pienso comer tan pronto como... *(terminar la clase, me invitar ?, llegar a casa, ?).*
6. Siempre haré las cosas como... *(yo querer, ? querer, mi jefe decir, ? decir).*
7. Pasaré mis vacaciones donde... *(poder, ser barato, querer).*

17. Chismes (entre dos). *Usando las frases de la Práctica anterior, describa con un/a compañero/a de clase el futuro de otras personas.*

> EJEMPLO   **Don Tremendón será feliz cuando Gumersinda se case con un millonario.**

√19.6	Sinopsis del subjuntivo

A. En cláusulas principales

El subjuntivo se puede usar en una cláusula principal sólo después de expresiones como **tal vez, quizá, quizás, posiblemente** o **probablemente** *(ver §18.2)*. Por ejemplo:

Tal vez mi hermano **sepa** la respuesta.
Quizás tengas más suerte que yo.

Nota. Si estas expresiones siguen al verbo, generalmente se usa el indicativo. Compare:

Vendrán mañana tal vez.	**Tal vez vengan** mañana.
Tienes más tiempo que yo quizás.	**Quizás tengas** más tiempo que yo.

B. En cláusulas sustantivales

1. Una cláusula sustantival funciona igual que un sustantivo, generalmente como complemento directo. Compare:
   Quiero el **anillo.**
   Quiero **que tú tengas el anillo.**

2. El subjuntivo se requiere en una cláusula sustantival en cuatro casos:
   a. Influencia o el deseo de influir *(ver §14.1)*:
      Quiero que **vayas** conmigo al consultorio.
      Ojalá que **estén** contentos en su nueva casa.
   b. Emoción *(ver §14.2)*:
      Me alegro de que **hayas perdido** peso.
      Me molesta que Uds. no **vengan** más seguido.
   c. Probabilidad, duda o negación *(ver §18.1)*:
      No creo que ellos lo **tengan.**
      ¿Crees que nuestros amigos **lleguen** a la hora?
      Dudamos que Ud. **sea** responsable.
      Niego que ese señor me **conozca.**
   d. Expresiones impersonales que no indican certeza *(ver §14.5)*:
      Es importante que **descanses** ahora.
      No está bien que se **fume** en los ascensores.

C. En cláusulas adjetivales

1. Una cláusula adjetival funciona igual que un adjetivo.
Compare:
Busco un libro **bueno.**
Busco un libro **que sea bueno.**

2. El subjuntivo se usa en una cláusula adjetival en dos casos:
   a. Con antecedentes inespecíficos *(ver §18.3):*
      ¿Conoces a alguien que **sepa** reparar televisores?
      Quiero un esposo que me **respete.**
      Busco un perrito que **haga** compañía a mi abuela.
   b. Con antecedentes no-existentes (negativos):
      No hay nadie que te **odie.**
      No existe ningún libro que te **explique** todo.

D. En cláusulas adverbiales

1. Las cláusulas adverbiales responden a preguntas como *por qué, cómo, dónde, cuándo* y *para qué.*

2. Hay dos grupos de conjunciones adverbiales: uno que siempre requiere el subjuntivo y otro que lo requiere sólo cuando el evento de la cláusula adverbial se anticipa en el momento de hablar.
   a. Las conjunciones adverbiales que siempre requieren el subjuntivo son *(ver §19.1):*

para que	en caso de que
a fin de que	con tal (de) que
sin que	a menos que
antes (de) que	

   b. Las conjunciones adverbiales que requieren el subjuntivo sólo cuando el evento de la cláusula adverbial se anticipa en el momento de hablar son *(ver §19.5):*

cuando	en cuanto
como	hasta que
después (de) que	mientras (que)
tan pronto como	donde

Práctica oral

18. Preocupaciones de médica. *La doctora Arroyos está hablando de sus pacientes y su profesión. ¿Qué dice?*

1. Tal vez el Sr. Calvo (sufrir) de una profunda depresión.
2. Prefiero que la Sra. Fuentes (fumar) menos y (hacer) más ejercicio.
3. Es importante que la Srta. Costa (quedarse) en cama una semana más.
4. Sé que los hijos de la Sra. Hostos (comer) demasiados dulces.
5. Me molesta que las compañías de seguros (haber) subido sus precios.
6. Creo que Ricardo (tener) una pierna rota.
7. Dudo que la enfermedad de Luisa y Pepe (ser) grave.
8. Es posible que la Sra. Bustos (estar) encinta.
9. No creo que los antibióticos (servir) para curar un resfrío.
10. Es evidente que Pepito (tener) fiebre.

19. Fabia la Fina. *Fabia tiene que pasar algún tiempo en un hospital para un pequeño tratamiento cosmético. Pero Fabia es una persona sumamente exquisita, y no quiere estar en un hospital de poca categoría. ¿Qué dice Fabia?*

1. Quiero un hospital que (tener) un cocinero de primera calidad.
2. Busco un hospital que (poner) sábanas de seda en las camas.
3. Sé de un hospital que (servir) champaña con el desayuno.
4. Necesito un hospital que (emplear) a gente refinada que (poder) hablar de arte y literatura.
5. No aceptaré ningún hospital que no (saber) distinguir entre agua gasificada y agua Perrier.
6. Debo encontrar un hospital que me (aguantar) porque soy inaguantable.

20. Recomendaciones (entre dos). *Ud. es el/la médico/a de gente muy famosa. ¿Qué les receta Ud.? Usando la tabla a continuación, escoja bien su tratamiento.*

EJEMPLO **A John Denver le receto un jarabe para que no tenga tos.**

A?	un jarabe	para que	tener tos
A? y?	unas pastillas	para que no	estar gordo/a
	una inyección	a fin de que	sentirse mejor
	unas vacaciones	a menos que	sufrir de mucha depresión
	más ejercicio	con tal que	estar encinta
	una dieta de fibras	antes de que	quedar flaco/a
	una operación		dar a luz
	tres semanas en cama		curarse de?
	una vida más tranquila		tener fiebre
	una aventura romántica		tener una pierna rota

21. Predicciones. *Ud. sigue como médico/a (o psicoterapeuta) de gente famosa. Prediga lo que les pasará y cuándo; use la tabla para comenzar sus oraciones.*

EJEMPLO *(Nombre)* **estará contento cuando llegue a la Casa Blanca.**

1. ? estará contento/a cuando...
2. ? y? se jubilarán en cuanto...
3. ? se irá de Hollywood después que...
4. ? dejará de cantar tan pronto como...
5. ? seguirá haciendo películas sobre? hasta que...

CREACIÓN

Lectura

El tío Leandro va a ver al médico

*Ricardo tiene que llevar a su tío Leandro al consultorio para que lo examinen—
otra vez. No es la primera vez que Don Leandro tiene cita con el médico.*

MÉDICO	Buenos días, señor. ¿Cómo le va?
LEANDRO	Uy, de lo más mal. Me siento horrible.
MÉDICO	¿Qué le ocurre? ¿Le duele algo?
LEANDRO	Sí, me duele la cabeza, me duele la espalda, y me duelen los ojos. También me siento **mareado** y con náuseas.
MÉDICO	Uy, son muchas cosas. Bueno, vamos a ver qué pasa. ¿**Pudiera** desvestirse hasta la **cintura**?
LEANDRO	*(mientras se desviste)* Espero que no sea nada grave.
MÉDICO	Primero, quiero examinarle la **vista.** ¿Puede mirar hacia la izquierda por favor? ¿Hacia arriba? ¿Hacia abajo? ¿Hacia la derecha? Me parece que todo está bien allí.

mareado:
dizzy
pudiera:
forma cortés
de "puede"
cintura:
waist
vista: la
capacidad de
ver; visión

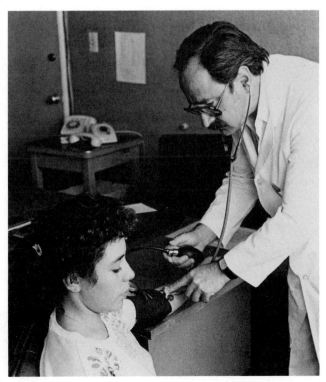

*Tomando la presión,
Cuernavaca, México*

La salud

LEANDRO	Bueno, doctor, pero no se olvide de que a veces las apariencias **engañan.**
MÉDICO	Es cierto. Ahora, quiero ver los **oídos.** ¿Puede inclinar la cabeza un poco hacia la derecha? Muy bien. Todo parece que está en orden allí. A ver el otro oído. También se ve espléndido.
LEANDRO	**A lo mejor** es un problema de los pulmones.
MÉDICO	Respire normalmente por favor. *(con un estetoscopio le escucha la respiración)* Yo no escucho nada allí. Los pulmones están en excelentes condiciones.
LEANDRO	Así lo creía yo. Sin duda es un problema **cardíaco.** Siempre he **sospechado** que el corazón no me **anda** bien.
MÉDICO	Puede ser. Vamos a ver. Respire profundamente y retenga la respiración hasta que le diga. *(con un estetoscopio le escucha el pulso)* Muy bien. Otra vez. De nuevo por favor. Otra vez. Me parece que el corazón está andando perfectamente.
LEANDRO	Entonces ¿qué vamos a hacer? ¿Qué es lo que me pasa?
MÉDICO	**No nos queda más remedio** que **internarlo** para que lo puedan examinar unos especialistas. Allí en el hospital le podemos hacer unos análisis muy completos de sangre. Cuando sepamos el resultado de esos análisis, le podemos sacar radiografías de todo el cuerpo, incluso el cerebro, los pulmones, el corazón—todo a fin de que nada se nos escape. Después de que sepamos los resultados de las radiografías a lo mejor tendremos que operarlo a fin de que los **cirujanos** le vean todo por dentro. Ahora bien, mientras Ud. esté en el hospital, se va a sentir mal, pero cuando salga del hospital, sabrá que hemos hecho todo lo posible para identificar su enfermedad.
LEANDRO	Uy. ¿Todo eso?
MÉDICO	Todo eso.
LEANDRO	Es curioso, pero **de pronto** me siento mucho mejor. Mire, doctor. Quiero irme a casa ahora para pensar un poco todo lo que Ud. me ha dicho. Cuando llegue a alguna conclusión, lo llamaré.
MÉDICO	Muy bien. Aquí siempre estoy a sus órdenes.

(Después en el coche con Ricardo)

RICARDO	Bueno, tío, ¿qué es lo que le ocurre?
LEANDRO	Ay, Ricardo, prefiero no hablar del **asunto.** Me ha convencido el médico de que mi enfermedad es tan complicada que la medicina moderna no puede hacer nada en contra de ella. Así que me quedaré en casa, viviendo con heroica resignación, hasta que algún día los científicos descubran un remedio para lo que sufro.

engañar: *to deceive*
oído: el órgano que oye; "oreja" se refiere a la parte exterior del oído
a lo mejor: quizás
cardíaco: del corazón
sospechar: tener dudas
andar: funcionar
no nos queda más remedio: no hay otra cosa que hacer
internar: poner a alguien en un hospital
cirujano: médico que se especializa en operaciones
de pronto: súbitamente, *all of a sudden*

asunto: tema

Preguntas

1. ¿Quién es el tío Leandro? 2. ¿Es ésta la primera vez que va al médico? 3. ¿Qué es lo que tiene? 4. ¿Qué le examina el médico? 5. ¿Encuentra el médico algún problema? 6. ¿Qué sugiere el médico para hacer un diagnóstico más completo? 7. ¿Está de acuerdo el tío Leandro? 8. ¿Cómo le explica el tío Leandro las conclusiones del médico a su sobrino Ricardo?

En contexto

¿ Cómo se hace para conseguir una cita con médicos y dentistas ?

— **Quisiera** una cita con el doctor Sobejano.

— Muy bien. ¿ Se trata de una emergencia o puede Ud. esperar unos días ?

— Quisiera verlo cuanto antes. Tengo tos y mucha fiebre.

— Muy bien. Tiene horas de consulta esta tarde en su **consultorio** en el centro. ¿ Sabe Ud. llegar ?

— Supongo que puedo tomar un taxi. ¿ Sabrá el taxista dónde queda ?

— Si Ud. le da la dirección que está en la guía, no tendrá ningún problema. ¿ Puede Ud. presentarse **como** a las tres de la tarde ?

— Cómo no. Allí estaré.

quisiera: forma cortés de "quiero"

consultorio: oficina de médico o dentista

como: más o menos

Situaciones

Situación 1 Con un/a compañero/a de clase represente una escena entre un/a médico/a y un/a paciente. Su representación puede ser seria o paródica. Use la *Lectura* y la tabla a continuación como guía:

Hablando de enfermedades

Tengo	tos, náuseas, asco, gripe, fiebre, dolor de estómago *(muelas, cabeza, garganta)*, alergia al polen *(a la penicilina, al polvo, a los estudios)*, una pierna rota *(las piernas rotas, un brazo roto, un pie roto)*
Me siento	débil, enfermo, horrible, deprimido, resfriado, cansado

Hablando de remedios y curaciones

Le voy a	poner una inyección, recetar unas pastillas *(una medicina, un remedio contra...)*, dar una receta para un jarabe *(unas cápsulas, unas gotas, un antibiótico)*, sacar una radiografía *(una muestra de sangre)*
Tome Ud.	una pastilla *(una cápsula, un comprimido)* cada seis horas *(dos veces al día, antes de acostarse)*

Situación 2 Con un/a compañero/a de clase represente una escena entre un/a recepcionista y un/a paciente que quiere conseguir una cita con un médico o dentista.

Situación 3 Suponga que Ud. está en un país hispano y se enferma en un hotel. ¿ Cómo hace Ud. para encontrar a un médico y conseguir una cita ? Haga Ud. el papel del/de la paciente. Otros compañeros pueden hacer los papeles de hoteleros y recepcionistas.

Situación 4 Ud. acaba de venir de una cita con una médica que le ha dado una receta. Ahora Ud. está en una farmacia y tiene que conseguir y pagar el medicamento. Un/a compañero/a de clase puede hacer el papel del/de la farmacéutico/a.

Composición

Tema 1 Escriba una descripción del sistema médico de los Estados Unidos para una amiga mexicana. Al escribir su composición, recuerde que en México el sistema médico está casi totalmente en manos del gobierno.

Tema 2 Escriba un diálogo largo sobre una visita al médico. Empiece con el momento de hacer la cita, y termine con una visita a la farmacia.

Vocabulario activo

enfermedades

la alergia	el dolor de estómago	la hepatitis	el resfrío
el asco	el dolor de muelas	el mareo	la tos
la depresión	la fiebre	el microbio	el virus
el dolor de cabeza	la gripe	las náuseas	

remedios

el análisis	el diagnóstico	el medicamento	la receta
el antibiótico	la droga	la medicina	el remedio
la aspirina	la fórmula	la operación	la tetraciclina
la cápsula	la hierba	la pastilla	la transfusión
el comprimido	la inyección	la penicilina	el tratamiento
el cosmético	el jarabe	la poción	la vacuna
la curación	la jeringa	la prueba	la venda
la diagnosis	el masaje	la radiografía	

personas

el/la bioquímico/a	el/la dentista	el/la paciente	el/la psicoterapeuta
el/la cirujano/a	el/la especialista	el/la partero/a	el/la psiquiatra
el/la curandero/a	el/la farmacéutico/a	el/la practicante	el/la técnico/a

verbos

aguantar	engañar	operar	suceder
aliviar	infectar	recetar	sufrir
asegurar	internar	recuperarse	vacunar
curar	inyectar	respirar	

otros sustantivos

la anatomía	la especialidad	la muela	el pulso
el cerebro	la especialización	el oído	la respiración
la consulta	la farmacología	el pedido	el seguro
el consultorio	el formulario	el polvo	
el corazón	la garganta	el pulmón	

adjetivos

alérgico, -a	encinta	heroico, -a	inespecífico, -a
asqueado, -a	grave	inaguantable	mareado, -a
deprimido, -a			

expresiones útiles

estar al alcance	estar resfriado, -a

CAPÍTULO 20
Desarrollo, finanzas y economía

Una fábrica petroquímica, Bogotá, Colombia

20.1
Quería que tú **vinieras** ayer.
Buscaba a **alguien** que me **tradujera** la propuesta.
Miguel me lo **explicó para que** lo **entendiera** mejor.

20.2
Jefe: —Revisen bien todos los detalles del presupuesto.
El jefe nos **dijo** que **revisáramos** todos los
detalles del presupuesto.

20.3
Alguien dijo que Jorge había llamado.
Yo **dudaba** que Jorge **hubiera llamado.**

20.4
Esta noche **va a haber** una reunión de todos los
accionistas.
Tiene que haber una explicación para las pérdidas.

20.5
¿Es viejo **tu antiguo** profesor?
No, **mi antiguo** profesor no es viejo, pero es
un **viejo** amigo.

EXPOSICIÓN

20.1

Quería que tú **vinieras** ayer.
Buscaba a **alguien** que me **tradujera** la propuesta.
Miguel me lo **explicó para que** lo **entendiera** mejor.

el presupuesto

salarios — $250.000
renta — 36.000
luz — 2.200

1040 — 1990

la factura

Ud. debe...

la firma

los impuestos

Quiero que me reduzcan los impuestos.
Quería que me **redujeran** los impuestos.

Es posible que nos digan algo nuevo sobre el déficit.
Era posible que nos **dijeran** algo nuevo sobre el déficit.

Me alegro de que el banco esté dispuesto a prestarme el dinero.
Me **alegré** de que el banco **estuviera** dispuesto a prestarme el dinero.

Quieren invertir más dinero a menos que haya un aumento en la inflación.
Querían invertir más dinero a menos que **hubiera** un aumento en la inflación.

Buscamos un abogado que nos pueda ayudar a preparar el contrato.
Buscábamos un abogado que nos **pudiera** ayudar a preparar el contrato.

Proteja su inversión. Deposite a tasa libre.

A. La formación del imperfecto del subjuntivo

1. En español hay dos formas del subjuntivo: el presente del subjuntivo que Ud. ya sabe y el imperfecto (pasado) del subjuntivo.

2. La raíz de todas las formas del imperfecto del subjuntivo consiste en la tercera persona plural del pretérito sin la **-on** final. No hay excepciones:

tercera persona plural del pretérito		*raíz del imperfecto del subjuntivo*
hablaron	→	**hablar-**
construyeron	→	**construyer-**
durmieron	→	**durmier-**
pudieron	→	**pudier-**
supieron	→	**supier-**
dijeron	→	**dijer-**
fueron	→	**fuer-**

3. Todas las formas correspondientes a **nosotros** llevan acento.

4. El imperfecto del subjuntivo es el único tiempo en español que tiene dos formas. Las otras formas terminan en **-se, -ses, -semos, -seis,** y **-sen.** Por ejemplo: **tuviese, tuvieses, tuviese, tuviésemos, tuvieseis** y **tuviesen.** Estas formas son menos frecuentes que las otras y no se practicarán en este libro.

Sinopsis:

sujeto	*desinencia*	***estar***	***saber***	***ir***
yo	**-a**	estuviera	supiera	fuera
tú	**-as**	estuvieras	supieras	fueras
Ud./él/ella	**-a**	estuviera	supiera	fuera
nosotros/nosotras	**-amos**	estuviéramos	supiéramos	fuéramos
vosotros/vosotras	**-ais**	estuvierais	supierais	fuerais
Uds./ellos/ellas	**-an**	estuvieran	supieran	fueran

B. Algunos usos del imperfecto del subjuntivo

1. El imperfecto del subjuntivo se usa en los mismos casos que el presente del subjuntivo—pero en pasado.

2. Si el verbo de la cláusula principal está en pasado y se requiere el subjuntivo, se usa el imperfecto del subjuntivo en la cláusula subordinada. Por ejemplo:

   a. En cláusulas sustantivales después de verbos de influencia, emoción, duda, negación y expresiones personales:

   Quería que **conocieras** a mi jefe.

   Nos **molestó** que la otra empresa **abandonara** el proyecto.

   Yo **dudaba** que el cliente **pudiera** pagar la factura.

   La Sra. Vargas **negó** que el contrato **fuera** auténtico.

   Era necesario que todos los testigos **firmaran** el documento.

   b. En cláusulas adjetivales después de antecedentes no-específicos o negativos:

   Buscábamos a **alguien** que **tuviera** contactos en Quito.

   ¿**Conociste** a **alguien** que te **pudiera** ayudar?

   No **había nadie** allí que me **interesara**.

   c. En cláusulas adverbiales después de conjunciones que siempre requieren el subjuntivo:

   El abogado me **explicó** el caso **para que** lo **comprendiera** bien.

   Volvieron los empleados **sin que** nadie los **viera**.

   Queríamos llegar **antes de que** el programa **empezara**.

Práctica oral

1. Sustituciones. *Reemplace el sujeto de la cláusula subordinada con los sujetos que están entre paréntesis.*

1. Margarita quería que nosotros solucionáramos el problema. (que su hermano, que sus compañeros, que yo, que Juan y yo, que tú)
2. Miguel trajo el contrato para que Pablo pudiera firmarlo. (para que los empleados, para que la criada, para que tú, para que nosotros, para que vosotros, para que yo)

2. Ayer en el banco. *Ponga las oraciones en pasado para ver qué pasó ayer en el banco.*

MODELO   Luisa quiere que el cliente firme el cheque.
   →   **Luisa quería que el cliente firmara el cheque.**

1. Jorge quiere que su jefe le dé un aumento.
2. Esperamos que los clientes no causen problemas.
3. Es bueno que no se devalúe el dólar.
4. Es importante que vengan los inspectores federales.
5. Dudo que suba la tasa de inflación.
6. Luis pide que acepten pesetas españolas.
7. El Fondo Monetario Internacional manda que se aumenten los intereses.
8. Gumersinda quiere que el banco le cambie un cheque sin fondos.

3. Recordando la campaña. *Unos chicos que participaron en la campaña electoral del año anterior están recordando sus prioridades en la campaña. ¿Qué dicen?*

> MODELO   un candidato / apoyar los derechos humanos
> → **Necesitábamos un candidato que apoyara los derechos humanos.**

1. un millonario / pagar todos los gastos
2. un equipo / poder dedicar mucho tiempo a la campaña
3. un director de campaña / saber mucho de la política local
4. voluntarios / estar dispuestos a trabajar veinte horas por semana
5. gente / tener contactos en los diarios
6. políticos nacionales / nos dar su apoyo
7. chicos del barrio / repartir panfletos
8. alguien / escribir los discursos del candidato

4. Carlota la Cumplida. *Carlota está explicando por qué hizo lo que hizo. ¿Qué dice?*

> MODELO   ¿Por qué trajiste tu coche? (papá)
> → **Porque papá me pidió que lo trajera.**

1. ¿Por qué sacaste esa copia? (mi jefe)
2. ¿Por qué leíste ese cuentito? (mi hermanito)
3. ¿Por qué te levantaste temprano? (mi compañera de cuarto)
4. ¿Por qué compraste tantos libros? (mis profesores)
5. ¿Por qué hiciste el presupuesto? (mi contador)
6. ¿Por qué pediste un aumento de salario? (mis colegas)

5. ¿Dónde poner la fábrica? *Jorge le está dando un informe a su jefe sobre una decisión en la que participó sobre la localización de una nueva fábrica. ¿Qué dice?*

> MODELO   lugar / no estar lejos del ferrocarril
> → **Queríamos un lugar que no estuviera lejos del ferrocarril.**

1. lugar / tener agua en abundancia
2. lugar / estar cerca de una ciudad
3. gobierno municipal / nos descontar un poco los impuestos locales
4. obreros / querer aprender nuevos oficios
5. un clima / no perjudicar la materia prima
6. un lugar / les gustar a los accionistas
7. un estado sin leyes ambientales / ser demasiado estrictas
8. un sitio / respetar la libra empresa

6. Confesiones (entre dos). *Con un/a compañero/a de clase, defienda (o explique) sus preferencias en las últimas elecciones. Use la tabla como guía.*

> EJEMPLO   **Dije que no iba a votar por X a menos que bajara los impuestos.**

1. Voté por X para que...
2. Apoyé a X con tal de que...
3. Dije que no iba a votar por X a menos que...

a. bajar los impuestos
b. defender los intereses del comercio
c. mejorar el sistema de transporte público
d. controlar las grandes empresas
e. vigilar las inversiones extranjeras
f. proteger la industria nacional
g. reducir el costo de vida
h. balancear el presupuesto nacional
i. reducir el déficit
j. construir más viviendas públicas

Nota cultural

La paradoja económica de Guatemala

Todas las naciones hispanoamericanas nacieron como colonias dependientes, y siguieron como colonias por casi 300 años. España quiso mantener a sus colonias bajo un sistema económico llamado el mercantilismo. Bajo el sistema mercantilista, España quería que sus colonias produjeran **materia prima** para España, y que importaran bienes manufacturados de España. No quería que las colonias **desarrollaran** una industria propia, ni tampoco quería que las colonias tuvieran una economía diversificada. Ese modelo económico no cambió con las guerras de la independencia: Europa y **más adelante** los Estados Unidos reemplazaron a España como receptores de materia prima de Hispanoamérica.

Este modelo de países pobres cuya vida económica consiste principalmente en exportar materia prima a países ricos sobrevive en una gran parte del mundo hispano. Tomemos a Guatemala como ejemplo.

Guatemala tiene tierras ricas **capaces** de satisfacer todas las necesidades alimenticias del país. Sin embargo, las tierras guatemaltecas están cultivadas principalmente para producir plátanos y café—productos que se producen principalmente para el mercado internacional. Las **ganancias** de la **venta** de esos productos se quedan en su gran mayoría con los dueños de la tierra y las empresas exportadoras, dejando muy poco para los obreros que tienen que comprar comida porque no tienen tierras para cultivarla. Por lo tanto, existe en Guatemala la curiosa **paradoja** de un rico país **agrícola** que tiene que importar comida para sobrevivir. Lamentablemente, la comida importada es demasiado cara para muchos guatemaltecos pobres.

materia prima: *raw material*
desarrollar: *to develop*
más adelante: después
capaz: que tiene la capacidad
ganancia: lo que se gana
venta: el acto de vender
paradoja: contradicción
agrícola: asociado con la agricultura

20.2

Jefe: —Revisen bien todos los detalles del presupuesto.
El jefe nos **dijo** que **revisáramos** todos los detalles del presupuesto.

Prof. Samuelson: Pongan atención a la tasa de inflación.

El profesor Samuelson nos **dijo** que **pusiéramos** atención a la tasa de inflación.

Gerente: Haga un informe sobre el presupuesto.

El gerente me **mandó** que **hiciera** un informe sobre el presupuesto.

El discurso indirecto

1. Se usa el subjuntivo para reportar un mandato.
2. Si el mandato se reporta en pasado, se usa el imperfecto del subjuntivo.

Práctica oral

7. ¿Quién mandó qué? *¿Quién mandó que se hicieran las cosas a continuación?*

MODELO   el Fondo Monetario Internacional / se pagar la deuda
→ **El Fondo Monetario Internacional mandó que se pagara la deuda.**

1. el congreso / se circular más dinero
2. el banco / se pagar menos intereses
3. el gobierno / se limitar la inversión extranjera
4. el presidente / se hacer otro submarino
5. la corte suprema / se dividir la compañía
6. el senado / bajar los impuestos

8. El día que Isabel pidió un préstamo.   *Usando el verbo* **pedir,** *dígales a sus compañeros de clase lo que pasó en el banco cuando Isabel pidió un préstamo.*

> MODELO   —Traiga una lista de sus inversiones.
> →   **El banquero le pidió que trajera una lista de sus inversiones.**

1. —Siéntese aquí al lado de mi escritorio.
2. —Explíqueme el propósito del préstamo.
3. —Dígame cuánto dinero quiere Ud.
4. —Déme una idea de cuánto vale su casa.
5. —Llene este formulario por favor.
6. —Vuelva mañana antes del mediodía.

9. Cadena.   *¿Quién mandó qué? Un/a estudiante le manda algo a otro/a. Después otro/a estudiante reporta el mandato usando el imperfecto del subjuntivo.*

> EJEMPLO   Estudiante 1:   **Pablo, déme diez mil dólares.**
> Estudiante 2:   *(nombre de estudiante 1)* **mandó** *(pidió, exigió)* **que Pablo le diera diez mil dólares.**

Algunos mandatos posibles:

1. Venga acá.
2. Présteme su...
3. Cómpreme un/a...
4. Tráigame un/a...

5. Déme...
6. Vaya a... para...
7. No traiga... a clase mañana
8. No hable más con...

Algunos verbos para reportar mandatos: mandó, pidió, exigió, prohibió, *etc.*

20.3   Alguien dijo que Jorge había llamado.
Yo **dudaba** que Jorge **hubiera llamado.**

Me dijeron que Juan había estado sin trabajo antes de trabajar aquí.	Era posible que Juan **hubiera estado** sin trabajo antes de trabajar aquí.
Supimos que tú habías ganado el premio.	Nos dio mucho gusto que **hubieras ganado** el premio.
José me dijo que Irene había invertido todos sus ahorros en una nueva compañía.	Yo dudaba que Irene **hubiera invertido** todos sus ahorros en una nueva compañía.
Yo había repasado el informe financiero de la compañía antes de la entrevista.	Era bueno que yo **hubiera repasado** el informe financiero de la compañía antes de la entrevista.

El pluscuamperfecto del subjuntivo

1. Como Ud. ya sabe, el pluscuamperfecto se refiere a un evento que tuvo lugar en el pasado antes de otro evento en el pasado *(ver §16.4)*.

2. Se usa el pluscuamperfecto del subjuntivo si ocurre en una cláusula subordinada precedida por una cláusula principal con un verbo de duda, emoción, negación, etc.

3. El pluscuamperfecto del subjuntivo consiste en el imperfecto del subjuntivo de **haber** y el participio.

Sinopsis:

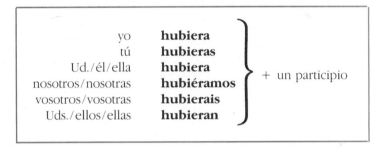

yo	**hubiera**
tú	**hubieras**
Ud./él/ella	**hubiera**
nosotros/nosotras	**hubiéramos**
vosotros/vosotras	**hubierais**
Uds./ellos/ellas	**hubieran**

} + un participio

Práctica oral

10. Un viaje inolvidable. *Eduarda y Hugo están describiendo una visita traumática a una gran ciudad. ¿Qué dicen?*

MODELO   Nos dijeron que se habían vendido todas las entradas. (yo dudaba)
→   **Yo dudaba que se hubieran vendido todas las entradas.**

1. El dependiente nos dijo que habíamos perdido el primer tren. (yo lamentaba)
2. El taxista nos dijo que se había descompuesto el taxímetro. (yo no creía)
3. El hotelero nos dijo que nadie había hecho nuestra reservación. (no me gustó)
4. El botones nos dijo que el taxista no le había dado todas nuestras maletas. (me molestó)
5. Alguien en la calle nos dijo que habían cambiado la exposición. (yo temía)
6. El guía nos dijo que se habían llevado el cuadro más famoso del museo para restaurarlo. (yo sentía)
7. El mesero nos dijo que el cocinero había quemado la comida. (yo tenía miedo de que)
8. Un señor desconocido nos dijo que nos habían asignado al mismo cuarto en el hotel. (no me gustó nada)
9. El hotelero nos dijo que se había terminado el agua caliente. (me irritó profundamente)
10. Le dijimos a mamá que nos habíamos divertido mucho. (nadie creía)

20.4

Esta noche **va a haber** una reunión de todos los accionistas.
Tiene que haber una explicación para las pérdidas.

Dice Ana que **va a haber** una recesión el año que viene y que **puede haber** un aumento en el desempleo. Tal vez tenga razón, pero creo que **debe haber** otras causas del desempleo. Es decir, **tiene que haber** más que una sola causa.

En una fábrica de sombreros

Algunos usos de *haber*

1. **Haber** tiene dos funciones: es el verbo auxiliar en construcciones perfectas y es el infinitivo de **hay.**

2. Como verbo auxiliar en construcciones perfectas, **haber** se conjuga en todos los tiempos y en todas las personas:

He (has, ha, hemos, habéis, han) escrito un informe financiero.

Habré (habrás, habrá, habremos, habréis, habrán) terminado de leerlo antes de la medianoche.

3. Como infinitivo de **hay, haber** se conjuga en todos los tiempos, pero sólo en tercera persona singular:

Hubo un incendio en la fábrica anoche. **Había** mucha gente en la calle mirando el incendio. **Habrá** una reunión esta tarde para investigar las causas del incendio. Parece que **ha habido** varias faltas en nuestras preparaciones anti-incendiarias.

4. Como infinitivo de **hay, haber** se combina con otros verbos:

Esta noche **va a haber** una discusión sobre el costo de vida.

Debe haber una ley contra la contaminación del ambiente.

Puede haber más desempleo si no se controla la inflación.

Tiene que haber una forma de evitar otra recesión.

Desarrollo, finanzas y economía

Práctica oral

11. ¿Qué va a haber en el congreso de los accionistas? *Marta está explicando lo que va a haber en una reunión de accionistas que ella está organizando. Escoja una terminación lógica de la segunda columna para las frases de la primera columna para ver qué dice.*

EJEMPLO **Después de la cena, va a haber un discurso del Secretario de Comercio.**

1. Para documentar las inversiones
2. Cuando los accionistas tengan hambre
3. Para formular el plan del año que viene
4. Para explicar el fracaso del plan anterior
5. Para divertir a los accionistas cuando estén cansados

a. un show importado de Hollywood
b. un discurso del presidente sobre los males de la regulación del comercio
c. un panfleto lleno de estadísticas
d. una cena con comida abundante, carísima y mala
e. una reunión de la mesa directiva

12. ¿Qué opina la gente? *Describa las opiniones más probables de la gente nombrada en la* Sección A *sobre las leyes, prácticas y problemas descritos en la* Sección B. *Use* **debe haber, no debe haber, puede haber** *o* **tiene que haber** *en sus respuestas.*

EJEMPLOS un aumento en la renta
→ **El dueño del edificio dice que debe haber un aumento en la renta.**
→ **Un economista dice que puede haber un aumento en la renta.**
→ **Un comunista dice que no debe haber un aumento en la renta nunca.**

Sección A

1. el dueño del edificio
2. una banquera
3. el jefe del sindicato
4. un economista
5. los obreros
6. un comunista
7. el presidente del Perú
8. un liberal
9. una conservadora
10. un capitalista
11. el Papa
12. una feminista

Sección B

a. un ascenso en los salarios de acuerdo con el costo de vida
b. leyes contra la exportación de alta tecnología a los países comunistas
c. más viviendas públicas para los pobres
d. más subvenciones para compañías norteamericanas que tienen que competir en el extranjero
e. aborto gratuito para todas las mujeres, incluso las menores de edad
f. una forma de controlar la explosión demográfica
g. más/menos controles sobre los bancos
h. una reducción/un aumento en el déficit nacional
i. una nueva política para resolver el problema de la deuda externa en países del tercer mundo
j. acuerdos internacionales para controlar a las empresas multinacionales
k. más impuestos para las grandes empresas
l. un cartel de países que producen materia prima para los países industrializados

13. Entrevista (entre dos). *Usando las expresiones* **debe haber, puede haber, tiene que haber** *o* **no debe haber,** *pregúntele a un/a compañero/a de clase qué piensa sobre los temas de la* Práctica *anterior o sobre algún otro tema que le interese. Temas posibles: el divorcio, la inflación, la prohibición de la venta de alcohol a menores de edad, bailes y fiestas en la universidad, cursos sin notas, los profesores, la comida, etc.*

EJEMPLOS → **Debe haber más fiestas en esta universidad.**
→ **Puede haber una rebelión si no nos dan más comida.**

Nota cultural

La conquista incompleta

Los Estados Unidos se identifica muchas veces como un *melting pot* donde ha habido—y sigue habiendo—una tremenda asimilación de inmigrantes de distintos orígenes. Latinoamérica también es una **mezcla** de muchos distintos grupos sociales, pero en Latinoamérica parece que ha habido menos asimilación que en los Estados Unidos. Eso tiene varias explicaciones, una de las cuales es la de la conquista incompleta.

La conquista de América por los españoles fue una de las grandes aventuras de la historia humana, una aventura que **alcanzó** dimensiones casi sobrehumanas. Sin embargo, si la **meta** de la conquista era la total hispanización del continente, **fracasó.** Fracasó porque en muchos países hispanoamericanos la cultura indígena sobrevivió. **Desde luego,** murieron muchos indios a causa de **incontables** enfermedades y guerras. Pero a pesar de esas pérdidas, en algunos países— Guatemala, Perú, Bolivia, Ecuador—se supone que los indios son todavía una mayoría y que su primera lengua no es el español. Aun en México, uno de los países más industrializados de Latinoamérica, se supone que hay más de ochenta lenguas indígenas que han **sobrevivido** a pesar de 450 años de presencia española.

Desde el principio de la conquista, se esperaba que los indios se adaptaran a la cultura europea. Pero **hasta la fecha,** los indios se han resistido a la asimilación total. Si nos limitamos a las ciudades hispanoamericanas, podemos creer en el mito de la europeización de América. Pero tan pronto como salimos al campo empezamos a ver signos de fragmentación cultural. Obviamente, esa fragmentación afecta negativamente la unidad económica y política de los países.

Cómo integrar a los indios en una cultura occidental sin violar sus derechos humanos es, y seguirá siendo, un tema **candente** en muchas partes de Latinoamérica.

mezcla: combinación

alcanzar: llegar a
meta: intención, *goal*
fracasar: el contrario de "tener éxito"
desde luego: por supuesto
incontable: que no se puede contar
sobrevivir: *to survive*
hasta la fecha: hasta ahora
candente: apasionado

20.5

¿Es viejo **tu antiguo** professor?
No, **mi antiguo** profesor no es viejo, pero es un **viejo** amigo.

Vinieron **cuatro** chicos **nuevos** a la reunión del equipo.
No me gustan **esos** trabajos **pesados.**
Guardé **este** informe **viejo** porque tiene **unas** estadísticas **fabulosas.**
No hay **ninguna** información **negativa** en el informe.

A. Posición de adjetivos cuantitativos y descriptivos

1. Los adjetivos que sugieren cantidades fijas suelen preceder a su antecedente. Los adjetivos cuantitativos más comunes son números, artículos, demostrativos y expresiones como **algunos, unos, varios,** etc.

2. Los adjetivos descriptivos suelen seguir al antecedente.

3. Para llamar la atención o darle énfasis a un adjetivo descriptivo, a veces se pone antes del sustantivo.

Mi suegra es una **buenísima** mujer.

Hubo un **trágico** y **sangriento** accidente en la carretera.

B. Algunos adjetivos cambian de significado según su posición. Entre los principales están:

mi antigua casa

una casa antigua

los viejos amigos

los amigos viejos

1. **Grande**
   a. **Gran/grandes** + sustantivo: *notable, ejemplar*
      Simón Bolívar fue un **gran** hombre.
      Sor Juana Inés de la Cruz fue una **gran** poeta.
      Las primeras feministas fueron **grandes** mujeres.
   b. Sustantivo + **grande/grandes**: *tamaño*
      Gordus Máximus fue un hombre **grande.**
      Esa zona tiene muchas casas **grandes.**

2. **Viejo**
   a. **Viejo** + sustantivo: *duración de una relación*
      Javier es un **viejo** amigo. Hace años que nos conocemos.
   b. Sustantivo + **viejo**: *edad*
      Mi abuela es una mujer **vieja** ; tendrá más de noventa años.

3. **Antiguo**
   a. **Antiguo** + sustantivo: *anterior*
      Vi a mi **antiguo** profesor de química. Este semestre tengo otro.
   b. Sustantivo + **antiguo**: *de tiempos remotos*
      Me encanta la literatura **antigua,** sobre todo la griega y la romana.

4. **Nuevo**
   a. **Nuevo** + sustantivo: *otro*
      Lo que me falta es un **nuevo** profesor de sociología.
   b. Sustantivo + **nuevo**: *último modelo ; sin usar*
      Vamos a comprar un coche **nuevo.**

5. **Pobre**
   a. **Pobre** + sustantivo: *desafortunado, sin suerte*
      Mariana es una **pobre** mujer ; se le murió un hijo.
   b. Sustantivo + **pobre** : *sin dinero*
      Isabel es una mujer **pobre** ; gana muy poco.

Práctica oral

14. ¿Cómo son ? *Isabel quiere resumir sus impresiones de las personas y cosas a continuación con unas oraciones directas y sencillas. ¿Qué dice ?*

> MODELO   La Sra. Georgina tiene poco dinero. (pobre)   →   **Es una mujer pobre.**

1. Hace mucho tiempo que Jorge y yo somos amigos. (viejo)
2. Miguelito está enfermo y no puede salir de casa. (pobre)
3. La profesora de Costa fue profesora mía el año pasado. (antiguo)
4. Marci acaba de conocer a un amigo. (nuevo)
5. Flavia la Fina ha subido mucho de peso. (grande)
6. Mi abuelo ya tiene ochenta y ocho años. (viejo)
7. Acabo de ver a Roberto en otro coche. (nuevo)
8. Don Julio tiene una suerte horrible. (pobre)
9. Viviana acaba de comprar una computadora de último modelo. (nuevo)
10. Aquí tengo una foto de un templo azteca. (antiguo)

CREACIÓN

Lectura

El Tercer Mundo: ¿ mito o realidad ?

En algunos cursos universitarios, en la prensa, en la televisión y en conversaciones de café, **se acostumbra** hablar del "Tercer Mundo." Es un término tan generalizado que poca gente se ha preguntado exactamente qué quiere decir. Ya que se supone que toda la América Latina **pertenece** al Tercer Mundo, nos conviene a todos nosotros, como estudiantes de la cultura hispana, examinar el término con algún cuidado.

Varias definiciones se han sugerido—pero todas con problemas. Por ejemplo, se ha dicho que los países del tercer mundo son países sin industria. Pero si eso es cierto, habrá que excluir a México, Brasil, India, Korea, Taiwán y toda una serie de otros países que supuestamente son del tercer mundo porque son países con mucha industria **pesada** y una gran capacidad **fabril.**

Otra idea que se ha aventurado es que los países del tercer mundo tienen economías poco diversificadas, es decir, que su economía está basada en dos o tres productos principales. Pero aquí también hay problemas. Es cierto que países como Guatemala y El Salvador dependen casi exclusivamente de dos o tres productos principales y que son países muy pobres. Pero **de la misma forma,** Dinamarca, Holanda, Suiza y Kuwait también viven de pocos productos—y son países prósperos. Por otra parte, aunque México y Brasil tienen industrias muy diversificadas, se dice que son países del tercer mundo. Por lo tanto, una economía poco diversificada (o muy diversificada) no indica que un país sea o no sea necesariamente del tercer mundo.

Otra definición que se escucha de vez en cuando es que los países del tercer mundo son países **sobrepoblados.** Pero aquí también hay graves problemas. Es cierto que algunos países que supuestamente son tercermundistas como El Salvador y México tienen poblaciones que **a primera vista** son demasiado grandes. Pero la densidad demográfica de estos países es mucho menor que la de Japón, Holanda y Bélgica—todos países del "primer" mundo. Por otra parte, algunos países supuestamente del tercer mundo como la Argentina, Paraguay y Uruguay son países muy **subpoblados ;** es decir, los recursos de estos países pueden sostener una población mucho **mayor** que la que tienen. De hecho, se ha dicho que uno de los principales problemas en estos países es la falta de gente para reclamar y cultivar tierras **baldías.** También es notable que estos tres países tienen una **tasa** de fertilidad menos alta que la de los Estados Unidos. Por lo tanto, la definición demográfica del tercer mundo tampoco **sirve.**

Tal vez la única definición del tercer mundo que puede ser útil es su definición ideológica. Según esta definición, el tercer mundo denomina a las personas y a los pueblos oprimidos que están excluidos de los centros del poder. Es decir, el

se acostumbra:
existe la costumbre de
pertenecer:
ser de
pesado:
heavy
fabril:
de fábrica
de la misma forma:
igualmente
sobrepoblado:
con una población demasiado grande
a primera vista:
superficialmente
subpoblado:
con una población demasiado pequeña
mayor:
más grande
baldío:
sin cultivar
tasa: *rate*
servir:
funcionar

tercer mundo consiste en todos los grupos que no participan en las decisiones que regulan su vida. Según esta definición, una persona puede afirmar su solidaridad con todos los oprimidos—los pobres, los minoritarios, los necesitados, los débiles, las mujeres en sociedades patriarcales, etc.—**diciéndose** "tercermundista." Como afirmación ideológica, esta definición puede ser útil; sin embargo, como descripción concreta de todos los países que supuestamente componen el tercer mundo, es problemática por ser demasiado general.

diciéndose: diciendo que es

En última instancia, el debate sobre la definición "correcta" de "Tercer Mundo" ha generado muchas palabras y poca comprensión. Por lo tanto, en nuestras discusiones sobre Latinoamérica, quizás debemos dejar a un lado las generalidades del "tercer mundo" y comenzar a estudiar las sociedades latinoamericanas **tales como** se nos presentan. En ese estudio vamos a encontrar un mundo mucho más interesante y mucho más variado que las generalidades vacías de la prensa y las conversaciones de café.

tales como: exactamente como

Preguntas

1. ¿En qué contextos ha escuchado Ud. el término "tercer mundo"? 2. ¿Qué ha comprendido Ud. por ese término? 3. ¿Por qué es importante que los que estudiamos la América Latina tengamos alguna idea clara de lo que "tercer mundo" significa? 4. ¿Por qué no son iguales los términos "tercer mundo" y "mundo sin industria"? 5. ¿Es cierto que todos los países que son supuestamente tercermundistas tienen economías poco diversificadas? ¿Por qué sí/no? 6. ¿Hay una relación entre la tasa de fertilidad y el nivel de desarrollo de los países? ¿Por qué sí/no? 7. ¿Son sobrepoblados todos los países latinoamericanos? ¿Por qué sí/no? 8. ¿Cuál es la definición ideológica de "tercer mundo"? 9. ¿Acepta Ud. una de las definiciones dadas en la lectura? ¿Por qué sí/no? 10. En nuestros estudios sobre la América Latina, ¿es útil el término "tercer mundo"? ¿Por qué sí/no?

En contexto

Superó los 2,000 puntos el indicador Dow Jones
● Desde que se inició el año, el indicador ha batido cuatro récords sucesivos y ganado más de 100 puntos ●

Perdió terreno el dólar; el oro subió en Londres

Banqueros extranjeros tratan con Alfonsín la deuda externa

¿Cómo se hace para cambiar dinero?

— ¿Dónde hay un banco?
— ¿Hay una **casa de cambio** cerca de aquí que cambie cheques de viajero?
— ¿Dónde pagan más el dólar, en un banco o una casa de cambio?

casa de cambio: negocio que se dedica a la compra y venta de divisas

Desarrollo, finanzas y economía

— ¿A cuánto (a cómo) está el dólar?

— ¿Quiere Ud. **vender** o comprar?

— Vender.

— ¿Billete o cheque de viajero?

— Los dos.

— El **traveler** está a 720 pesos; el billete está a 723.

— ¿Cobran (cargan) alguna comisión?

— Sí, cobramos el **cinco por mil.**

— Muy bien. Quisiera cambiar cien dólares (U$S) en cheque de viajero y cincuenta en billete.

— Cómo no. ¿Me permite su pasaporte (su documento) por favor?

— Aquí lo tiene.

— ¿Lo quiere Ud. en billetes grandes o pequeños?

vender: el turista quiere vender dólares para comprar pesos

traveler: anglicismo común

cinco por mil: .5%

Situaciones

Situación 1   Con un/a compañero/a de clase represente una escena en una casa de cambio entre el cambista y un/a turista. Use la sección *¿Cómo se hace... ?* como punto de partida.

Situación 2   Con unos compañeros de clase, represente la escena de un padre que está dictando su testamento a sus hijos. ¿Quién va a recibir qué? ¿Cuánto dinero va a dejar con quien? ¿Quién va a recibir algo con tal de que se case y tenga hijos primero? ¿Quién va a heredar la casa a menos que otra persona la quiera? Etc. La escena puede ser paródica o sincera.

Situación 3   Suponga que Ud. es Barbara Walters, Diane Sawyer o Jane Pauley y tiene que entrevistar a un empresario famoso—Lee Iacocca, David Rockefeller, Rupert Murdoch, Ted Turner, etc. Información que Ud. puede pedir: ¿cómo explican su éxito? ¿cómo hicieron para conseguir capital? ¿qué metas se propusieron cuando eran jóvenes? ¿qué recomendaciones tienen para los jóvenes de ahora? ¿qué recomendaciones tienen para mejorar la economía del país? ¿del mundo? Un/a compañero/a de clase puede hacer el papel del empresario. Su entrevista puede ser seria o paródica.

Composición

Tema 1   Escoja un episodio de un programa de televisión (o de una película), y nárrelo en discurso indirecto. Por ejemplo, "JR le dijo a su hijo que saliera del cuarto, porque necesitaba hablar con su madre a solas. El hijo respondió que no le importaban los deseos de su padre, que él por nada iba a abandonar a su madre. La madre le dijo a su hijo que no tuviera miedo, que ella sabía protegerse de monstruos como JR."

Tema 2   Suponga que Ud. es asesor/a económico/a del presidente del país y tiene que escribirle unas recomendaciones para su plan económico. Algunos temas posibles: la inflación, el desempleo, la regulación de las empresas, el proteccionismo, las importaciones, los sindicatos, la inflación, el déficit, el balance de pagos, el programa económico del otro partido, etc.

Vocabulario activo

personas

el/la accionista	el/la comentarista	el/la inmigrante	el/la socio/a
el/la asesor/a	el/la defensor/a	el/la inspector/a	el/la teórico/a
el/la banquero/a	el/la economista	el/la inversionista	el/la testigo/a
el/la cambista	el/la empresario/a	el/la opositor/a	

otros sustantivos relacionados con las finanzas y el desarrollo

la acción	la escasez	la inversión	la riqueza
los bienes	la estadística	el mercantilismo	el sindicato
el capital	las finanzas	el monopolio	el sistema
el déficit	la firma	el pago	el subdesarrollo
el desarrollo	el fracaso	la pérdida	la subvención
la deuda	la ganacia	la propuesta	la tasa
la empresa	el ingreso	el proteccionismo	

verbos

adivinar	descontar (ue)	fracasar	perjudicar
ahorrar	devaluar	gozar de	promover (ue)
alcanzar	disfrutar de	heredar	sobrevivir
confiar en	divertirse (ie)	invertir (ie)	subvencionar
cumplir	firmar	mejorar	vigilar
desarrollar			

adjetivos

adinerado, -a	capaz	gratuito, -a	multinacional
agrícola	dudoso, -a	incontable	mutuo, -a
alimenticio, -a	escaso, -a	mercantilista	pesado, -a
cálido, -a	exportador, -a	monetario, -a	sangriento, -a
candente			

expresiones útiles

el balance de pagos	las empresas	la explosión	la libre empresa
el costo de vida	multinacionales	demográfica	la materia prima
la deuda externa			

CAPÍTULO 21

Las comunidades hispanas en los Estados Unidos

En un barrio hispano de Nueva York

21.1   Sé que te gustará la conferencia.
Dije que sabía que te **gustaría** la conferencia.

21.2   ¿**Habrías comprado** el mismo coche que yo?
No, yo **habría comprado** un coche más chiquito.

21.3   ¿**Podría** Ud. darme la planilla para matricularme?
Cómo no. ¿**Quisiera** Ud. también la planilla para solicitar una beca?

21.4   La correlación de tiempos

21.5   Más expresiones para narrar

EXPOSICIÓN

Sé que te gustará la conferencia.
Dije que sabía que te **gustaría** la conferencia.

—Dijiste que **tratarías** de conseguir que te cancelaran la multa. ¿Conseguiste algo?
—Fui a la comisaría y hablé con dos policías. Me dijeron que no **podrían** ayudarme y que yo **debería** hablar con un juez. Hablé con la secretaria del juez que me explicó que **tendría** que llenar un formulario de diez páginas y volver el mes entrante con mi padre porque soy menor de edad. Después dijo que mi padre y yo juntos **tendríamos** que presentarnos ante el juez, lo cual me parece una tremenda molestia, así que voy a pagar la multa para no perder el tiempo. Me **gustaría** hablar con el *&%$#¿ sinvergüenza que me dio la multa para decirle lo que pienso.

El condicional y algunos de sus usos

1. El condicional describe un evento posterior a otro evento en el pasado. Es decir, es el "futuro del pasado." Las oraciones a continuación son equivalentes:

Yo dije que lo haría. = Dije que lo iba a hacer.
Pensaba que no dirías nada. = Pensaba que no ibas a decir nada.

2. El condicional también describe una conjetura:

Me gustaría ser jefe de una gran empresa.
¿**Preferirías** ser un millonario corrupto o un pobre honesto?

3. Para formar el condicional, el infinitivo se combina con las desinencias de la segunda y tercera conjugaciones del imperfecto.

4. Las raíces irregulares del futuro también se usan en el condicional:

caber	→	**cabr-**	**poder**	→	**podr-**	**salir**	→	**saldr-**
decir	→	**dir-**	**poner**	→	**pondr-**	**tener**	→	**tendr-**
haber	→	**habr-**	**querer**	→	**querr-**	**valer**	→	**valdr-**
hacer	→	**har-**	**saber**	→	**sabr-**	**venir**	→	**vendr-**

5. **Habría** es el condicional de **hay.**

Sinopsis:

sujeto	*desinencia*	*dar*	*ver*	*hacer*	*venir*
yo	**-ía**	daría	vería	haría	vendría
tú	**-ías**	darías	verías	harías	vendrías
Ud./él/ella	**-ía**	daría	vería	haría	vendría
nosotros/nosotras	**-íamos**	daríamos	veríamos	haríamos	vendríamos
vosotros/vosotras	**-íais**	daríais	veríais	haríais	vendríais
Uds./ellos/ellas	**-ían**	darían	verían	harían	vendrían

Las comunidades hispanas en los Estados Unidos

Práctica oral

1. Sustituciones. *La gente a continuación ha sufrido un contacto con la burocracia. Para ver qué pasó, cambie las oraciones según los nuevos sujetos que están entre paréntesis:*

1. Marisa dijo que pagaría la multa más tarde.
   (los alumnos, tú, yo, Javier y yo, Marco, vosotros)
2. Yo pensaba que podría llenar el formulario más tarde.
   (Miguel, tú, Ud. y yo, Uds., Marisela y Josefina, el usuario)

2. La fiesta de Alejandro. *Ud. y Alejandro están organizando una fiesta y Alejandro quiere saber qué harán los invitados. ¿Cómo contesta Ud.?*

> MODELO ¿Qué traerá Miguel? (una botella de vino)
> → **Dijo que traería una botella de vino.**

1. ¿A qué hora llegará Inés? (a las nueve)
2. ¿Qué hará Mario? (un pastel con crema de Bavaria)
3. ¿Quién traerá al profesor Sánchez? (Alicia y Flora)
4. ¿Quién vendrá con Luz? (un primo suyo)
5. ¿Quiénes decorarán la casa? (Isabel y Juan)
6. ¿Quién podrá traer un tocadiscos? (yo)
7. ¿Quién le dirá a Claudia la hora? (Felipe)
8. ¿Quién tendrá que limpiar la casa después de la fiesta? (tú y yo)

3. Preferencias. *Describa sus preferencias usando los fragmentos a continuación; Ud. también puede comentar las preferencias de otra gente.*

> EJEMPLO ir al cine o a un museo
> → **Mis padres preferirían ir al cine, pero mis hermanos y yo preferiríamos ir a un museo.**

1. tomar cerveza o refrescos
2. pasar la noche en casa o en la calle
3. comer pescado o carne
4. ver una ópera o un partido de fútbol
5. estudiar psicología o matemáticas
6. pagar una multa o ganar la lotería
7. dormir o trabajar
8. bañarse o ducharse

4. Fantasías (entre dos). *Responda a las preguntas de un/a compañero/a de clase sobre sus fantasías. Use la tabla como guía:*

> EJEMPLOS Estudiante 1: **¿Qué te gustaría ver en Madrid?**
> Estudiante 2: **Me gustaría ver una corrida de toros.**
>
> Estudiante 1: **¿Con quién te gustaría hablar en Washington?**
> Estudiante 2: **Me gustaría hablar con mi senador.**

¿Qué te gustaría	hacer en?
¿Con quién te gustaría	hablar en?
¿A quién te gustaría	beber en?
	comer en?
	ver en?

21.2

¿**Habrías comprado** el mismo coche que yo?
No, yo **habría comprado** un coche más chiquito.

Jorge me aseguró que me **habrían entregado** la solicitud antes de hoy.
Sin tu ayuda, nunca me **habría graduado**.
Sin tus consejos, jamás **habríamos terminado** la propuesta.
Sin el pasaporte, nadie **habría podido** entrar.
Con Iberia, Ud. ya **habría llegado**.

El condicional perfecto

1. El condicional perfecto se forma con el condicional de **haber** y un participio.
2. El condicional perfecto puede describir un evento posterior a otro evento pasado.
3. El condicional perfecto también puede describir una conjetura con respecto a un evento pasado.

Sinopsis:

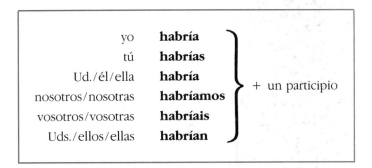

yo	**habría**	
tú	**habrías**	
Ud./él/ella	**habría**	
nosotros/nosotras	**habríamos**	+ un participio
vosotros/vosotras	**habríais**	
Uds./ellos/ellas	**habrían**	

Práctica oral

5. Conjeturas. *Cecilia está hablando de la influencia que sus padres han tenido en su vida y en la de sus hermanos. ¿Qué dice?*

MODELO   poder pagar la matrícula / yo
→ **Sin mis padres, yo no habría podido pagar la matrícula.**

1. conseguir un préstamo para comprar un coche / mi hermano Raúl
2. graduarse / mi hermana Ana
3. cumplir los requisitos para graduarme / yo
4. pagar el seguro para nuestro coche / mi hermano Marco y yo
5. poder terminar sus estudios / mi cuñado
6. llegar a la universidad / ninguno de nosotros

6. Revisiones históricas. *Explique lo que Ud. habría hecho en lugar de la gente a continuación.*

> MODELO   Napoleón invadió Rusia. / quedarme en Francia
> → **Yo me habría quedado en Francia.**

1. Ana Bolena perdió la cabeza. / tratar de cortarle la cabeza al rey
2. El General Custer murió en Wyoming. / quedarme en el este comiendo bombones
3. Napoleón vendió Luisiana. / retener ese territorio para Francia
4. Benjamín Franklin jugó con cometas en una tormenta. / tener demasiado miedo
5. Washington cruzó el Delaware de pie. / sentarme para no volcar el bote
6. Ponce de León abandonó la Florida porque no encontró la fuente de la juventud. / construir un hotel enorme para turistas

---

21.3

¿**Podría** Ud. darme la planilla para matricularme?
   Cómo no. ¿**Quisiera** Ud. también la planilla para solicitar una beca?

la multa

el funcionario

el pasaporte

Nombre:
Domicilio:
Lugar de trabajo:

el formulario (la planilla)

—Perdone señorita, ¿**sabría** Ud. decirme dónde se consigue un certificado de nacimiento?
—Aquí mismo. **Debiera** Ud. llenar esta planilla y firmarla aquí.
—¿**Quisiera** Ud. ver mi cartilla de identidad?
—Ahora no, pero me **gustaría** que me la **presentara** cuando entregue la planilla.

El imperfecto del subjuntivo y el condicional para indicar cortesía

1. Muchas veces el imperfecto del subjuntivo o el condicional se usa para indicar cortesía o para suavizar una pregunta o una sugerencia en presente.

2. Para indicar cortesía, **querer** suele usarse sólo en el imperfecto del subjuntivo:
   ¿**Quisieran** Uds. ver el menú ahora?
   Profesor Sánchez, **quisiéramos** hablar con Ud. por un momento.

3. Para indicar cortesía, **deber** y **poder** se usan igualmente en el imperfecto del subjuntivo y en el condicional:

      Deberían Uds. llenar esta planilla antes de pagar la matrícula.

      Debieran Uds. firmar la planilla antes de entregarla.

      ¿**Podría** Ud. explicarme los requisitos del curso ahora?

      ¿**Pudieran** Uds. dejar los formularios aquí?

4. Para indicar cortesía, todos los demás verbos se usan en el condicional:

      Perdone señor, ¿**sabría** Ud. la hora?

      Sra. Méndez, ¿qué **diría** Ud. sobre ese problema?

      Julio, ¿me **permitirías** tu pluma, por favor?

5. El imperfecto del subjuntivo o el condicional en la cláusula principal se combina con el imperfecto del subjuntivo en la cláusula subordinada:

      Javier, **quisiera** que me **ayudaras** a matricularme mañana.

      Sr. Morelos, nos **encantaría** que Ud. **viniera** a cenar el viernes.

      ¿**Sería** posible que nosotros **habláramos** a solas?

Práctica oral

7. En la oficina de matriculación. *Ud. es funcionario/a de una oficina de la universidad y quiere hablar de la forma más cortés imaginable. ¿Cómo hace sus preguntas?*

    MODELO   Sr. Meza / llenar este formulario

        → **Sr. Meza, ¿podría Ud. llenar este formulario?** *o*

        → **Sr. Meza, ¿pudiera Ud. llenar este formulario?**

1. Sr. Castillo / mostrarme su licencia de manejar
2. Sra. Luna / entregar su solicitud en la oficina de enfrente
3. Srta. Ocampo / firmar aquí
4. Sr. Morelos / pagar la matrícula ahora
5. Srta. Cañas / completar esta planilla
6. señores / explicarle el problema a mi supervisora
7. Sra. Luna / mostrarnos su pasaporte y su visa
8. Jorge y Luis / traer sus documentos mañana
9. Srta. Gumersinda / desaparecer para siempre y no molestarme más

8. El Gran Jefe Mandón II. *El GRAN JEFE MANDÓN—que Ud. conoció en otros capítulos— ha tenido muchos problemas con sus empleados porque es demasiado mandón. Por lo tanto, ahora está tratando de hablar con más cortesía. ¿Cómo hace sus pedidos ahora?*

    MODELO   Jorge / sacar las cuentas ahora

        → **Jorge, Ud. debiera sacar las cuentas ahora.** *o*

        → **Jorge, Ud. debería sacar las cuentas ahora.**

1. Ana / atender a ese cliente
2. Raúl / no hablar por teléfono tanto
3. Marco y María / organizar el archivo
4. Isabel / pasar esta carta a máquina
5. Sebastián / copiar estas hojas
6. Tere y Julio / preparar el informe
7. Gaby / sacar copias de esto
8. Roberto / consultar más conmigo

9. En el corazón de la burocracia.   *Ud. quiere pedirle algo a un funcionario que obviamente está de mal humor. ¿Cómo hace Ud. sus pedidos?*

MODELO   darme la planilla para solicitar una beca
→ **Quisiera que Ud. me diera la planilla para solicitar una beca.**

1. explicarme cómo se consigue un pasaporte
2. indicarme cuáles son los procedimientos para la matrícula
3. ayudarme a llenar un formulario
4. decirme si este curso es obligatorio o electivo
5. informarme sobre los requisitos para conseguir un permiso de conducir (*permiso de conducir = licencia de manejar*)
6. mostrarme dónde hay que firmar
7. decirme si salí bien o mal en el curso
8. indicarme dónde debo dejar la solicitud
9. avisarme dónde se pagan las multas

10.   Tratando con gente famosa.   *Invente un pedido (de forma cortés por supuesto) para una persona famosa.*

EJEMPLOS   → **Dolly Parton, quisiera que Ud. me enseñara a cantar como Ud.**
→ **William F. Buckley, ¿podría Ud. darme clases de vocabulario?**
→ **Senador X, me gustaría que Ud. presentara un proyecto de ley para darles más dinero a los estudiantes de español y sus profesores.**

Algunos nombres posibles:

Paul Newman	Plácido Domingo	Ted Kennedy	Phil Simms
Madonna	David Letterman	Joan Rivers	Meryl Streep
Tom Cruise	Lee Iacocca	Johnny Carson	???

21.4   La correlación de tiempos

Consejos que se le dieron a Isabel cuando preguntó sobre su matriculación:
Ud. **tendrá** que ir a la administración para que le **expliquen** los requisitos.
Es necesario que todos **paguen** por adelantado.
Le **estoy pidiendo** que **haga** el cheque a nombre de la universidad.
Les **he dicho** a todos que no **llamen** por cobrar.
Es probable que sus documentos ya **hayan llegado.**

Comentarios de la chica que trabaja en administración:
Yo **preferiría** que Ud. **viniera** en persona.
La administración **quería** que Ud. **mandara** los papeles por correo.
Yo le **pedí** que **firmara** aquí.
Se lo **estaba explicando** otra vez para que Ud. lo **entendiera** bien.
Nadie **había pedido** que Ud. **pagara** en efectivo. (*en efectivo = con billetes*)
Nadie **dudaba** que Ud. lo **hubiera pagado.**

La correlación de tiempos

1. La correlación de tiempos explica qué tiempos del indicativo suelen combinarse con qué tiempos del subjuntivo.

2. Los cuadros a continuación describen la correlación de tiempos que generalmente se observa.

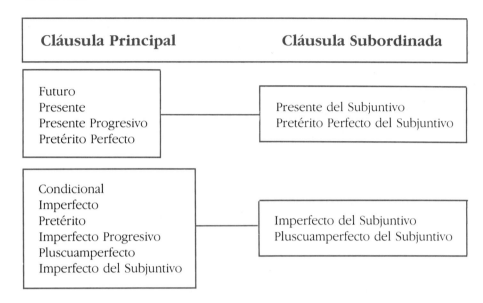

Cláusula Principal	Cláusula Subordinada
Futuro Presente Presente Progresivo Pretérito Perfecto	Presente del Subjuntivo Pretérito Perfecto del Subjuntivo
Condicional Imperfecto Pretérito Imperfecto Progresivo Pluscuamperfecto Imperfecto del Subjuntivo	Imperfecto del Subjuntivo Pluscuamperfecto del Subjuntivo

Práctica oral

11. Un día difícil. *Miguel ha estado todo el día en la oficina de tránsito tratando de renovar su permiso de conducir (licencia de manejar). ¿Qué dice?*

Llegué temprano para que no (tener) que esperar mucho tiempo. Esperé casi dos horas antes de que un funcionario me (llamar). El funcionario me dio unos formularios, diciéndome que los (llenar). Es increíble que (haber) tantos papeles que llenar. Llené los formularios, y se los devolví al funcionario para que los (revisar). Dudo que los (haber) examinado demasiado bien, pero a un funcionario así nunca le gusta que uno le (criticar) los procedimientos. Me dijo que me mandarían mi licencia por correo con tal de que todo (estar) en orden. Espero que (ser) cierto porque no podré manejar antes de que (llegar) el permiso. O por lo menos, no podré manejar legalmente.

12. ¿Qué le gustaría a la gente? *Combine los elementos de la primera columna con los elementos más lógicos de la segunda.*

EJEMPLO   **A mis profesores les gustaría que yo sacara mejores notas.**

1. Al banquero	a. yo / sacar mejores notas
2. A la administración	b. haber más igualdad entre los sexos
3. A los alumnos	c. los alumnos / no leer el diario en clase
4. A mis padres	d. bajarse la matrícula
5. A los profesores	e. nadie / protestar sus decisiones
6. A las feministas	f. todos / repagar sus préstamos

Las comunidades hispanas en los Estados Unidos

13. Informando al abuelo. *Mario está explicándole al abuelo lo que la gente dijo ayer. ¿Qué dice Mario?*

> MODELO Ana: —Quiero que me devuelvan el dinero.
> Estudiante 1: *(con voz de Ana)* **Quiero que me devuelvan el dinero.**
> Estudiante 2: *(con voz del abuelo)* **¿Qué dijo Ana?**
> Estudiante 3: *(con voz de Mario)* **Dijo que quería que le devolvieran el dinero.**

1. La banquera: —Necesito que Ud. firme aquí.
2. El gerente: —Estamos buscando a alguien que pueda trabajar por la tarde.
3. La funcionaria: —No quiero que nadie entregue las planillas hasta mañana.
4. El hotelero: —Me preocupa que no haya venido nadie.
5. El burócrata: —La administración prohibe que se pague por adelantado.
6. El ladrón: —Haré todo lo posible para entrar sin que me vean.
7. La secretaria: —Ud. puede dejar los documentos conmigo a menos que quiera hablar personalmente con el gerente.

14. Pedidos (entre dos). *Complete las oraciones de forma creativa, observando la correlación de tiempos.*

1. Me gustaría que...
2. Vamos a buscar a alguien que...
3. Quisiéramos que...
4. Nos molestó mucho que...
5. Me han dado dinero para que yo...
6. No me importa que...
7. Mi padre duda que...
8. No había nadie que...
9. Mis tíos prohibieron que...
10. Iremos al centro para que...

Nota cultural

Chicanos, puertorriqueños y cubanos

Se calcula que antes del final de este siglo, los hispanos formarán el grupo minoritario más grande de los Estados Unidos. Sin embargo, la comunidad hispana no es un grupo homogéneo sino una comunidad compuesta de varios grupos, todos con una historia propia e intereses distintos. De esos grupos, los más visibles son los chicanos, los puertorriqueños y los cubanos.

Los chicanos viven principalmente en el suroeste de los Estados Unidos, desde Texas hasta California. Muchos chicanos descienden de hispanoparlantes que vivían en esas tierras mucho antes de que fueran anexadas por los Estados Unidos. Texas, Nuevo México, Arizona, Utah, Colorado, Nevada y California fueron territorios mexicanos hasta el triunfo de los Estados Unidos en la guerra contra México en 1848. Aunque esa guerra estableció una **frontera** política entre los Estados Unidos y México, muchos creen que nunca ha habido una frontera sociológica **ya que** los hispanoparlantes de **ambos** lados de la frontera son parientes. También, se ha sugerido que el ir y venir de gentes entre los Estados Unidos y México que vemos ahora no es nada nuevo, sino la continuación de una migración que existía desde antes de la anexación.

frontera: línea política entre dos países
ya que: porque
ambos: los dos

Puerto Rico fue anexado por los Estados Unidos en 1898 después de la guerra de los Estados Unidos contra España. En 1917, se aprobó una ley dando la **ciudadanía** norteamericana a todos los puertorriqueños. Desde entonces, muchos puertorriqueños han inmigrado a los Estados Unidos, sobre todo al noreste del país. Pero igual que la inmigración mexicana del suroeste, la inmigración puertorriqueña es más bien una migración que consiste en un ir y venir de gentes. Pocos puertorriqueños quieren perder contacto con la isla.

ciudadanía: *citizenship*

De los grandes grupos hispanos en el país, los cubanos son los más recientes. Con el triunfo de Fidel Castro en 1958, más de un millón de cubanos, casi todos de clase media y alta, abandonaron la isla. Se establecieron en todas partes de los Estados Unidos, pero sobre todo en la Florida, donde forman un grupo de tremenda importancia política y económica.

21.5   Más expresiones para narrar

Más expresiones para narrar

1. **Darse cuenta de** y **darse cuenta de que:** *reconocer, ver de pronto*

   Cuando el mecánico revisó el coche, **se dio cuenta** del problema inmediatamente.

   Al ver que la puerta estaba abierta, **nos dimos cuenta de que** alguien había entrado sin permiso.

   a. **Darse cuenta de** se combina con sustantivos; **darse cuenta de que** se combina con cláusulas.

   b. **Darse cuenta de/que** se traduce al inglés con *to realize*; note que **realizar** en español no es igual que **darse cuenta. Realizar** significa llegar a una meta. Por ejemplo:

   Al volver a su patria, Isabel realizó su sueño.

Realizó su meta.

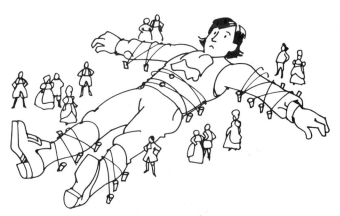

Se dio cuenta de que tenía un problema.

2. **Ya que** y **como:** *since* en una secuencia lógica

Ya que no tengo que trabajar este fin de semana, pienso ir a la playa.

Como no tengo tiempo para ver televisión, no voy a comprar un televisor.

3. **Desde** y **desde que:** *since* en una secuencia temporal

a. **Desde** se une con sustantivos

No he visto a María **desde** el año pasado.

Nos dijeron que habían vivido en la misma casa **desde** 1963.

b. **Desde que** se combina con cláusulas.

Mi vida ha cambiado totalmente **desde que** empecé a estudiar.

Desde que Mario vino a vivir con nosotros, hay una nueva alegría en la casa.

4. **Cada vez más, cada vez menos, cada... más** y **cada... menos:** *progresivamente más* y *progresivamente menos*

Ya que se acerca el fin del semestre, estamos estudiando **cada vez más.**

Ya que Miguel trabaja de noche, lo veo **cada vez menos.**

La gramática me parece **cada vez más** fácil.

Con la inflación, parece que estamos ganando **cada vez menos** dinero.

Desde que me dieron el ascenso, estoy trabajando **cada día más** y mi jefe está trabajando **cada día menos.**

Práctica oral

15. La telenovela. *Las telenovelas funcionan en base de revelaciones inesperadas en las que alguien se da cuenta de que su enamorado es en verdad su hermano o que la criada es en verdad su madre. ¿Qué pasó en la telenovela a continuación?*

MODELO Ricardo / el chófer era su padre

→ **Ricardo se dio cuenta de que el chófer era su padre.**

1. la familia González / el ladrón era su hijo
2. Marisela y Josefina / la fortuna de la familia había desaparecido
3. el chófer / su patrón estaba enamorado de su hija
4. JR / los abogados le habían robado todo su dinero
5. la señora Martín / su esposo tenía una nueva querida
6. Josefina y su esposo / su hijo quería divorciarse
7. después de recuperar su memoria, Nicolás / su novia se había hecho monja
8. después de ver la telenovela, yo / tenía mejores cosas que hacer

16. Inversiones. *Gloria está cansada de decir* **porque** *y ahora comunica las mismas ideas usando* **ya que** *o* **como.** *¿Cómo invierte Gloria sus oraciones?*

MODELO No pedí el documento porque estaba cansada.

→ **Ya que estaba cansada, no pedí el documento.**

→ **Como estaba cansada, no pedí el documento.**

1. No firmé el contrato porque quería hablar con mi abogado primero.
2. No me dieron la beca porque mis padres ganaban demasiado.
3. No invité a Gumersinda a mi fiesta porque ella no me invitó a su fiesta.
4. Acepté el trabajo porque necesito trabajar en algo.
5. No llené la planilla porque no la entendía.
6. Me aceptaron el cheque porque conocen a mi madre.

17. Motivos. *Usando un motivo de la segunda columna, explique por qué la gente en la primera columna está como está.*

> EJEMPLO   **Mario está contento desde que conoció a Esteban.**

1. Mario está contento desde / desde que
2. Inés se siente sola desde / desde que
3. Mis padres me llaman mucho desde / desde que
4. El coche anda mejor desde / desde que
5. Los alumnos están menos nerviosos desde / desde que
6. Ricardo y Jorge comen más desde / desde que
7. Ana está mejor desde / desde que

a. casarse
b. mudarse
c. la primavera
d. empezar a hacer ejercicio
e. el último examen
f. estar en el garage
g. Navidad
h. conocer a ?

18. Chismes y Confesiones (entre dos). *Con un/a compañero/a de clase invente oraciones sobre las tendencias de gente que Uds. conocen, usando las expresiones en negrilla.*

> EJEMPLOS   → **Parece que** *(nombre de una persona)* **está comiendo** *cada vez más.*
> → **Parece que** *(nombre de varias personas)* **están estudiando** *cada vez menos.*
> → **Mario está viendo a su amor** *cada día menos.*
> → **Yo estoy saliendo con...** *cada día más.*

Algunos verbos posibles:

comiendo	trabajando	viendo (a)
estudiando	leyendo	visitando a
saliendo con	jugando (con)	bañándose
bebiendo	hablando con	flirteando con

19. Informe. *Informe al resto de la clase sobre los chismes y confesiones de la* Práctica *anterior.*

APRENDA INGLES

OPERACION DE COMPUTADORAS -CONTABILIDAD

EN UN SOLO CURSO DE 800 HORAS
NO NECESITA EL DIPLOMA DE ESCUELA SUPERIOR

ESTUDIE DE LUNES A JUEVES
POR LA MAÑANA O POR LA NOCHE
BECAS Y PRESTAMOS FEDERALES
DISPONIBLES SI CALIFICA

CREACIÓN

Lectura

Retrato de Rafael

El personaje de Rafael está basado en la vida real de tres amigos cubanos del autor. Aunque Rafael, **tal y como** *se describe aquí, no es una sola persona, todas sus experiencias son reales.*

Nacido en Cuba en 1947, Rafael González Alejandro ha vivido en los Estados Unidos desde que tenía quince años cuando sus padres, por motivos políticos, tuvieron que abandonar su patria, sin llevar más de lo que cabía en tres maletas. Llegaron a la Florida sin ninguna idea de cómo se ganarían la vida. Como sus únicos amigos eran los mismos refugiados que los acompañaban, no conocían a nadie en su nuevo país. Pero tenían una gran determinación de **salir adelante,** de hacer una nueva vida en un nuevo país y nunca perderla como habían perdido la otra.

Más o menos típica, la familia de Rafael, antes del triunfo de Fidel Castro, había llevado en Cuba una vida **cómoda** de clase media. Su padre era un médico cuyas responsabilidades **tenían que ver** con el ejército en el cual tenía varios amigos. También era dueño de varias casas que alquilaba. Tenían dos coches y varios

tal y como: exactamente como

salir adelante: progresar, tener éxito

cómodo: confortable

tener que ver: estar relacionado con

Una radiodifusora de lengua española en los Estados Unidos

sirvientes que no sólo ayudaban con los quehaceres de la casa, sino que también se ocupaban de los niños, dejando libre así a la Sra. González para actividades de tipo cultural, social y religioso.

Como todo hijo de familia **acomodada,** Rafael y su hermana, Inés, habían asistido a escuelas privadas en las que recibieron una sólida preparación tradicional. Inés **cumplió** con las esperanzas de sus padres, casándose con un abogado, y se pensaba que Rafael también viviría de acuerdo con los planes de sus padres: haría un viaje largo a los Estados Unidos para aprender inglés, volvería a Cuba, estudiaría medicina o derecho, y se casaría con una chica de su misma clase social.

El triunfo de Fidel Castro cambió esos planes para siempre. **Luego de** tomar el poder, Fidel comenzó a socializar el país. Nacionalizó compañías privadas y formó **granjas** colectivas. Sus acciones provocaron graves tensiones internacionales y una fuerte resistencia de parte de las clases acomodadas en Cuba. Pero Fidel les ofreció a los cubanos solamente dos caminos: o colaborar con la revolución o irse. Muchos **optaron** por irse, entre ellos la familia de Rafael.

Rafael, que tenía apenas quince años en ese momento, entendía poco de política, aunque le impresionaron mucho las tremendas peleas que tuvieron su padre y su cuñado, que era un comunista declarado y un gran **partidario** de Fidel. Los intereses de Rafael, como los de casi todos sus amigos, eran los deportes, los amigos y Adriana, su primera novia. Pero pronto se dio cuenta de que la vida que tanto le gustaba no podría seguir. Su padre perdió todas sus propiedades y también su trabajo. Más adelante, cuando se acusó al padre de ser enemigo de la revolución por sus contactos con el gobierno anterior, Rafael comprendió que la familia tendría que irse.

Abandonar el país fue más que una separación o una **despedida;** fue un **desgarramiento** de una vida, de una tradición, de amigos y de parientes. Inés, la hermana mayor de Rafael, llegó a último momento al aeropuerto para **despedirse** de la familia, pero su esposo, que estaba totalmente **enemistado** con su suegro y la política que representaba, prefirió quedarse en casa. Desde ese momento, no **han vuelto a verse,** y los González no conocen a los hijos de Inés.

Ya en los Estados Unidos, Rafael y sus padres no tardaron en darse cuenta de que nunca volverían a Cuba, y que tendrían que adaptarse a la vida norteamericana según las reglas de juego de los Estados Unidos. Fue así que una familia acomodada y próspera se vio obligada a aceptar trabajos manuales para los cuales no tenían ninguna experiencia. Pero tenían una gran fe en sí mismos, y muy pronto se dedicaron a recuperar algo de lo que habían perdido.

A una semana de llegar, Rafael y su familia se matricularon en un instituto de inglés, y llenaron los formularios necesarios para pedir residencia en los Estados Unidos. Como en los Estados Unidos no se reconoció el título de médico del padre, no pudo ejercer su profesión. Después de un año de estudios intensivos del inglés pudieron entrar en un *Junior College,* estudiando de día y trabajando de noche. No vivían con **lujos,** pero con los **ingresos** de los tres, tampoco les faltaba lo esencial. Después de dos años de *Junior College,* se matricularon en una universidad estatal donde se graduaron juntos—Rafael en economía y sus padres en pedagogía de lenguas.

acomodado: próspero

cumplir: *to fulfill*

luego de: inmediatamente después de
granja: *farm*
optar: decidir

partidario: del mismo partido, de las mismas ideas

despedida: acto de decir "adiós"
desgarramiento: separación violenta
despedirse: decir "adiós"
enemistado: alienado, hecho enemigo
volver a verse: verse de nuevo

lujos: cosas caras
ingresos: ganancias

Las comunidades hispanas en los Estados Unidos

Los padres consiguieron empleo en una escuela secundaria como profesores de español, pero Rafael quería continuar sus estudios. Como muchos de sus nuevos amigos norteamericanos, alquiló un pequeño departamento cerca de la universidad y se mudó de la casa de sus padres—algo que nunca habría hecho en Cuba donde los hijos solteros vivían con sus padres hasta casarse.

Era la época de los sesenta, de las grandes manifestaciones contra la guerra en Vietnam, de la revolución sexual y de la politización izquierdista de muchos jóvenes norteamericanos. Como estudiante graduado, Rafael se encontró por primera vez en los Estados Unidos con gente que defendía a Castro y a la revolución cubana, pero Rafael, **en base de** sus propias experiencias, nunca podría perdonar a Fidel y sus partidarios. Una vez, sin embargo, cuando mencionó a sus padres que la revolución no era tal vez totalmente mala, se **armó tal escándalo** que jamás volvieron a hablar del **asunto.**

Cuando Rafael terminó la **maestría** en Miami, fue aceptado en un programa doctoral en ciencias económicas en *MIT*, donde se especializó en problemas de desarrollo en «tercer mundo.» Después de **recibirse** en *MIT*, publicó varios libros y numerosos artículos en su especialidad. Gracias a su extraordinaria competencia como economista, llegó a ocupar un alto **puesto** en una de las universidades más prestigiosas de los Estados Unidos, y también hizo mucho trabajo para el gobierno. Aun hoy, se está haciendo cada vez más famoso. A los treinta y cuatro años, se hizo ciudadano norteamericano y ahora está casado con una norteamericana. Tienen tres hijos—ninguno de los cuales habla español.

Por fuera, Rafael, como muchos inmigrantes cubanos, parece muy asimilado. Pero a pesar de su éxito **descomunal** en los Estados Unidos, Rafael sigue siendo una persona dividida. Por un lado, reconoce que en los Estados Unidos ha tenido grandes oportunidades para salir adelante, pero por otro lado sabe que sus orígenes personales están en otro país, en el que ha habido muchos cambios y que se parece poco a la Cuba de sus años jóvenes. También sabe que sus hijos están cada vez más lejos de su cultura hispana, que sus nietos se criarán hablando inglés, que tendrán una formación totalmente angloamericana y que **a la larga** lo único que les quedará de sus raíces cubanas es el apellido.

Rafael es una persona entre dos generaciones y dos culturas: nunca fue cubano como sus padres lo son, pero tampoco será norteamericano como su mujer y sus hijos. A veces esa ambivalencia cultural lo exaspera, pero también le da a su vida ricas dimensiones que pocos tienen.

en base de: con la evidencia de
armar un escándalo: hacer un escándalo
asunto: tema
maestría: el *MA*
recibirse: graduarse
puesto: un trabajo con título
por fuera: en la superficie
descomunal: extraordinario

a la larga: al último, después de todo

Preguntas

1. Describa la vida de Rafael y su familia en Cuba. 2. Compare las raíces de Rafael con las de Ana (*Lectura, Capítulo 13*), o las de David Candelaria (*Lectura, Capítulo 10*). ¿Qué diferencias hay? ¿Vinieron a los Estados Unidos por los mismos motivos? ¿Tenían una formación social parecida? 3. ¿Qué medidas de la revolución castrista afectaron específicamente a la familia de Rafael? ¿Cómo habrían afectado esas medidas a Ana? 4. Describa los efectos que la revolución tuvo en las relaciones entre los miembros de la familia de Rafael. 5. ¿Cómo se prepararon los González Alejandro para nuevas carreras en los Estados Unidos? 6. ¿En qué sentido sigue siendo Rafael una persona dividida?

En contexto

¿ Cómo se hace para comenzar y terminar una carta ?

Saludos formales

Estimado Señor Gómez:	Muy señor nuestro:
Estimada Srta. Duarte:	De mi estima:
Estimados Señores:	A quien corresponda:

Saludos a amigos

Querida Margarita,   Querido Juan,

Despedidas formales

Atentamente,	Atentamente le(s) saluda,
Juan Manuel Gómez	M. Teresa del Valle

Despedidas amistosas

Un abrazo,	Un beso de quien siempre te recuerda,
Nicolás	Carmen

Situaciones

Situación 1   Ud. está en la oficina de la administración y necesita informarse sobre su programa para el semestre que viene. Consiga la información usando pedidos muy corteses. Un/a compañero/a de clase puede hacer el papel de la persona en la administración que le contesta esas preguntas.

Situación 2   Con unos compañeros de clase, prepare una obra teatral sobre un encuentro con la burocracia—del gobierno, del estado, de su universidad, de la aduana, etc. Use su español más cortés.

Situación 3   Prepare otra obra teatral como la del tema anterior, pero con intenciones paródicas.

Situación 4   Hay en los Estados Unidos actualmente grandes comunidades de inmigrantes hispanos, de México, de Puerto Rico, de Cuba y de muchas otras partes del mundo hispano. Póngase en contacto con uno de esos inmigrantes para entrevistarlo acerca de su vida. Use la *Lectura* como guía.

Composición

Tema 1   Escriba una carta pidiendo información sobre algún trámite burocrático—cómo conseguir un permiso de conducir, cómo conseguir que se cambie una nota, cómo pedir un pasaporte, cómo se consiguen las planillas necesarias para pedir una beca o solicitar entrada a la universidad, etc. Use la sección *¿ Cómo se hace... ?* como punto de partida.

Tema 2   Escriba una mini-biografía sobre la persona que Ud. entrevista en la *Situación 4* en la sección anterior. Use la *Lectura* de este capítulo, la *Lectura* del *Capítulo 13* ("Retrato de Ana") y la *Lectura* del *Capítulo 10* ("Retrato de David Candelaria") como guía.

Vocabulario activo

sustantivos relacionados con la burocracia

la aduana — *customs house*
la advertencia
el apellido materno
el apellido paterno
la beca — *scholarship*
el certificado

la comisaría
la comunidad
el domicilio
el instituto
el lema
la licencia de conducir

el lugar de nacimiento
la matriculación
la multa — *fine*
el pedido
la planilla — *form*
el requisito — *requirement*

el sello
la solicitud — *application*
la tarifa
el territorio
el trámite — *bureaucratic process / paperwork*

personas relacionadas con la burocracia

el/la aduanero/a
el/la burócrata
el/la ciudadano/a

el/la funcionario/a
el/la graduado/a
el/la informante

el/la partidario/a
el/la refugiado/a
el/la sinvergüenza

el/la soltero/a
el/la usuario/a
el/la vocero/a

expresiones verbales

acompañar
acusar
adaptarse
asegurar
asimilarse
cancelar

certificar
desaparecer
documentar
enemistarse
exasperar
estrañar

firmar
llenar un formulario
matricularse — *to enroll*
multar — *to fine*
optar

poner una multa
poner un sello
renovar (ue)
reprobar (ue)
solicitar

otros sustantivos

la ambivalencia
el complejo

el consejo
el desgarramiento

la despedida
el lujo

la molestia
la rectificación

adjetivos

acomodado, -a
alienado, -a
amargo, -a
amistoso, -a

angloamericano, -a
asimilado, -a
bilingüe
burocrático, -a

cómodo, -a
descomunal
electivo, -a
extraño, -a

facultativo, -a
inesperado, -a

expresiones útiles

actualmente
aprobar (ue) un curso

de mi estima
reprobar (ue) un curso

salir aprobado, -a

salir reprobado, -a

CAPÍTULO 22
El amor y el desamor

Dos novios recostados en el parque

EXPOSICIÓN

¿Qué hora **sería** cuando Teresa llegó?
No sé; **serían** las tres o las cuatro de la madrugada.

¿Quién **sería** la chica que estaba con Francisco?
No sé; **sería** su nueva novia.

= **Me pregunto** quién **era** la chica que estaba con Francisco.
= No sé; **probablemente era** su nueva novia.

¿Con quién **estaría** comprometido Marco cuando conoció a Inés?

= **Me pregunto** con quién **estaba** comprometido Marco cuando conoció a Inés.

Estaría comprometido con Viviana.

= **Probablemente estaba** comprometido con Viviana.

El condicional para indicar probabilidad o conjetura

1. El condicional se usa para indicar probabilidad o conjetura con respecto a eventos que normalmente se expresan en el imperfecto. Las oraciones de arriba son más o menos equivalentes.
2. En una pregunta, el condicional comunica la idea de "Me pregunto."
3. En una afirmación, el condicional comunica la idea de "probablemente."

Práctica oral

1. Chismeando sobre la reunión de la oficina. *Hubo una reunión para los empleados de la oficina, pero Julia y Nicolás no fueron. Por lo tanto, ninguno de ellos está seguro de quiénes estaban y qué hacían. ¿Cómo son sus preguntas?*

MODELO   Hugo / estar con Adelina → **¿Estaría Hugo con Adelina?**

1. Javier / poder venir
2. mucha gente / haber
3. Jorge y Aída / estar enamorados
4. todos / prestar atención
5. Gloria / tener otro novio
6. algunos / pensar que la reunión no valía la pena
7. el jefe / nos extrañar

2. Chismeando II. *Julia y Nicolás también están especulando sobre los motivos de otra gente que no fue a la reunión. ¿Qué dicen?*

MODELO   Manuel (estar en casa)
Estudiante 1: **¿Qué pasaría con Manuel?**
Estudiante 2: **No sé; estaría en casa.**

1. Alejandro (sentirse mal)
2. Federico (no tener ganas de venir)
3. Micaela (estar enojada con el jefe)
4. Ricardo (tener que trabajar)

    5.   David y Miguel (estar enfermos)   7.   Ana y Raúl (estar fuera)

    6.   tu hermano (tener poco interés)   8.   nosotros (estar aburridos)

3. Revisiones históricas.   *La historia suele no grabar los pensamientos de la gente durante los grandes momentos. Con un/a compañero/a de clase especule un poco sobre lo que la gente a continuación estaría pensando en los contextos dados.*

> EJEMPLO   Benjamín Franklin en la tormenta / dónde está el paraguas
>
> Estudiante 1:   **¿ Qué estaría pensando Benjamín Franklin en la tormenta ?**
>
> Estudiante 2:   **Estaría pensando dónde está el paraguas.**

    1.   Washington cuando cortó el cerezo / que era un árbol feo

    2.   Napoleón cuando lo exilaron a Elba / qué hace la gente en Elba los fines de semana

    3.   Colón al ver a los indígenas por primera vez / por qué no hablan español

    4.   Bach cuando tocó un piano por primera vez / dónde está mi clavicordio

    5.   Adán cuando vio a Eva por primera vez / quién es esa chica que vende manzanas

    6.   su profesor/a de español cuando los vio a Uds. por primera vez / ¡ qué clase más hermosa !

    7.   tus antepasados cuando llegaron a este país / cómo serán nuestros descendientes

    8.   Julieta cuando vio a Romeo por primera vez / quién es ese bombón

    9.   tus padres cuando te vieron a ti por primera vez / ? ? ?

4. Más revisiones históricas (entre dos).   *Con un/a compañero/a de clase invente más grandes pensamientos de gente famosa en sus grandes momentos. Use la* Práctica *anterior como punto de partida. Después informe a sus compañeros de clase sobre sus revisiones especulativas.*

★ Consejero Espiritual —— **Profesor Avilés** —— Parasicólogo ★ ★ ★
Con absoluta Garantía te devuelvo la felicidad perdida. Resuelvo tu problema por difícil que sea. Curo enfermedades desconocidas, vicios, nerviosismo y timidez. Retiro mala suerte, brujos y enemigos ocultos. Doy suerte para todo y reúno a los separados.
Todo Garantizado y Confidencial.

22.2   Sinopsis: tiempos verbales que también indican probabilidad o conjetura

A. Se usa el futuro para indicar probabilidad o conjetura con respecto a un evento correspondiente al presente (§17.4).

¿Dónde **estará** el jefe?	= **Me pregunto** dónde **está** el jefe.
Estará con su esposa.	= **Probablemente está** con su esposa.
	o **Debe estar** con su hija.
¿Qué hora **será**?	= **Me pregunto** qué hora **es.**
Serán las once y media.	= **Probablemente son** las once y media.
	o **Deben ser** las once y media.

B.   Se usa el futuro perfecto para indicar probabilidad o conjetura con respecto a un evento correspondiente al pretérito (§17.4).

¿Por qué me **habrá abandonado** Edgardo?	= **Me pregunto** por qué me **abandonó** Edgardo.
Te **habrá abandonado** porque tiene mal gusto.	= **Probablemente** te **abandonó** porque tiene mal gusto.
¿Cuándo se **habrán casado** los Sres. López?	= **Me pregunto** cuándo se **casaron** los Sres. López.
Se **habrán casado** hace unos diez años.	= **Probablemente** se **casaron** hace unos diez años.

C.   Se usa el condicional para indicar probabilidad o conjetura con respecto a un evento correspondiente al imperfecto (§22.1).

¿Con quién **andaría** Roberto anoche?	= **Me pregunto** con quién **andaba** Roberto anoche.
Andaría con su nueva amiga italiana.	= **Probablemente andaba** con su nueva amiga italiana.
¿**Estarían** muy enamorados mis padres cuando se casaron?	= **Me pregunto** si mis padres **estaban** muy enamorados cuando se casaron.
Estarían locamente enamorados.	= **Probablemente estaban** locamente enamorados.

Sinopsis:

Probabilidad en el presente	→	Futuro
Probabilidad en el pretérito	→	Futuro perfecto
Probabilidad en el imperfecto	→	Condicional

estar comprometido

el abrazo

el anillo de compromiso

la boda

el beso

Práctica oral

5. Especulaciones sobre gente famosa. *Usando el futuro para conjeturas en el presente, comparta chismes o invente ficciones sobre gente que todo el mundo conoce.*

EJEMPLO **Elizabeth Taylor estará enamorada de un hombre misterioso.**

1. Elizabeth Taylor
2. Eddie Murphy
3. Tom Cruise
4. Bruce Springsteen
5. Whoopi Goldberg
6. *(nombre de un político)*
7. *(nombre de alguien en la clase)*
8. ???

a. tener más dinero que...
b. querer ser presidente de...
c. estar enamorado/a de...
d. querer estar con...
e. estar pensando en...
f. vivir en *(con)*...
g. ser muy...
h. ???

6. La cita entre Sebastián y Cecilia. *Jacinta y Santiago están especulando sobre la cita entre dos amigos suyos. ¿Qué dicen? (Si no se da el sujeto, haga la pregunta en plural.)*

MODELOS Sebastián / llevarla a cenar → **¿ La habrá llevado a cenar Sebastián ?**

ir a tomar una copa → **¿ Habrán ido a tomar una copa ?**

1. Sebastián / decirle que la quiere
2. Sebastián / declararse
3. Sebastián / regalarle el anillo
4. Cecilia / aceptarlo
5. hablar de su futuro juntos
6. fijar una fecha para la boda
7. decidir a quién van a invitar
8. seleccionar una iglesia para la boda

7. Trivia. *Usando el pretérito o el pretérito perfecto, diga la fecha exacta (pretérito) o una fecha posible (futuro perfecto) para los eventos históricos a continuación.*

MODELOS Colón / descubrir América / 1492
→ **Colón descubrió América en 1492.**

Balboa / descubrir el océano Pacífico / 1512 o 1513
→ **Balboa habrá descubierto el océano Pacífico en 1512 o 1513.**

1. la primera guerra mundial / comenzar / 1914
2. la guerra civil de los Estados Unidos / terminarse / 1865 o 1866
3. Abraham Lincoln / morir / 1865
4. Martín Lutero / clavar sus tesis en la iglesia de Wittenberg / 1517 o 1518
5. William Shakespeare / escribir *Hamlet* / después de escribir *Julio César*
6. Cortés / llegar a las playas de México / 1519 o 1520
7. Thomas Jefferson / escribir la Declaración de la Independencia / 1776
8. los Estados Unidos / retirarse de Vietnam / 1973 o 1974
9. Ronald Reagan / hacerse presidente / 1985
10. México / perder la mitad de su territorio a los Estados Unidos / 1848 o 1849
11. Hitler / invadir Polonia / 1939
12. nuestro/a profesor/a de español / comenzar a enseñar / ?

8. Estados de ánimo. *Usando el condicional, especule sobre el estado de ánimo de la gente a continuación después de los eventos descritos.*

> MODELO   Después de perder en Waterloo, Napoleón / contento o deprimido
> → **Después de perder en Waterloo, Napoleón se sentiría deprimido.**

1. Después de triunfar sobre los españoles, Simón Bolívar / bien o mal
2. Después de descubrir la vacuna contra la poliomielitis, Jonas Salk / animado o triste
3. Después de perder la cabeza, Ana Bolena / furia o nada
4. Después de perder la Armada Invencible, Felipe II / lleno de confianza o decepcionado
5. Después de ver el éxito de *Don Quixote*, Cervantes / feliz o triste
6. Después del Segundo Concilio Vaticano, los católicos liberales / satisfechos o preocupados
7. Después de perder las elecciones, ?
8. Después de perder el partido contra ? , nuestro equipo de fútbol / ?

22.3

Los chicos **se** miraron **a sí mismos** en el espejo.
Todo el mundo habla **consigo mismo** a veces.

¿Dónde **te** escuchas **a ti mismo**?	**Me** escucho **a mí mismo** en el laboratorio de lenguas.
¿Por qué tienen tantos problemas esos chicos?	Tienen problemas porque no **se** conocen bien **a sí mismos.**
¿Quién nos va a defender?	Tenemos que defender**nos a nosotros mismos.**
¿Para quién trabaja Ud.?	Yo trabajo **para mí misma.**
¿Cómo son tus amigos?	Son muy buenos; parecen interesarse poco **por sí mismos.**
¿Nos van a ayudar esas chicas?	No creo; a esa edad sólo piensan **en sí mismas.**
¿De quién podemos depender?	Sólo podemos depender **de nosotros mismos.**
¿Con quién estabas hablando?	Estaba hablando con una persona honesta: **conmigo mismo.**

A. *Mismo, misma, mismos* y *mismas* después de preposiciones

1. **Mismo, misma, mismos** y **mismas** se combinan con **a** para formar frases de clarificación para el reflexivo verdadero *(ver §10.1)*
2. Se combinan con otras preposiciones para indicar que el sujeto del verbo es también el complemento de la preposición.
3. Después de **con**, se dice **conmigo mismo, contigo mismo** y **consigo mismo.**

Estudie:

Después de la boda, los novios **se** abrazaron y **se** besaron.

Vosotros **os** llamáis por teléfono muy a menudo, ¿verdad?

Los novios **se** abrazaron, **el uno a la otra.**

Mis tías solteras **se** cuidan **la una a la otra.**

Los alumnos **se** ayudan **los unos a los otros.**

Todas mis amigas **se** apoyan mucho **las unas a las otras.**

Todos están bailando, **los unos con los otros.**

Elena se mira a sí misma.

Elena y Juana se miran a sí mismas.

Elena y Juana se miran la una a la otra.

B. El reflexivo recíproco

1. El reflexivo recíproco es una construcción reflexiva que indica un intercambio entre los miembros de un sujeto plural.

2. Cuando el reflexivo recíproco requiere clarificación, se dice **el uno al otro, el uno a la otra, la una a la otra, los unos a los otros, las unas a las otras,** etc. Compare:

Los socios de ese club se quieren mucho.

Los socios de ese club se quieren mucho **a sí mismos.**

Los socios de ese club se quieren mucho **los unos a los otros.**

3. Las frases de clarificación del reflexivo recíproco también se usan en otros contextos:

Los niños están jugando, **los unos con los otros.**

Los antagonistas están pensando, **el uno en el otro.**

Práctica oral

9. Gente egoísta. *La gente es muy egoísta. ¿Cómo se describe su egoísmo?*

MODELO   Ricardo / amarse   →   **Ricardo sólo se ama a sí mismo.**

1. esos chicos / adorarse
2. Rosencrantz y Guildenstern / creer en
3. Don Tremendón / hablar de
4. yo / hablar con
5. tú / confiar siempre en
6. Gumersinda / nunca desconfiar de

10. **Clarificaciones.** *Complete las oraciones con frases de clarificación recíproca.*

> MODELO   Mi amigo y yo nos queremos...
>
> →   **Mi amigo yo nos queremos el uno al otro.**

1. Mis compañeros se defienden...
2. Las dos alumnas se ayudan...
3. Mis tíos se cuidan...
4. Después de un gol los jugadores se abrazan...
5. Mis hermanos y yo nos comprendemos...
6. ¿Os ayudáis...
7. Todos los miembros de mi familia se apoyan...

11. **Antropología** (entre dos).   *Ud. es un/a antropólogo/a famoso/a y un/a periodista le está preguntando sobre las costumbres en distintos contextos sociales. ¿Cómo contesta Ud.?*

> EJEMPLO   los hombres / abrazarse
> Estudiante 1:   **¿En qué contexto social** *(sociedad, cultura)* **se abrazan los hombres, los unos a los otros?**
> Estudiante 2:   **En una cancha de fútbol, después de ganar un partido, los hombres se abrazan, los unos a los otros en los Estados Unidos.**

1. las mujeres / abrazarse
2. las mujeres y los hombres / abrazarse
3. los hombres / no tocarse
4. los hombres / besarse en la mejilla
5. los hombres / besarse en la boca
6. las mujeres / besarse
7. los hombres / tocarse sólo la mano
8. los hombres / abrazarse

12. **Informe antropológico.**   *Ud. se llama Margaret Mead (o Claude Lévi-Strauss) y tiene que dar un informe a la clase sobre los grandes descubrimientos que Ud. y su compañero/a hicieron en la* Práctica *anterior.*

Nota cultural

Un abrazo y un beso

Muchos norteamericanos, cuando visitan un país hispano por primera vez, tienen que aprender a saludar y a **despedirse** según nuevas normas sociales porque las **costumbres** no son iguales. Algunas de esas nuevas normas incluyen:

1. *El beso.* Es muy común en el mundo hispano que un amigo y una amiga se saluden y se despidan con un beso en la **mejilla. Desde luego,** ese beso es un beso amistoso, se podría decir victoriano, que no sugiere ninguna intención romántica.

2. *Dar la mano.* Si no se besan cuando se saludan, los hispanos siempre se dan la mano, igual que en los Estados Unidos. Pero a diferencia de los Estados Unidos, los hispanos también siempre dan la mano para despedirse. **De hecho,** se considera una falta de **atención** no darse la mano para despedirse.

despedirse: decir "adiós"
costumbre: práctica cultural
mejilla: *cheek*
desde luego: obviamente
de hecho: en verdad, *indeed*
atención: cortesía

3. *El abrazo.* También entre amigos—hombres con hombres, mujeres con hombres, y mujeres con mujeres—es muy común el **abrazo,** a veces para saludar y a veces para despedirse. De hecho, en ocasiones festivas como los cumpleaños, la Navidad o las fiestas de fin de año, el abrazo es obligatorio entre buenos amigos. En los Estados Unidos, los hombres no suelen tocarse tanto, pero en el mundo hispano es muy común que dos hombres se abracen, o que caminen por la calle con el brazo del uno sobre el hombro del otro.

abrazo: *hug*

22.4

Se descompuso el radio.
A Juan se le descompuso el radio.

Se cayó el vaso.
Se quebraron varios discos.
Se descompuso el estéreo.
Se rompieron las ventanas.
Se perdieron las llaves.
Se quemó la casa.
Se murió el gato.
Se destruyeron los papeles en la tormenta.

A.   La construcción reflexiva para eventos inesperados

1. El reflexivo muchas veces describe un evento inesperado o accidental.

2. Con eventos inesperados, el reflexivo indica que el evento ocurre sin influencia exterior—que nadie tiene la culpa. Compare:

Perdí las llaves.	*La construcción transitiva indica que la pérdida fue por descuido a por intención.*
Se perdieron las llaves.	*La construcción reflexiva sugiere que la pérdida fue un accidente, que nadie tiene la culpa.*

Estudie:

—Luisa, ¿cómo te fue el día?
—Un desastre total. Se **me** descompuso el reloj, así que no me desperté hasta tarde. Se **nos** quemó el desayuno, así que nadie comió nada. Llamó mi madre diciendo que se **le** habían perdido las llaves del coche, así que tuve que ir a buscarla. Después volvieron mis chicos temprano de la escuela porque se **les** había olvidado su dinero para el almuerzo. Por lo tanto, el día ha sido fatal. ¿Y tu día? ¿Cómo te ha ido?

B. Pronombres del complemento indirecto con eventos inesperados

1. Se usa un pronombre del complemento indirecto para indicar quién fue afectado por un evento inesperado:

Se me perdieron las llaves.

"Se perdieron" indica que el evento fue inesperado. "Me" indica que el hablante fue afectado por el evento.

Se nos murió nuestro perro.

"Se murió" indica que el evento fue inesperado. "Nos" indica que el evento nos afectó a nosotros.

2. Con eventos inesperados, el complemento indirecto se usa muchas veces con una frase de clarificación o de énfasis:

A mí se **me** fueron mis dos mejores amigos.
A Ricardo se **le** olvidaron sus apuntes del curso.
A nosotros se **nos** quedó la tarea en la biblioteca.
A mis hijos se **les** perdió la llave de la casa.
A los chicos se **les** acabaron los bombones.
A los Sigüenza se **les** quemó la casa.

Práctica oral

13. La vida trágica de Pepe Nopales.   *Pepe Nopales es un muchacho que nació bajo mala estrella. Todo le va de mal en peor. Aquí está narrando todos los desastres que ha sufrido últimamente. ¿Qué dice?*

MODELO   quemarse la casa   →   **Se me quemó la casa.**

1. morirse el perro
2. cancelarse mi línea de crédito
3. quemarse la casa y el garage
4. irse la novia
5. perderse las tarjetas de crédito
6. olvidarse el cumpleaños del único amigo rico que tengo
7. terminarse los bombones

14. Cosas de la vida.   *En este mundo algunas personas tienen suerte y otras no. Diana y Francisco están comentando la suerte de sus amigos. ¿Qué dicen?*

MODELO   Ricardo / irse la novia   →   **A Ricardo se le fue la novia.**

1. Marco e Isabel / olvidarse la tarea
2. Susana / quedarse los libros en casa
3. nosotros / acabarse la granola
4. Raquel / caerse un diente
5. los García / chocarse el coche
6. Roberto / enfermarse una hija
7. las niñas / ensuciarse las faldas
8. a ti / romperse el pantalón
9. a mí / desaparecer la cartera
10. papá / quemarse la comida

15. Motivos. *Explique por qué la gente descrita en la primera columna a continuación siente lo que siente. Busque un motivo lógico en la segunda columna.*

EJEMPLO   **María y Teresa no tienen la tarea porque se les quedó en casa.**

1. Jaime está triste.
2. No podemos bailar en casa.
3. No puedo usar el coche.
4. Ricardo no puede entrar en casa.
5. Marco y Antonio no pueden salir de casa esta noche.
6. Llegué tarde a la fiesta.
7. Nos despertamos tarde.
8. No tenemos nuestros libros.
9. ???

a. irse el/la novio/a
b. morirse el gato (el perro)
c. perderse la llave
d. ensuciarse la camisa (la falda)
e. acabarse la gasolina
f. enfermarse un hijo
g. descomponerse el tocadiscos
h. quemarse la comida
i. casarse el/la novio/a con otro/a
j. descomponerse el reloj
k. quedarse en...

16. Explicaciones hábiles (entre dos).   *Ud. tiene que inventar un buen pretexto para salir de las situaciones a continuación. Invente algo bueno porque su fama, su nota, su vida romántica—todo puede estar en peligro.*

1. Ud. vuelve a su coche y ve a un policía que va a ponerle una multa. ¿Qué le dice Ud.?
2. Ud. tiene una cita con su novia/o pero ha llegado muy tarde. ¿Cómo explica Ud. su tardanza?
3. Ud. está en un restaurante con unos amigos y ha llegado el momento de pagar. De pronto se da cuenta Ud. de que no tiene su cartera. ¿Qué les dice Ud. a sus amigos?
4. Ud. tiene que entregar una composición a su profesor de inglés, que es mucho menos simpático que su profesor/a de español, y Ud. no ha terminado de escribirla. ¿Cómo se justifica Ud.?
5. Ud. debía lavar los platos y pasar la aspiradora antes de que sus padres volvieran. Pero Ud. ha pasado el tiempo comiendo bombones y viendo televisión. De pronto llegan sus padres. ¿Qué les dice Ud.?
6. Ud. ha llevado a su hermanito, Pepito, a comer en la casa de unos amigos. De pronto se da cuenta Ud. de que Pepito tiene el pantalón sucio por causas ignoradas. ¿Qué les dice Ud. a sus amigos?
7. Después de una larga búsqueda, Ud. ha encontrado un trabajo en una oficina. El primer día de trabajo Ud. no se despierta a tiempo y llega tarde a la oficina. ¿Cómo se explica Ud. a su jefa?
8. Gumersinda y Don Tremendón lo/la han invitado a Ud. a comer en su casa, y Ud. no quiere ir. ¿Qué les dice Ud.?

Una cita

| **22.5** | Sinopsis del reflexivo y de los usos de **se** |

A. La construcción reflexiva consiste en un sujeto, un pronombre y un verbo que son todos de la misma persona (§10.1).

yo me defiendo	nosotros/nosotras nos defendemos
tú te defiendes	vosotros/vosotras os defendéis
Ud./él/ella se defiende	Uds./ellos/ellas se defienden

B. Los pronombres reflexivos son (§10.1):

me	nos
te	os
se	se

C. Usos de la construcción reflexiva

1. Para indicar que el sujeto literalmente hace y recibe la acción; en estos casos es posible una frase de clarificación o de énfasis
    a. El reflexivo simple (§10.1)
        Yo me miro en el espejo (a mí misma).
        Las chicas tienen que defenderse (a sí mismas).
    b. El reflexivo recíproco (§22.3)
        Javier y Jorge se respetan mucho (el uno al otro).
        Mis hermanas se ayudan mucho (las unas a las otras).

2. Para indicar que la acción es intransitiva—que ocurre sin influencia exterior; en estos casos no se usan frases de clarificación o de énfasis
    a. Verbos de rutina diaria (§10.2)
        Me desperté, me levanté, me bañé y me vestí.
    b. Transiciones (§13.2 y §13.3)
        Ricardo se casó, se divorció y volvió a casarse.
        Mis padres se pusieron muy contentos cuando me gradué.
    c. Eventos inesperados o accidentales (§22.4)
        Se cayó el vaso, se rompió y se ensució el piso.

3. Para indicar posesión de ropa o de partes del cuerpo (§10.2)
    Quiero lavarme las manos antes de comer.
    Julio se cortó el pelo ayer y está muy guapo.
    Sebastián se quitó el pantalón y se puso el piyama.

4. Para indicar un cambio de significado (§10.3)

Duermo ocho horas por día.   Me duermo a las ocho.

Voy al teatro esta noche.   Me voy de aquí para siempre.

D. El contraste transitivo: muchas veces los verbos de una construcción reflexiva intransitiva pueden usarse en oraciones transitivas (§13.4).

Me despierto temprano.   Debo despertar a mi hermano.

Mario se prepara para salir.   Papá prepara la cena.

E. La construcción reflexiva con complementos indirectos: se usa un complemento indirecto para indicar que alguien ha sido afectado por un evento inesperado (§22.4).

A Ricardo se le escaparon los pájaros que había capturado.

A nosotros se nos descompuso el tocadiscos.

F. Otros usos de *se*

1. Además de la construcción reflexiva, se usa **se** para indicar que el sujeto es una persona (o un grupo de personas) no-especificada (§6.6).

Se come bien en ese restaurante.

Se consiguen formularios para pasaportes en el correo.

2. **Se** también se usa para reemplazar **le** o **les** cuando se combinan con **lo**, **la**, **los** o **las** (§9.2).

¿Las flores? Se las regalé a Flora.

¿Los formularios? Se los pedí a ese funcionario.

Práctica oral

17. La rutina diaria de mañana. *Describe en futuro su rutina diaria del día de mañana ; use los verbos de la tabla como guía.*

     EJEMPLO   **Me levantaré a las siete y media.**

despertarse	vestirse	desvestirse
levantarse	irse de casa	ponerse un piyama
bañarse	volver a casa	lavarse los dientes
afeitarse	cenar	acostarse
secarse el pelo	quitarse los zapatos	dormirse

18. La rutina diaria de mañana de otra persona. *Ahora, describa lo que hará un/a compañero/a de clase mañana, usando verbos como los de la Práctica anterior.*

19. Transiciones futuras (entre dos).   *Invente oraciones sobre su futuro (o sobre el futuro de otras personas) usando los fragmentos dados como guía.*

EJEMPLO   **Yo me enamoraré en cuanto conozca a un millonario guapo.**

A. yo	1. quedarse aquí hasta que	a. tener ??? años
B. ?	2. graduarse en cuanto	b. conocer a un/a millonario/a
C. ? y yo	3. casarse en caso de que	c. tener una casa en los suburbios
D. ? y ?	4. tener hijos cuando	d. conseguir un buen trabajo
	5. hacerse rico/a cuando	e. ganar un salario adecuado
	6. enamorarse en cuanto	f. poder
	7. divorciarse en caso de que	g. estar muy viejo/a y senil
	8. morirse a menos que	h. querer
		i. no tener otra alternativa

20. Reportaje.   *Informe a sus compañeros sobre las grandes transiciones del futuro que Ud. y su compañero/a anticipan.*

Eduardo Galland Naredo   Armando Van Rankin Orozco

Luz Ma. Sánchez Portas de Galland   Bertha Torres de Van Rankin

Participan el matrimonio de sus hijos

Marcela   y   Gerardo

Y tienen el honor de invitarlos a la Ceremonia Religiosa que se celebrará el sábado seis del presente, a las veinte horas, en la Iglesia de San Diego del Ex-Convento de Churubusco. (Xicoténcatl y 20 de Agosto).

Ciudad de México, Diciembre de mil novecientos ochenta y seis.

CREACIÓN

Lectura

CONSEJEROS PROFESIONALES PRO-VIDA EN PAREJA

.....¿Se le dificulta establecer relaciones de pareja?
.....¿Ha perdido a su pareja y esto le afecta?

LO ASESORAMOS PROFESIONALMENTE EN LA SELECCION DE LA PAREJA ADECUADA O EN LA SOLUCION DE SUS DIFICULTADES DE PAREJA.

—Además podemos contactarlo con candidatos donde podrá conocer a la pareja afín a usted.

Previa cita 564-2852

Aguascalientes 201-702

México 06100, D.F.

Querida Anita

Anita es el nombre de pluma de una periodista que se gana la vida con una columna de consejos para enamorados. Esta lectura consiste en dos ejemplos de los consejos que da.

Querida Anita,

Hace ya varios meses que conocí a un joven estupendo. Sabía que salir con él sería una experiencia excepcional, pero no **sospechaba** en ningún momento **cuán** maravilloso iba a ser. Anoche **se me declaró** pero no sé si debo aceptar. Lo quiero mucho, pero a veces sospecho que tiene algo de raro. No es que sea un donjuán o un machista. No nos peleamos nunca, y estoy segura de que sería un marido fiel y un padre afectuoso. Por otra parte es dueño de varias propiedades, vive de sus rentas, y sé que nunca nos faltaría nada. Además, es muy **sexy.**

Sus gustos son el problema. No le gusta el fútbol para nada, y cuando vienen mi padre y mis hermanos, él prefiere estar en la cocina conmigo. Por otra parte, cocina mejor que yo, y dice que cuando tengamos hijos, él querrá hacer las compras, cocinar, **fregar,** y cuidar a los niños para que yo pueda dedicarme a mi carrera.

Ahora bien, querida Anita, yo he tenido alguna experiencia con hombres, y sé que la mayor parte de ellos nunca hablarían así. Sé que el matrimonio es un **paso** importante, y no me gustaría equivocarme. ¿Será normal mi novio? ¿Habrá tenido una infancia normal? ¿Sería rara su madre? ¿Qué debo hacer?

Preocupada en Burgos

Querida PEB,

¡Qué problema! Cásese **en seguida** antes de que su novio **cambie de idea.** Y si por alguna razón Ud. decide no casarse, mándeme el nombre y la dirección de

sospechar:
to suspect
cuán: *how*
cuando
funciona
como
intensificador
declararse:
proponer el
matrimonio
sexy:
anglicismo de
definición
incierta
fregar:
limpiar la
casa
paso: *step*
en seguida:
inmediatamente
**cambiar de
idea:** cambiar
de opinión

El amor y el desamor

ese hombre de oro para que yo pueda presentarlo a unas amigas mías que siempre tienen la mala suerte de conocer a hombres **salvajes.** Mientras tanto, si su novio no está demasiado ocupado cocinando, fregando y cuidando a los niños, dígale que debería dar clases a los demás hombres. Muchos hombres podrían aprender algo de un buen profesor como él.

> **salvaje:** primitivo, incivilizado

Querida Anita,

Tengo un serio problema y no sé qué hacer. Mi problema es que nací perfecto. Mi cara es la cara de **Ganimedes;** mi cuerpo es el cuerpo de **Adonis;** mi inteligencia rivaliza con la de Einstein; mi sensibilidad artística es la de Shakespeare, Mozart, Goya y Nijinsky. En fin, soy una maravilla.

Ser perfecto, sin embargo, no es fácil. La gente mediocre, es decir, todos los demás, me odian porque mi presencia es un recuerdo constante de lo que ellos no son y nunca serán. Pero lo peor es que nadie se enamora de mí; o se sienten intimidados por mi perfección o no **soportan** mi superioridad. ¿Qué hago? ¿Cómo puedo salvarme de la tortura que es mi vida?

Don Perfecto

> **Ganimedes:** joven muy bello en la mitología griega
> **Adonis:** un dios griego también muy bello
> **soportar:** aguantar, *to bear*
> **atreverse:** *to dare*

Querido DP:

Yo, como persona mediocre, no **me atrevería** a darle consejos. Me permito, sin embargo, un par de comentarios: primero, si todos los demás son mediocres, ¿por qué le gustaría que una persona mediocre fuera su amante? Y segundo, no es cierto que nadie se haya enamorado de Ud.: Ud. está increíblemente enamorado de sí mismo.

Preguntas

1. ¿Cuál es el problema de Preocupada en Burgos? ¿Es su novio un tipo raro o un santo?
2. ¿Sería el novio de PEB un marido ideal? ¿Por qué sí/no?   3.   ¿Qué le parece la respuesta de Anita? ¿Es culpable del sexismo al revés cuando dice que casi todos los hombres son salvajes?   4.   ¿Quién es Don Perfecto? ¿Le parece a Ud. que es realmente perfecto?
5. ¿Le gustaría ser como Don Perfecto—o tenerlo como novio?

En contexto

¿Cómo se hace para invitar a una persona a un encuentro social, y cómo se hace para aceptar o no aceptar la invitación?

— Quisiera invitarlo/la a Ud. a cenar el 22 de mayo. ¿Puede venir?
— Cómo no. Me encantaría ir. ¿Puedo llevar a un/a amigo/a?

— Es Ud. muy amable, pero no puedo aceptar. Tengo otro compromiso para esa noche. Otro día tal vez.

〰〰〰〰〰〰〰〰〰〰〰

— ¿Te puedo invitar a una copa (a comer algo)?
— Cómo no. ¿Adónde vamos?
— ¿Quién paga?
— **Quien** invita, paga.

quien:
el que

〰〰〰〰〰〰〰〰〰〰〰

— ¿Tienes **fuego**? (¿Me das fuego?)
— No, no fumo.
— ¿Quieres beber algo?
— No gracias. Estoy esperando a alguien.
— ¿Quieres bailar **mientras tanto**?
— ¡Déjeme sola, por favor! (¡Déjeme en paz!)

fuego:
fuego para
encender un
cigarrillo
**mientras
tanto:** *in
the meantime*

Situaciones

Situación 1 Suponga que Ud. acaba de llegar a un país hispano y quiere informarse sobre las costumbres del amor y del desamor en ese país. ¿Qué preguntas hace Ud. para aprender sobre cómo conocer a una persona? ¿invitar a esa persona a conversar, a ir al cine, a tomar un trago, a cartearse (*cartearse = escribirse cartas el uno al otro*)?

Situación 2 Suponga que un/a estudiante hispano/a acaba de llegar a este país y Ud. tiene que explicarle las reglas del juego de la vida social de los jóvenes en los Estados Unidos. Temas: cómo y dónde conocer a gente, cómo pedir una cita, qué se puede hacer en una cita, cómo se puede saber que la otra persona tiene o no tiene interés, cuáles son las bases del matrimonio, cuáles son las circunstancias que justifican el divorcio, cómo es la vida social de los solteros, etc.

Situación 3 Con unos compañeros de clase, prepare una escena en la que alguien quiere conocer a otra persona (o personas) en el contexto de un restaurante o un bar. Use la sección *¿Cómo se hace...?* como punto de partida.

Situación 4 Con unos compañeros de clase organice un panel de expertos sobre las costumbres de cortejo y noviazgo en los Estados Unidos. Los demás miembros de la clase pueden hacer el papel de antropólogos de otro planeta que les hacen preguntas a los expertos.

Composición

Tema 1 Escriba una carta pidiendo consejos a «Querida Anita» sobre algún problema amoroso. Después, escriba una respuesta probable de Anita. Sus cartas pueden ser serias o cómicas.

Tema 2 Usando las cartas de la *Lectura* como punto de partida, escriba una carta anónima a «Querida Anita» planteando un problema amoroso, emocional, económico, etc. Esa carta será dada (también anónimamente) a alguien en la clase que la contestará; Ud. también recibirá una carta a contestar. Su profesor/a puede seleccionar las cartas más interesantes y copiarlas para todos.

Vocabulario activo

el amor

el afecto
el/la amante - *lover*
la boda
los (recién) casados
el casamiento

la ceremonia
el cojín
el/la comprometido/a
el cortejo
la cortesía

— el/la enamorado/a
— la fidelidad
- la igualdad
la integridad - *equality*

— la luna de miel - *honeymoon*
la maravilla
el noviazgo
la pareja - *couple*

el desamor

el/la antagonista
el/la cobarde
el/la culpable
el desamor
el descuido
el divorcio

el egoísmo
el/la egoísta
el escándalo
— el/la ex-esposo/a
el ex-marido
la furia

la infidelidad
el machismo
el/la machista
el/la olvidado/a
el/la rival

la separación
el sexismo
el/la sexista
la tortura

verbos

aguantar
asesinar
atraer
atreverse a
cartear
compartir - *to share*
comprometerse - *to get engaged*

confiar en - *to trust*
chocar
decepcionar - *to disappoint*
declararse
deprimirse
descomponerse - *to take apart*
desconfiar de - *to distrust*

despedirse de - *to say goodbye*
ensuciarse
extrañar - *to miss* / *hechar de menos*
fijarse en - *to notice*
fregar (ie)
ignorar
intimidar

olvidarse de
pelearse - *to fight*
prometer
quebrar - *to break*
soportar - *to put up with*
sostener (ie)

otros sustantivos

el despertador
la estrella

el fuego
la mejilla

la sensibilidad
el talento

la tardanza
la tinta

adjetivos

afectuoso, -a
amistoso, -a
amoroso, -a

anónimo, -a
cobarde
fiel - *faithful*

hábil
inaguantable
infiel - *unfaithful*

insoportable
matrimonial
recíproco, -a - *reciprical*

✱ expresiones útiles

a lo mejor - *maybe*
a menudo - *often*
cambiar de idea

cambiar de opinión
déjeme en paz - *leave me in peace*
déjeme solo, -a - *leave me alone*

en seguida - *immediately*
fijar una fecha - *to make a date*

hacer una cita - *make an appt.*
tomar en serio - *take seriously*

CAPÍTULO 23
El arte y su mundo

Dos aficionados del arte

23.1	Si yo **tuviera** más dinero, **compraría** ese cuadro ahora mismo.
23.2	Si **vas** al museo entre semana, te **costará** menos.
23.3	No vi a Sebastián en la reunión. Si lo **hubiera visto,** lo **habría saludado.**
23.4	Sinopsis de las cláusulas con **si**
23.5	Me escuchan **como si** yo **fuera** un genio. Nos tratan **como si** nunca **hubiéramos estudiado** nada.
23.6	**Ojalá que** el museo **siga** abierto. **Ojalá que** Picasso **viviera** todavía. **Ojalá que** Murillo **hubiera pintado** más.

EXPOSICIÓN

23.1

Si yo **tuviera** más dinero, **compraría** ese cuadro ahora mismo.

la escultura

el dibujo

el retrato *portrait*

la estatua

Si yo **fuera** Ud., **compraría** esa escultura. Es muy hermosa.
Si yo **tuviera** algún talento para pintar, **sería** muy feliz.
Si Uds. **estuvieran** en Madrid ahora, ¿a qué museos **irían**?
Si **pudieras** viajar a cualquier sitio, ¿adónde te **irías**?
Si ese señor **estuviera** bien de la cabeza, no **pintaría** así.

Cláusulas con *si* en situaciones hipotéticas del presente

1. El imperfecto del subjuntivo se usa con **si** para describir una situación hipotética—contraria a la realidad—en el presente.

2. El condicional se usa para describir el resultado de la hipótesis:

Si yo **fuera** millonario, **compraría** ese dibujo de Goya.

El hablante sabe que no es millonario; por lo tanto **si yo fuera millonario** *describe una situación hipotética indicada por el imperfecto del subjuntivo;* **compraría ese dibujo de Goya** *describe el resultado de la hipótesis, indicado por el condicional.*

Si Raúl **tuviera** hijos, **sabría** que no es fácil ser padre.

En realidad, Raúl no tiene hijos. Por lo tanto **tuviera** *describe una situación hipotética, indicada por el imperfecto del subjuntivo;* **sabría** *describe el resultado de la hipótesis, indicado por el condicional.*

3. Es posible invertir las cláusulas de hipótesis y resultado:
   Haríamos una gran fiesta por la exposición si **hubiera** tiempo.
   Yo jamás **hablaría** con esa mujer si no **fuera** una gran artista.
4. **Hubiera** es el imperfecto del subjuntivo de **hay**:
   Si no **hubiera** artistas, el mundo **sería** inaguantable.

Práctica oral

1. Especulaciones y fantasías. *Marisa está pensando en todo lo que ella y sus amigos harían si tuvieran más dinero. Cada fantasía comienza con* **Si... tuviera más dinero...** *¿Qué dice María?*

MODELO Jaime / comprar un cuadro de Picasso
→ **Si Jaime tuviera más dinero, compraría un cuadro de Picasso.**

1. yo / comprar una escultura de Rodin
2. nosotros / donar millones de dólares a una pensión para artistas
3. tú / hacer un viaje alrededor del mundo para ver todos los museos
4. Pepito / comer bombones y golosinas todos los días
5. los artistas / dejar de trabajar
6. los alumnos de *(nombre de otra universidad)* / buscar un buen cirujano plástico
7. Marta y Ricardo / pasar el resto de su vida en Mallorca pintando
8. Bruno / dedicarse a pintar y a escultar

2. Más fantasías. *¿Qué haría la gente que Ud. conoce si pudiera? Cada fantasía comienza con* **si** + *una forma adecuada de* **poder** *(pudiera, pudieras, pudiéramos, etc.). Use la tabla como guía.*

EJEMPLOS estudiar guitarra clásica
→ **Si yo pudiera, estudiaría guitarra clásica.**

irse a Venezuela
→ **Si mis padres pudieran, se irían a Venezuela.**

1. yo
2. tú
3. *nombre de alguien en la clase*
4. ? y yo
5. ? y ?
6. ?

a. comprar una casa en ?
b. vivir sin trabajar
c. irse a ?
d. dar millones de dólares a ?
e. casarse con ?
f. comprar más ?
g. buscar ?
h. comer ? todos los días
i. aumentar los salarios de ?
j. ?

3. ¿Qué haría Ud. si...? (entre dos). *Complete las oraciones con fantasías o confesiones.*

1. Si yo ganara la lotería...
2. Si yo estuviera en Madrid...
3. Si mis padres estuvieran aquí...
4. Si yo tuviera ochenta años...
5. Si yo fuera director/a de cine o de teatro...
6. Si yo fuera un/a estudiante extranjero/a en esta clase...

El arte y su mundo

4. Cadena. *Un/a estudiante sugiere el nombre de una persona famosa; otro/a estudiante dice lo que haría si fuera esa persona.*

EJEMPLO   Estudiante 1: **¿Qué harías si fueras presidente de esta universidad?**

Estudiante 2: **Si yo fuera presidente de esta universidad, cancelaría las clases de mañana.**

Algunos nombres posibles:

Tom Cruise	Bruce Springsteen	Dwight Gooden
Joan Rivers	Eddie Murphy	Billie Jean King
Princess Diana	Jane Fonda	Jim McMahon
Nancy Reagan	Margaret Thatcher	Don Tremendón

23.2   Si **vas** al museo entre semana, te **costará** menos.

Consejos para alguien que piensa hacer un viaje a Madrid:

Si **tienes** tiempo, **debes** ir al Museo del Prado.
Si **vas** al Prado, **verás** muchos cuadros de Goya.
Si **hace** buen tiempo, te **recomiendo** un viaje a Segovia.
Si **vas** a Segovia, **tienes** que visitar la catedral y ver el acueducto.
Prometo escribirte si tú me **escribes** a mí primero.

Cláusulas con *si* para describir situaciones posibles

1. El indicativo se usa con **si** para describir una situación posible en el presente.

2. Con una situación posible en el presente, la cláusula de resultado suele estar en presente o futuro. Compare:

Si el cuadro **está** en venta lo **compraremos**.	**Si el cuadro está en venta** *describe una situación posible. Es decir, el hablante no sabe si el cuadro está en venta o no, pero es una posibilidad. Por lo tanto se usa el indicativo con* **si.**
Si el cuadro **estuviera** en venta, lo **compraríamos**.	*El hablante sabe que el cuadro no está en venta.* **Si el cuadro estuviera en venta** *describe una situación hipotética. Por lo tanto, se usa el imperfecto del subjuntivo con* **si** *y el condicional en la cláusula de resultado.*

Si la casa
está en venta,
la compraremos.

Si la casa
estuviera en venta,
la compraríamos.

SE
VENDIÓ

Práctica oral

5. Consejos para Pepito. *Raquel, la niñera de Pepito, le está diciendo a Pepito lo que le pasará si hace (o no hace) ciertas cosas. ¿Qué le dice?*

> MODELO   comer demasiados bombones / enfermarse
> →   **Pepito, si comes demasiados bombones, te enfermarás.**

1. jugar con fósforos / incendiar la casa
2. beber café / no dormir
3. no practicar / no estar preparado para tu clase de piano
4. no tratar bien a tus amiguitos / no tener amiguitos
5. subir al techo / caerse
6. gastar todo tu dinero ahora / no tener ni un centavo mañana
7. fumar la pipa de papá / enfermarse

6. Reglas de la universidad. *Ud. es presidente/a de su universidad y está explicando lo que resultará de ciertas conductas. Escoja de la segunda lista una consecuencia lógica para las conductas descritas en la primera.*

> EJEMPLO   **Si los estudiantes faltan demasiado a clase, no recibirán crédito para el curso.**

1. Si los estudiantes faltan demasiado a clase...
2. Si los profesores publican mucho...
3. Si el equipo de fútbol no gana más partidos...
4. Si los alumnos se emborrachan en las fiestas oficiales...
5. Si los manifestantes interrumpen las clases...
6. Si los científicos reciben dinero de fundaciones privadas...

a. ser suspendidos
b. buscar otro entrenador
c. tener que estudiar en otra parte
d. no graduarse
e. compartir esos fondos con la universidad
f. ganar más dinero
g. ?

7. Ayudando a Gregorio. *Amelia y Rafael acaban de conocer a Gregorio, un nuevo estudiante, y están pensando en maneras de ayudarlo a asimilarse en la vida estudiantil. ¿Qué dicen?*

> MODELO   gustar la música / invitarlo a un concierto
> → **Si le gusta la música, lo invitaremos a un concierto.**

1. gustar el béisbol / invitarlo al próximo partido
2. no conocer a nadie / presentarlo a unos amigos nuestros
3. tener interés en la política / llevarlo a la reunión de la Unión Política
4. no conocer el centro / invitarlo a ir de compras
5. gustar el arte / hablarle de la nueva exposición
6. tener ganas de hacer ejercicio / mostrarle dónde queda el gimnasio

8. Cadena. *Invente un consejo para alguien en la clase—o para una persona famosa—para que mejore su conducta.*

> EJEMPLOS   → **Raúl, si sigues llegando tarde a clase, la profesora te va a reprobar.**
> → **Eddie Murphy, si sigues diciendo palabrotas, no te podré presentar a mi abuela.**

Algunas conductas posibles:

1. comiendo tanto
2. gastando tanto dinero
3. faltando tanto a clase
4. flirteando con gente que no conoce
5. leyendo malas novelas
6. viendo telenovelas
7. escuchando ópera
8. jugando al fútbol

23.3

No vi a Sebastián en la reunión.
Si lo **hubiera visto,** lo **habría saludado.**

El Greco desarrolló su estilo de figuras elongadas y efímeras después de conocer el misticismo español. Si no **hubiera tenido** ese contacto, probablemente **habría pintado** de otra forma.

Goya cambió su estilo de pintor cuando vio los horrores de la invasión de Napoleón. Si no **hubiera visto** la guerra de cerca, **habría pintado** menos cuadros relacionados con la guerra.

Cláusulas con *si* en situaciones hipotéticas del pasado

1. El pluscuamperfecto del subjuntivo se usa para describir una situación hipotética relacionada con el pasado.

2. El resultado de una hipótesis en pasado se expresa con el condicional perfecto.

3. Se usa el indicativo para describir una situación posible en el pasado. Compare:

Si Juan **estaba** en la exposición, yo no lo **vi.**	*El hablante no sabe si Juan estaba en la exposición o no. Por lo tanto, la cláusula con **si** describe una situación posible en el pasado, y se usa el indicativo.*

Si Juan **hubiera estado** en la exposición, yo lo **habría visto**.	*El hablante sabe que Juan no estaba en la exposición. Por lo tanto, la cláusula con **si** describe una situación hipotética en el pasado, indicada por el plus-cuamperfecto del subjuntivo. El resultado de la hipótesis se expresa con el condicional perfecto.*

Práctica oral

9. ¿ Qué habría hecho Hugo ? *Hugo está explicando a algunos amigos lo que él habría hecho en lugar de ciertos personajes históricos. ¿Qué dice?*

MODELO Ana Bolena / tratar de no perder la cabeza.
→ **Si yo hubiera sido Ana Bolena, habría tratado de no perder la cabeza.**

1. Benjamín Franklin / no jugar con cometas en la lluvia
2. Henry Ford / preferir los caballos
3. Benedict Arnold / confiar menos en los ingleses
4. los indios de Massachusetts / no invitar a los blancos a comer
5. Julio César / no ir al senado
6. Napoleón / no invadir Rusia a fines del verano
7. Maximiliano / quedarme en Europa
8. la madre de Don Tremendón / ponerle otro nombre

10. Especulaciones históricas (entre dos). *Imagínese lo que habría pasado en las circunstancias dadas.*

EJEMPLO Si los alemanes hubieran tenido la bomba atómica...
→ **Si los alemanes hubieran tenido la bomba atómica, los aliados no habrían ganado la segunda guerra mundial.**

1. Si Abraham Lincoln hubiera sido senador del sur...
2. Si Martín Lutero hubiera sido el Papa...
3. Si los Beatles nunca hubieran vivido...
4. Si nunca se hubiera inventado la bomba atómica...
5. Si mis padres nunca se hubieran conocido...
6. Si Ronald Reagan no hubiera ganado las elecciones presidenciales...
7. Si el sur hubiera ganado la guerra civil...
8. Si los Estados Unidos nunca hubiera anexado Texas...

11. Cadena. *Cada estudiante dice el nombre de una pesona (o de un grupo de personas) que ya no vive. Entonces, otro/a estudiante se imagina lo que esa persona habría hecho si hubiera vivido en nuestros días.*

EJEMPLO Estudiante 1: **Johann Sebastian Bach**
Estudiante 2: **Si Bach hubiera vivido en nuestros días, habría sido un cantante de *rock* y un excelente guitarrista.**

Algunos nombres posibles:

El Rey Arturo	W. A. Mozart	Susan B. Anthony
Juana de Arco	Adolfo Hitler	El Conde Drácula
Julio César	Benedict Arnold	El Dr. Frankenstein

Nota cultural

*Un grabado
de* Los Caprichos

Francisco de Goya

Sin duda, uno de los pintores más **notorios** en la historia del arte es el pintor
español, Francisco de Goya. Nacido en 1746, Goya empezó su carrera artística bajo
contrato con aristócratas y **prelados** de la iglesia. Llegó a ser respetado y
próspero. Sin embargo, algunos críticos afirman que los primeros años de Goya
fueron demasiado **cómodos,** que tenía en esos años algo de "pintor comprado."
Han especulado otros que si Goya no hubiera conocido la adversidad, nunca se
habría realizado como gran artista.

Comenzó a conocer la adversidad en 1788 cuando murió Carlos III, uno de los
mejores reyes de España, y Carlos IV, uno de los peores, llegó al **trono.** Aunque
Goya prosperó bajo el nuevo rey, que lo nombró Pintor de la Corte, sus cuadros
de la época son una sutil denuncia de la decadencia de sus patrones a quienes
pintó con un realismo brutal, casi caricaturesco. Es decir, si Goya hubiera estado
más contento con su **puesto** en la corte, **a lo mejor** habría pintado a los
cortesanos con menos realismo.

En 1792, a causa de una enfermedad, Goya quedó **sordo,** y desde ese momento
su arte empieza a adquirir un carácter **sombrío** y pesimista. En 1799 publicó una
serie de **grabados** titulada *Los caprichos* donde el artista explora la vida española,
atacando y satirizando los abusos políticos, religiosos y sociales que
caracterizaban la época. Aun los cuadros oficiales de personajes reales contienen
algo de ese pesimismo, enseñándonos en gran detalle la extraordinaria vulgaridad
y **fealdad** de ciertos miembros de la aristocracia.

Con la invasión de los ejércitos de Napoleón en 1808, Goya a los sesenta y dos

notorio:
notable,
admirable
prelado:
alto oficial
cómodo:
confortable
trono:
silla real
puesto:
trabajo
a lo mejor:
quizás
sordo: que
no puede oír
sombrío:
oscuro, negro
grabado:
engraving

fealdad:
la cualidad de
ser feo

años, encontró el tema que domina los últimos años de su producción artística: la guerra y todos los horrores que la acompañan. Sus obras de esa época constituyen una severísima denuncia de la violencia, el sufrimiento, la depravación, la **locura** y la muerte que se manifiestan cíclicamente en ese monstruoso espectáculo llamado la guerra. Los cuadros de Goya que corresponden a ese momento trágico en la historia de España trascienden los límites de la representación realista y adquieren un carácter de **pesadillas,** sacadas de los **recintos** más oscuros de la subconciencia humana.

locura: la enfermedad de los locos
pesadilla: sueño horrorífico
recinto: un lugar pequeño y oscuro

23.4	Sinopsis de las cláusulas con **si**

A. El indicativo se usa con *si* para describir una situación posible (§23.2):

> Si Mario **llega** tempreno, nos **va** a llamar.
> Si **está lloviendo,** no **quiero** salir.
> Llamé por teléfono y no contestó nadie ; si alguien **estaba,** no **quería** contestar.

B. El subjuntivo se usa con *si* solamente cuando el hablante sabe que la situación es hipotética y contraria a la realidad:

1. El imperfecto del subjuntivo se usa con **si** en una hipótesis relacionada con el presente ; el condicional se usa para describir el resultado de la hipótesis *(§23.1).*
> Si yo **fuera** Ud., no **diría** nada.
> Si se **hablara** inglés en todas partes, el mundo **sería** muy aburrido.

2. El pluscuamperfecto del subjuntivo se usa con **si** en una hipótesis relacionada con el pasado ; el condicional perfecto se usa para describir el resultado de la hipótesis *(§23.3):*
> Si Shakespeare **hubiera vivido** en nuestros días, **habría escrito** para el cine.
> Si los ingleses **hubieran ganado** la guerra revolucionaria, Washington nunca **habría sido** presidente.

Práctica oral

12. ¿Qué haría Ud...? *Imagínese en las situaciones a continuación. Complete las oraciones de forma original.*

1. Si yo pudiera cambiar los programas de televisión...
2. Si yo tuviera un/a novio/a hispano/a...
3. Si yo viviera en Colombia...
4. Si yo pudiera ser otra persona...
5. Si yo fuera un/a gran pintor/a...
6. Si mis padres estuvieran aquí en este momento...
7. Si...

13. Entrevista (entre dos). *Con un/a compañero/a de clase, conteste las preguntas de forma original.*

1. ¿Qué habría hecho Ud. si hubiera creado el mundo?
2. ¿Qué habría hecho Ud. si hubiera sido Susan B. Anthony?
3. ¿Qué habría hecho Ud. si hubiera vivido en tiempos romanos?
4. ¿Qué habría hecho Ud. si hubiera sido sus propios padres?
5. ¿Qué habría hecho Ud. si hubiera conocido personalmente a Goya?
6. ¿Qué habría hecho Ud. si...?

23.5

Me escuchan **como si** yo **fuera** un genio.
Nos tratan **como si** nunca **hubiéramos estudiado** nada.

—Ernesto, ¿cómo te fue en la exposición?
—A mí me gustó mucho, pero ¡qué horror tener que escuchar las estupideces que dice la gente! Algunos hablan **como si fueran** genios. Otros hablan **como si supieran** más que el mismo pintor. Y nunca faltan algunos que se portan **como si** no **hubiera** nadie más en la sala. Pero los peores son los que hablan **como si hubieran sido** amigos íntimos del pintor, que tienen que explicarnos las cosas **como si fuéramos** imbéciles. ¡Qué gente!

Usos de *como si*

1. **Como si** siempre sugiere una situación hipotética.
2. Se usa el imperfecto del subjuntivo después de **como si** cuando se trata de una hipótesis relacionada con el presente.

Ese niño habla **como si fuera** Tarzán.
Mi marido gasta dinero **como si** nos **llamáramos** Rockefeller.

3. Se usa el pluscuamperfecto del subjuntivo después de **como si** cuando se trata de una hipótesis relacionada con el pasado.

Mi hijo miró el dibujo **como si** nunca **hubiera visto** cosa igual.

El Dr. Sánchez habla del retrato **como si** lo **hubiera pintado** él.

Práctica oral

14. Los amigos de Gumersinda. *Un antropólogo de Marte ha descubierto una curiosa tribu de terrestres (habitantes de la tierra), todos asociados con una persona rarísima llamada Gumersinda. ¿Cómo describe el antropólogo a los amigos de Gumersinda?*

> MODELO   el Señor de la Boca / comer / estarse muriendo de hambre
> →   El Señor de la Boca come como si se estuviera muriendo de hambre.

1. El Sr. Nun K. Fueasí / hablar / ser el mejor historiador del mundo
2. La Sra. Imelda de Memás / gastar dinero / comprar para un ejército
3. La Srta. Guarda di Nero / ahorrar dinero / no esperar ganar un centavo más
4. Los hermanos Puri y Tano / criticar a los jóvenes / vivir en otro siglo
5. Tremendina y Ofensina / vestirse / ser hermanas de Drácula
6. Don Tremendón / jugar al baloncesto / tener cinco patas

15. Una buena profesora de arte. *La Profesora Calvo enseña arte y es muy popular. ¿Qué dicen sus alumnos de ella?*

> MODELO   habla de Miguel Ángel / conocerlo personalmente
> →   **Habla de Miguel Ángel como si lo hubiera conocido personalmente.**

1. describe *Los Caprichos* de Goya / estar a su lado cuando los hizo
2. habla de *Las Meninas* de Velázquez / escucharle una explicación al mismo Velázquez
3. pinta / estudiar con los grandes maestros renacentistas
4. enseña el arte precolombino / vivir con los mayas
5. habla de Dalí / participar en la rebelión surrealista

16. Chismes (entre dos). *Con un/a compañero/a de clase, invente oraciones con* **como si** *sobre amigos, compañeros de clase o gente famosa.*

> EJEMPLOS   →   **Mi amigo Manuel canta como si fuera Plácido Domingo.**
> →   **Nuestro profesor de psicología habla como si no hubiera preparado nada para la clase de hoy.**

17. Informe. *Comparta con toda la clase las mejores oraciones que Ud. y su compañero/a han hecho para la* Práctica *anterior.*

23.6

> **Ojalá que** el museo **siga** abierto.
> **Ojalá que** Picasso **viviera** todavía.
> **Ojalá que** Murillo **hubiera pintado** más.

Ojalá tengas dinero para comprar esa serie de dibujos para tu marido.
Ojalá que esté listo el retrato para el aniversario de mis padres.
Ojalá que mamá no **haya visto** la escultura que le vamos a regalar.

A. *Ojalá* y *ojalá que* como equivalentes de *espero que* (ver §14.6)

1. **Ojalá** y **ojalá que** son intercambiables.
2. Cuando se combinan con el presente del subjuntivo o el pretérito perfecto del subjuntivo, son iguales que **espero que** ; indican un deseo de influir.

Estudie:

Ojalá que Goya **viviera** todavía.
Ojalá mis padres **pudieran** ver esta exposición.
Ojalá que Chopin no **hubiera muerto** tan joven.
Ojalá que Mozart **hubiera podido** terminar su Misa de Réquiem.

B. *Ojalá* y *ojalá que* con situaciones hipotéticas

1. **Ojalá** y **ojalá que** se combinan con el imperfecto del subjuntivo para indicar que el hablante quisiera que una situación en presente fuera distinta.
2. **Ojalá** y **ojalá que** se combinan con el pluscuamperfecto del subjuntivo para indicar que el hablante quisiera que una situación en pasado hubiera sido distinta.
3. Cuando **ojalá** y **ojalá que** se combinan con situaciones hipotéticas, son equivalentes de **me gustaría que** o **yo quisiera que**.

Práctica oral

18. La fiesta de Don Tremendón. *Silvia y Marco están en una fiesta de Don Tremendón donde pasan cosas raras. ¿Qué dicen?*

> MODELO   los músicos / saber tocar
> → **Ojalá que los músicos supieran tocar.**

1. la comida / tener menos sal
2. la música / poderse escuchar
3. Don Tremendón / reconocernos
4. los refrescos / no haberse abierto ayer
5. Gumersinda / no habernos visto
6. las galletas / no haberse comprado el año pasado
7. la fruta / no estar tan fea
8. nosotros / no haber venido

19. Fantasías y confesiones (entre dos). *Complete las oraciones con un deseo hipotético.*

> EJEMPLOS → **Ojalá que mi coche fuera un *BMW* de último modelo.**
> → **Ojalá que Orson Welles hubiera hecho más películas.**

1. que mi novio/a
2. que nuestro/a profesor/a
3. que nuestro equipo de fútbol
4. que los Beatles
5. que el presidente
6. que el congreso
7. que ?
8. que ? y ?

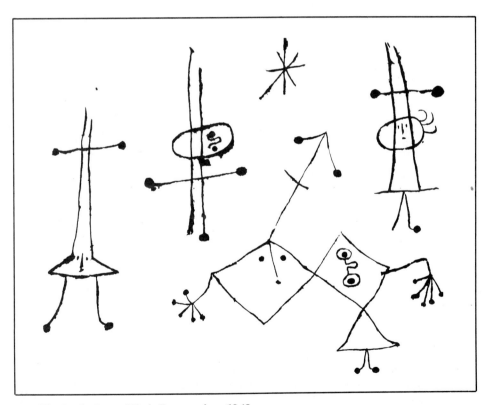

Un dibujo de Joan Miró: **Personajes, 1949**

CREACIÓN

Lectura

El noticiero universitario

*A continuación se encuentra un programa de noticias de la **emisora** de la universidad, Radio 123-456, KBOM, La Grande.*

Saludos estimados amigos y muy bienvenidos al noticiero de la tarde en su estación favorita, la incomparable K-B-O-M: Ka-Bom, La Grande.

Ayer, el profesor Cabezón de Cerdo anunció que próximamente se celebraría la **apertura** del décimo congreso de la Sociedad de Pedantería Aplicada (la SPA). En el congreso se debatirá la importancia de la puntuación en la poesía de Shakespeare, dándose atención especial a la importancia del punto y coma en los sonetos amorosos. Dijo el Profesor Cabezón:

—Si la gente entendiera la importancia de la puntuación en Shakespeare, nunca volverían a hablar de los amores pueriles de Romeo y Julieta, ni de los conflictos entre Hamlet y su madre, ni de los **celos** de Otelo. ¿Para qué hablar de amor, sexo, **vergüenza** y celos cuando se puede hablar de la puntuación?

Sin duda todo nuestro público compartirá la opinión del gran profesor.

Anoche se **estrenó** una nueva obra en el Teatro Coliseo. Dijo la directora, la profesora Malavia del Valle:

—Nuestra intención es disolver totalmente las **barreras** entre los artistas y el público. Queremos que todos se crean actores y actrices, como si hubieran pasado toda su vida haciendo teatro.

Según informó nuestro **corresponsal,** las intenciones de la directora se han cumplido de forma **cabal,** ya que nadie recuerda ahora quiénes son los actores y quiénes son los espectadores. Hace más de catorce horas que empezó la obra y todavía se están mirando los unos a los otros. Todos **coinciden** en que la obra es algo larga, pero no por eso deja de ser excepcional.

La huelga de los **ratones** en la Facultad de Ciencias Biológicas sigue, y **por lo visto** va a ser una lucha larga y **amarga.** Dijo el **vocero** de los ratones:

—La huelga durará hasta que nos den los derechos que **merecemos.** Queremos que se respete el principio de intercambio. Es decir, por cada experimento que un ser humano haga con un ratón, exigimos la oportunidad de hacer un experimento parecido con un ser humano.

Informó el director del laboratorio que si la universidad aceptara las demandas de los ratones, el laboratorio **quebraría.** También afirmó que casi todos los ratones estaban muy contentos, y que los únicos que no querían participar en los experimentos eran infiltradores comunistas.

En las noticias artísticas, ayer en la Galería del Otro Barrio se abrió la exposición de un gran pintor anónimo a quien todo el público saludó con mucho

emisora: estación de radio

apertura: comienzo
celos: *jealousy*
vergüenza: *shame*
estrenarse: pasar por primera vez un espectáculo o una exposición; *premiere*
barrera: obstáculo
corresponsal: reportero
cabal: total
coincidir: estar de acuerdo
ratón: *mouse*
por lo visto: por lo que se ha visto
amargo: ≠ dulce
vocero: alguien que habla por un grupo
merecer: *to deserve*
quebrar: quedar sin dinero

entusiasmo ya que nadie había conocido a un pinto anónimo anteriormente, aunque todos habían visto muchos cuadros pintados por "Anónimo." Sus cuadros despertaron gran interés aunque sus temas abstractos dejaron **perplejos** a algunos. Dijo el gran pintor anónimo:

—Siempre pinto para que nadie me comprenda. Los aficionados del arte prefieren lo que no comprenden. Si me comprendieran, dirían que soy simplista e **ingenuo.** Por esto siempre trato de confundirlos un poco.
Todos concordamos en que realizó su meta de forma **contundente.**

En la página deportiva, nos da gusto informarles que nuestro valiente equipo de fútbol **cuenta con** otro triunfo. **Vencieron** nuestros gladiadores sin dificultad **mediante** una innovadora técnica que demuestra de nuevo la extraordinaria creatividad de nuestro entrenador Don Juan Pegamesipuedes. Llegaron nuestros jugadores a la cancha y lo primero que hicieron fue **agarrar** a un jugador del equipo rival y darle un enorme beso, lo cual lo incapacitó durante todo el resto del partido. Vemos de nuevo el valor y la sabiduría de nuestro **lema:** *El amor vencerá.*

Y aquí terminan las noticias de hoy. No se olvide Ud. de decirles a todos sus amigos que Ud. lo escuchó primero en Radio K-B-O-M, Ka-Bom, La Grande.

perplejo: confuso, en un dilema
ingenuo: *naive*
contundente: total

contar con: tener
vencer: ganar
mediante: por medio de
agarrar: *to seize*
lema: *slogan*

Preguntas

1. ¿Qué significa la palabra "pedante" y qué tiene que ver con el congreso de la SPA? 2. ¿Qué pasó en el teatro? ¿Es distinta realmente la obra de teatro de la vida en la calle? ¿Quién ha dicho que el mundo es un teatro? 3. ¿Por qué están en huelga los ratones? 4. ¿Cree Ud. que los ratones debieran hacer experimentos con los seres humanos? 5. ¿Por qué no había conocido nadie a un pintor anónimo antes? Si Ud. ha conocido a un pintor anónimo, descríbalo para la clase. 6. ¿Cree Ud. lo que dice el pintor anónimo—que la gente admira lo que no comprende? 7. Describa la nueva táctica del equipo de fútbol. 8. ¿Qué pasaría en su universidad si se adoptara esa técnica?

En contexto

Guía cultural

San Isidro

Hoy, mañana y pasado mañana: Exposición de pinturas de Graciela Guzmán, de 14 a 18, en Rivera Indarte 43, San Isidro.
—Muestra de pinturas de Heriberto Zorrilla, de 18 a 20, en Avenida del Libertador 16208, San Isidro.

¿Cómo se hace para comentar (o comprar) un objeto de arte?

— ¿Por qué te gusta ese cuadro?
— Me gustan esos colores vivos (***claros***, *opacos*, ***oscuros***, ***sombríos***).
— Me encanta el contraste entre lo negro y lo blanco.
— Es muy interesante la relación entre el tema y los colores.
— Me gusta la composición *(la colocación)* de las figuras.

claro: de mucha luz, *light*
oscuro: negro, *dark*
sombrío: no alegre

El arte y su mundo

— Me gusta esa forma **cuadrada** *(redonda, alta, baja, elongada, **chata**)*.

— Son muy lindas las figuras pequeñas *(grandes, principales, secundarias, centrales, marginales)*.

cuadrado: *square*
chato: bajo y cuadrado

▬▬▬▬▬▬▬▬▬▬▬▬

— ¿Dónde se encuentra una tienda de antigüedades *(de **artesanía**)*?

— ¿Es de fabricación nacional o extranjera?

— ¿De qué época *(estilo)* es?

— ¿Dónde hay una galería de arte *(de pintura, de escultura)*?

artesanía: *handicrafts*

Situaciones

Situación 1 Con un/a compañero/a de clase prepare una obra de mini-teatro en la que alguien quiere comprar un objeto de arte. Los objetos de arte pueden ser cualquier cosa—cuadros, estatuas, dibujos, grabados, monumentos, una obra muy famosa, zapatos viejos, ropa escandalosa, etc. Su presentación puede ser seria o paródica. Use *¿Cómo se hace...* de este capítulo y la *Lectura* del *Capítulo nueve* como guía.

Situación 2 Con un/a compañero/a de clase prepare una entrevista en la que un artista famoso, contemporáneo o no, se deja entrevistar por un/a periodista sobre su obra, la crítica que su obra ha recibido, las interpretaciones de su obra, etc. Traigan ejemplos de la obra del artista. Su presentación puede ser seria o paródica.

Situación 3 Póngase en el lugar de un objeto de arte famoso y explique lo que Ud. haría. Ejemplo: *Si yo fuera el David de Miguel Ángel, no me gustaría estar desnudo delante de toda esa gente. Por lo tanto me iría al K-Mart más cercano y me compraría un blue jeans y una camiseta.*

Situación 4 Con unos compañeros de clase prepare un noticiero sobre las noticias del momento—de la clase, de la universidad, de la nación o del mundo entero. Combine reportajes y entrevistas en su programa. Use la *Lectura* como punto de partida.

Composición

Tema 1 Con un/a compañero/a de clase prepare un informe sobre un pintor español o hispanoamericano, usando la *Nota cultural* y *¿Cómo se hace...* como punto de partida. Traiga algunos ejemplos de la obra del artista que Uds. dos seleccionen.

Tema 2 Escriba una larga fantasía sobre lo que Ud. haría si fuera otra persona—el presidente de su universidad, su profesor/a de español, un jefe de estado (presidente, primer ministro, secretario general, etc.), un artista, una actriz, etc. Comience su fantasía con "Si yo fuera..., lo primero que haría es... No permitiría que... Recomendaría que todos..." Etc.

Vocabulario activo

sustantivos relacionados con el arte

la antigüedad
la apertura - *opening*
la artesanía
el barroco - *baroque*
las bellas artes
la caricatura
los clásicos
la colocación - *positioning*
el cuadro

la decadencia
el dibujo - *drawing*
la escultura
la estatua - *statue*
el estreno - *premier*
la fealdad - *ugliness*
la figura
la galería

el género
el genio
el grabado - *engraving*
la locura - *insanity*
el misticismo
el monumento
el paisaje - *landscape*
la pesadilla - *nightmare*

la pintura
el Renacimiento
el retrato - *portrait*
la serie
la subconciencia
el sufrimiento
el surrealismo
la vulgaridad

personas relacionadas con el arte

el/la artesano/a
el/la benefactor/a

el/la escultor/a
el/la genio/a - *genius*

el/la pintor/a

el/la vocero/a - *spokesperson*

verbos

adquirir (ie) - *to acquire*
anhelar - *to desire*
colocar - *to position*

dibujar - *to draw*
donar - *to donate*
escultar - *to sculpt*

estrenar
figurar
grabar

imaginarse
restaurar
satirizar

otros sustantivos

el caballo
el capricho
el/la cerdo/a
el/la corresponsal
el/la cortesano/a

el dilema
la emisora - *radio station*
la estupidez
la hipótesis

el/la manifestante
la palabrota
el ratón
el recinto

la sabiduría - *wisdom*
la tribu - *tribe*
la vergüenza - *shame*

adjetivos

barroco, -a
confuso, -a
cuadrado, -a
chato, -a
efímero, -a
elongado, -a

ingenuo, -a
opaco, -a
pedante
perplejo, -a
precolombino, -a

redondo, -a
renacentista
severo, -a
simplista
sombrío, -a

sordo, -a
surrealista
sutil
talentoso, -a
vivo, -a

expresiones útiles

bienvenido, -a
mediante

por lo visto

próximamente

tener celos

APÉNDICE

I. *Verbos regulares*

Infinitivo	**hablar**	**comer**	**vivir**
Gerundio	hablando	comiendo	viviendo
Participio	hablado	comido	vivido
Imperativo familiar	habla, hablad	come, comed	vive, vivid

A. Los tiempos simples de los verbos regulares

Infinitivo	*Indicativo*				
	PRESENTE	IMPERFECTO	PRETÉRITO	FUTURO	CONDICIONAL
hablar	hablo	hablaba	hablé	hablaré	hablaría
	hablas	hablabas	hablaste	hablarás	hablarías
	habla	hablaba	habló	hablará	hablaría
	hablamos	hablábamos	hablamos	hablaremos	hablaríamos
	habláis	hablabais	hablasteis	hablaréis	hablaríais
	hablan	hablaban	hablaron	hablarán	hablarían
comer	como	comía	comí	comeré	comería
	comes	comías	comiste	comerás	comerías
	come	comía	comió	comerá	comería
	comemos	comíamos	comimos	comeremos	comeríamos
	coméis	comíais	comisteis	comeréis	comeríais
	comen	comían	comieron	comerán	comerían
vivir	vivo	vivía	viví	viviré	viviría
	vives	vivías	viviste	vivirás	vivirías
	vive	vivía	vivió	vivirá	viviría
	vivimos	vivíamos	vivimos	viviremos	viviríamos
	vivís	vivíais	vivisteis	viviréis	viviríais
	viven	vivían	vivieron	vivirán	vivirían

B. Tiempos perfectos de los verbos regulares

Los tiempos compuestos se forman con el verbo auxiliar **haber** y el participio del verbo.

hablar

Indicativo			
PRETÉRITO PERFECTO	PLUSCUAMPERFECTO	FUTURO PERFECTO	CONDICIONAL PERFECTO
he hablado	había hablado	habré hablado	habría hablado
has hablado	habías hablado	habrás hablado	habrías hablado
ha hablado	había hablado	habrá hablado	habría hablado
hemos hablado	habíamos hablado	habremos hablado	habríamos hablado
habéis hablado	habíais hablado	habréis hablado	habríais hablado
han hablado	habían hablado	habrán hablado	habrían hablado

C. Las formas simples del subjuntivo

Subjuntivo		
PRESENTE	IMPERFECTO (-RA)	IMPERFECTO (-SE)
hable	hablara	hablase
hables	hablaras	hablases
hable	hablara	hablase
hablemos	habláramos	hablásemos
habléis	hablarais	hablaseis
hablen	hablaran	hablasen
coma	comiera	comiese
comas	comieras	comieses
coma	comiera	comiese
comamos	comiéramos	comiésemos
comáis	comierais	comieseis
coman	comieran	comiesen
viva	viviera	viviese
vivas	vivieras	vivieses
viva	viviera	viviese
vivamos	viviéramos	viviésemos
viváis	vivierais	vivieseis
vivan	vivieran	vivisen

D. Tiempos perfectos del subjuntivo

hablar

Subjuntivo		
PERFECTO	PLUSCUAMPERFECTO (-RA)	PLUSCUAMPERFECTO (-SE)
haya hablado	hubiera hablado	hubiese hablado
hayas hablado	hubieras hablado	hubieses hablado
haya hablado	hubiera hablado	hubiese hablado
hayamos hablado	hubiéramos hablado	hubiésemos hablado
hayáis hablado	hubierais hablado	hubieseis hablado
hayan hablado	hubieran hablado	hubiesen hablado

II. *Verbos con cambios de raíz*

A. Verbos de la primera y segunda conjugaciones

Los cambios de raíz en la primera y en la segunda conjugaciones ocurren sólo en el presente.

Modelo: e → ie

pensar (ie)

PRESENTE DE INDICATIVO: **pienso, piensas, piensa,** pensamos, penséis, **piensan**
PRESENTE DE SUBJUNTIVO: **piense, pienses, piense,** pensemos, penséis, **piensen**
IMPERATIVO FAMILIAR: **piensa,** pensad

Modelo: o → ue

volver (ue)

PRESENTE DE INDICATIVO: **vuelvo, vuelves, vuelve,** volvemos, volvéis, **vuelven**
PRESENTE DE SUBJUNTIVO: **vuelva, vuelvas, vuelva,** volvamos, volváis, **vuelvan**
IMPERATIVO FAMILIAR: **vuelve,** volved

Otros verbos de la primera y segunda conjugaciones con cambios de raíz son:

acordar(se) (ue)	despertar(se) (ie)	perder (ie)
acostar(se) (ue)	empezar (ie)	poder (ue)
almorzar (ue)	encontrar (ue)	querer (ie)
cerrar (ie)	entender (ie)	recordar (ue)
colgar (ue)	llover (ue)	rogar (ue)
comenzar (ie)	mostrar (ue)	sentar(se) (ie)
contar (ue)	mover(se) (ue)	soler (ue)
costar (ue)	negar (ie)	soñar (ue)
demostrar (ue)	nevar (ie)	

B. Verbos de la tercera conjugación

Los verbos de la tercera conjugación que sufren un cambio de raíz en el presente también tienen un cambio de raíz en el pretérito, el imperfecto del subjuntivo y el gerundio.

Modelo: e → ie/i

sentir (ie, i)

PRESENTE DE INDICATIVO: **siento, sientes, siente,** sentimos, sentís, **sienten**
PRESENTE DE SUBJUNTIVO: **sienta, sientas, sienta, sintamos, sintáis, sientan**
PRETÉRITO: sentí, sentiste, **sintió,** sentimos, sentisteis, **sintieron**
IMPERFECTO DE SUBJUNTIVO: { (-ra) **sintiera, sintieras, sintiera,** etc.
{ (-se) **sintiese, sintieses, sintiese,** etc.
IMPERATIVO FAMILIAR: **siente,** sentid
GERUNDIO: **sintiendo**

Modelo: o → ue/u

dormir (ue, u)

PRESENTE DE INDICATIVO: **duermo, duermes, duerme,** dormimos, dormís, **duermen**
PRESENTE DE SUBJUNTIVO: **duerma, duermas, duerma, durmamos, durmáis, duerman**

PRETÉRITO: dormí, dormiste, **durmió,** dormimos, dormisteis, **durmieron**

IMPERFECTO DE SUBJUNTIVO: $\begin{cases} \text{(-ra) \textbf{durmiera, durmieras, durmiera,} etc.} \\ \text{(-se) \textbf{durmiese, durmieses, durmiese,} etc.} \end{cases}$

IMPERATIVO FAMILIAR: **duerme,** dormid

GERUNDIO: **durmiendo**

Modelo: e → i/i

pedir (i/i)

PRESENTE DE INDICATIVO: **pido, pides, pide,** pedimos, pedís, **piden**

PRESENTE DE SUBJUNTIVO: **pida, pidas, pida, pidamos, pidáis, pidan**

PRETÉRITO: pedí, pediste, **pidió,** pedimos, pedisteis, **pidieron**

IMPERFECTO DE SUBJUNTIVO: $\begin{cases} \text{(-ra) \textbf{pidiera, pidieras, pidiera,} etc.} \\ \text{(-se) \textbf{pidiese, pidieses, pidiese,} etc.} \end{cases}$

IMPERATIVO FAMILIAR: **pide,** pedid

GERUNDIO: **pidiendo**

Otros verbos de la tercera conjugación con cambios de raíz son:

advertir (ie/i)	elegir (i/i)	referir (ie/i)
arrepentirse (ie/i)	herir (ie/i)	repetir (i/i)
competir (ie/i)	impedir (i/i)	seguir (i/i)
consentir (ie/i)	mentir (ie/i)	servir (i/i)
convertir (ie/i)	morir (ue/u)	vestir (i/i)
despedir (i/i)	preferir (ie/i)	
divertir (ie/i)	reír (i/i)	

III. *Verbos con cambios ortográficos*

A. **Los verbos terminados en *-gar* cambian la *-g-* en *-gu-* delante de *-e-*.**

Modelo:

pagar

PRETÉRITO: **pagué,** pagaste, pagó, pagamos, pagasteis, pagaron

PRESENTE DE SUBJUNTIVO: **pague, pagues, pague, paguemos, paguéis, paguen**

Otros verbos de este grupo son:

colgar (ue)	navegar (ue)	regar (ie)
llegar (ue)	negar (ie)	rogar (ue)

B. **Los verbos terminados en *-car* cambian la *-c-* en *-que-* delante de *-e-*.**

Modelo:

tocar

PRETÉRITO: **toqué,** tocaste, tocó, tocamos, tocasteis, tocaron

PRESENTE DE SUBJUNTIVO: **toque, toques, toque, toquemos, toquéis, toquen**

Otros verbos de este grupo son:

atacar	communicar	indicar	sacar
buscar	explicar	marcar	

C. **Los verbos terminados en *-ger* cambian la *-g-* en *-j-* delante de *-o* y *-a-*.**

Modelo:

proteger

PRESENTE DE INDICATIVO: **protejo,** proteges, protege, protegemos, protegéis, protegen
PRESENTE DE SUBJUNTIVO: **proteja, protejas, proteja, protejamos, protejáis, protejan**

Otros verbos de este grupo son:

coger	dirigir	exigir
corregir (i/i)	escoger	recoger

D. **Los verbos terminados en *consonante* + *-cer* o *-cir* cambian la *-c-* en *-z-* delante de *-o* y de *-a-*.**

Modelo:

vencer

PRESENTE DE INDICATIVO: **venzo,** vences, vence, vencemos, vencéis, vencen
PRESENTE DE SUBJUNTIVO: **venza, venzas, venza, venzamos, venzáis, venzan**

Otros verbos de este grupo son:

convencer	esparcir	torcer (ue)

E. **Los verbos terminados en *vocal* + *-cer* o *-cir* cambian *-c-* en *-zc-* delante de *-o* o *-a-*.**

Modelo:

conocer

PRESENTE DE INDICATIVO: **conozco,** conoces, conoce, conocemos, conocéis, conocen
PRESENTE DE SUBJUNTIVO: **conozca, conozcas, conozca, conozcamos, conozcáis, conozcan**

Otros verbos de este grupo son:

agradecer	entristecer	nacer	padecer	pertenecer
aparecer	establecer	obedecer	parecer	
carecer	lucir	ofrecer	permanecer	

Excepciones: decir, hacer, satisfacer

F. **Los verbos terminados en *-zar* cambian la *-z-* en *-c-* delante de *-e-*.**

Modelo:

empezar (ie)

PRETÉRITO: **empecé,** empezaste, empezó, empezamos, empezasteis, empezaron
PRESENTE DE SUBJUNTIVO: **empiece, empieces, empiece, empecemos, empecéis, empiecen**

Otros verbos de este grupo son:

alcanzar	comenzar (ie)	forzar (ue)	rezar
almorzar (ue)	cruzar	gozar	

G. Los verbos terminados en *-aer, -eer* y *-oer* cambian la *-i-* no acentuada en *-y-* cuando está entre vocales.

Modelo:

creer

PRETÉRITO: creí, creíste, **creyó**, creímos, creísteis, **creyeron**

IMPERFECTO DE SUBJUNTIVO: **creyera, creyeras, creyera, creyéramos, creyerais, creyeran**

GERUNDIO: **creyendo**

PARTICIPIO: **creído**

Otros verbos de este grupo son:

| caer | corroer | decaer | leer | poseer | roer |

H. Los verbos terminados en *-uir* (excepto *-guir*, donde la *-u-* es muda) cambian la *-i-* no acentuada a *-y-* cuando está entre vocales.

Modelo:

huir

PRESENTE DE INDICATIVO: **huyo, huyes, huye**, huimos, huís, **huyen**

PRETÉRITO: huí, huiste, **huyo**, huimos, huisteis, **huyeron**

PRESENTE DE SUBJUNTIVO: **huya, huyas, huya, huyamos, huyáis, huyan**

IMPERFECTO DE SUBJUNTIVO: **huyera, huyeras, huyera, huyéramos, huyerais, huyeran**

IMPERATIVO: **huye,** huid

GERUNDIO: **huyendo**

Otros verbos de este grupo son:

atribuir	construir	disminuir	incluir	restituir
concluir	contribuir	distribuir	influir	sustituir
constituir	destruir	excluir	instruir	

I. Los verbos terminados en *-guir* cambian la *-gu-* a *-g-* delante de *-o* y *-a-*.

Modelo:

distinguir

PRESENTE DE INDICATIVO: **distingo,** distingues, distingue, distinguimos, distinguís, **distinguen**

PRESENTE DE SUBJUNTIVO: **distinga, distingas, distinga, distingamos, distingáis, distingan**

Otros verbos de este grupo son:

| conseguir (i/i) | perseguir (i/i) | proseguir (i/i) | seguir (i/i) |

J. Los verbos terminados en *-guar* llevan diéresis en la *-u-* delante de *-e-*.

Modelo:

averiguar

PRETÉRITO: **averigüé,** averiguaste, averiguó, averiguamos, averiguasteis, averiguaron

PRESENTE DE SUBJUNTIVO: **averigüe, averigües, averigüe, averigüemos, averigüéis, averigüen**

Otros verbos de este grupo son:

| apaciguar | atestiguar |

K. Algunos verbos terminados en *-iar* llevan acento en la *-i-* en todas las formas singulares y la forma plural de la tercera persona en el presente del indicativo y del subjuntivo.

Modelo:

enviar

PRESENTE DE INDICATIVO: **envío, envías, envía,** enviamos, enviáis, **envían**

PRESENTE DE SUBJUNTIVO: **envíe, envíes, envíe,** enviemos, enviéis, **envíen**

Otros verbos de este grupo son:

ampliar	enfriar	telegrafiar	Excepciones: cambiar
criar	fiar	vaciar	estudiar
desviar	guiar	variar	

L. Todos los verbos terminados en *-uar* llevan acento en la *-u-* en todas las formas singulares y la forma plural de la tercera persona en el presente del indicativo y del subjuntivo.

Modelo:

continuar

PRESENTE DE INDICATIVO: **continúo, continúas, continúa,** continuamos, continuáis, **continúan**

PRESENTE DE SUBJUNTIVO: **continúe, continúes, continúe,** continuemos, continuéis, **continúen**

Otros verbos de este grupo son:

acentuar	efectuar	graduar	insinuar
actuar	exceptuar	habituar	situar

IV. Verbos irregulares

Infinitivo	Gerundio y participio	Imperativo familiar	Indicativo					Subjuntivo		
			PRESENTE	IMPERFECTO	PRETÉRITO	FUTURO	CONDICIONAL	PRESENTE	IMPERFECTO (-RA)	IMPERFECTO (-SE)
andar, *to walk; to go*	andando andado	anda andad	ando, *etc*	andaba, *etc*	anduve anduviste anduvo anduvimos anduvisteis anduvieron	andaré, *etc*	andaría, *etc*	ande, *etc*	anduviera anduvieras anduviera anduviéramos anduvierais anduvieran	anduviese anduvieses anduviese anduviésemos anduvieseis anduviesen
caber, *to fit; to be contained in*	cabiendo cabido	cabe cabed	quepo cabes cabe cabemos cabéis caben	cabía, *etc*	cupe cupiste cupo cupimos cupisteis cupieron	cabré cabrás cabrá cabremos cabréis cabrán	cabría cabrías cabría cabríamos cabríais cabrían	quepa quepas quepa quepamos quepáis quepan	cupiera cupieras cupiera cupiéramos cupierais cupieran	cupiese cupieses cupiese cupiésemos cupieseis cupiesen
caer, *to fall*	cayendo caído	cae caed	caigo caes cae caemos caéis caen	caía, *etc*	caí caíste cayó caímos caísteis cayeron	caeré, *etc*	caería, *etc*	caiga caigas caiga caigamos caigáis caigan	cayera cayeras cayera cayéramos cayerais cayeran	cayese cayeses cayese cayésemos cayeseis cayesen
conducir, *to lead* (producir, *to produce,* y traducir, *to translate,* se conjugan de la misma manera)	conduciendo conducido	conduce conducid	conduzco conduces conduce conducimos conducís conducen	conducía, *etc*	conduje condujiste condujo condujimos condujisteis condujeron	conduciré, *etc*	conduciría, *etc*	conduzca conduzcas conduzca conduzcamos conduzcáis conduzcan	condujera condujeras condujera condujéramos condujerais condujeran	condujese condujeses condujese condujésemos condujeseis condujesen
dar, *to give*	dando dado	da dad	doy das da damos dais dan	daba, *etc*	di diste dio dimos disteis dieron	daré, *etc*	daría, *etc*	dé des dé demos deis den	diera dieras diera diéramos dierais dieran	diese dieses diese diésemos dieseis diesen

Infinitivo	Gerundio y participio	Imperativo familiar	Indicativo					Subjuntivo		
			PRESENTE	IMPERFECTO	PRETÉRITO	FUTURO	CONDICIONAL	PRESENTE	IMPERFECTO (-RA)	IMPERFECTO (-SE)
decir, *to say, tell*	diciendo dicho	di decid	digo dices dice decimos decís dicen	decía, *etc*	dije dijiste dijo dijimos dijisteis dijeron	diré dirás dirá diremos diréis dirán	diría dirías diría diríamos diríais dirían	diga digas diga digamos digáis digan	dijera dijeras dijera dijéramos dijerais dijeran	dijese dijeses dijese dijésemos dijeseis dijesen
estar, *to be*	estando estado	está estad	estoy estás está estamos estáis están	estaba, *etc*	estuve estuviste estuvo estuvimos estuvisteis estuvieron	estaré, *etc*	estaría, *etc*	esté estés esté estemos estéis estén	estuviera estuvieras estuviera estuviéramos estuvierais estuvieran	estuviese estuvieses estuviese estuviésemos estuvieseis estuviesen
haber, *to have*	habiendo habido	he habed	he has ha hemos habéis han	había, *etc*	hube hubiste hubo hubimos hubisteis hubieron	habré habrás habrá habremos habréis habrán	habría habrías habría habríamos habríais habrían	haya hayas haya hayamos hayáis hayan	hubiera hubieras hubiera hubiéramos hubierais hubieran	hubiese hubieses hubiese hubiésemos hubieseis hubiesen
hacer, *to do, make*	haciendo hecho	haz haced	hago haces hace hacemos hacéis hacen	hacía, *etc*	hice hiciste hizo hicimos hicisteis hicieron	haré harás hará haremos haréis harán	haría harías haría haríamos haríais harían	haga hagas haga hagamos hagáis hagan	hiciera hicieras hiciera hiciéramos hicierais hicieran	hiciese hicieses hiciese hiciésemos hicieseis hiciesen
ir, *to go*	yendo ido	ve id	voy vas va vamos vais van	iba ibas iba íbamos ibais iban	fui fuiste fue fuimos fuisteis fueron	iré, *etc*	iría, *etc*	vaya vayas vaya vayamos vayáis vayan	fuera fueras fuera fuéramos fuerais fueran	fuese fueses fuese fuésemos fueseis fuesen
oír, *to hear*	oyendo oído	oye oíd	oigo oyes oye oímos oís oyen	oía, *etc*	oí oíste oyó oímos oísteis oyeron	oiré, *etc*	oiría, *etc*	oiga oigas oiga oigamos oigáis oigan	oyera oyeras oyera oyéramos oyerais oyeran	oyese oyeses oyese oyésemos oyeseis oyesen

Infinitivo	Gerundio y participio	Imperativo familiar	Indicativo					Subjuntivo		
			PRESENTE	IMPERFECTO	PRETÉRITO	FUTURO	CONDICIONAL	PRESENTE	IMPERFECTO (-RA)	IMPERFECTO (-SE)
oler, *to smell*	oliendo olido	huele oled	huelo hueles huele olemos oléis huelen	olía, *etc.*	olí, *etc.*	oleré, *etc.*	olería, *etc.*	huela huelas huela olamos oláis huelan	oliera, *etc.*	oliese, *etc.*
poder, *to be able*	pudiendo podido		puedo puedes puede podemos podéis pueden	podía, *etc.*	pude pudiste pudo pudimos pudisteis pudieron	podré podrás podrá podremos podréis podrán	podría podrías podría podríamos podríais podrían	pueda puedas pueda podamos podáis puedan	pudiera pudieras pudiera pudiéramos pudierais pudieran	pudiese pudieses pudiese pudiésemos pudieseis pudiesen
poner, *to put*	poniendo puesto	pon poned	pongo pones pone ponemos ponéis ponen	ponía, *etc.*	puse pusiste puso pusimos pusisteis pusieron	pondré pondrás pondrá pondremos pondréis pondrán	pondría pondrías pondría pondríamos pondríais pondrían	ponga pongas ponga pongamos pongáis pongan	pusiera pusieras pusiera pusiéramos pusierais pusieran	pusiese pusieses pusiese pusiésemos pusieseis pusiesen
querer, *to want*	queriendo querido	quiere quered	quiero quieres quiere queremos queréis quieren	quería, *etc.*	quise quisiste quiso quisimos quisisteis quisieron	querré querrás querrá querremos querréis querrán	querría querrías querría querríamos querríais querrían	quiera quieras quiera queramos queráis quieran	quisiera quisieras quisiera quisiéramos quisierais quisieran	quisiese quisieses quisiese quisiésemos quisieseis quisiesen
saber, *to know*	sabiendo sabido	sabe sabed	sé sabes sabe sabemos sabéis saben	sabía, *etc.*	supe supiste supo supimos supisteis supieron	sabré sabrás sabrá sabremos sabréis sabrán	sabría sabrías sabría sabríamos sabríais sabrían	sepa sepas sepa sepamos sepáis sepan	supiera supieras supiera supiéramos supierais supieran	supiese supieses supiese supiésemos supieseis supiesen
salir, *to go out*	saliendo salido	sal salid	salgo sales sale salimos salís salen	salía, *etc.*	salí, *etc.*	saldré saldrás saldrá saldremos saldréis saldrán	saldría saldrías saldría saldríamos saldríais saldrían	salga salgas salga salgamos salgáis salgan	saliera, *etc.*	saliese, *etc.*

Infinitivo	Gerundio y participio	Imperativo familiar	Indicativo — Presente	Indicativo — Imperfecto	Indicativo — Pretérito	Indicativo — Futuro	Indicativo — Condicional	Subjuntivo — Presente	Subjuntivo — Imperfecto (-RA)	Subjuntivo — Imperfecto (-SE)
ser, *to be*	siendo sido	sé sed	soy eres es somos sois son	era eras era éramos erais eran	fui fuiste fue fuimos fuisteis fueron	seré, *etc.*	sería, *etc.*	sea seas sea seamos seáis sean	fuera fueras fuera fuéramos fuerais fueran	fuese fueses fuese fuésemos fueseis fuesen
tener, *to have*	teniendo tenido	ten tened	tengo tienes tiene tenemos tenéis tienen	tenía, *etc*	tuve tuviste tuvo tuvimos tuvisteis tuvieron	tendré tendrás tendrá tendremos tendréis tendrán	tendría tendrías tendría tendríamos tendríais tendrían	tenga tengas tenga tengamos tengáis tengan	tuviera tuvieras tuviera tuviéramos tuvierais tuvieran	tuviese tuvieses tuviese tuviésemos tuvieseis tuviesen
traer, *to bring*	trayendo traído	trae traed	traigo traes trae traemos traéis traen	traía, *etc*	traje trajiste trajo trajimos trajisteis trajeron	traeré, *etc.*	traería, *etc.*	traiga traigas traiga traigamos traigáis traigan	trajera trajeras trajera trajéramos trajerais trajeran	trajese trajeses trajese trajésemos trajeseis trajesen
valer, *to be worth*	valiendo valido	val(e) valed	valgo vales vale valemos valéis valen	valía, *etc.*	valí, *etc.*	valdré valdrás valdrá valdremos valdréis valdrán	valdría valdrías valdría valdríamos valdríais valdrían	valga valgas valga valgamos valgáis valgan	valiera, *etc.*	valiese, *etc.*
venir, *to come*	viniendo venido	ven venid	vengo vienes viene venimos venís vienen	venía, *etc*	vine viniste vino vinimos vinisteis vinieron	vendré vendrás vendrá vendremos vendréis vendrán	vendría vendrías vendría vendríamos vendríais vendrían	venga vengas venga vengamos vengáis vengan	viniera vinieras viniera viniéramos vinierais vinieran	viniese vinieses viniese viniésemos vinieseis viniesen
ver, *to see*	viendo visto	ve ved	veo ves ve vemos veis ven	veía veías veía veíamos veíais veían	vi viste vio vimos visteis vieron	veré, *etc*	vería, *etc*	vea, *etc*	viera, *etc.*	viese, *etc.*

VOCABULARIO

The numbers after each entry indicate the chapter where the entry first occurs. **LP** refers to the *Lección preliminar*.

Abbreviations

adj	adjective		*inf*	infinitive
adv	adverb		*inter*	interrogative
art	article		*interj*	interjection
conj	conjunction		*m*	masculine noun
dem	demonstrative		*prep*	preposition
exp	expression		*pron*	pronoun
f	feminine noun		*rel*	relative
indef	indefinite		*v*	verb

A

a *prep* to, **LP**

abajo *adv* under, below, downwards, **19**

abierto *adj* open, **2**

abogado, -a *m/f* lawyer, **2**

abono *m* concert or theater series, **17**

aborto *m* abortion, **9**

abrazar *v* to hug, to embrace, **7**

abrazo *m* embrace, hug, **15**

abreviatura *f* abbreviation, **1**

abrigo *m* overcoat, **3**

abril *m* April, **4**

abrir *v* to open, **6**

abrochar *v* to fasten, **15**

absolución *f* absolution, pardon, **13**

abstracción *f* abstraction, **12**

abuela, -o *f/m* grandmother, grandfather, **2; abuelos** *m* grandparents, **5**

abundar *v* to be in abundance, **4**

aburrido *adj* bored, boring, **2**

aburrir *v* to bore, **13; aburrirse** *v* to get bored, **12**

acá *adv* here, around here, **14**

acabar *v* to finish, **12; acabar de + inf** *v* to have just, **12**

acción *f* action, stock, **4, 22**

accionista *m/f* stockholder, **20**

aceite *m* oil, **10**

acera *f* sidewalk, **18**

acerca de *prep* about, **6**

acercarse a *v* to approach, **14**

acomodado *adj* comfortable, prosperous, **21**

acomodador, -a *m/f* usher, **6**

acompañar *v* to accompany, **7**

acostarse (ue) *v* to go to bed, to lie down, **10**

acostumbrarse *v* to become accustomed, **13**

actor *m* actor, **3**

actriz *f* actress, **2**

actuación *f* acting, role play, **16**

actual *adj* current, **7**

actualmente *adv* currently, **21**

actuar *v* to act, **6**

acuerdo *m* agreement, **11; estar de acuerdo** *v* to agree, **11**

adecuado *adj* adequate, **21**

adelantado *adj* and *adv* forward, ahead, leading, **7**

adelante *adv* forward, **5**

además *adv* in addition, **5; además de** *prep* besides, **12**

adinerado *adj* wealthy, **20**

adiós *exp* goodbye, **LP**

adivinar *v* to guess, **4**

admirar *v* to admire, **4**

adónde *inter* to where, where to, **5**

adorar *v* to adore, to worship, **6**

adorno *m* decoration, adornment, **17**

adquirir (ie) *v* to acquire, **23**

aduana *m* customs house, **21**

aduanero, -a *m/f* customs agent, **15**

advertencia *f* warning, **21**

advertir (ie, i) *v* to warn, **17**

aéreo *adj* airborne, **8; correo aéreo** *m* airmail, **8**

aeropuerto *m* airport, **10**

afecto *m* affection, **9**

afectuoso *adj* affectionate, **22**

afeitarse *v* to shave, **10**

aficionado, -a *m/f and adj* fan, amateur, **6**

afirmar *v* to affirm, **4**

afortunado *adj* fortunate, lucky, **7**

agarrar *v* to sieze, to grasp, **11**

agencia *f* agency, **8; agencia de viajes** *f* travel agency, **8**

agitado *adj* agitated, upset, **7**

agosto *m* August, **4**

agradable *adj* agreeable **6**

agradecer *v* to thank, **15**

agregar *v* to add onto, to connect, **4**

agrícolo *adj* agricultural, **20**

agrónomo *adj* agricultural, **13**

agrupar *v* to group, **16**

agua *f* (**el agua** in singular) water, **4**

aguafiestas *m/f* party-pooper, killjoy, **15**

aguantar *v* to stand, to bear, **19**

ahí *adj* there, right there, **15**

ahijado, -a *m/f* godson, goddaughter, **12**

ahora *adv* now, **1; ahora mismo** *exp* right now **13**

ahorrar *v* to save, **8**

ahorros *m* savings, **7**

aire *m* air, **7; aire acondicionado** *m* air conditioning, **7**

ajedrez *m* chess, **6**

al *contraction* **a + el,** to the, **1**

alcalde *m/f* mayor, **14**

alcance *m* reach, **19; estar al alcance** *exp* to be within reach, **19**

alcanzar *v* to reach, **20**

alcázar *m* fortress, castle, **4**

Alcorán *m* Koran, **18**

alegrarse *v* to become happy, **14**

alegre *adj* happy, **2**

alegría *f* happiness, **21**

alemán, alemana *adj* German, **2**

Alemania *f* Germany, **2**

alergia *f* allergy, **19**

alfombra *f* carpet, **7**

algo *adv* somewhat **3;** *indef pron* something, **3**

algodón *m* cotton, **2**

alguien *indef pron* someone, **4**

algún, alguno, -a, -os, -as *adj* some, **4**

aliado, -a *m/f* ally, **14**

aliarse *v* to ally oneself, **14**

alienarse *v* to become alienated, **21**

alimenticio *adj* related to food, **20**

aliviar *v* to relieve, **19**

alivio *m* relief, **12**

alma *f* (**el alma** in singular) soul, **11**

almacén *m* department store, storehouse **9**

almidonar *v* to starch, **16**

almirante *m* Admiral, **17**

almohada *f* pillow, **22**

almorzar (ue) *v* to eat lunch, **5**

almuerzo *m* lunch, **5**

aló *exp* hello, **6**

alpinismo *m* mountain climbing, **6**

alquilar *v* to rent, **7**

alquiler *m* rent, **7**

alrededor de *prep* around, encircling, **7**

alternativa *f* alternative; **alternativo** *adj* alternative, **15**

alto *adj* tall, high, **2**

alumno, -a, *m/f* student, **1**

allá *adv* over there, in that direction, **6**

allí *adv* there, right there, **3**

amable *adj* agreeable, nice, **18**

amante *m/f* lover, **22**

amar *v* to love, **14**

amargo *adj* bitter, sour, **21**

amarillo *adj* yellow, **3**

Amazonas *m* the Amazon River, **3**

ambiental *adj* environmental, **17**

ambiente *m* environment, **14**

ambiguo *adj* ambiguous, **7**

ambos, -as *adj* both, **13**

amenaza *f* menace, threat, **14**

amenazar *v* to threaten, **14**

América *f* America, **3**

americano *adj* American, **3**

amigo, -a *m/f* friend, **3**

amistad *f* friendship, **2**

amistoso *adj* friendly, **21**

amo, -a *m/f* master, mistress, **4; ama de casa** *f* (**el ama** in singular) housewife, **2**

amor *m* love, **4**

amoroso *adj* loving, kind, **4**

ampliación *f* enlargement, amplification, **16**

amplio *adj* large, ample, **8**

amueblado *adj* furnished, **7**

analfabetismo *m* illiteracy, **17**

analfabeto *adj* illiterate, **17**

análisis *m* analysis, **19**

anaranjado *adj* orange colored, **3**

Andalucía *f* Andalusia, an area in southern Spain, **11**

andar *v* to walk, to function, **11**

Andes *m* mountain range in South America, **3**

andino *adj* Andean, of the Andes, **18**

anglicismo *m* English-ism, Spanglish, **20**

anhelar *v* to desire, to want, **23**

anillo *m* ring, **1**

animado *adj* excited, animated, **2**

ánimo *m* enthusiasm, energy, **12**

aniversario *m* birthday, anniversary, **5**

anoche *adv* last night, **10**

ante *adv* before, **14**

anteanoche *adv* the night before last, **10**

anteayer *adv* the day before yesterday, **10**

antecedente *m* antecedent, forebear, **16**

antepasado, -a *m/f* forebear, **10**

anteponer *v* to place before, **15**

anterior *adj* previous, **3**

antes *adv* before, previously, **2**

anticipar *v* to anticipate, **11**

anticonceptivo *m* birth control device, **17**

antigüedad *f* antique, antiquity, **23**

antiguo *adj* former, ancient, **7**

anti-incendiario *adj* fire preventive, **20**

antipático *adj* unpleasant, disagreeable, **2**

antropólogo, -a *m/f* anthropologist, **13**

anunciar *v* to announce, **13**

anuncio *m* announcement, **9; anuncio comercial** *m* commercial, **8**

año *m* year, **4**

apagar *v* to put out (a light or fire), **6**

aparato *m* gadget, mechanical device, **6**

aparecer *v* to appear, **16**

apariencia *f* appearance, **5**

aparte *adv* in addition, on the side, **5**

apasionado *adj* passionate, **8**

apático *adj* apathetic, indifferent, **14**

apellido *m* last name, family name, **1**

apenas *adv* barely, hardly, **8**

aperitivo *m* appetizer, **5**

apertura *f* opening, **23**

apoderarse de *v* to take control of, **14**

apoyar *v* to support, **14**

apoyo *m* support, **14**

aprender *v* to learn, **5**

aprisa *adv* in a hurry, **4**

aprobar (ue) *v* to approve, to pass (a course or exam), **14**

apropiado *adj* appropriate, **7**

aproximarse *v* to approach, **14**

apuntar *v* to write down, **19**

apunte *m* note, jotting, **8**

apurarse *v* to hurry, **15**

aquel, aquella, aquello *dem* that, **4**

aquellos *dem* those, **4**

aquí *adv* here, right here, **1**

árabe *m/f* Arab, **8**

árbol *m* tree, **4**

arco *m* arch, **13**

archivo *m* archive, file, library, **11**

ardiente *adj* ardent, passionate, burning, **2**

argüir *v* to argue, **8**

argumento *m* plot, argument, **14**

arma *f* (**el arma** in singular) weapon, armament, **14**

armar *v* to arm, to assemble, **21**

armario *m* closet, **12**

arreglar *v* to arrange, to fix, **7**

arriba *adv* above, **1**

arriesgar *v* to risk, **16**

arrodillarse *v* to kneel, **17**

arroyo *m* brook, **19**

arroz *m* rice, **5**

arruinar *v* to ruin, **15**

artesanía *f* handicrafts, **23**

artículo *m* article, **1**

arzobispo *m* archbishop, **18**

ascenso *m* promotion, **8**

ascensor *m* elevator, **4**

asco *m* nausea; **tener asco** *exp* to be nauseated, **19**

asegurar *v* to insure, **19**

asesinar *v* to murder, to assassinate, **22**

asesinato *m* murder, **22**

asesor, -a *m/f* advisor, **17**

así *adv* in this fashion, this way, of the same kind, **1**

asiento *m* seat, chair, **6**

asignar *v* to assign, **15**

asistir *v* to attend, **6**

aspiradora *f* vacuum cleaner, **7; pasar la aspiradora** *exp* to vacuum, **7**

asqueado *adj* nauseated, **19**

asunto *m* matter, subject, **12**

atacar *v* to attack, **19**

ataque *m* attack, **12**

atender (ie) *v* to attend, to wait on, **8**

atento *adj* attentive, **4**

ateo, -a *m/f* atheist, **2**

atleta *m/f* athlete, **2**

atraer *v* to attract, **12**

atrás *adv* behind, **16**

atrasado *adj* behind, retarded, **2**

atreverse *v* to dare, **22**

aumentar *v* to increase, **19**

aumento *m* increase, raise, **8**

aun, aún *adv* yet, even, still, **7**

aunque *adv* although, even though, **6**

ausencia *f* absence, **13**

ausente *adj* absent, **1**

autobús *m* bus, **4**

automóvil *m* car, automobile, **4**

autopista *f* freeway, highway, **13**

autor, -a *m/f* author, **2**

autoridad *f* authority, **18**

autorretrato *m* self-portrait, **4**

avance *m* advance, **17**

avanzar *v* to advance, **17**

avenida *f* avenue, **6**

aventura *f* adventure, **19**

avión *m* airplane, **1**

avisar *v* to advise, to warn, **17**

aviso *m* announcement, warning, **8**

ayer *adv* yesterday, **9**

ayuda *f* help, assistance, **7**

ayudar *v* to help, **7**

ayuntamiento *m* city government, **17**

azafata *f* stewardess, **15**

azteca *m/f* Aztec, **11**

azúcar *m* sugar, **5**

azul *adj* blue, **3**

B

bachillerato *m* high school degree, **8**
bailar *v* to dance, **4**
bailarín, bailarina *m/f* dancer, **6**
baile *m* dance, **4**
bajar *v* to descend, to lower, **6**
bajo *adj* short, low, **2**
bala *f* bullet, **14**
balance *m* balance, scale, **20**
balancear *v* to balance, **20**
balcón *m* balcony, **6**
baloncesto *m* basketball, **6**
banca *f* bench, **12**
banco *m* bank, **1**
banda *f* band, **6**
bandera *f* flag, **11**
banquero, -a *m/f* banker, **3**
bañar, bañarse *v* to bathe, **10**
baño *m* bath, bathroom, **4**
bar *m* bar, **4**
barato *adj* inexpensive, **9**
barba *f* beard, **10**
barbaridad *f* barbarity, outrage, **9**
bárbaro, -a *m/f* barbarian, **3**
barco *m* boat, **5**
barrer *v* to sweep, **7**
barrera *f* barrier, **7**
barrio *m* neighborhood, **4**
barro *m* clay, **7**
barroco *adj* baroque, **23**
base *f* base, **14**
bastante *adj* enough, plenty, **3**
basura *f* garbage, trash, **7**
batalla *f* battle, **11**
bautismo *m* baptism, **12**
bautizar, bautizarse *v* to baptize, to get baptized, **13**
bebé *m* baby, **3**
beber *v* to drink, **5**
bebida *f* drink, beverage, **5**
beca *f* scholarship, **21**
béisbol *m* baseball, **6**
belleza *f* beauty, **3**
bello *adj* handsome, beautiful, **3**

bendecir *v* to bless, **13**
bendición *f* benediction, blessing, **13**
beneficio *m* benefit, **13**
besar *v* to kiss, **12**
beso *m* kiss, **8**
bestia *f* beast, **5**
Biblia *f* Bible, **7**
biblioteca *f* library, **2**
bicicleta *f* bicycle, **1**
bien *adv* well, all right, **1**
bienes *m* wealth, goods, **20**
bienvenido *adj* welcome, **21**
bife *m* steak, **5**
bigote *m* moustache, **10**
bilingüe *adj* bilingual, **21**
billete *m* ticket, bill, **20**
biólogo, -a *m/f* biologist, **2**
bioquímico, -a *m/f* biochemist, **19**
bisabuelo, -a *m/f* great grandfather/mother, **12**
bisiesto *m* leap year, **4**
bisnieto, -a *m/f* great grandson/daughter, **12**
bistec *m* steak, **5**
blanco *adj* white, **3**
blancura *f* whiteness, **16**
blusa *f* blouse, **2**
boca *f* mouth, **10**
boda *f* wedding, **4**
boletería *f* ticket booth, **6**
boleto *m* ticket, **6**
boliche *m* bowling, **6**
bolívar *m* currency of Venezuela, **1**
bolsa *f* purse, **1**
bolsillo *m* pocket, **1**
bomba *f* bomb, **7**
bombón *m* piece of candy, **12**
bonito *adj* pretty, **2**
borracho *adj* drunk, **9**
bosque *m* forest, **12**
bota *f* boot, **22**
bote *m* can, trashcan, **21**
botella *f* bottle, **5**
botón *m* button, **15**
bravo *adj* brave, valiant, **9**
brazalete *m* bracelet, **8**

brazo *m* arm, **9**
brocha *f* brush, **7**
broma *f* joke, **16**
bronceado *adj* tanned, **16**
brujería *f* witchcraft, **18**
brujo, -a *m/f* warlock, witch, **18**
bruto *adj* brute, **2**
buen, bueno, -a *adj* good, **1**
bulevar *m* boulevard, **2**
burocracia *f* bureaucracy, **11**
burócrata *m/f* bureaucrat, **21**
burro *m* burro, **13**
buscar *v* to look for, to search, **11**
búsqueda *f* search, **15**
butaca *f* trunk, **6**

C

caballo *m* horse, **5**
cabaña *f* cabin, **11**
cabello *m* hair, **10**
caber *v* to fit into, **17**
cabeza *f* head, **6**
cabina *f* cabin, **11**
cabra *f* goat, **13**
cada *adj* each, every, **1**
cadena *f* chain, **1**
caer, caerse *v* to fall, to fall down **11**
café *m* coffee, **5**; *adj* brown, **4**
caja *f* box, **1**
cajón *m* drawer, **3**
calcetín *m* sock, **3**
calculadora *f* calculator, **3**
cálculo *m* calculation, calculus, **3**
calefacción *f* heating, **7**
calendario *m* calendar, **7**
calidad *f* quality, **3**
cálido *adj* warm, **20**
caliente *adj* hot, **7**
calmar, calmarse *v* to calm, to calm down, **13**
calor *m* heat, **5**
calumnia *f* false accusation, **4**
calvo *adj* bald, **15**

callarse *v* to cease talking, **17**

calle *f* street, **3**

cama *f* bed, **2**

cámara *f* camera, **14**

camarero, -a *m/f* busboy, waiter, waitress, **20**

cambiar *v* to change, **8; cambiarse de ropa** *exp* to change clothes, **13**

cambio *m* change, **2**

cambista *m/f* money changer, **20**

caminar *v* to walk, **4**

camino *m* road, way, trail, **12**

camión *m* truck, bus, **1**

camioneta *f* pickup truck, **17**

camisa *f* shirt, **2**

camiseta *f* tee-shirt, **16**

campana *f* bell, **7**

campaña *f* campaign, **11**

campesino, -a *m/f* peasant, **3**

campo *m* field, **4; campo de estudio** *exp* field of study, **4**

cancelar *v* to cancel, **16**

canción *f* song, **6**

cancha *f* sport court, **6; cancha de tenis** *exp* tennis court, **6**

cansar *v* to tire, **12; cansarse** *v* to get tired, **13**

cantante *m/f* singer, **2**

cantar *v* to sing, **4**

cantidad *f* quantity, **4**

capaz *adj* able, capable, **10**

capilla *f* chapel, altar, **18**

capital *f* capital city, **4; *m* capital, money, **19**

capítulo *m* chapter, **1**

cápsula *f* capsule, **19**

capturar *v* to capture, **11**

cara *f* face, **3**

carácter *m* character, personality, **23**

característica *f* characteristic, **2**

cárcel *f* jail, **12**

cardenal *m* cardinal (religious) **6**; cardinal bird, **18**

cardíaco *adj* cardiac, **12**

caricatura *f* caricature, cartoon, **23**

caricaturesco *adj* caricaturesque, **23**

caridad *f* charity, **7**

cariño *m* tenderness, **13**

carne *f* meat, **5**

carnicería *f* meat market, butcher shop, **8**

carnicero, -a *m/f* butcher, **8**

caro *adj* expensive, **3**

carpintero, -a *m/f* carpenter, **2**

carrera *f* race, career, **8**

carretera *f* road, highway, **4**

carta *f* letter (mail), **8**

cartera *f* wallet, **1**

cartero, -a *m/f* mailcarrier, **13**

cartilla *f* identity card, **1**

casa *f* house, **1**

casado *adj* married, **5**

casamiento *m* marriage, **12**

casar *v* to marry, **13; casarse** *v* to get married, **12**

casi *adv* almost, nearly, **2**

caso *m* case, **10**

castigar *v* to castigate, to punish, **17**

castillo *m* castle, **1**

catedral *f* cathedral, **4**

categoría *f* category, **2; de categoría** *exp* high class, **3**

católico *adj* Catholic, **2**

causa *f* cause, **9**

causar *v* to cause, **9**

cebolla *f* onion, **5**

celebrar *v* to celebrate, **7**

celos *m* jealousy, **22; tener celos** *exp* to be jealous, **22**

cementerio *m* cemetery, **18**

cena *f* dinner, supper, **5**

cenar *v* to eat dinner, **6**

censura *f* censure, **18**

centavo *m* cent, **23**

centro *m* center, downtown, **2**

cepillo *m* brush, **10; cepillo de dientes** *exp* toothbrush, **10**

cerca *f* fence, **7; cerca de** *prep* near, **2**

cercano *adj* nearby, **7**

cerdo, -a *m/f* pig, **23**

cereales *m* cereal, grains, **5**

cerebro *m* brain, **19**

cereza *f* cherry, **22; cerezo** *m* cherry tree, **22**

cero *m* zero, **2**

cerrado *adj* closed, **2**

cerrar (ie) *v* to close, **6**

certeza *f* certainty, **14**

certificado *m* certificate, **21**

certificar *v* to certify, **21**

cerveza *f* beer, **4**

césped *m* grass lawn, **7**

cielo *m* sky, heaven, **5**

ciencia *f* science, **9**

científico, -a *m/f* scientist, **2; *adj* scientific, **2**

ciertamente *adv* certainly, surely, **18**

cierto *adj* certain, sure, **3**

cigarrillo *m* cigarette, **6**

cine *m* movie theater, **3**

cinta *f* cord, tape, **6**

cintura *f* waist, **19**

cinturón *m* belt, **3**

circo *m* circus, **6**

cirujano, -a *m/f* surgeon, **19**

cita *f* appointment, quotation, **10**

ciudad *f* city, **1**

ciudadano, -a *m/f* citizen, **21**

clarificar *v* to clarify, to explain, **3**

claro *adj* clear, **3; ¡ Claro !** *exp* Of course!, **3**

clase *f* class, **1**

cláusula *f* clause, **12**

clavar *v* to nail, **10**

clave *f* clue, **17**

clérigo *m* clergyman, **18**

cliente *m/f* client, **2**

clientela *f* clientele, **9**

clima *m* climate, **5**

clínica *f* clinic, **12**

cobarde *adj* coward, **22**

cobrar *v* to charge, **8**

cocina *f* kitchen, **5**

cocinar *v* to cook, **5**

Español en español

cocinero, -a *m/f* cook, **5**
cocodrilo *m* crocodile, **1**
coctel *m* cocktail, **5**
coche *m* car, **1**
código *m* code, **12**
cojín *m* small pillow, cushion, **22**
cola *f* tail, line, **7; hacer cola** *exp* to stand in line, **18**
coleccionista *m/f* collector, **2**
colega *m/f* colleague, **17**
colegio *m* private school, high school, **7**
colgado *adj* hanging, **7**
colgar (ue) *v* to hang, **7**
colina *f* hill, **4**
colocación *f* positioning, act of placing, **23**
colocar *v* to place, **14**
colonia *f* colony, **17**
colono, -a *m/f* colonist, **11**
colorado *adj* red, **6**
combatir *v* to fight against, **11**
combinar *v* to combine, to join, **7**
comedia *f* play, comedy, **6**
comedor *m* dining hall, dining room, **7**
comentarista *m/f* commentator, **20**
comenzar (ie) *v* to begin, **6**
comer *v* to eat, **5; comerse** *v* to devour, **10**
comerciante *m/f* business person, **2**
comercio *m* business, commerce, **9**
cometa *f* kite, **21**
comida *f* meal, **4**
comienzo *m* beginning, **4**
comité *m* committee, **14**
como *adj* as, since, **2; cómo** *inter* how, **1**
cómodo *adj* comfortable, **7**
compañero, -a *m/f* companion, comrade, **1**
compañía *f* company, **6**
comparar *v* to compare, **6**
compartir *v* to share, **7**
competir (i, i) to compete, **6**

complejo *m* complex, **22**; *adj* complicated, **21**
completar *v* to complete, **3**
componer *v* to compose, to fix, **12**
comportamiento *m* behavior, **12**
compositor, -a *m/f* composer, **12**
compra *f* purchase, **9; ir de compras** *exp* to go shopping, **9**
comprar *v* to buy, **4**
comprender *v* to understand, **5**
comprensible *adj* comprehensible, **3**
comprensión *f* comprehension, **2**
comprimido *m* tablet, pill, **19**
comprometerse *v* to commit oneself; to become engaged, **22**
compromiso *m* commitment, **6**
computadora *f* computer, **2**
comulgar *v* to commune, **13**
común *adj* common, **3; tener en común** *exp* to have in common, **3**
comunicar *v* to communicate, **12**
con *prep* with, **1**
concebir (i, i) to conceive, **7**
concierto *m* concert, **4**
concilio *m* council, **18**
concluir *v* to conclude, **7**
concordancia *f* agreement, **2**
concordar (ue) *v* to agree, **14**
conde *m* count, **11**
condominio *m* condominium, **7**
conducir *v* to drive, **21**
conducta *f* behavior, **4**
conectar *v* to connect, **7**
conejo *m* rabbit, **5**
conexión *f* connection, **18**
conferencia *f* lecture, **3**

confianza *f* confidence, **2**
confiar *v* to trust, **22**
confundir *v* to confuse, **23**
confuso *adj* confused, **23**
conjetura *f* conjecture, **17**
conjunto *m* band, musical group, **6**
conocer *v* to know, to be acquainted, **7**
conocido, -a *m/f* acquaintance, **15**
conocimiento *m* knowledge, **7**
conquista *f* conquest, **11**
conquistar *v* to conquer, **10**
consciente *adj* conscious, **3**
conscripción *f* draft, forced recruitment, **14**
conseguir (i, i) *v* to obtain, to get, **8**
consejero, -a *m/f* counselor, advisor, **9**
consejos *m* advice, **21**
conservador *adj* conservative, **2**
conservar *v* to keep, to preserve, **8**
considerar *v* to consider, **7**
consistir *v* to consist of, **7**
consolar (ue) to console, **16**
consomé *m* broth, **5**
consonante *f* consonant, **2**
construir *v* to construct, to build, **7**
consulta *f* visit, consultation, **19**
consultorio *m* doctor's office, **13**
consumidor, -a *m/f* consumer, **3**
contabilidad *f* accounting, **3**
contado *m* cash, **9**
contador, -a *m/f* accountant, **2**
contaminación *f* contamination, pollution, **14**
contaminar *v* to contaminate, to pollute, **14**
contar (ue) to count, to tell, **13**

contener *v* to contain, **14**

contento *adj* contented, **2**

contestar *v* to answer, **6**

continuar *v* to continue, **21**

contra *prep* against, **7; en contra de** *prep* against, **7**

contradecir *v* to contradict, **13**

contraer *v* to contract, **13**

contraparte *f* counterpart, **16**

contrato *m* contract, **20**

contribuir *v* to contribute, **5**

controvertido *adj* controversial, **28**

contundente *adj* total, sound, complete, **23**

convencer *v* to convince, **11**

convenir *v* to behoove, to be good for, **9**

conversar *v* to converse, to chat, **4**

converso, -a *m/f* convert, **4**

convertir, convertirse (ie, i) *v* to convert, **18**

convincente *adj* convincing, **14**

convivencia *f* living together, **11**

copa *f* wine glass, **4**

copia *f* copy, **8**

copiar *v* to copy, **9**

corazón *m* heart, **19**

corbata *f* tie, **3**

coro *m* choir, **3**

corona *f* crown, **11**

correlación *f* sequence, relationship, **21**

correo *m* post office, mail, **7**

correr *v* to run, **5**

correspondencia *f* mail, correspondence, **8**

corresponsal *m/f* news correspondent, **23**

corriente *f* current, **7; estar al corriente** *exp* to be up to date, **18**

cortacésped *m* lawnmower, **7**

cortar *v* to cut, **7**

corte *m* haircut, **10;** *f* court, **6**

cortejo *m* courtship, **22**

cortés *adj* courteous, **2**

cortesano, -a *m/f* courtesan, **23**

cortesía *f* courtesy, **4**

corto *adj* short, **3**

cosa *f* thing, **2**

coser *v* to sew, **7**

costa *f* coast, **4**

costar (ue) *v* to cost, **6**

costo *m* cost, **15**

costumbre *f* custom, **5**

crear *v* to create, **5**

creencia *f* belief, **18**

creer *v* to believe, **5**

crema *f* cream, **5**

creyente *m/f* believer, **18**

criado, -a *m/f* house servant, **7**

crianza *f* upbringing, **12**

criar, criarse *v* to raise (children); to be raised, **13**

criatura *f* creature, young child, **11**

crimen *m* crime, **9**

cristiano *adj* Christian, **2**

crítica *f* criticism, **18**

criticar *v* to criticize, **11**

crítico, -a *m/f* critic, **13**

cruz *f* cross, **8**

cruzar *v* to cross, **12**

cuaderno *m* notebook, **1**

cuadra *f* city block, **4**

cuadrado *adj* squared, square-shaped, **23**

cuadro *m* picture, **6**

cuál, -es *inter* which (one), **1;** which ones, **3; cual, -es** *pron*, **19**

cualidad *f* characteristic, quality, **12**

cualquier *adj* any, **6**

cuando *adv* when, **2; cuándo** *inter* when, **2**

cuánto, -a, -os, -as *inter* how much, how many, **2**

cuarenta *adj* forty, **2**

cuarto *m* room, **2;** *adj* fourth, **4**

cuatro *adj* four, **LP**

cuatrocientos *adj* four hundred, **4**

cubrir *v* to cover, **10**

cucaracha *f* cockroach, **12**

cuchara *f* spoon, **5**

cuchillo *m* knife, **5**

cuello *m* neck, **9**

cuenta *f* bill (in a restaurant, etc.), **5**

cuento *m* story, **9**

cuero *m* leather, **2**

cuerpo *m* body, **9**

cuestionar *v* to question, to doubt, **11**

cuidado *m* care, caution, **12; tener cuidado** *exp* to be careful, **12**

cuidar *v* to take care of, **7**

culpa *f* guilt, **15; tener la culpa** *exp* to be guilty, **15**

culpable *adj* guilty, **22**

culpar *v* to blame, **15**

cumpleaños *m* birthday, **4**

cumplir *v* to fulfill, to obey, **8**

cuñado, -a *m/f* brother/sister-in-law, **12**

cura *m* priest, **17;** *f* remedy, cure, **11**

curar *v* to cure, **19**

curso *m* course, **1**

cuyo, -a, -os, -as *rel pron* whose, **19**

CH

champaña *f* champagne, **12**

champú *m* shampoo, **7**

chaqueta *f* jacket, **3**

charla *f* chat, **11**

charlar *v* to chat, **4**

chato *adj* squat, dull, **23**

cheque *m* bank check, **8**

chico, -a *m/f* young man/woman, **3;** *adj* small; **7**

chimenea *f* chimney, fireplace, **15**

chino, -a *m/f* Chinese man/woman, **5;** *adj* Chinese, **2**

chisme *m* piece of gossip, **2; chismes** *m* gossip, **7**

Español en español

chismear *v* to gossip, **13**
chiste *m* joke, **8**
chistoso *adj* funny, comical, **11**
chocar *v* to shock, to wreck, to run into, **22**
choque *m* wreck, shock, **11**
chuleta *f* chop (pork, lamb, etc.), **5**
chupar *v* to suck, **11**

D

dama *f* lady, **2; damas** *f* checkers, **7**
danza *f* dance, **3**
dar *v* to give, **8**
datos *m* information, statistics, figures, **13**
de *prep* of, from, **1**
debajo de *prep* underneath, **1**
deber *v* to ought to; to owe, **5**
débil *adj* weak, **2**
década *f* decade, **12**
decepcionar *v* to disillusion, to disappoint, **22**
decidir *v* to decide, **5**
décimo *adj* tenth, **6**
decir *v* to say, to tell, **6**
declarar *v* to declare, **22; declararse** *v* to propose matrimony, **22**
decorar *v* to decorate, **8**
dedicar *v* to dedicate, **8**
dedicatoria *f* dedication, **17**
dedo *m* finger, toe, **9**
defectuoso *adj* defective, **8**
defender (ie) *v* to defend, **14; defenderse (ie)** *v* to get along, **10**
defensa *f* defense, **18**
defensor, -a *m/f* defender, **20**
déficit *m* deficit, **20**
definir *v* to define, **6**
dejar *v* to leave (something), **7; dejar de + inf.** *exp* to cease, to stop, **7**
del *cont* **de + el** of the, from the, **1**

delante de *prep* in front of, ahead of, **1**
delgado *adj* thin, svelte, **2**
delicadeza *f* delicateness, **16**
delicado *adj* delicate, **10**
delicioso *adj* delicious, **5**
demandar *v* to demand, **14**
demás, los demás *m* the rest, the others, **7**
demasiado *adj* too much, too many **4;** *adv* too, excessively, **3**
demócrata *m/f* democrat, **2**
demográfico *adj* demographic, **17; explosión demográfica** *exp* population explosion, **17**
demonio *m* demon, devil, **17**
demostrar (ue) *v* to demonstrate, **21**
demostrativo *adj* demonstrative, **4**
dentro de *prep* inside of, **1**
denunciar *v* to denounce, **23**
departamento *m* department, apartment, **1**
depender *v* to depend, **5**
dependiente *m/f* clerk, **8;** *adj* dependent, **8**
deporte *m* sport, **6**
deportivo *adj* sporting, of sports, **6**
depositar *v* to deposit, **8**
depósito *m* deposit, down payment, **7**
deprimido *adj* depressed, **19**
deprimir, deprimirse *v* to depress; to get depressed, **19**
derecha *f* right, **14; a la derecha de** *prep* on the right, **2**
derechista *adj* rightwing, conservative, **14**
derecho *m* legal right, **14;** *adv* straight ahead, **9**
derrotar *v* to defeat, **11**
desacuerdo *m* disagreement; **estar en desacuerdo** *exp* to disagree, **12**
desafío *m* challenge, **17**
desafortunado *adj* unfortunate, unlucky, **12**

desagradable *adj* disagreeable, **19**
desamor *m* dislike, **22**
desaparecer *v* to disappear, **11**
desarme *m* disarmament, **17**
desarrollar *v* to develop, **15**
desastre *m* disaster, **11**
desastroso *adj* disastrous, **3**
desayunarse *v* to have breakfast, **10**
desayuno *m* breakfast, **5**
descansar *v* to rest, **4**
descanso *m* rest, **5**
descomponer, descomponerse *v* to take apart; to break down; to fall apart, **22**
descompuesto *adj* broken, on the fritz, **20**
descomunal *adj* uncommon, **21**
desconfiar *v* to distrust, **22**
desconocido, -a *m/f* stranger, **20**
descontar (ue) *v* to discount, **20**
describir *v* to describe, **2**
descuento *m* discount, **8**
descuido *m* carelessness, **22**
desde *adv* since (in a time sequence), **4**
desear *v* to desire, **4**
desempeñar *v* to function, **11; desempeñar un papel** *exp* to play a role, **11**
desempleado, -a *m/f* unemployed, **14**
desempleo *m* unemployment, **15**
desierto *m* desert, **4**
desigual *adj* unequal, **4**
desinencia *f* word ending, **4**
desnudo *adj* naked, **4**
despacio *adv* slowly, **4**
despedida *f* farewell, farewell party, **21**
despedir (i, i) *v* to fire, to dismiss, **13**
despedirse (i, i) *v* to bid farewell, to say goodbye, **15**

despejado *adj* clear, cloudless, **5**

despertador, reloj despertador *m* alarm clock, **22**

despertar, despertarse (ie) *v* to wake up, **11**

después, después de *prep* and *adv* after, afterwards, **1**

destino *m* destiny, fate, **13**

destruir *v* to destroy, **7**

desvestir, desvestirse (i, i) *v* to undress, **10**

detalle *m* detail, **12**

detener, detenerse *v* to detain, to stop, **13**

determinar *v* to determine, **9**

detrás, detrás de *adv* and *prep* behind, **1**

deuda *f* debt, **7**

devolver (ue) *v* to return (an object), **6**

devoto *adj* devout, **2**

día *m* day, **4**

diagnóstico *m* diagnosis, **19**

diálogo *m* dialogue, **16**

diamante *m* diamond, **2**

diario *m* daily newspaper, **16**; *adj* daily, **9**

dibujar *v* to draw, **12**

dibujo *m* drawing, **1**

diciembre *m* December, **4**

diecinueve *adj* nineteen, **LP**

dieciocho *adj* eighteen, **LP**

dieciséis *adj* sixteen, **LP**

diecisiete *adj* seventeen, **4**

diente *m* tooth, **9**

difícil *adj* difficult, unlikely, **2**

difícilmente *adv* hardly, unlikely, **4**

dificultad *f* difficulty, **23**

diluvio *m* flood, **11**

dinero *m* money, **1**

dios *m* god, **3**

diputado, -a *m/f* deputy, congressperson, **14**

dirección *f* address, direction, **1**

dirigente *m/f* head person, executive, **11**; *adj* ruling, **14**

disco *m* playing record, **6**

discurso *m* speech, **7**

discusión *m* discussion, argument, **3**

discutir *v* to argue, to discuss, **9**

diseñador, -a *m/f* designer, **13**

disfraz *m* disguise, costume, **18**; **disfrazarse** *v* to disguise oneself, **17**

disfrutar *v* to enjoy, **20**

disgustar to disgust, to displease, **9**

disgusto *m* dispute, unpleasant experience, **14**

disminuir *v* to diminish, **7**

disolver (ue) *v* to dissolve, **23**

dispuesto *adj* willing, **13**; **estar dispuesto** *exp* to be willing, **13**

distinguir *v* to distinguish, **19**

distinto *adj* different, distinct, **5**

distribuir *v* to distribute, **14**

distrito *m* district, **3**

divertido *adj* fun, amusing, **3**

divertirse (ie, i) *v* to have a good time, **15**

dividir *v* to divide, **20**

divino *adj* divine, **3**

divisa *f* foreign currency, hard currency, **15**

divorciarse *v* to get divorced, **13**

divorcio *m* divorce, **9**

doblar *v* to fold, to turn, **15**

doble *adj* double, **13**

doce *adj* twelve, **LP**

docena *f* dozen, **9**

doctor, -a *m/f* doctor, **1**

documento *m* document, **17**; **documentos** *m* identity papers, **17**

dólar *m* dollar, **20**

doler (ue) *v* to hurt, to ache, **9**

dolor *m* pain, **19**

domicilio *m* residence, **21**

dominar *v* to dominate, **10**

domingo *m* Sunday, **3**

dominio *m* dominion, **11**

don *m* gift, talent, **3**

donar *v* to donate, **23**

donde *adv* where, **19**; **dónde** *inter* where, **1**

doña *title* Mrs., **2**

dormir (ue, u) *v* to sleep, **6**; **dormirse (ue, u)** *v* to fall asleep, **10**

dormitorio *m* bedroom, dormitory, **4**

dos *adj* two, **LP**

doscientos *adj* two hundred, **4**

dosis *f* dose, **13**

droga *f* drug, **13**

ducha *f* shower, **10**

ducharse *v* to take a shower, **10**

duda *f* doubt, **11**

dudar *v* to doubt, **18**

dudoso *adj* doubtful, **20**

dueño, -a *m/f* owner, **7**

dulce *m* candy; *adj* sweet, **5**

duradero *adj* durable, **17**

durante *adv* during, **4**

durar *v* to last, **11**

duro *adj* hard, **3**

E

económico *adj* economical, **10**

echar *v* to throw, **6**; **echar de menos** *exp* to miss, **15**

edad *f* age, **2**

edificio *m* building, **2**

editar *v* to edit, to publish, **16**

editorial *f* publishing house, **16**

efectivo *m* cash, **21**

efecto *m* effect, **11**; **en efecto** *exp* in fact, **11**

eficaz *adj* effective, **4**

egoísmo *m* selfishness, **22**

egoísta *adj* selfish, egocentric, **14**

ejecutivo, -a *m/f* executive, **3**

ejemplar *m* copy (of a book), **16**; *adj* exemplary, **16**

ejemplo *m* example, **1**

ejercicio *m* exercise, **1**

ejército *m* army, **9**

el *art* the, **1**

él *pron* he, **1**

elección *f* choice; **elecciones** *f* elections, **14**

electricista *m/f* electrician, **2**

elegir (i, i) *v* to choose, to elect, **13**

eliminar *v* to eliminate, **17**

elogiar *v* to compliment, to praise, **18**

elogio *m* compliment, **18**

elongado *adj* elongated, **23**

ella *pron* she, **1**

ellos, -as *pron* they, **2**

embajador, -a *m/f* ambassador, **21**

embarazoso *adj* embarrassing, **11**

embargo; sin embargo *exp* nonetheless, nevertheless, **3**

emborrachar, emborracharse *v* to make drunk, to get drunk, **13**

emisora *f* radio station, **23**

emoción *f* emotion, excitement, **14**

emocionarse *v* to get excited, **13**

empacar *v* to pack, **15**

empezar (ie) *v* to begin, **6**

empleado, -a *m/f* employee, **8**

emplear *v* to use, to employ, **7**

empleo *m* employment, job, **8**

empresa *f* company, business, **8**

empresario, -a *m/f* impresario, **8**

en *prep* on, in, inside of, **1**

enamorado *adj* in love, **11**

enamorarse *v* to fall in love, **13**

encantar *v* to charm, to please a great deal, **9**

encanto *m* charm, **6**

encargado, -a *m/f* person in charge, **8**

encender (ie) *v* to light (a fire or a light), **6**

encima de *prep* on top of, **1**

encinta *adj* pregnant, **19**

encontrar (ue) *v* to find, **6**

encuentro *m* encounter, **7**

encuesta *f* investigation, poll, **3**

enemigo, -a *m/f* enemy, **2**

energía *f* energy, **12**

enero *m* January, **4**

énfasis *m* emphasis, stress, **3**

enfatizar *v* to emphasize, **8**

enfermar, enfermarse *v* to sicken, to get sick, **13**

enfermedad *f* illness, **16**

enfermería *f* nursing, **12**

enfermero, -a *m/f* nurse, **2**

enfermo *adj* ill, sick, **1**

enfrente *adv* facing, **7; enfrente de** *prep* opposite, **4**

engañar *v* to deceive, **19**

engordar, engordarse *v* to fatten, to get fat, **13**

enojar, enojarse *v* to get angry, to get mad, **13**

enorme *adj* enormous, **2**

ensalada *f* salad, **5**

ensayo *m* rehearsal, essay, **6**

enseñanza *f* teaching, **12**

enseñar *v* to teach, **4**

ensuciar, ensuciarse *v* to dirty, to get dirty, **22**

entender (ie) *v* to understand, **6**

entero *adj* whole, entire, **3**

entonces *adv* then, at that moment, therefore, **3**

entrada *f* theater ticket, **6**

entrar *v* to enter, **7**

entre *prep* between, **1**

entregar *v* to deliver, **7**

entrenador, -a *m/f* trainer, coach, **6**

entretener *v* to entertain, **9**

entrevista *f* interview, **3**

entrevistar *v* to interview, **11**

entusiasmo *m* enthusiasm, **12**

entusiasta *adj* enthusiastic; *m/f* enthusiast, **15**

envolver (ue) *v* to wrap, **9**

epidemia *f* epidemic, **13**

episodio *m* episode, **17**

época *f* epoch, era, **4**

equipaje *m* luggage, **15**

equipo *m* team, **6**

equivocación *f* error, mistake, **13**

equivocado *adj* mistaken, **5**

equivocarse *v* to be mistaken, to make a mistake, **14**

escala *f* scale, **18**

escalera *f* ladder, stairs, **18**

escasez *f* scarcity, **20**

escaso *adj* scarce, **20**

escena *f* scene, **6**

escenario *m* stage, **6**

escoba *f* broom, **7**

escoger *v* to choose, **14**

escolar *m/f* schoolchild, **8;** *adj* related to school, **4**

esconder *v* to hide, **13**

escribir *v* to write, **6**

escrito *adj* written, **1**

escritor, -a *m/f* writer, **6**

escritorio *m* desk, **1**

escuchar *v* to listen, **4**

escuela *f* school, **3**

escultar *v* to sculpt, **23**

escultor, -a *m/f* sculptor, **23**

escultura *f* sculpture, **7**

ese, -o, -a, -os, -as *dem* that, those, **4**

esfera *f* sphere, **12**

esfuerzo *m* effort, **8**

espacio *m* space, **7**

espalda *f* back (of a person), **9**

español, española *m/f* Spaniard, **2; español** *m* Spanish language, **1**

especial *adj* special, **5**

especializarse *v* to specialize, **19**

específico *adj* specific, **1**

espectáculo *m* performance, show, **6**

espectador, -a *m/f* spectator, **14**

especular *v* speculate, **3**

espejo *m* mirror, **10**

esperanza *f* hope, **14**

esperar *v* to hope for, to wait for, **7**

espíritu *m* spirit, **4**

esposo, -a *m/f* husband, wife, **2**

esquiar *v* to ski, **6**

esquina *f* street corner, **4**

establecer *v* to establish, **15**

estación *f* station, **15;** season of the year, **4**

estacionamiento *m* parking lot, **17**

estacionarse *v* to park, **15**

estadio *m* stadium, **6**

estadística *f* statistic, figure, **3**

estado *m* state, **3**

estar *v* to be, **2**

estatal *adj* of the state, **14**

estatua *f* statue, **5**

este, -o, -a, -os, -as *dem* this, these, **4**

estilo *m* style, **7**

estimado *adj* Dear (in a letter), Esteemed, **21**

estimular *v* to stimulate, **17**

estímulo *m* stimulation, **12**

estómago *m* stomach, **9**

estrella *f* star, **22**

estrenar *v* to premier, **23**

estricto *adj* strict, **2**

estructura *f* structure, **1**

estudiante *m/f* student, **1**

estudiantil *adj* of students, **2**

estudiar *v* to study, **4**

estufa *f* stove, **7**

etapa *f* stage, period, **4**

eterno *adj* external, **17**

etiqueta *f* label, **16**

Europa *f* Europe, **3**

evidente *adj* evident, **14**

evitar *v* to avoid, **18**

exagerar *v* to exaggerate, **4**

examen *m* exam, test, **2**

examinar *v* to examine, to test, **17**

excepto *prep* except for, excepting, **1**

excluir *v* to exclude, **7**

exigente *adj* demanding, **3**

exigir *v* to demand, **14**

existir *v* to exist, **18**

éxito *m* success, **9; tener éxito** *exp* to be successful, **8**

explicación *f* explanation, **3**

explicar *v* to explain, **4**

explorar *v* to explore, **17**

exponer *v* to expose, to exhibit, **12**

exposición *f* exhibit, exposition, **7**

expresar *v* to express, **7**

extender (ie) *v* to extend, **14**

extenso *adj* extensive, **3**

exterior *adj* abroad, foreign, exterior, outside, **13**

externo *adj* external, **20**

extranjero, -a *m/f* foreigner, **2;** *adj* foreign, **3**

extrañar *v* to miss, **22**

extraño *adj* strange, bizarre, **11**

F

fábrica *f* factory, **8**

fabricar *v* to manufacture, to make, **13**

fácil *adj* easy, likely, **1**

facilitar *v* to facilitate, to make easy, **12**

factura *f* bill, account statement, **9**

facultad *f* academic department, professional school, **10**

facultativo *adj* optional, **21**

falda *f* skirt, **3**

falta *f* lack, scarcity, **7; hacer falta** *exp* to need, **9**

faltar *v* to miss, to need, **9**

fantasía *f* fantasy, dream, **2**

farmacéutico, -a *m/f* pharmacist, **8**

farmacia *f* drugstore, **8**

fascinante *adj* fascinating, **10**

fascinar *v* to fascinate, to appeal greatly, **9**

favor *m* favor, **5; por favor** *exp* please, **1**

fe *f* faith, **18**

fealdad *f* ugliness, **23**

febrero *m* February, **4**

fecha *f* date, **4**

feliz *adj* happy, contented, **2**

fenómeno *m* phenomenon, freak, **6**

feo *adj* ugly, **2**

feria *f* fair, flea market, **16**

ferrocarril *m* railroad, railroad transportation, **15**

fertilidad *f* fertility, **20; tasa de fertilidad** *exp* fertility rate, **20**

festejar *v* to celebrate, **13**

ficha *f* index card, **15**

fiebre *f* fever, **19**

fiel *adj* faithful, **18**

fiesta *f* party, holiday, **2**

figurar *v* to figure, to appear, **22**

fijar, fijarse *v* to fix, to notice, **14; fijar una fecha** *exp* to make a date, **18**

fila *m* line of people, row of seats, **6**

filósofo, -a *m/f* philosopher, **11**

fin *m* end, **4**

final *m* end; *adj* final, **3**

financiero *adj* financial, **20**

finanzas *f* finances, **20**

fingir *v* to pretend, **12**

fino *adj* fine, delicate, cultured, **13**

firmar *v* to sign, **17**

física *f* physics, **3**

físico, -a, *m/f* physicist; *adj* physical, **2**

flaco *adj* thin, skinny, **2**

flan *m* custardlike dessert, **5**

flecha *f* arrow, **15**

flirtear *v* to flirt, **11**

flor *f* flower, **4**

florería *f* flower shop, **8**

florero, -a *m/f* florist, **8;** *m* flower vase, **4**

foco *m* focus, focal point, lightbulb, **17**

fondo *m* fund, bottom, background, **11; música de fondo** *exp* background music, **13**

forma *f* form, **2**

formar *v* to form, **2**

formidable *adj* formidable, wonderful, admirable, **2**

formular *v* to formulate, to invent, **4**

formulario *m* form to fill out, **8**

foro *m* forum, stage, **11**

fortalecer *v* to fortify, **12**

fósforo *m* match (to light a fire), **9**

foto, fotografía *f* photograph, **2**

fracasar *v* to fail, **8**

fracaso *m* failure, **20**

fraile *m* friar, **18**

francés *m* French language, **4**; **francés, francesa** *m/f* Frenchman, Frenchwoman, **2**

Francia *f* France, **13**

frase *f* phrase, sentence, **6**

fregar (ie) *v* to clean, to scrub, **22**

frente *f* front, forehead, **10**; **en frente de** *prep* in front of, across from, **4**

fresa *f* strawberry, **5**

fresco *adj* fresh, cool, **5**

frijol *m* bean, **5**

frío *m* cold, **5**; **tener frío** *exp* to be cold, **5**

frito *adj* fried, **5**

frustrante *adj* frustrating, **12**

frustrar, frustrarse *v* to frustrate, to get frustrated, **9, 14**

fruta *f* fruit, **5**

fruto *m* product, result, **11**

fuego *m* fire, **22**

fuente *f* fountain, **4**

fuera *adv* out, **5**; **fuera de** *prep* outside of, **1**

fuerte *adj* strong, **2**

fuerza *f* force, power, electric power, **9**

fumar *v* to smoke, **4**

función *f* function, showing (of a movie), **6**

funcionar *v* to function, to work (a machine), **4**

funcionario, -a *m/f* bureaucrat, **21**

fundar *v* to found, **17**

fúnebre *adj* funereal, gloomy, **13**

funerales *m* funeral service, **18**

fusilar *v* to shoot, **17**

fútbol *m* football, soccer, **3**

futuro *m* and *adj* future, **1**

G

gabinete *m* cabinet, **7**

galería *f* gallery, **23**

galleta *f* cracker, **5**

gallina *f* hen, **13**

ganancia *f* earning, income, **20**

ganar *v* to earn, to win, **4**; **ganarse la vida** *exp* to earn a living, **9**

ganas *f* desires, **8**; **tener ganas de + inf.** *exp* to want to, **8**

ganga *f* bargain, **9**

garage *m* garage; **garaje** *alternate spelling*, **7**

garganta *f* throat, **19**

gastar *v* to spend, **8**

gasto *m* expense, **14**

gato, -a *m/f* cat, **1**

genérico *adj* generic, **9**

género *m* gender; **género humano** *exp* the human race, **3**

genio, -a *m/f* genius; *m* talent, **23**

gente *f* people, **1**

gerente *m/f* manager, **8**

gerundio *m* gerund, present participle, **8**

gimnasia *f* gymnastics, calisthenics, **6**

gimnasio *m* gymnasium, **4**

gobernador, -a *m/f* governor, **14**

gobernante *adj* ruling, governing, **17**

gobierno *m* government, **2**

golosina *f* candy, delicate sweets, **5**

golpe *m* hit, blow, **8**; **golpe de estado** *exp* coup d'état **13**

gordo *adj* fat, **2**

gorro *m* cap, hat, **3**

gota *f* drop of liquid, **13**

gozar *v* to enjoy, **20**

grabado *m* engraving, **16**

grabadora *f* tape recorder, **6**

grabar *v* to engrave, to record, **22**

gracias *exp* thank you, **1**

grado *m* degree, grade, **6**

graduarse *v* to graduate, **12**

gramática *f* grammar, **6**

gramo *m* gram, **9**

gran, grande, grandes *adj* large, noble, **3, 6**

grandeza *f* greatness, **5**

granja *f* farm, **21**

granos *m* cereal, **5**

gratis *adj* free, **13**

gratuito *adj* free, gratuitous, **20**

griego, -a *m/f* and *adj* Greek, **11**

gringo, -a *m/f* foreigner, North American, **9**

gripe *f* cold, flu, **19**

gris *adj* gray, **3**

gritar *v* to shout, **12**

grito *m* shout, **13**

grosero *adj* gross, vulgar, rude, **17**

grupo *m* group, **3**

guante *m* glove, **19**

guapo *adj* good-looking, handsome, **2**

guarda *m/f* guard, **7**

guardar *v* to keep, to preserve, to protect, **6**

gubernativo *adj* governmental, **11**

guerra *f* war, **3**

guía *m/f* guide; *m* guidebook, **2**

guión *m* play or filmscript, **16**

gustar *v* to please, **9**

gusto *m* taste, **1**

H

haber *v* to have (auxiliary), infinitive of **hay**, **12**

hábil *adj* quick, able, capable, **13**

habitación *f* room, 2
habitante *m/f* inhabitant, 4
hábito *m* habit, 5
hablar *v* to talk, to speak, 4
hacer *v* to do, to make, 5
hallar *v* to find, 6
hambre *f* hunger (**el hambre** in singular), 5; **tener hambre** *exp* to be hungry, 5
hamburguesa *f* hamburger, 5
hasta, hasta que *adv* until, 4; **Hasta luego.** *exp* See you later., 1
hay *v* there is, there are, 4
hebreo, -a *m/f* Hebrew, 2; *m* Hebrew language, 18
helado *m* ice cream, 5
hemisferio *m* hemisphere, 4
heredar *v* to inherit, 20
hereje *m/f* heretic, 18; *adj* heretical, 18
herejía *f* heresy, 18
hermano, -a *m/f* brother, sister, 2
hermoso *adj* beautiful, 2
hijo, -a *m/f* son, daughter, 2
hincha *m/f* sports fan, 6
hispano, -a *m/f* Hispanic person; *adj* Hispanic 2
Hispanoamérica *f* Spanish America, 3
historia *f* history, story, 3
historiador, -a *m/f* historian, 11
historietas *f* comics, 9
hoja *f* leaf, sheet of paper, 6
hola *exp* hello, **LP**
hombre *m* man, 1
hombro *m* shoulder, 9
hora *f* hour, time of day, 3
horno *m* oven, 5; **al horno** *exp* baked, 5
hotelero, -a *m/f* hotel clerk, 15
hoy *adv* today, 1
huelga *f* strike, 14
huevo *m* egg, 5
húmedo *adj* humid, damp, 5
humilde *adj* humble, poor, 13

I

ibérico *adj* Spanish, Iberian, 4
identificar *v* to identify, 4
idioma *m* language, 2
iglesia *f* church, 4
igual *adj* equal, the same, 3
igualdad *f* equality, 3
igualmente *adv* also, equally, 2
imagen *f* image, 3
imaginarse *v* to imagine, 17
imperio *m* empire, 4
impermeable *m* raincoat, 9
imponente *adj* imposing, 17
importar *v* to be important, 9
impreciso *adj* inexact, 4
impresionante *adj* impressive, 4
impresionar *v* to impress, 5
improvisar *v* to improvise, 13
impuesto *m* tax, 10
inaguantable *adj* unbearable, insufferable, 19
incendiar *v* to burn, 23
incendio *m* fire, conflagration, 11
incivilizado *adj* uncivilized, 12
inclinarse *v* to lean, 19
incluir *v* to include, 7
incluso *adv* including, 5
incontable *adj* unspeakable, 20
increíble *adj* incredible, 14
incrustado *adj* imbedded, 7
independiente *adj* independent, 3
indicar *v* to indicate, to cue, 4
indígena *m/f* Indian; *adj* native, 18
indio, -a *m/f* Indian, 11
individuo *m* individual, 3
indocumentado, -a *m/f* alien with no visa, 13
inesperado *adj* unexpected, 11
infame *adj* infamous, 14
infancia *f* infancy, 13
infiel *adj* unfaithful, 12
infierno *m* hell, 18

influenza *f* flu, 13
influir *v* to influence, 7
informar, informarse *v* to inform, to inform oneself, 13
informe *m* report, 2
ingeniería *f* engineering, 13
ingeniero, -a *m/f* engineer, 2
ingenuo *adj* naive, 23
Inglaterra *f* England, 5
inglés *m* English language, 2; **inglés, inglesa** *m/f* Englishman, Englishwoman, 2
ingresos *m* income, 20
injusto *adj* unfair, 14
inmediatamente *adv* immediately, 7
inmigrante *m/f* immigrant, 20
inmigrar *v* to immigrate, 16
inmobiliario *adj* real estate, 7
inodoro *m* flushable toilet, 12
inolvidable *adj* unforgettable, 6
inquieto *adj* upset, nervous, 13
inquilino, -a *m/f* renter, 7
insatisfecho *adj* unsatisfied, 6
inseguridad *f* insecurity, 18
inseguro *adj* insecure, uncertain, 16
insistir *v* to insist, 8
insoportable *adj* unbearable, insufferable, 22
inspirar *v* to inspire, 4
instituto *m* institute, 21
instruir *v* to teach, to instruct, 7
inteligente *adj* intelligent, 2
intensificar *v* to intensify, 3
intento *m* attempt, 13
intercambiable *adj* interchangeable, 23
intercambio *m* exchange, 2
interés *m* interest, 3
interesante *adj* interesting, 2
internar *v* to hospitalize, 19
interno *adj* internal, 17
interpretar *v* to interpret, 16
intruso, -a *m/f* intruder, invader, 13

inundación *f* flood, **11**
inútil *adj* useless, **19**
invadir *v* to invade, **22**
inventar *v* to invent, **10**
invento *m* invention, **17**
inversión *f* investment, **15**
inversionista *m/f* investor, **20**
invertir (ie, i) *v* to invest, **17**
investigador, -a *m/f* investigator, detective, **8**
investigar *v* to investigate, **9**
invitado, -a *m/f* guest, **5**
invitar *v* to invite, **7**
inyección *f* shot, injection, **19**
inyectar *v* to inject, **19**
ir *v* to go, **5**
irlandés, irlandesa *m/f* Irishman, Irishwoman, **2**
irse *v* to depart, **10**
isla *f* island, **3**
izquierda *f* left, **2**
izquierdista *m/f* leftist, **14**

J

jabón *m* soap, **10**
jamás *adv* never, **6**
jamón *m* ham, **5**
japonés, japonesa *m/f* Japanese, **2**
jarabe *m* syrup, **19**
jardín *m* garden, backyard, **4**
jardinero, -a *m/f* gardener, **13**
jefe, -a *m/f* boss, **7**
jerarquía *f* hierarchy, **18**
jeringa *f* syringe, **19**
joven *adj* young; *m/f* youth, **2**
joya *f* jewel, **5**
jubilación *f* retirement, **13**
jubilarse *v* to retire, **12**
judío, -a *m/f* Jew; *adj* Jewish, **2**
juego *m* game, **6**
jueves *m* Thursday, **4**
juez *m/f* judge, **2**
jugador, -a *m/f* player, **6**
jugar (ue) *v* to play (a game or sport), **6**

jugo *m* juice, **5**
jugoso *adj* juicy **15**
juguete *m* toy, **7**
juguetería *f* toyshop, **6**
julio *m* July, **4**
junio *m* June, **4**
junto *adj* together, **2; junto a** *prep* next to, **2**
justicia *f* justice, **9**
justificar *v* to justify, **23**
justo *adj* fair, **3**
juventud *f* youth, **14**

K

kilo *m* kilogram, **9**
kilómetro *m* kilometer, **4**

L

la *art* the, **1**
laboratorio *m* laboratory, **3**
lado *m* side, **1; al lado de** *prep* beside, **1**
ladrillo *m* brick, **7**
ladrón, ladrona *m/f* thief, **18**
lamentar *v* to regret, to lament, **14**
lámpara *f* lamp, **2**
lana *f* wool, **2**
lanzar *v* to launch, **17**
lápiz *m* pencil, **1**
lapso *m* period of time, **16**
largo *adj* long, **3**
lástima *f* pity, **14**
lavabo *m* wash basin, **7**
lavadora *f* washing machine, **7**
lavandería *f* laundry, **3**
lavaplatos *m* dishwasher, **7**
lavar *v* to wash, **5**
le *pron* him, her, you, **8**
lección *f* lesson, **1**
lector, -a *m/f* reader, **13**
lectura *f* reading selection, **1**
leche *f* milk, **5**
lechería *f* dairy, dairy store, **8**
lechero, -a *m/f* milkman, milkmaid, **9**

lechuga *f* lettuce, **5**
leer *v* to read, **5**
legumbre *f* vegetable, **5**
lejos *adv* far, **2; lejos de** *prep* far from, **2**
lema *m* slogan, **21**
lengua *f* tongue, language, **2**
lenguaje *m* language, style, dialect, **20**
león, leona *m/f* lion, lioness, **17**
les *pron* them, you, **8**
letra *f* letter, words of a song, **2**
letrero *m* sign, **14**
levantar, levantarse *v* to lift; to get up, **10**
ley *f* law, **14**
libertad *f* liberty, **5**
libra *f* pound, **4**
libre *adj* free, **4**
librería *f* bookstore, **6**
librero, -a *m/f* bookstore clerk, **8**
libro *m* book, **1**
licencia *f* licence, **21; licencia de manejar** *exp* driver's licence, **21**
ligero *adj* light, airy, **5**
limitar *v* to limit, **19**
límite *m* limit, **13**
limón *m* lemon, **5**
limonada *f* lemonade, **5**
limpiar *v* to clean, **7**
limpieza *f* cleanliness, **7; hacer la limpieza** *exp* to clean, **7**
limpio *adj* clean, **2**
lindo *adj* pretty, cute, **4**
línea *f* line, **6**
lingüística *f* linguistics, **3**
lío *m* conflict, disorder, **17**
liquidación *f* sale, **9**
liso *adj* smooth, **6**
lista *f* list, roll, **LP; pasar lista** *exp* to call the roll, **2**
listo *adj* smart, quick witted, **2; estar listo** *exp* to be ready, **14**
litro *m* liter, **5**
lo *pron* him, it, you, **7**

lobo *m* wolf, **12**

localidad *f* theater ticket, **17**

localización *f* location, **1**

loco *adj* crazy, **2**

locura *f* insanity, **23**

lógica *f* logic, **6**

lógico *adj* logical, **2**

lograr *v* to succeed in, to accomplish, **11**

logro *m* accomplishment, **14**

Londres London, **13**

los, -as *pron* you, them, **7;** *art* the, **1**

lotería *f* lottery, **7**

lucha *f* fight, struggle, **18**

luchar *v* to fight, to struggle, **14**

luego *adv* later, **8; Hasta luego.** *exp* See you later., **1**

lugar *m* place, **2**

lujo *m* luxury, **13**

luna *f* moon, **6**

lunes *m* Monday, **4**

lustrar *v* to polish, to shine, **7**

luz *f* light, **1**

LL

llamada *f* phone call, **6**

llamar *v* to call **6; llamarse** *v* to be called, **10**

llave *f* key, **1**

llegada *f* arrival, **11**

llegar *v* to arrive, **4**

llenar *v* to fill, to fill out, **15**

lleno *adj* full, **2**

llevar *v* to carry, **4; llevarse** *v* to take away, **11**

llorar *v* to cry, **11**

llover (ue) *v* to rain, **5**

lluvia *f* rain, **11**

M

madera *f* wood, **2**

madre *f* mother, **1**

madrina *f* godmother, **12**

madrugada *f* early morning, **3**

maestría *f* mastery, master's degree, **12**

maestro, -a *m /f* teacher, master, **1**

magia *f* magic, **18**

mago, -a *m /f* magician, **18**

mahometano *adj* Islamic, **2**

maíz *m* corn, **13**

mal *adv* badly, **4;** *m* evil, **18**

mal, -o, -a, -os, -as *adj* bad, evil, **1**

malcriado *adj* rude, ill-bred, **15**

maleducado *adj* rude, ill-bred, **2**

maléfico *adj* evil, **18**

maleta *f* suitcase, **6**

mamífero *m* mammal, **23**

mandar *v* to command, to send, **6**

mandato *m* command, **15**

mandón, mandona *adj* bossy, **8**

manejar *v* to drive, to manage, **4**

manera *f* manner, way, **12**

manifestación *f* demonstration, **3**

manifestar (ie) *v* to show, to demonstrate, **14**

mano *f* hand, **1**

mantener (ie) *v* to maintain, **7**

mantequilla *f* butter, **5**

manzana *f* apple, **5**

mañana *adv* tomorrow, **1**

mapa *m* map, **2**

maquillaje *m* makeup, **10**

máquina *f* machine, **8**

mar *m* sea, ocean, **4**

maravilla *f* marvel, **7**

maravilloso *adj* marvelous, **2**

marca *f* brand name, **9**

marcar *v* to mark, **11**

marco *m* frame, **21**

mareado *adj* dizzy, nauseated, **19**

mareo *m* dizziness, nausea, **19**

marido *m* husband, **7**

marina *f* navy, **7**

marinero, -a *m /f* sailor, **14**

mármol *m* marble, **19**

Marte *m* Mars, **17**

marzo *m* March, **4**

más *adv* more, **1**

matamoscas *m* flyswatter, **13**

matar *v* to kill, **10**

matemáticas *f* mathematics, **1**

matemático, -a *m /f* mathematician, **2**

materia *f* material, course subject, **8**

materno *adj* maternal, **21**

matrícula *f* tuition, enrollment, **11**

matricularse *v* to enroll, **21**

matrimonio *m* matrimony, a married couple, **13**

mayo *m* May, **4**

mayonesa *f* mayonnaise, **5**

mayor *adj* greater, older, **3**

mayoría *f* majority, **11**

me *pron* me, **5**

mecánico, -a *m /f* mechanic, **4;** *adj* mechanical, **8**

media *f* sock, hose, **3**

medianoche *f* midnight, **3**

mediante *adv* by means of, through, **23**

medicamento *m* medicine, **19**

médico, -a *m /f* doctor, **2**

medida *f* means, measure, **4**

medio *m* means, **9; en medio de** *prep* in the center of, **2**

mediodía *m* noon, **3**

medir (i, i) *v* to measure, **18**

mejilla *f* cheek, **22**

mejor *adj* better, **3**

mejorar *v* to improve, **20**

memoria *f* memory, **6; aprender de memoria** *exp* to memorize, **6**

menor *adj* younger, lesser, **3**

menos *adj* less, minus, **3**

mente *f* mind, **4**

mentir (ie, i) *v* to lie, to fib, **6**

mentira *f* lie, **1**

menudo, a menudo *exp* frequently, **22**

mercado *m* market, **9**

Español en español

mercancía *f* merchandise, **8**
merecer *v* to deserve, **11**
mes *m* month, **4**
mesa *f* table, **1**
mesero, -a *m* /*f* waiter, waitress, **12**
meta *f* goal, **9**
meter *v* to put or place into, **14**
mezcla *f* mixture, **18**
mezclar *v* to mix, **18**
mi *adj* my, **1; mis, 3**
mí *pron* me, **2**
microbio *m* germ, **19**
miedo *m* fear, **8; tener miedo** *exp* to be afraid, **8**
miembro *m* member, **8**
mientras *adv* while, **4; mientras tanto** *exp* meanwhile, **4**
miércoles *m* Wednesday, **4**
mil *m* and *adj* thousand, **4**
militar *m* military person, **6;** *adj* military, **14**
milla *f* mile, **4**
millón *m* million, **4**
millonario, -a *m* /*f* millionaire, **5**
mina *f* mine, **5**
mínimo *m* minimum, **9;** *adj* minimal, **13**
ministro, -a *m* /*f* minister, **2**
minoría *f* minority, **14**
minoritario *adj* minority, **11**
minúscula *adj* non-capitalized, **2**
minuto *m* minute, **4**
mío, -a, -os, -as *adj* mine, **18**
mirar *v* to look at, to watch, **4**
misa *f* mass (church service), **13**
misionero, -a *m* /*f* missionary, **10**
mismo *adj* same, **2**
mitad *f* half, **4**
mito *m* myth, **20**
mixto *adj* mixed, **3**
mochila *f* backpack, **1**
moda *f* fashion, style, **3**

modestia *f* modesty, **8**
modismo *m* idiomatic expression, **8**
modista *m* /*f* fashion designer, **3**
molestar *v* to bother, to irritate, **9**
molestia *f* bother, irritation, **21**
molesto *adj* bothered, upset, **13**
momia *f* mummy, **8**
monarca *m* /*f* monarch, **13**
moneda *f* coin, national currency, **9**
monje, -a *m* /*f* monk, nun, **18**
monstruo *m* monster, **8**
montaña *f* mountain, **3**
morado *adj* purple, **3**
moreno *adj* dark-complected, brunette, **2**
morir (ue, u) *v* to die, **6**
mosca *f* fly, **13**
mostrar (ue) *v* to show, to demonstrate, **8**
moto, motocicleta *f* motorcycle, **3**
mozo, -a *m* /*f* waiter, waitress, **5**
mucama *f* maid, **7**
muchacho, -a *m* /*f* boy, girl, **2**
mucho, -a, -os, -as *adj* much, many, a lot, **1**
mudarse *v* to change residence, **12**
muebles *m* furniture, **7**
muela *f* back tooth, molar, **19**
muerte *f* death, **10**
muerto *adj* dead, **4**
mujer *f* woman, **1**
multa *f* fine, **11**
multar *v* to fine, **21**
mundial *adj* world, **3**
mundo *m* world, **2**
museo *m* museum, **4**
música *f* music, **3**
músico, -a *m* /*f* musician, **6**
muy *adv* very, **1**

N

nacer *v* to be born, **10**
nacimiento *m* birth, **4**
nada *pron* nothing, **3**
nadar *v* to swim, **4**
nadie *pron* nobody, **1**
naipes *m* playing cards, **6**
naranja *f* orange (fruit), **5**
nariz *f* nose, **9**
narrar *v* to narrate, **11**
natación *f* swimming, **13**
natal *adj* birth, **4; ciudad natal** *exp* hometown, **4**
natalidad *f* birth, **17; control de la natalidad** *exp* birth control, **17**
navaja *f* straight razor, razor blade, **10**
Navidad *f* Christmas, **4**
necesario *adj* necessary, **1**
necesitar *v* to need, **4**
negar (ie) *v* to deny, **6**
negocio *m* place of business, business deal, **7**
negro *adj* black, **3**
nervioso *adj* nervous, **2**
nevar (ie) *v* to snow, **5**
ni *conj* nor; **ni. . . ni,** neither . . . nor, **6**
nieto, -a *m* /*f* grandson, granddaughter, **12**
nieve *f* snow, **9**
ningún, ninguno, -a, -os, -as *adj* no, **6**
niñero, -a *m* /*f* baby-sitter, **12**
niñez *f* childhood, **13**
niño, -a *m* /*f* child, boy, girl, **5**
nivel *m* level, stage, **17**
noche *f* night, **3**
nombrar *v* to name, **12**
noreste *m* northeast, **4**
norma *f* norm, **13**
noroeste *m* northwest, **4**
norte *m* north, **3**
nos *pron* us, **7**
nosotros, -as *pron* we, **3**
nota *f* grade, note, **1**
notar *v* to note, to notice, **11**

noticia *f* news, notice, **11**
noticiero *m* news broadcast, **7**
novecientos *adj* nine hundred, **4**
novela *f* novel, **6**
noveno *adj* ninth, **6**
noventa *adj* ninety, **2**
noviazgo *m* courtship, **22**
noviembre *m* November, **4**
novio, -a *m/f* boyfriend, girlfriend, groom, bride, **2**
nube *f* cloud, **11**
nublado *adj* cloudy, **5**
nuera *f* daughter-in-law, **12**
nueve *adj* nine, **3**
nuevo *adj* new, **1**
número *m* number, **1**
nunca *adv* never, **3**

O

obedecer *v* to obey, **18**
obispo *m* bishop, **18**
objeto *m* object, thing, **1**
obra *f* work (of literature, art, etc.), **5**
obrero, -a *m/f* manual laborer, factory worker, **2**
obtener *v* to obtain, **13**
obvio *adj* obvious, **14**
ocasión *f* occasion, opportunity, **12**
océano *m* ocean, **3**
octavo *adj* eighth, **6**
octubre *m* October, **4**
ocupado *adj* busy, **4**
ocurrir *v* to occur, to happen, **6**
ochenta *adj* eighty, **2**
ocho *adj* eight, **LP**
ochocientos *adj* eight hundred, **4**
odiar *v* to hate, **7**
odio *m* hate, **7**
oeste *m* west, **4**
oferta *f* offer, **9; estar de oferta** *exp* to be on sale, **9**
oficina *f* office, **1**

oficio *m* skill, vocation, **8**
ofrecer *v* to offer, **13**
oído *m* hearing, auditory sense, **16**
oír *v* to hear, **7**
ojalá *exp* I hope, **14**
ojo *m* eye, **9**
oler (ue) *v* to smell, **12**
olvidar, olvidarse *v* to forget, **10**
omitir *v* to omit, **6**
ómnibus *m* bus, **15**
once *adj* eleven, **LP**
operar *v* to operate, **19**
oponerse *v* to oppose, **14**
optar *v* to opt, to choose, **21**
oración *f* sentence, **1**
orar *v* to pray, **18**
orden *m* order, arrangement, **6;** *f* command, religious order, **5**
oreja *f* ear, **9**
organizar *v* to organize, **5**
orgullo *m* pride, **16**
orgulloso *adj* proud, **13**
oro *m* gold, **2**
ortografía *f* spelling, **1**
ortográfico *adj* spelling, **3**
os *pron* you, **7**
oscuro *adj* dark, **3**
otoño *m* autumn, **4**
otro *adj* other, another, **1**
OVNI *m* UFO, **18**

P

paciente *adj* and *m/f* patient, **12**
padre *m* father **1; padres** *m* parents, **2**
padrino *m* godfather, **12; padrinos** *m* godparents, **12**
paella *f* Spanish dish of rice and seafood, **5**
pagar *v* to pay, **5**
página *f* page, **4**
país *m* country, **2**
paisaje *m* landscape, **23**
pájaro *m* bird, **7**

palabra *f* word, **1**
pan *m* bread, **5**
panadería *f* bakery, **8**
pantalón *m* trousers, **2**
pañuelo *m* handkerchief, **10**
papa *f* potato, **5**
Papa *m* Pope, **16**
papel *m* paper, a sheet of paper, **1**
papelería *f* stationery store, **8**
paquete *m* package, **8**
par *m* pair, **9**
para *prep* for, **1**
parada *f* bus, train or taxi stop, **17**
paradoja *f* paradox, **20**
paraguas *m* umbrella, **11**
parar, pararse *v* to stop, to stand up, **17**
parecer *v* to seem, to appear, **5**
parecido *adj* similar, **21**
pared *f* wall, **1**
pareja *f* pair, couple, **18**
pariente *m/f* family relative, **12**
parque *m* park, **4**
párrafo *m* paragraph, **13**
parrilla *f* grill, **5**
parte *f* part, **1**
partera *f* midwife, **19**
participio *m* participle, **16**
partícula *f* particle, small word, **8**
particular *adj* particular, private, personal, **4**
partida *f* departure, **2; punto de partida** *exp* point of departure, **2**
partidario -a *m/f* supporter, party member, **21**
partido *m* political party, **4**
partir *v* to depart, **11**
pasado *m* past, **10**
pasaje *m* ticket, **8**
pasajero, -a *m/f* passenger, **15**
pasaporte *m* passport, **15**
pasar *v* to pass, to occur, to happen, **5**

pasear *v* to stroll, to travel for pleasure, **9**

pasillo *m* hall, **7**

paso *m* step, **8**

pastel *m* pastry, cake, **5**

pastelería *f* pastry shop, **8**

pastilla *f* pill, **13**

pata *f* paw, foot, **14**

paterno *adj* paternal, **12**

patio *m* backyard, court-yard, **4**

pato, -a *m/f* duck, **15**

patria *f* fatherland, **14**

patrón, patrona *m/f* boss, **12; patrón** *m* pattern, **19**

pauta *f* pattern, framework, **11**

pavo *m* turkey, **5**

payaso, -a *m/f* clown, **3**

paz *f* peace, **7**

pecado *m* sin, **18**

pecador, -a *m/f* sinner, **18**

pedantería *f* pedantry, **23**

pedido *m* request, **21**

pedir (i, i) *v* to ask for, to request, **5**

pegar *v* to hit, to stick, **23**

peinado *m* hairdo, **16**

peinarse *v* to comb one's hair, **10**

peine *m* comb, **10**

pelea *f* fight, quarrel, **12**

pelear *v* to fight, to quarrel, **12**

peletería *f* leather, fur shop, **9**

película *f* film, **6**

peligro *m* danger, **5**

peligroso *adj* dangerous, **3**

pelo *m* hair, **7**

pelota *f* ball, **6**

peluquería *f* barber shop, beauty salon, **8**

peluquero, -a *m/f* barber, beauty operator, **8**

pellizcar *v* to pinch, **17**

pena *f* embarrassment, suffering, **17**

pensador, -a *m/f* thinker, **18**

pensamiento *m* thought, idea, **22**

pensar (ie) *v* to think, **6**

peor *adv* worse, worst, **3**

pequeño *adj* small, **2**

percibir *v* to perceive, **18**

perder (ie) *v* to lose, to miss (a train, plane, movie, etc.), **6**

perdonar *v* to pardon, **14**

perezoso *adj* lazy, **2**

periódico *m* newspaper, **1**

periodista *m/f* reporter, **13**

perjudicar *v* to harm, to damage, **20**

permanecer *v* to stay, to remain, **7**

permiso *m* permission, **6**

permitir *v* to permit, **14**

pero *conj* but, **1**

perro, -a *m/f* dog, **1**

personaje *m* character (in a novel), **13**

pertenecer *v* to belong, **13**

pesadilla *f* nightmare, **23**

pesar *v* to weigh, **9; a pesar de** *exp* in spite of, **11**

pescado *m* fish (caught for eating), **5**

pez *m* fish (live), **11**

pie *m* foot, **2**

piel *f* skin, **10**

pierna *f* leg, **9**

pintar *v* to paint, **7**

pintor, -a *m/f* painter, **6**

pintura *f* paint, **23**

pisar *v* to step on, **10**

piscina *f* swimming pool, **3**

piso *m* floor, **1**

pizarra *f* blackboard, **1**

placer *m* pleasure, **9**

planear *v* to plan, **9**

planilla *f* form (to be filled out), **21**

plata *f* silver, **2**

plátano *m* banana, **20**

platea *f* orchestra section, **17**

playa *f* beach, **5**

plenilunio *m* full moon, **8**

plomero, -a *m/f* plumber, **7**

pluma *f* pen, **1**

población *f* population, **17**

poblado *adj* populated, **3**

pobre *adj* poor, **2**

pobreza *f* poverty, **17**

poco *adj* and *adv* little, few, slight, **3**

poder (ue) *v* to be able, **6;** *m* power, authority, **6**

poderoso *adj* powerful, **9**

poesía *f* poetry, poem, **6**

poeta *m/f* poet, **16**

policía *f* police, **14;** *m/f* policeman, policewoman, **1**

política *f* politics, policy, **2**

político, -a *m/f* politician, **2**

polla *m* chicken, **5**

ponche *m* punch, **5**

poner *v* to put, **5; ponerse** *v* to put on, **10**

por *prep* for, by, through, **1**

porcentaje *m* percentage, **13**

por qué *inter* why, **1**

porque *conj* because, **1**

portafolio *m* briefcase, **1**

portarse *v* to behave, **23**

poseer *v* to possess, **19**

posgrado *m* postgraduate, **8**

posterior *adj* later, subsequent, **21**

postre *m* dessert, **5**

practicar *v* to practice, **4**

precio *m* price, **5**

precisar *v* to need, to make exact, **22**

precoz *adj* precocious, **11**

predecir *v* to predict, **18**

predicado *m* predicate, **1**

predicar *v* to preach, **18**

preferir (ie, i) *v* to prefer, **6**

pregunta *f* question, **1**

preguntar *v* to ask a question, **7**

prejuicio *m* prejudice, **11**

premio *m* prize, **12**

prender *v* to light (a fire); to turn on a light, **8**

prensa *f* press, the news media, **14**

preocupar *v* to cause

worry, **13; preocuparse** *v* to get worried, **13**

preparar *v* to prepare, **4**

preparativo *m* preparation, **15**

preparatoria *f* senior high school, **8**

presentar *v* to introduce, **2**

presidente, -a *m/f* president, **1**

préstamo *m* loan, **7**

prestar *v* to loan, **8**

presupuesto *m* budget, **14**

pretexto *m* pretext, excuse, **9**

prever *v* to foresee, **18**

previo *adj* previous, **8**

primaria *f* elementary school, **8**

primavera *f* spring, springtime, **4**

primer, -o, -a *adj* first, **4**

primo, -a *m/f* cousin, **5**

princesa *f* princess, **11**

príncipe *m* prince, **11**

principio *m* beginning; principle, **1**

prisa *f* rush, **8; tener prisa** *exp* to be in a hurry, **8**

probar (ue) *v* to prove, to try on, to try out, **9**

problema *m* problem, **3**

producir *v* to produce, **12**

profesor, -a *m/f* professor, teacher, **1**

programa *m* program, **2**

prohibir *v* to forbid, to prohibit, **14**

prometer *v* to promise, **14**

promovedor, -a *m/f* promoter, **18**

promover (ue) *v* to promote, **17**

pronombre *m* pronoun, **1**

pronto *adv* soon, **1**

propiedad *f* property, **7**

propio *adj* own, personal, **7**

proponer *v* to propose, **12**

propósito *m* purpose, **5**

propuesta *f* proposal, **20**

próspero *adj* prosperous, **17**

prostituir *v* to prostitute, **15**

protagonista *m/f* main character in a novel or movie, **16**

proteger *v* to protect, **14**

protestar *v* to protest, **14**

provenir *v* to come from, **17**

provocar *v* to provoke, **17**

próximamente *adv* soon, **10**

próximo *adj* next, **4**

proyecto *m* project, **14; proyecto de ley** *exp* bill, proposed law, **14**

prueba *f* test, **19; prueba de sangre** *exp* blood test, **19**

psicólogo, -a *m/f* psychologist, **2**

psicoterapeuta *m/f* psychotherapist, **19**

psiquiatra *m/f* psychiatrist, **19**

publicar *v* to publish, **16**

pueblo *m* town, people, **5**

puente *m* bridge, **15**

puerco, -a *m/f* pig, pork, **5**

puerta *f* door, **1**

puerto *m* seaport, **6**

pues *exp* well, since, **14**

puesto *m* job position, **9**

pulmón *m* lung, **19**

punta *f* dot, point of an object (pencil, etc.), **3**

punto *m* point, **2; punto de partida** *exp* point of departure, **2**

pupitre *m* student desk, **1**

pureza *f* purity, **13**

Q

que *rel pron* that, which, **1**

qué *inter* what, which, **1**

quebrar (ie) *v* to break, **22**

quedarse *v* to stay, to remain, **10**

quehacer *m* errand, chore, duty, **15**

queja *f* complaint, **8**

quejarse *v* to complain, **14**

quemar *v* to burn, **7**

querer (ie) *v* to want, to wish, **6**

querido *adj* dear, beloved, **17**

queso *m* cheese, **5**

quien, quienes, *rel pron* who, whom, **19**

quién, quiénes *inter* who, whom, **1**

química *f* chemistry, **1**

químico, -a *m/f* chemist, **2**

quince *adj* fifteen, **LP**

quinientos *adj* five hundred, **4**

quinto *adj* fifth, **6**

quitar, quitarse *v* to remove, to take off, **10**

quizá, quizás *adv* perhaps, **3**

R

rabino, -a *m/f* rabbi, **13**

radiografía *f* x-ray, **19**

raíz *f* root, **4**

rama *f* branch, **14**

raro *adj* rare, bizarre, **10**

rasuradora *f* razor, shaver, **10**

rato *m* while, period of time, **11**

ratón *m* mouse, **23**

raya *f* line, stripe, **3**

razón *f* reason, **8; tener razón** *exp* to be right, **8**

razonable *adj* reasonable, **5**

razonamiento *m* reasoning, argument, defense, **18**

reaccionar *v* to react, **11**

realizar *v* to realize (a goal), **21**

rebelde *m/f* rebel, **11**

recado *m* message, **6**

receta *f* recipe, **7;** medical prescription, **19**

recetar *v* to prescribe, **19**

recibir *v* to receive, **7; recibirse** *v* to graduate, **13**

recibo *m* receipt, **9**

recién *adv* recently, **22**

reclamar *v* to claim, **11**

reclamo *m* claim, **17**
reclinarse *v* to lean back, **17**
recluta *m/f* recruit, **14**
reclutamiento *m* recruitment, **14**
recoger *v* to pick up, to gather, **7**
reconocer *v* to recognize, **7**
recordar (ue) *v* to remember, **6**
recostarse (ue) *v* to lie down, **15**
recuerdo *m* memory, souvenir, **13**
recurso *m* resource, **7**
red *f* net, **9**
redondo *adj* round, **6**
reembolsar *v* to refund, **8**
reembolso *m* refund, **9**
reemplazar *v* to replace, **6**
referir (ie, i) *v* to refer, **6**
reflejar *v* to reflect, **4**
reflejo *m* reflection, **17**
refresco *m* soft drink, soda pop, **4**
refrigerador *m* refrigerator, **7**
regalar *v* to give, **8**
regalo *m* gift, **8**
regar (ie) *v* to water, to irrigate, **6**
regatear to bargain, **9**
regla *f* rule, **7**
regresar *v* to return, **5**
rehusar *v* to refuse, **13**
reina *f* queen, **6**
reinar *v* to rule, **11**
reino *m* kingdom, **11**
reír (i, i) to laugh, **8**
reloj *m* clock, watch, **1**
relleno *m* stuffing, **5**
remedio *m* medicine, remedy, **17**
renta *f* rent, income, **8**
reparar *v* to repair, **7**
repartir *v* to pass out, to distribute, **14**
repente, de repente *exp* suddenly, **11**
repetir (i, i) *v* to repeat, **4**
reportaje *m* news report, **3**
reportero, -a *m/f* reporter, **2**

reprobar (ue) *v* to reprove, to flunk, **21**
repugnar *v* to repel, to nauseate, **9**
requerir (ie, i) *v* to require, **3**
requisito *m* requirement, **8**
reseña *f* review, critique, **16**
resfriado *adj* cold, **19; estar resfriado** *exp* to have a cold, **19**
resfrío *m* cold (illness), **19**
resolver (ue) *v* to resolve, to solve, **14**
respecto, con respecto a *exp* with respect to, **8**
respetar *v* to respect, **8**
respeto *m* respect, **1**
respiración *f* breath, **19**
respirar *v* to breathe, **19**
respuesta *f* answer, **1**
restaurante *m* restaurant, **2**
restaurar *v* to restore, **23**
resto *m* rest, the others, **4**
resultado *m* result, **2**
retener *v* to retain, **9**
retrato *m* portrait, **2**
reunión *f* meeting, reunion, **4**
revés, estar al revés *exp* to be reversed, **5**
revisar *v* to check, to revise, **10**
revista *f* magazine, **9**
rey *m* king, **11; reyes** *m* king and queen, **11**
rezar *v* to pray, **18**
rico *adj* rich, delicious, **2**
ridículo *adj* ridiculous, **10**
rímel *m* mascara, **10**
rincón *m* corner, **7**
río *m* river, **3**
riqueza *f* wealth, **20**
risa *f* laughter, **8**
rito *m* rite, **12**
robar *v* to steal, to rob, **15**
robo *m* robbery, **17**
rodilla *f* knee, **9**
rogar (ue) *v* to beg, **11**
rojo *adj* red, **3**
romper *v* to break, **13**
roncar *v* to snore, **8**

ropa *f* clothing, **3**
ropero *m* wardrobe, armoire, **3**
rosa *f* rose, **4**
rosado *adj* pink, **3**
roto *adj* broken, **12**
rubio *adj* blond, **2**
ruido *m* noise, **5**
ruso *adj* Russian, **2;** *m* Russian language, **4**

S

sábado *m* Saturday, **4**
sábana *f* sheet, **19**
saber *v* to know, **5**
sabiduría *f* wisdom, **23**
sabor *m* flavor, **9**
sabroso *adj* delicious, **5**
sacerdote *m* priest, **18**
saco *m* suitcoat, sports coat, **3**
sagrado *adj* sacred, **18**
sainete *m* skit, short play, **8**
sal *f* salt, **5**
salida *f* exit, **15**
salir *v* to leave (a place), **6**
salsa *f* sauce, **6**
salud *f* health, **5**
saludar *v* to greet, **4**
salvaje *m/f* savage, **3**
sandalia *f* sandal, **3**
sangre *f* blood, **11**
sangriento *adj* bloody, **20**
sano *adj* healthy, **2**
santo, -a *m/f* saint, **11**
secadora *f* dryer, **7**
secar *v* to dry, **10**
seco *adj* dry, **3**
sed *f* thirst, **5; tener sed** *exp* to be thirsty, **5**
seda *f* silk, **3**
seguir (i, i) *v* to follow, to continue, **8**
según *prep* according to, in accordance with, **2**
segundo *adj* second, **6**
seguridad *f* security, **14**
seguro *m* insurance, **18;** *adj* secure, **18; estar seguro** *exp* to be certain, **14**

seis *adj* six,   **LP**

seiscientos *adj* six hundred,   **4**

seleccionar *v* to choose,   **11**

sello *m* stamp, seal,   **21**

semáforo *m* traffic light,   **15**

semana *f* week,   **4**

semestre *m* semester,   **3**

senado *m* senate,   **14**

senador, -a *m/f* senator,   **1**

sencillo *adj* simple,   **4**

sentado *adj* seated,   **2**

sentido *m* direction, meaning, sense,   **9**

sentir (ie, i) *v* to sense, to regret,   **8; sentirse (ie, i)** *v* to feel,   **8**

señal *f* sign, signal,   **16**

señalar *v* to signal, to indicate,   **4**

señor *m* and *title* sir, Mr., man,   **1**

señora *f* and *title* ma'am, Mrs., woman,   **1**

señorita *f* and *title* Miss, young woman, unmarried woman,   **1**

separar *v* to separate,   **4**

septiembre *m* September,   **4**

séptimo *adj* seventh,   **6**

ser *v* to be,   **2;** *m* being,   **13**

serie *f* series,   **9**

serio *adj* serious,   **3**

servilleta *f* napkin,   **5**

servir (ie, i) *v* to serve, to function,   **8**

sesenta *adj* sixty,   **2**

setecientos *adj* seven hundred,   **4**

setenta *adj* seventy,   **2**

sexto *adj* sixth,   **6**

si *exp* if,   **1**

sí *exp* yes,   **LP**

siempre *adv* always,   **2**

siesta *f* nap,   **5**

siete *adj* seven,   **LP**

siglo *m* century,   **4**

significado *m* meaning,   **3**

significar *v* to mean, to signify,   **6**

signo *m* sign,   **4**

siguiente *adj* following,   **5**

sílaba *f* syllable,   **3**

silla *f* chair,   **1**

sillón *m* armchair,   **7**

simpático *adj* nice, good-natured,   **2**

sin *prep* without,   **1**

sindicato *m* labor union,   **13**

sino *conj* but,   **16**

sirviente, -a *m/f* servant,   **7**

sistema *m* system,   **2**

sitio *m* place,   **6**

sobre *prep* over, above, on top of, about,   **1**

sobrenatural *adj* supernatural,   **18**

sobrevivir *v* to survive,   **17**

sobrino, -a *m/f* niece, nephew,   **12**

sociedad *f* society,   **2**

socio, -a *m/f* partner,   **9**

sofá *m* sofa,   **7**

sol *m* sun,   **5**

soldado, -a *m/f* soldier,   **3**

soler (ue) + inf. *exp* usually + verb,   **8**

solicitar *v* to apply, to solicit,   **9**

solo *adj* alone,   **2**

sólo *adj* only,   **1**

soltero, -a *m/f* unmarried person,   **12**

solucionar *v* to solve,   **20**

sombrero *m* hat,   **1**

sonar (ue) *v* to sound, to ring,   **11**

sonido *m* sound,   **11**

sonreír (i, i) *v* to smile,   **8**

sonrisa *f* smile,   **20**

soñar (ue) *v* to dream,   **7**

sopa *f* soup,   **5**

soportar *v* to bear, to stand, to endure,   **22**

sorpresa *f* surprise,   **13**

sospechar *v* to suspect,   **19**

su, sus *adj* your, his, her, their,   **1**

suave *adj* soft,   **7**

subir *v* to climb, to ascend,   **6**

suceder *v* to occur, to happen,   **19**

sucio *adj* dirty,   **2**

suegro, -a, -os *m/f* father-in-law, mother-in-law, parents-in-law,   **12**

sueño *m* dream,   **7**

suerte *f* luck,   **8; tener suerte** *exp* to be lucky,   **8**

sufrimiento *m* suffering,   **23**

sufrir *v* to suffer,   **19**

sugerencia *f* suggestion,   **6**

sugerir (ie, i) *v* to suggest,   **14**

supermercado *m* supermarket,   **4**

supervisor, -a *m/f* supervisor,   **8**

suponer *v* to suppose,   **12**

supuesto *adj* supposed,   **6; supuestamente** *adv* supposedly,   **9**

sur *m* south,   **3**

sureste *m* southeast,   **4**

suroeste *m* southwest,   **4**

sustantivo *m* noun,   **1**

sustituir *v* to substitute,   **7**

suyo *adj* and *pron* his, hers, theirs, yours,   **18**

T

taberna *f* tavern, snack bar,   **4**

tabla *f* chart,   **2**

tacaño *adj* stingy,   **2**

tal *adj* such a,   **17; ¿qué tal?** *inter* How are you? How are things?,   **1**

talentoso *adj* talented,   **23**

tamaño *m* size,   **6**

también *adv* also,   **1**

tambor *m* drum,   **6**

tampoco *adv* neither,   **6**

tan *adv* as,   **3**

tapar *v* to cover,   **12**

taquilla *f* ticket booth, ticket window,   **6**

tardar *v* to be late,   **6**

tarde *adv* late,   **1**

tarea *f* task, homework,   **3**

tarjeta *f* card,   **6**

tasa *f* rate,   **20**

taza *f* cup, **2**
te *pron* you, **6**
té *m* tea, **5**
teatro *m* theater, **4**
técnica *f* technique, technology, **12**
técnico, -a *m/f* technician, **8**
techo *m* roof, ceiling, **1**
tela *f* cloth, **3**
telefonista *m/f* telephone operator, **2**
teléfono *m* telephone, **1**
telenovela *f* soap opera, **6**
televidente *m/f* television viewer, **16**
televisor *m* television set, **2**
telón *m* stage curtain, **17**
tema *m* theme, subject, **1**
temer *v* to be afraid, **8**
temor *m* fear, **14**
templo *m* church, temple, **4**
temporada *f* season, **6**
temprano *adv* early, **3**
tenedor *m* fork, **5**
tener *v* to have, **1**
teólogo, -a *m/f* theologian, **18**
teoría *f* theory, **17**
terapista *m/f* therapist, **21**
tercer, -o, -a *adj* third, **6**
tercio *m* third, **14**
terminar *v* to end, **7**
término *m* end, **11**
terremoto *m* earthquake, **11**
tertulia *f* social gathering in a café, **4**
ti *pron* you, **2**
tiempo *m* time; weather, **3**
tienda *f* store, **3**
tierra *f* soil, land, earth, **11**
timbre *m* bell; stamp (for a letter), **11**
tío, -a *m/f* uncle, aunt, **2**; **tíos** *m* aunts and uncles, **12**
tipo *m* type, **7**; *m/f* guy, girl, **13**
título *m* title, **1**
tiza *f* chalk, **1**
toalla *f* towel, **10**
tocadiscos *m* record player, **6**

tocar *v* to touch, to play an instrument, **6**
tocino *m* bacon, **5**
todavía *adv* still, yet, **4**
todo, -a, -os, -as *adj* all, and *m/f* all, everyone, everything, **1**
tomar *v* to take, to drink, **4**
tomate *m* tomato, **5**
tonto *adj* foolish, silly, unintelligent, **3**
tormenta *f* storm, **7**
torneo *m* tournament, **6**
toro *m* bull, **21**; **corrida de toros** bullfight, **21**
torre *f* tower, **4**
torturar *v* to torture, **15**
tos *f* cough, **19**; **tener tos** *exp* to have a cough, **19**
tostado *adj* toasted, **5**
tostadora *f* toaster, **7**
trabajador, -a *m/f* worker, **2**
trabajar *v* to work, **4**
trabajo *m* work, job, **3**
traducir *v* to translate, **7**
traer *v* to bring, **5**
trago *m* drink, **4**
traicionar *v* to betray, **11**
traje *m* suit, **3**
trama *f* plot, **16**
trámite *m* bureaucratic procedure, **21**
tranquilo *adj* calm, tranquil, **2**
tránsito *m* traffic, **13**
transporte *m* transportation, **5**
trapo *m* rag, washcloth, **7**
tratar *v* to treat, **8**; **tratar de + inf.** *exp* to try to, **8**; **tratarse de** *v* to be about, **17**
través, a través de *prep* through, by way of, **13**
trece *adj* thirteen, **LP**
treinta *adj* thirty, **2**
tren *m* train, **3**
tres *adj* three, **LP**
trescientos *adj* three hundred, **4**
tribu *f* tribe, **23**

triste *adj* sad, **2**
triunfar *v* to triumph, to win, **11**
triunfo *m* triumph, victory, **11**
trono *m* throne, **23**
tu *adj* your, **1**
tú *pron* you, **1**
turista *m/f* tourist, **3**
tuyo, -a, -os, -as *adj* and *pron* yours, **18**

U

Ud. *pron* you, abbreviation of **usted**, **1**
Uds. *pron* you, abbreviation of **ustedes**, **3**
ultimamente *adv* recently, **16**
último *adj* last, most recent, **8**
un, -o, -a *art* an, one, **LP, 1**
único *adj* only, unique, **5**
unificar *v* to unify, **16**
unir *v* to unite, **14**
universitario *adj* university, **2**
unos, -as *art* some, several, **2**
uña *f* fingernail, **10**
usar *v* to use, to wear, **5**
uso *m* use, **2**
usted, -es *pron* you, **LP**
usuario, -a *m/f* user, **21**
útil *adj* useful, **6**
utilizar *v* to use, to utilize, **15**
¡ Uy ! *exp* expression of exertion or frustration, **1**

V

vaca *f* cow, **13**
vacaciones *f* vacation, **4**; **ir de vacaciones** *exp* to go on a vacation, **4**
vacío *adj* empty, **2**
vacuna *f* innoculation, **19**
vacunar *v* to innoculate, **19**

vago, -a *m/f* bum, **8;** *adj* vague, **13**
valentía *f* bravery, **13**
valer *v* to be worth, **9; valer la pena** *exp* to be worth it, **17**
validez *f* validity, **18**
valiente *adj* brave, valiant, **13**
valor *m* value, bravery, **6**
valle *m* valley, **4**
vanidoso *adj* vain, **10**
variar *v* to vary, **10**
varios *adj* several, **2**
varón *m* male, **12**
vaso *m* glass, **5**
vecino, -a *m/f* neighbor, **3**
veinte *adj* twenty, **LP**
vejez *f* old age, **13**
vencedor, -a *m/f* winner, conqueror, **11**
vencer *v* to conquer, **11**
venda *f* bandage, **19**
vendedor, -a *m/f* seller, **2**
vender *v* to sell, **5**
venganza *f* revenge, **22**
venir *v* to come, **5**
venta *f* sale, **9; estar en venta** *exp* to be for sale, **9**
ventaja *f* advantage, **15**
ventana *f* window, **1**
ver *v* to see, **5**
verano *m* summer, **4**
verbo *m* verb, **1**
verdad *f* truth, **1**
verdadero *adj* true, **2**
verde *adj* green, **3**

verdura *f* green vegetables, **5**
vergüenza *f* shame, **23**
vestíbulo *m* vestibule, front hall, **7**
vestido *m* dress, **2**
vestirse (i, i) *v* to get dressed, **10**
vetar *v* to veto, **14**
vez *f* time, instance, **2**
viajar *v* to travel, **5**
viaje *m* trip, voyage, **4**
viajero, -a *m/f* traveler, **9**
vicio *m* vice, **4**
vida *f* life, **3**
vidente *m/f* seer, prophet, **17**
vidriera *f* shop window, showcase, **7**
vidrio *m* glass, **2**
viejo *adj* old, **2**
viento *m* wind, **5**
viernes *m* Friday, **4**
vigilar *v* to guard, **20**
vincular *v* to connect, to join, **13**
vínculo *m* connection, **18**
vino *m* wine, **5**
violar *v* to violate; to rape, **20**
violencia *f* violence, **6**
virtud *f* virtue, **2**
visita *f* visit, **2**
visitar *v* to visit, **4**
vista *f* view, **7; ¡ hasta la vista !** *exp* until later, **1**
vivaz *adj* vivacious, energetic, **2**
vivienda *f* housing, **20**

viviente *adj* alive, **18**
vivir *v* to live, **6**
vivo *adj* lively, alive; clever, **6**
vocero, -a *m/f* spokesperson, **21**
volador *adj* flying, **18; plato volador** *m* flying saucer, **18**
volante *m* flyer, handout, **14**
volar (ue) *v* to fly, **18**
voluntad *f* will, willpower, **9**
volver (ue) *v* to return, **6**
voraz *adj* voracious, **10**
vosotros, -as *pron* you, **3**
votar *v* to vote, **14**
voto *m* vote, **14**
voz *f* voice, **7**
vuelta *f* return, **15; ida y vuelta** *exp* round trip, **15**
vuestro *adj* and *pron* your, yours, **3**

Y

y *conj* and, **1**
ya *adv* already, now, **4**
yerno *m* son-in-law, **12**
yo *pron* I, **1**

Z

zanahoria *f* carrot, **5**
zapato *m* shoe, **3**
zoológico *m* zoo, **4; jardín zoológico** zoo, **4**

ÍNDICE DE MATERIAS

Cover and Photo Credits

Cover: original painting © Helena Gómez
3, Beryl Goldberg.   44, Peter Menzel.   75, Stuart Cohen.   79, Stuart Cohen.
96, Monkmeyer Press/Rogers.   177, David Kupferschmid.   185, Katherine
Lambert.   251, Katherine Lambert.   271, Beryl Goldberg.   290, The Image Works
Rangell.   309, Peter Menzel.   315, Stuart Cohen.   349, Peter Menzel.   363, David
Kupferschmid.   367, Stuart Cohen.   384, Beryl Goldberg.   426, Art Resource.
431, Art Resource.   All others, Nicolas Shumway.